66 »unentbehrliche«
literarische Texte

66
»unentbehrliche« literarische Texte

Ausgewählt, befragt, kommentiert
und zum Lesen empfohlen von
Wolfgang Menzel und
Jürgen Fröchling

westermann

Wolfgang Menzel, Dr. phil., em. Professor, Jg. 1935
Lehramtsstudium, Schulpraxis und Hochschulassistenz in Braunschweig, Promotion in Göttingen. Professor für deutsche Sprache und Literatur und ihre Didaktik an der Universität Hildesheim. Gab viele erfolgreiche Zeitschriften, Sprachbücher und Lesebücher heraus, schrieb eine Fülle von Fachaufsätzen zur Deutschdidaktik, setzte wie kaum ein anderer Maßstäbe in der Vermittlung von Sprache und Literatur. Zu seiner Emeritierung erschien im Westermann Schulbuchverlag der Band „Wege des Lernens im Deutschunterricht".

Jürgen Fröchling, Dr. phil., Jg. 1947
Studium Germanistik, Geschichte und Philosophie in Göttingen und Hannover. Zahlreiche kulturjournalistische Beiträge und Arbeiten zum Bereich „expressives Schreiben". Berufliche Stationen: Wissenschaftlicher Mitarbeiter im Institut für Literatur und sprachliche Kommunikation an der Universität Hildesheim, Verlagslektor beim Westermann Schulbuchverlag, Redaktionsleiter beim Schroedel Verlag. Seit 1996 selbstständiger Autor und Redakteur in Braunschweig.

Seit den 70er Jahren arbeiten beide Autoren an vielen gemeinsamen Projekten und diskutieren auf langen Strandspaziergängen über Musik und Lebenskunst – vor allem aber über Literatur.

Druck A [2] / Jahr 2005
Alle Drucke der Serie A sind im Unterricht parallel verwendbar.

Verlagslektorat: Regina Nußbaum, Angelika Poeschel
Typographie: Andrea Heissenberg
Lay-out und Herstellung: Sandra Grünberg
Druck und Bindung: Westermann Druck Zwickau GmbH

ISBN 3-14-**122042**-5

Inhalt

Zur Einführung

Da haben Sie also, liebe Leserin, lieber Leser, diesen Band in der Hand, haben vielleicht das Inhaltsverzeichnis überflogen, haben die berühmte »Daumenprobe« durch die Seiten gemacht, sind hier und dort hängen geblieben und sind dabei, dieses Vorwort zu lesen. Und schon haben sie die ersten Fragen: Was ist das für ein Buch? Will ich weiter darin stöbern? Ist der eine oder andere Text darin möglicherweise auch für mich »unentbehrlich«? Das wissen natürlich nur Sie selbst. Aber wir wollen Ihnen Rede und Antwort stehen für das, was Sie uns fragen könnten.

Was haben wir uns gedacht in den Monaten, in denen wir gemeinsam gearbeitet haben? Wir wollen es kurz darlegen.

Gibt es das denn: unentbehrliche Texte? Natürlich nicht! Was jemand für unentbehrlich ansieht, ist ganz allein seine Sache. Unsere Alltagserfahrungen sind durch Literatur mitgeprägt. Und wir wollen nichts anderes tun, als auf solche Texte hinzuweisen, die wir nicht gern »entbehrt« hätten. Wir nehmen einfach an, dass sie auch Ihre Erfahrungen bereichern können. Und wir möchten das Unentbehrliche an Texten exemplifizieren, die oftmals zu den ersten, ganz kurzen Texten gehören, von denen aus wir oft erst einen Zugang zu anderen und umfangreicheren Texten der Autorinnen und Autoren gewonnen haben.

Dem Einwand, dass wir mit einer solchen Sammlung die Kanondiskussion unserer Zeit nur um einen weiteren Beitrag »bereichern« würden, können wir nur so begegnen: Ob in einem Kanon für Schulen oder Hochschulen festgeschrieben werden sollte, was jemand zu lesen hat, halten wir für eine müßige Debatte. Kanonische Vorstellungen gibt es nun einmal: Immer und überall gab und gibt es Leselisten und Leseempfehlungen, Anthologien und Rezensionen – und sogar Hinweise für die Ferienlektüre oder die Bücher, die man auf eine einsame Insel mitnehmen sollte. Dem Vorwurf, ein weiteres Mal zu kanonisieren, wird unsere Sammlung ganz gewiss dadurch entgehen, dass man aus ihr, gottlob, nicht die gleiche Konsequenz ziehen wird wie aus einer von Marcel Reich-Ranicky oder von anderen einflussreichen Literaturkaisern oder -päpsten.

Als wichtiger sehen wir an, dass wir hier Bekanntes zum Wiederlesen genauso aufgenommen haben wie Unbekanntes, das in noch keinem Kanon steht. So haben wir uns gefragt: Sollten reflektorische und essayistische Texte in ihr nicht auch berücksichtig werden? Sollte neben zweifellos Wichtigem nicht auch Umstrittenes zu Worte kommen? Und kann nicht manches scheinbar allzu Bekannte durch einen kommentierenden Hinweis einmal etwas anders oder neu gelesen werden? Ein bestimmtes Repertoire etwa an Kurzgeschichten gehört, wie man in Prüfungen an den Universitäten feststellen kann, ganz offensichtlich zum festen Bestandteil der Schullektüre. Wir haben uns gefragt, ob nicht manche wichtigere und interessantere Geschichte Eingang in eine solche Sammlung finden sollte – und auch manches, was für einen Autor eher repräsentativ ist und den Zugang zu seinem Werk eher eröffnet als Texte, die Studierende seit Jahren ihren Prüfern für ein Prüfungsgespräch vorschlagen. Wir haben es heute, so belegt es jedenfalls die bevorzugte Textauswahl von Schülern und Studierenden, trotz aller berechtigten Widerstände gegen einen Kanon, eher mit seit Jahren herrschenden Festlegungen zu tun als mit einer Offenheit gegenüber der Vielfalt von Literatur.

Nun wollen wir aber kein Hehl daraus machen, dass wir einige Texte unserer Literatur tatsächlich für »unentbehrlich« halten – auch in dem Sinne, dass sie das Verständnis von Texten unserer heutigen Literatur überhaupt erst ermöglichen. Wer nie eine Geschichte von Robert Walser gelesen hat, wird kaum recht erfahren haben, was Ironie ermöglicht. Wer keine Kalendergeschichte Johann Peter Hebels kennt, dem wird wohl nie recht klar, wie sich ein humorvoller Erzähler um Aufklärung einer einfachen Leserschaft bemühen kann. Und wer nie Kleist oder Kafka gelesen hat, dem sind schlichtweg wichtige sprachliche Kunstwerke der deutschen Literatur verborgen geblieben.

Was wir in unsere Sammlung aufgenommen haben, sind vornehmlich in sich geschlossene erzählende Texte, ausschließlich von deutschsprachigen Autoren. Zu unserer Auswahl gehören aber auch Balladen und andere in lyrischer Form gestaltete Texte, sofern sie uns eine Geschichte erzählen. Ebenso grenzüberschreitend haben wir uns z. B. für eine Parabel entschieden, die eigentlich auf der Bühne erzählt wird, und für die moderne Übersetzung eines testamentarischen Textes. Wir haben aber auch einige Ausschnitte aus Romanen berücksichtigt, die in sich geschlossene Episoden darstellen. Und nicht zuletzt hat eine Reihe von »Nachdenktexten« (Reflexionen, Essays), in denen vor allem das Lesen selbst thematisiert ist, sich nachdrücklich für diese Sammlung empfohlen.

Die vorliegende Auswahl ist natürlich subjektiv, so wie es jede Auswahl zwangsläufig sein muss. Wie aber sind wir vorgegangen? Beide von uns haben nach einem doppelten Suchraster eine Vorauswahl getroffen. Zum einen, und zuallererst, plädierten wir für Texte, gleichgültig aus welcher Zeit, die uns von vornherein »unentbehrlich« erschienen, sodass wir deren Autoren und Autorinnen in unsere Sammlung aufnehmen mussten. Und dabei war der Gedanke, wie repräsentativ, bekannt oder »berühmt« der Autor ist, von untergeordneter Bedeutung. So bei der *Spiegelgeschichte* von Ilse Aichinger, bei der Legende der Entstehung des Buches *Taoteking* von Brecht, bei *Der teutsche Baur* von Grimmelshausen, bei *Unverhofftes Wiedersehn* von Johann Peter Hebel, bei *Ein Arbeitstag* von Herta Müller, *Das Fliegenpapier* von Robert Musil, einer *Geschichte aus dem Bleistiftland* von Robert Walser usw. Das wichtigste Argument dabei war: Begeisterung. Das kennen Sie selbst, liebe Leserin, lieber Leser, das Schnippen mit den Fingern, die lauter werdende Stimme: »Ich sage dir, das ist ein Text, den musst du lesen!« – Eine bessere Lesemotivation gibt es nicht. Die meisten Bücher werden gelesen, weil sie empfohlen wurden.

Zum anderen fragten wir natürlich auch: Welche Autorinnen und Autoren sollten vertreten sein, da sie die Literatur repräsentieren? Da gab es viel Übereinstimmung, aber auch Kontroversen: »Kann man das heute noch zum Lesen empfehlen? Wurde der oder die nicht lange überschätzt – oder zu Unrecht vergessen?« Wir haben uns vergewissert an Anthologien und natürlich auch an der heutigen Kanon-Diskussion. Bei einigen Autoren, die uns wichtig waren, sind wir also erst auf Textsuche gegangen, so bei den Brüdern Grimm, bei Franz Kafka, Gottfried Keller usw. Wir wollten ja kein exotisches Kuriositätenkabinett.

Angeordnet haben wir die Texte nach alphabetischem Gesichtspunkt. Wir möchten damit natürlich nicht verhindern, dass sie in ihrem historischen Kontext gelesen werden, – kurze Hinweise dazu sind stets angefügt. Doch wir wollen damit die Eigenständigkeit der Texte betonen und signalisieren, dass sie unabhängig von ihrer geschichtlichen Bedeutung für unsere Gegenwart etwas Bedeutsames darstellen. Bezüge historischer oder motivischer Art mögen Sie als Leserin oder Leser herstellen. Wir wollen Sie dabei nicht »ans Händchen nehmen«. Vielmehr ist damit beabsichtigt, dass Sie in dem Buch nach eigenem Interesse blättern und nicht in einer von uns festgelegten Reihenfolge das Ganze lesen. Das ist eine bewusste Entscheidung. Literaturhistorische oder thematische Einordnungen haben ja den Nachteil, dass ein vielschichtiges Gebilde, wie es ein literarischer Text nun einmal ist, gleichsam enggeführt wird auf den Begriff eines Suchrasters. Was geht alles verloren, wenn man zum Beispiel Hesses *Der Wolf* unter »Tiergeschichte« oder »Zivilisationskritik« betrachtet und einordnet, wie dies in manchen Schullesebüchern geschieht!

Die Texte, die wir anbieten, wollen wir auch vorstellen. Geeinigt haben wir uns zu zweit zunächst über ihre Auswahl. Unsere Meinungen über sie (nicht über ihre »Unentbehrlichkeit«, aber über ihre Interpretation) waren manchmal unterschiedlich. Das lassen wir in kurzen Kommentaren auch deutlich werden. Diese Kommentare erheben jedoch keinen Anspruch auf umfassende Interpretationen. Sie sollen, und das erscheint uns weit wichtiger, unsere Leserinnen und Leser zu einer eigenen Interpretation anreizen. Das heißt für uns: Wir möchten Sie dazu anregen, die eigene Meinung zum Text anderen vorzustellen, das eigene Textverstehen zu überprüfen und zur Diskussion zu stellen. Hin und wieder sind unsere Kommentare aus einem Streit über den Text hervorgegangen; dann machen wir auch kein Hehl aus den unterschiedlichen Vorstellungen. – Ein Beispiel? Auf eine Insel mitgenommen hatten wir beide auch Texte, von denen wir feststellten, dass der jeweils andere sie noch gar recht kannte oder sich nur daran erinnerte, weil er sie in seiner Jugend einmal gelesen hatte. Wir machten damit ein Experiment, das wir aus der Praxis des kreativen Schreibens entlehnt und modifiziert haben. Der eine las »seinen« Text vor. Nach einer Weile las ihn dann der andere erneut laut vor. Es geht nichts über Vorlesen! Und siehe da (man müsste sagen: »höre da«), durch die bewusste Betonung und die Art der Intonation wurde bereits manchmal eine in Akzenten unterschiedliche »Interpretation« deutlich: Aha, so kann man das auch lesen! Dann ging es los: Wer den Text nicht kannte, schrieb auf einen Zettel seinen ersten Eindruck, wenige Zeilen nur. Schweigen. Weiterreichen des Zettels an den anderen. Nachdenken. Nochmals den Text überfliegen. Antworten. Dabei den entstehenden eigenen roten Faden nicht verlieren. Kein Sprechen. Ein paar schriftliche Entgegnungen. Rückkehr zu der eigenen Sichtweise. Aufschreiben. Zettel wieder zurückgeben. Sich heimlich freuen über die Irritation des Partners. Das bekam die Spannung eines Schachspiels. Dieses Vorgehen können Sie unschwer in der Sammlung entdecken. Haben Sie jemanden, mit der (oder mit dem) Sie so über Ihre Lese-Erfahrung kommunizieren können? Viel Spaß dabei!

Manchmal stellen wir an einem Text etwas heraus, was in den vorliegenden Interpretationen so nicht gesehen wurde; das mag provokant sein, aber es kann vielleicht gerade dadurch zu einer neuen Begegnung mit einem schon bekannten Text anregen. Es ist ja immer aufs Neue interessant zu erfahren, wie ein anderer Leser einen Text verstanden hat. Grundsätzlich haben wir uns vorgenommen, gleichsam eine »Leselupe« auf bestimmte Stellen oder Aspekte eines Textes zu legen und mit ihr auf »Spurensuche« zu gehen. Diese selektive Art der Textrezeption ist nach unseren Beobachtungen ganz normal. Leserinnen und Leser, die zu ihrem Vergnügen oder aus Neugier zu einem

Text greifen, entwickeln schon nach wenigen Zeilen ein persönliches Suchraster, unter dem sie Textinhalt und Textstruktur gleichsam abtasten, je nach ihrer Lebens- und Literaturerfahrung. Das merkt man spätestens, wenn man mit anderen über Literatur redet. Und das geht nicht nur literarischen Laien so; selbst Profis werfen sich manchmal gegenseitig in Debatten über ein Buch vor, sie hätten da wohl ein ganz anderes Buch gelesen als das, über welches hier gesprochen wird. Literatur, wenn sie nicht trivial ist, stellt ein komplexes Zeichensystem dar, das auf unterschiedliche Befragungen zumindest *etwas* unterschiedliche Antworten bereithält. Und von diesen Antworten können wir als Teilnehmer eines Interpretationsgesprächs lernen. Indem wir beide jeweils unsere Art, Texten zu begegnen, schreibend transparent machen, können wir Sie vielleicht ermutigen, bewusst und auch einmal etwas anders, als Sie es gewohnt sind, einen Text zu lesen – und über Gelesenes zu sprechen oder zu schreiben.

So betrachtet, möchte unser Angebot an Texten und Kommentaren auch dazu anregen, die traditionellen Interpretationen in Schulen und Seminaren einmal durch unkonventionellere Annäherungsweisen an Texte zu ergänzen. Die Verfahren der sog. »handlungsorientierten« Textbegegnung haben seit Jahren einen wichtigen Beitrag dazu geleistet; wir möchten dies auch für »diskursive« Textannäherungen anregen.

Unsere Kommentierungen stehen vor den Texten selbst. Damit wollen wir natürlich nicht signalisieren, dass es besser ist, erst die Kommentare zu lesen. Da wir Ihnen aber ab und zu Anregungen für das Lesen geben, hätten wir unsere Hinweise den Texten bald voraus- und bald nachstellen müssen. So haben wir uns für die vorausstellende Version entschieden, so wie Sie sie ja auch aus den Leseempfehlungen der Medien kennen. Festlegen können wir Sie auf die Reihenfolge Ihres Lesens sowieso nicht. Und dass Sie nach dem Lesen eines Textes und dann erst unseres Kommentars den Text danach selbst noch einmal lesen, aus anderem Blickwinkel vielleicht oder mit neuer Erkenntnis – oder sogar unter Protest, das würden wir uns sehr wünschen.

Am Schluss geben wir zu den ausgewählten Texten jeweils kurze biographische Hinweise und weitere Leseempfehlungen, manchmal auch Querverweise auf andere Texte in diesem Buch. Wir hoffen, damit ihren Appetit auch auf weitere Texte aus derselben Feder anzuregen.

Haben uns literarische Texte verändert? Sind sie wirklich »unentbehrlich« für uns? Wir können uns jedenfalls nicht vorstellen – und wir möchten es auch nicht, wie wir ohne diesen oder jenen literarischen Text die Welt sehen würden. Was Bertolt Brecht einmal so ausgedrückt hat, gilt auch für uns: Es gibt Texte (Brecht bezieht es auf Gedichte), *die etwa einen Regentag schildern oder ein Tulpenfeld, und sie lesend oder hörend verfällt man in die Stimmung, welche durch Regentage oder Tulpenfelder hervorgerufen wird, d. h. selbst wenn man Regentage oder Tulpenfelder ohne Stimmung betrachtet, gerät man durch die Gedichte in diese Stimmungen. Damit ist man aber ein besserer Mensch geworden, ein genussfähigerer, feiner empfindender Mensch, und dies wird sich wohl irgendwie und irgendwann und irgendwo zeigen.* Und das betrifft natürlich nicht nur die Stimmungen, sondern auch die Distanzierungsfähigkeit genauso wie die Fähigkeit zur Empathie, es betrifft die Humanität und selbst die Moral. Aber das können wir nur für uns sagen.

Ilse Aichinger
Spiegelgeschichte (1963)

Eine Geschichte, die man mindestens zweimal lesen muss! Denn hier wird anders erzählt als üblich. Dass es in Texten Rückblenden gibt, ist uns spätestens seit der Technik des Films vertraut. Auf unserer Lesereise fahren wir normalerweise von Satz zu Satz mit der Perspektive des Erzählers in eine Zukunft hinein, und dies geschieht auch innerhalb der Rückblenden noch. Hier aber werden die Vorgänge einer Geschichte so in Reihenfolge gebracht, dass sie im Vorwärtsgang der Syntax, aber im Rückwärtsgang der Bedeutungen wie durch einen Rückspiegel gesehen auf uns zukommen, von Station zu Station in die Vergangenheit hinein. Das ist ein außergewöhnlich seltenes und schwieriges literarisches Experiment. Ob es dem Leser geglückt erscheint, mag er selbst beurteilen; eindrucksvoll ist es allemal.

Die Ereignisse selbst werden beim zweiten Lesen spätestens klar: Auf dem Totenbett lässt eine Frau den Erinnerungsstrom vom Augenblick des Sterbens bis hin zu dem der Geburt rückwärts ablaufen. In der Fiktion geschieht dies allerdings als veritables Rückwärtsleben, nur hier und da unterbrochen von Hinweisen auf die Gegenwart der Krankenschwestern bei der Sterbenden; doch: *»Was wissen die?«* Durch den poetischen Kunstgriff der Du-Form verflicht sich das Ganze zudem zu einem Gewebe aus Selbstgespräch und Anrede an den Leser, – mit appellativen, beschwichtigenden (auch tröstenden?) Zügen. Tod als Geburt? Der letzte Satz jedenfalls stellt die Endgültigkeit der Aussage der Schwestern in Frage: *»Es ist zu Ende« – Still! Lass sie reden!* Und dann ist es, als müsse man die Geschichte noch einmal lesen; denn in diesem Augenblick, so sagt es der Anfang, *ist es Zeit für dich, aufzustehen.* Läuft dann aber nicht doch wieder nur dieses eine traurige Leben vor unseren Augen ab? Tod als Hineingeborenwerden in ein Leben, aus dem man nicht entkommt? Vielleicht doch! An einer entscheidenden Stelle gelingt es der Sterbenden offenbar durch die *Kraft des Spiegels* die Abtreibung ihres unehelichen Kindes »rückgängig«

zu machen, an der sie gestorben ist, ungeschehen zu machen, – für einen Moment in den Blick des Spiegels jedenfalls.

Vielleicht ist das Ganze aber doch keine tröstliche Geschichte, sondern eine sehr traurige. Der hier und da aufscheinende Humor hat für mich einen resignativen Schatten. Und was über die erste Liebesbegegnung gesagt wird, ist beinahe ein Motto für die ganze Geschichte: *Am Anfang nimmt man Abschied.* Wenn da nicht eines bliebe: dass einem Schreibenden das Glück beschieden sein kann, so etwas zu schreiben, und einem Leser, dergleichen zu lesen – und mit solcher Empathie und Distanz schreibend oder lesend am Leben eines anderen Menschenkindes Anteil nehmen zu können.

Leben und Werke:
Ilse Aichinger wurde 1921 in Wien geboren. Als Halbjüdin bekam sie keine Zulassung zum Studium, weswegen sie erst nach dem Krieg ein Medizinstudium beginnen konnte. Seit 1949/50 arbeitete sie als Lektorin beim S. Fischer Verlag und an der Volkshochschule Ulm. 1953 heiratete sie den Schriftsteller Günter Eich.

Leseempfehlungen:
Zu ihren Werken gehören Romane, Erzählungen, Hörspiele und Gedichte. 1991 sind ihre gesammelten Werke erschienen. *Der Gefesselte* von 1953 gehört zu ihren eindrucksvollsten Werken.

Ilse Aichinger

Spiegelgeschichte

Wenn einer dein Bett aus dem Saal schiebt, wenn du siehst, daß der Himmel grün wird, und wenn du dem Vikar die Leichenrede ersparen willst, so ist es Zeit für dich, aufzustehen, leise, wie Kinder aufstehen, wenn am Morgen Licht durch die Läden schimmert, heimlich, daß es die Schwester nicht sieht – und schnell!

Aber da hat er schon begonnen, der Vikar, da hörst du seine Stimme, jung und eifrig und unaufhaltsam, da hörst du ihn schon reden. Laß es geschehen! Laß seine guten Worte untertauchen in dem blinden Regen. Dein Grab ist offen. Laß seine schnelle Zuversicht erst hilflos werden, daß ihr geholfen wird. Wenn du ihn läßt, wird er am Ende nicht mehr wissen, ob er schon begonnen hat. Und weil er es nicht weiß, gibt er den Trägern das Zeichen. Und die Träger fragen nicht viel und holen deinen Sarg wieder herauf. Und sie nehmen den Kranz vom Deckel und geben ihn dem jungen Mann zurück, der mit gesenktem Kopf am Rand des Grabes steht. Der junge Mann nimmt seinen Kranz und streicht verlegen alle Bänder glatt, er hebt für einen Augenblick die Stirne, und da wirft ihm der Regen ein paar Tränen über die Wangen. Dann bewegt sich der Zug die Mauern entlang wieder zurück. Die Kerzen in der kleinen, häßlichen Kapelle werden noch einmal angezündet, und der Vikar sagt die Totengebete, damit du leben kannst. Er schüttelt dem jungen Mann heftig die Hand und wünscht ihm vor Verlegenheit viel Glück. Es ist sein erstes Begräbnis, und er errötet bis zum Hals hinunter. Und ehe er sich verbessern kann, ist auch der junge Mann verschwunden. Was bleibt jetzt zu tun? Wenn einer einem Trauernden viel Glück gewünscht hat, bleibt ihm nichts übrig, als den Toten wieder heimzuschicken.

Gleich darauf fährt der Wagen mit deinem Sarg die lange Straße wieder hinauf. Links und rechts sind Häuser, und an allen Fenstern stehen gelbe Narzissen, wie sie ja auch in alle Kränze gewunden sind, dagegen ist nichts zu machen. Kinder pressen ihre

Gesichter an die verschlossenen Scheiben, es regnet, aber eins davon wird trotzdem aus der Haustür laufen. Es hängt sich hinten an den Leichenwagen, wird abgeworfen und bleibt zurück. Das Kind legt beide Hände über die Augen und schaut euch böse an. Wo soll denn eins sich aufschwingen, solang es auf der Friedhofsstraße wohnt?

Dein Wagen wartet an der Kreuzung auf das grüne Licht. Es regnet schwächer. Die Tropfen tanzen auf dem Wagendach. Das Heu riecht aus der Ferne. Die Straßen sind frisch getauft, und der Himmel legt seine Hand auf alle Dächer. Dein Wagen fährt aus reiner Höflichkeit ein Stück neben der Trambahn her. Zwei kleine Jungen am Straßenrand wetten um ihre Ehre. Aber der auf die Trambahn gesetzt hat, wird verlieren. Du hättest ihn warnen können, aber um dieser Ehre willen ist noch keiner aus dem Sarg gestiegen.

Sei geduldig. Es ist ja Frühsommer. Da reicht der Morgen noch lange in die Nacht hinein. Ihr kommt zurecht. Bevor es dunkel wird und alle Kinder von den Straßenrändern verschwunden sind, biegt auch der Wagen schon in den Spitalshof ein, ein Streifen Mond fällt zugleich in die Einfahrt. Gleich kommen die Männer und heben deinen Sarg vom Leichenwagen. Und der Leichenwagen fährt fröhlich nach Hause.

Sie tragen deinen Sarg durch die zweite Einfahrt über den Hof in die Leichenhalle. Dort wartet der leere Sockel schwarz und schief und erhöht, und sie setzen den Sarg darauf und öffnen ihn wieder, und einer von ihnen flucht, weil die Nägel zu fest eingeschlagen sind. Diese verdammte Gründlichkeit!

Gleich darauf kommt auch der junge Mann und bringt den Kranz zurück, es war schon hohe Zeit. Die Männer ordnen die Schleifen und legen ihn vorne hin, da kannst du ruhig sein, der Kranz liegt gut. Bis morgen sind die welken Blüten frisch und schließen sich zu Knospen. Die Nacht über bleibst du allein, das Kreuz zwischen den Händen, und auch den Tag über wirst du viel Ruhe haben. Du wirst es später lange nicht mehr fertig bringen, so still zu liegen.

Am nächsten Tag kommt der junge Mann wieder. Und weil der Regen ihm keine Tränen gibt, starrt er ins Leere und dreht die Mütze zwischen seinen Fingern. Erst bevor sie den Sarg wieder auf das Brett heben, schlägt er die Hände vor das Gesicht. Er weint. Du bleibst nicht länger in der Leichenhalle. Warum weint er? Der Sargdeckel liegt nur mehr lose, und es ist heller Morgen. Die Spatzen schreien fröhlich. Sie wissen nicht, daß es verboten ist, die Toten zu erwecken. Der junge Mann geht vor deinem Sarg her, als stünden Gläser zwischen seinen Schritten. Der Wind ist kühl und verspielt, ein unmündiges Kind.

Sie tragen dich ins Haus und die Stiegen hinauf. Du wirst aus dem Sarg gehoben. Dein Bett ist frisch gerichtet. Der junge Mann starrt durch das Fenster in den Hof hinunter, da paaren sich zwei Tauben und gurren laut, geekelt wendet er sich ab.

Und da haben sie dich schon in das Bett zurückgelegt. Und sie haben dir das Tuch wieder um den Mund gebunden, und das Tuch macht dich so fremd. Der Mann beginnt zu schreien und wirft sich über dich. Sie führen ihn sachte weg. »Bewahret Ruhe!« steht an allen Wänden, die Krankenhäuser sind zur Zeit überfüllt, die Toten dürfen nicht zu früh erwachen.

Vom Hafen heulen die Schiffe. Zur Abfahrt oder zur Ankunft? Wer soll das wissen? Still! Bewahret Ruhe! Erweckt die Toten nicht, bevor es Zeit ist, die Toten haben einen leisen Schlaf. Doch die Schiffe heulen weiter. Und ein wenig später werden sie dir das Tuch vom Kopf nehmen müssen, ob sie es wollen oder nicht. Und sie werden dich waschen und deine Hemden wechseln, und einer von ihnen wird sich schnell über dein Herz beugen, schnell, solang du noch tot bist. Es ist nicht mehr viel Zeit, und daran sind die Schiffe schuld. Der Morgen wird schon dunkler. Sie öffnen deine Augen, und die funkeln weiß. Sie sagen jetzt auch nichts mehr davon, daß du friedlich aussiehst, dem Himmel sei Dank dafür, es erstirbt ihnen im Mund. Warte noch! Gleich sind sie gegangen. Keiner will Zeuge sein, denn dafür wird man heute noch verbrannt.

Sie lassen dich allein. So allein lassen sie dich, daß du die Augen aufschlägst und den grünen Himmel siehst, so allein lassen sie dich, daß du zu atmen beginnst, schwer und röchelnd und tief, rasselnd wie eine Ankerkette, wenn sie sich löst. Du bäumst dich auf und schreist nach deiner Mutter. Wie grün der Himmel ist!

»Die Fieberträume lassen nach«, sagt eine Stimme hinter dir, »der Todeskampf beginnt!«

Ach die! Was wissen die?

Geh jetzt! Jetzt ist der Augenblick! Alle sind weggerufen. Geh, eh sie wiederkommen und eh ihr Flüstern wieder laut wird, geh die Stiegen hinunter, an dem Pförtner vorbei, durch den Morgen, der Nacht wird. Die Vögel schreien in der Finsternis, als hätten deine Schmerzen zu jubeln begonnen. Geh nach Hause! Und leg dich in dein eigenes Bett zurück, auch wenn es in den Fugen kracht und noch zerwühlt ist. Da wirst du schneller gesund! Da tobst du nur drei Tage lang gegen dich und trinkst dich satt am grünen Himmel, da stößt du nur drei Tage lang die Suppe weg, die dir die Frau von oben bringt, am vierten nimmst du sie.

Und am siebenten, der der Tag der Ruhe ist, am siebenten gehst du weg. Die Schmerzen jagen dich, den Weg wirst du ja finden. Erst links, dann rechts und wieder links, quer durch die Hafengassen, die so elend sind, daß sie nicht anders können, als zum Meer zu führen. Wenn nur der junge Mann in deiner Nähe wäre, aber der junge Mann ist nicht bei dir, im Sarg warst du viel schöner. Doch jetzt ist dein Gesicht verzerrt von Schmerzen, die Schmerzen haben zu jubeln aufgehört. Und jetzt steht auch der Schweiß wieder auf deiner Stirne, den ganzen Weg lang, nein, im Sarg, da warst du schöner!

Die Kinder spielen mit den Kugeln am Weg. Du läufst in sie hinein, du läufst, als liefst du mit dem Rücken nach vorn, und keines ist dein Kind. Wie soll denn auch eines davon dein Kind sein, wenn du zur Alten gehst, die bei der Kneipe wohnt? Das weiß der ganze Hafen, wovon die Alte ihren Schnaps bezahlt.

Sie steht schon an der Tür. Die Tür ist offen, und sie streckt dir ihre Hand entgegen, die ist schmutzig. Alles ist dort schmutzig.

Am Kamin stehen die gelben Blumen, und das sind dieselben, die sie in die Kränze winden, das sind schon wieder dieselben. Und die Alte ist viel zu freundlich. Und die Treppen knarren auch hier. Und die Schiffe heulen, wohin du immer gehst, die heulen überall. Und die Schmerzen schütteln dich, aber du darfst nicht schreien. Die Schiffe dürfen heulen, aber du darfst nicht schreien. Gib der Alten das Geld für den Schnaps! Wenn du ihr erst das Geld gegeben hast, hält sie dir deinen Mund mit beiden Händen zu. Die ist ganz nüchtern von dem vielen Schnaps, die Alte. Die träumt nicht von den Ungeborenen. Die unschuldigen Kinder wagen's nicht, sie bei den Heiligen zu verklagen, und die schuldigen wagen's auch nicht. Aber du – du wagst es!

»Mach mir mein Kind wieder lebendig!«

Das hat noch keine von der Alten verlangt. Aber du verlangst es. Der Spiegel gibt dir Kraft. Der blinde Spiegel mit den Fliegenflecken läßt dich verlangen, was noch keine verlangt hat.

»Mach es lebendig, sonst stoß ich deine gelben Blumen um, sonst kratz ich dir die Augen aus, sonst reiß ich deine Fenster auf und schrei über die Gasse, damit sie hören müssen, was sie wissen, ich schrei – –«

Und da erschrickt die Alte. Und in dem großen Schrecken, in dem blinden Spiegel erfüllt sie deine Bitte. Sie weiß nicht, was sie tut, doch in dem blinden Spiegel gelingt es ihr. Die Angst wird fruchtbar, und die Schmerzen beginnen endlich wieder zu jubeln. Und eh du schreist, weißt du das Wiegenlied: Schlaf, Kindlein, schlaf! Und eh du schreist, stürzt dich der Spiegel die finsteren Treppen wieder hinab und läßt dich gehen, laufen läßt er dich. Lauf nicht zu schnell!

Heb lieber deinen Blick vom Boden auf, sonst könnt es sein, daß du da drunten an den Planken um den leeren Bauplatz in einen Mann hineinläufst, in einen jungen Mann, der seine Mütze dreht. Daran erkennst du ihn. Das ist derselbe, der zuletzt an deinem Sarg die Mütze gedreht hat, da ist er schon wieder! Da steht er, als wäre er nie weggewesen, da lehnt er an den Planken. Du fällst in seine Arme. Er hat schon wieder keine Tränen, gib ihm von den deinen. Und nimm Abschied, eh du dich an seinen Arm hängst. Nimm von ihm Abschied! Du wirst es nicht vergessen, wenn er es auch vergißt: Am Anfang nimmt man Abschied. Ehe man miteinander weitergeht, muß man sich an den Planken um den leeren Bauplatz für immer trennen.

Dann geht ihr weiter. Es gibt da einen Weg, der an den Kohlenlagern vorbei zur See führt. Ihr schweigt. Du wartest auf das erste Wort, du läßt es ihm, damit dir nicht das letzte bleibt. Was wird er sagen? Schnell, eh ihr an der See seid, die unvorsichtig macht! Was sagt er? Was ist das erste Wort? Kann es denn so schwer sein, daß es ihn stammeln läßt, daß es ihn zwingt, den Blick zu senken? Oder sind es die Kohlenberge, die über die Planken ragen und ihm Schatten unter die Augen werfen und ihn mit ihrer Schwärze blenden? Das erste Wort – jetzt hat er es gesagt: es ist der Name einer Gasse. So heißt die Gasse, in der die Alte wohnt. Kann denn das sein? Bevor er weiß, daß du das Kind erwartest, nennt er dir schon die Alte, bevor er sagt, daß er dich liebt, nennt er die Alte. Sei ruhig! Er weiß nicht, daß du bei der Alten schon gewesen bist, er kann es auch nicht wissen, er weiß nichts von dem Spiegel. Aber kaum hat er's gesagt, hat er es auch vergessen. Im Spiegel sagt man alles, daß es vergessen sei. Und kaum hast du gesagt, daß du das Kind erwartest, hast du es auch verschwiegen. Der Spiegel spiegelt alles. Die Kohlenberge weichen hinter euch zurück, da seid ihr an der See und seht die weißen Boote wie Fragen an der Grenze eures Blicks, seid still, die See nimmt euch die Antwort aus dem Mund, die See verschlingt, was ihr noch sagen wolltet. Von da ab geht ihr viele Male den Strand hinauf, als ob ihr ihn hinabgingt, nach Hause, als ob ihr weglieft, und weg, als gingt ihr heim.

Was flüstern die in ihren hellen Hauben? »Das ist der Todeskampf!« Die laßt nur reden.

Eines Tages wird der Himmel blaß genug sein, so blaß, daß seine Blässe glänzen wird.

An diesem Tag spiegelt der blinde Spiegel das verdammte Haus. Verdammt nennen die Leute ein Haus, das abgerissen wird, verdammt nennen sie das, sie wissen es nicht besser. Es soll euch nicht erschrecken. Der Himmel ist jetzt blaß genug. Und wie der Himmel in der Blässe erwartet auch das Haus am Ende der Verdammung die Seligkeit. Vom vielen Lachen kommen leicht die Tränen. Du hast genug geweint. Nimm deinen Kranz zurück. Jetzt wirst du auch die Zöpfe bald wieder lösen dürfen. Alles ist im Spiegel. Und hinter allem, was ihr tut, liegt grün die See. Wenn ihr das Haus verlaßt, liegt sie vor euch. Wenn ihr durch die eingesunkenen Fenster wieder aussteigt, habt ihr vergessen. Von da ab drängt er dich, mit ihm hineinzugehen. Aber in dem Eifer entfernt ihr euch davon und biegt am Strand ab. Ihr wendet euch nicht um. Und das verdammte Haus bleibt hinter euch zurück. Ihr geht den Fluß hinauf, und euer eigenes Fieber fließt euch entgegen, es fließt an euch vorbei. Gleich läßt sein Drängen nach. Und in demselben Augenblick bist du nicht mehr bereit, ihr werdet scheuer. Das ist die Ebbe, die die See von allen Küsten wegzieht. Sogar die Flüsse sinken zur Zeit der Ebbe. Und drüben auf der anderen Seite lösen die Wipfel endlich die Krane ab. Weiße Schindeldächer schlafen darunter.

Gib acht, jetzt beginnt er bald von der Zukunft zu reden, von den vielen Kindern und vom langen Leben, und seine Wangen brennen vor Eifer. Sie zünden auch die deinen an. Ihr werdet streiten, ob ihr Söhne oder Töchter wollt, und du willst lieber Söhne. Und er wollte sein Dach lieber mit Ziegeln decken, und du willst lieber – – – aber da seid ihr den Fluss schon viel zu weit hinaufgegangen. Der Schrecken packt euch. Die Schindeldächer auf der anderen Seite sind verschwunden, da drüben sind nur mehr Auen und feuchte Wiesen. Und hier? Gebt auf den Weg acht. Es dämmert – so nüchtern, wie es nur am Morgen dämmert. Die Zukunft ist vorbei. Die Zukunft ist ein Weg am Fluß, der in die Auen mündet. Geht zurück!

Was soll jetzt werden?

Drei Tage später wagt er nicht mehr, den Arm um deine Schultern zu legen. Wieder drei Tage später fragt er dich, wie du heißt, und du fragst ihn. Nun wißt ihr voneinander nicht einmal mehr die Namen. Und ihr fragt auch nicht mehr. Es ist schöner so. Seid ihr nicht zum Geheimnis geworden?

Jetzt geht ihr endlich wieder schweigsam nebeneinander her. Wenn er dich jetzt noch etwas fragt, so fragt er, ob es regnen wird. Wer kann das wissen? Ihr werdet immer fremder. Von der Zukunft habt ihr schon lange zu reden aufgehört. Ihr seht euch nur mehr selten, aber noch immer seid ihr einander nicht fremd genug. Wartet, seid geduldig. Eines Tages wird es so weit sein. Eines Tages ist er dir so fremd, daß du ihn auf einer finsteren Gasse vor einem offenen Tor zu lieben beginnst. Alles will seine Zeit. Jetzt ist sie da.

»Es dauert nicht mehr lange«, sagen die hinter dir, »es geht zu Ende!«

Was wissen die? Beginnt nicht jetzt erst alles?

Ein Tag wird kommen, da siehst du ihn zum erstenmal. Und er sieht dich. Zum erstenmal, das heißt: nie wieder. Aber erschreckt nicht! Ihr müßt nicht voneinander Abschied nehmen, das habt ihr längst getan. Wie gut es ist, daß ihr es schon getan habt!

Es wird ein Herbsttag sein, voller Erwartung darauf, daß alle Früchte wieder Blüten werden, wie er schon ist, der Herbst, mit diesem hellen Rauch und mit dem Schatten, die wie Splitter zwischen den Schritten liegen, daß du die Füße daran zerschneiden könntest, daß du darüberfällst, wenn du um Äpfel auf den Markt geschickt bist, du fällst vor Hoffnung und vor Fröhlichkeit. Ein junger Mann kommt dir zu Hilfe. Er hat die Jacke nur lose umgeworfen und lächelt und dreht die Mütze und weiß kein Wort zu sagen. Aber ihr seid sehr fröhlich in diesem letzten Licht. Du dankst ihm und wirfst ein wenig den Kopf zurück, und da lösen sich die aufgesteckten Zöpfe und fallen herab. »Ach«, sagt er, »gehst du nicht noch zur Schule?« Er dreht sich um und geht und pfeift ein Lied. So trennt ihr euch, ohne einander nur noch einmal anzuschauen, ganz ohne Schmerz und ohne es zu wissen, daß ihr euch trennt.

Jetzt darfst du wieder mit deinen kleinen Brüdern spielen, und du darfst mit ihnen den Fluß entlang gehen, den Weg am Fluß unter den Erlen, und drüben sind die weißen Schindeldächer wie immer zwischen den Wipfeln. Was bringt die Zukunft? Keine Söhne. Brüder hat sie dir gebracht, Zöpfe, um sie tanzen zu lassen, Bälle, um zu fliegen. Sei ihr nicht böse, es ist das Beste, was sie hat. Die Schule kann beginnen.

Noch bist du ein wenig zu groß, noch mußt du auf dem Schulhof während der großen Pause in Reihen gehen und flüstern und erröten und durch die Finger lachen. Aber warte noch ein Jahr, und du darfst wieder über die Schnüre springen und nach den Zweigen haschen, die über die Mauern hängen. Die fremden Sprachen hast du schon gelernt, doch so leicht bleibt es nicht. Deine eigene Sprache ist viel schwerer. Noch schwerer wird es sein, lesen und schreiben zu lernen, doch am schwersten ist es, alles zu vergessen. Und wenn du bei der ersten Prüfung alles wissen mußtest, so darfst du doch am Ende nicht mehr wissen. Wirst du das bestehen? Wirst du still genug sein? Wenn du genug Furcht hast, um den Mund nicht aufzutun, wird alles gut.

Du hängst den blauen Hut, den alle Schulkinder tragen, wieder an den Nagel und verläßt die Schule. Es ist wieder Herbst. Die Blüten sind lange schon zu Knospen geworden, die Knospen zu nichts und nichts wieder zu Früchten. Überall gehen kleine Kinder nach Hause, die ihre Prüfung bestanden haben, wie du. Ihr alle wißt nichts mehr. Du gehst nach Hause, dein Vater erwartet dich, und die kleinen Brüder schreien so laut sie können und zerren an deinem Haar. Du bringst sie zur Ruhe und tröstest deinen Vater.

Bald kommt der Sommer mit den langen Tagen. Bald stirbt deine Mutter. Du und dein Vater, ihr beide holt sie vom Friedhof ab. Drei Tage liegt sie noch zwischen den knisternden Kerzen, wie damals du. Blast alle Kerzen aus, eh sie erwacht! Aber sie riecht das Wachs und hebt sich auf die Arme und klagt leise über die Verschwendung. Dann steht sie auf und wechselt ihre Kleider.

Es ist gut, daß deine Mutter gestorben ist, denn länger hättest du es mit den kleinen Brüdern allein nicht machen können. Doch jetzt ist sie da. Jetzt besorgt sie alles und lehrt dich auch das Spielen noch viel besser, man kann es nie genug gut können. Es ist keine leichte Kunst. Aber das schwerste ist es noch immer nicht.

Das schwerste bleibt es doch, das Sprechen zu vergessen und das Gehen zu verlernen, hilflos zu stammeln und auf dem Boden zu kriechen, um zuletzt in Windeln gewickelt zu werden. Das schwerste bleibt es, alle Zärtlichkeiten zu ertragen und nur mehr zu schauen. Sei geduldig! Bald ist alles gut. Gott weiß den Tag, an dem du schwach genug bist.

Es ist der Tag deiner Geburt. Du kommst zur Welt und schlägst die Augen auf und schließt sie wieder vor dem starken Licht. Das Licht wärmt dir die Glieder, du regst dich in der Sonne, du bist da, du lebst. Dein Vater beugt sich über dich.

»Es ist zu Ende – « sagen die hinter dir, »sie ist tot!«

Still! Laß sie reden!

Ingeborg Bachmann

Aus: **Frankfurter Vorlesungen** (1959/60)

M: Was die junge Ingeborg Bachmann (sie war damals 33 Jahre alt) als erste Dozentin in jener von der Frankfurter Universität veranstalteten Vorlesungsreihe über Literatur gesagt hat, ist selbst ein schönes Stück Literatur. Ich habe es ausgewählt, weil darin etwas von unseren eigenen Intentionen ausgesagt ist, wie wir sie im Vorwort angesprochen haben: Die *Goldbarren* der Literatur sind *Kursschwankungen* unterworfen. Es gibt nur ein *lebendiges* Urteil über Literatur, das wir *im Lauf unseres Lebens ändern.* Ich kenne niemanden vor Ingeborg Bachmann, der mit ihren Begriffen *Offenheit* und *Konstitution* (der Begriff »Rezeption« war damals noch weitgehend unbekannt) so eindrucksvoll auf die Rolle des Lesers von Literatur hingewiesen hätte, auf die Begegnung mit literarischen Texten also, die in jeder Zeit, in jedem Alter und in jeder Situation neu ist und sich ständig verändert. Ihre Kernsätze: *die Literatur ist ungeschlossen, ... da ihre ganze Vergangenheit sich in die Gegenwart drängt, und dass keines ihrer Werke datiert und unschädlich gemacht sein wollte, sondern dass sie alle die Voraussetzung enthalten, die sich jeder endgültigen Absprache ... entziehen.* Eine Absage an jeden Kanon? Ein Plädoyer für das, was Bachmann Utopie nennt! Würden wir es heute als die Offenheit für die stets neuen Wirkungen der Literatur bezeichnen? – Das ist nun gerade kein Hinweis darauf, dass es bestimmte »unentbehrliche« Texte für alle gäbe, aber doch eine Fürsprache dafür, sich immer erneut für die Literatur zu öffnen und dabei *gnad- und rücksichtslos* zu sein, wenn wir beteiligt sein wollen an ihren Wirkungen.

F: Diese Vorlesung gibt in der Tat Anlass zur Selbstreflexion für alle, die wir uns als literarische Leser begreifen. Schauen wir uns doch einmal um in unseren Bücherregalen: Welche Literatur haben wir zu welchem Zeitpunkt und aus welchem Beweggrund dort hineingestellt? An welchem *Wunschbild* haben wir sie jeweils orientiert? Wissen wir das noch? Und welche Literatur ist auch heute noch für uns *das*

Erhoffte, das Erwünschte? – und welche ist es wieder geworden? Schließlich: Welche künftig erscheinende Literatur sind wir bereit, dahingehend zu überprüfen, ob sie ein *nach vorn geöffnetes Reich* eröffnet? – Im Vorwort haben wir beide von der Begeisterung gesprochen, die uns jeweils zu den Texten greifen ließ. Vielleicht können wir ja hier dazu anregen, im wörtlichen Sinne *das weiße, unbeschriebene Blatt* in das Buch zu legen, um darauf das bei der Lektüre *noch Hinzugewinnende* einzutragen.

Leben und Werke:
Ingeborg Bachmann wurde 1926 in Klagenfurt geboren. Sie studierte Philosophie, Germanistik und Psychologie in Innsbruck, Graz und Wien. 1950 promovierte sie. Sie war als Rundfunkredakteurin und Übersetzerin tätig und später als freie Schriftstellerin, Dramaturgin und Gastdozentin. Sie schrieb Gedichte, Hörspiele, Erzählungen, Romane und Essays und veröffentlichte Gespräche und Interviews. 1953 erhält sie den ersten Preis der Gruppe 47, 1964 den renommierten Büchner-Preis. Befreundet war sie vor allem mit Max Frisch und Uwe Johnson. 1973 starb sie in Rom.

Leseempfehlungen:
Einige ihrer Gedichte aus der Sammlung *Anrufung des Großen Bären* gehören zu den schönsten der deutschsprachigen Lyrik. Ihr Gedicht *Reklame* ist fast in jedem Schullesebuch enthalten. Ihr Roman *Malina* gehört zu den psychologisch eindrucksvollsten Werken.

Ingeborg Bachmann:

Frankfurter Vorlesungen

Literatur als Utopie

Meine Damen und Herren,

es ist noch nicht allzulange her, daß ich selbst auf einer Bank in einem Hörsaal saß, freilich nicht, um über Literatur zu hören – und das wenige, was ich nebenbei hin und wieder hörte, hat meinen Widerwillen damals nur bestärkt, zu einer Zeit also, in der Schreiben für einen jungen Menschen, der schreibt und nichts als schreiben will, schon längst im Mittelpunkt aller Gedanken und Hoffnungen steht. Die Abneigung gegen die Literatur, wie die Wissenschaft sie behandelt, mag eine Torheit unter anderen gewesen sein. Daß das Literaturstudium für Schriftsteller jedoch nicht vonnöten und unerheblich ist, wissen Sie, daß es Kaufleute und Landstreicher, Ärzte und Zuchthäusler, Ingenieure, Dandys, Journalisten, ja selbst Professoren, darin zu einigem Ansehen gebracht haben.

Immer wieder dieses ominöse Wort »Literatur«, diese bereitwillig umgreifende Bezeichnung für eine scheinbar klare Sache, nicht nur von der Wissenschaft hundertmal gewendet, eines der Hauptworte, mögen sie es hin und wieder auch auf ihre eigene mutwillige Art verwenden. Sicher ist, daß nicht zur Literatur gezählt werden oder eines Tages nicht mehr dazu gezählt zu werden, für den Schriftsteller eine schreckliche Vorstellung ist, daß es einem Todesurteil gleichkommt. Um die Zugehörigkeit zu dem Orden »Literatur« wirbt er uneingestanden unablässig, und wenn ihm auch nie kundgetan wird, ob ihm die Dauerzulassung gewährt wird – er erhofft sie und gibt diese Hoffnung nie auf.

Was dieses Schlüsselwort meint, was es aufsperrt, auf welches Reich es uns den Blick öffnet, darüber, sollte man meinen, erübrige sich eine Verständigung. Man weiß doch, was das ist, die Deutsche Literatur zum Beispiel und die Europäische Literatur und die Weltliteratur. Wir wollen einmal absehen davon, daß man in deutschen Landen dazu neigt, die Worte »Literatur«, »literarisch« als abschätzige einschränkende Begriffe oder gar Schimpfworte zu gebrauchen (mit dem Wort »Literat« ist die Abwertung beinah wirklich gelungen!), und daß es bei uns heißt: das ist nichts als Literatur! Das ist ja literarisch! Man liebt hier mehr das »Dichterische« und »Schöpferische«, »Dichtung« und »Schaffen«, aber da dieser Wortgebrauch wiederum von so unguten Wallungen akzentuiert wird, möchte ich ihn beiseite lassen und mich auf das Wort Literatur als eine Sachbezeichnung zurückziehen. Was aber ist diese Sache? – Ist die Literatur die Summe aller Werke und obendrein die Summe aller derer, die Werke hinterlassen haben?

Welcher Werke? – Nur der hervorragenden? Von wem bestimmt als hervorragende? Welcher Figuren? Nur derer, deren Werke sich erhalten haben und für wen erhalten? Und ist, was und wer in die Literatur eingegangen ist, auf einen unverrückbaren Platz gestellt? Ist der Schatz, dieser sogenannte Vorrat ewiger Poesie, den die Literaturgeschichte so eifrig hütet und verwaltet, dieser Pietät und dieser fortgesetzten Beschwörung wert? Sind diese Goldbarren menschlichen Geistes alle echt, schwärzt sich nicht mancher und klingt es da nicht öfters ein wenig hohl? Und ist, was Gold ist, nicht den unglaublichsten Kursschwankungen unterworfen? – Ihre Lehrer werden Ihnen besser erzählen können, wie oft Goethe, wie oft Schiller gestürzt wurden, welche Kursstürze die Romantiker, die Naturalisten, die Symbolisten erlitten haben. Wie oft ein Autor mißachtet, wieder gefeiert, vergessen, wieder auferstanden ist – welche Werke der Maestri über Gebühr gelobt oder über Gebühr vernachlässigt worden sind. Und wir selbst stehen ja mitten im Prozeß, wir verachten, wir bewerten neu, wir behandeln die Literatur einerseits wie eine unverrückbare Sache und traktieren sie zugleich, bis sie einem Wunschbild ähnlich ist.

Eine Indizienkette von Werken spricht allerdings dafür, daß es die Literatur gibt. Nehmen wir einmal zum Beispiel die deutsche

– aber da stocken wir schon, obwohl es in jedem Leitfaden heißt: Von den Merseburger Zaubersprüchen bis – ja bis? Wir stocken, weil wir auch hören, wir hätten, genau genommen, keine Literatur, keine kontinuierliche, sie wird traditionslos genannt und soll sich am wenigsten eignen für ein Beobachten und Wahrnehmen dessen, was man unter Literatur versteht. Verglichen mit der französischen, mit der englischen Literatur, jedenfalls. Daran ist viel Richtiges, solange man das gewohnte Denken nicht verläßt. Stellt man sich aber in eine andere Distanz, so ist auch nicht mehr einzusehen, warum die französische oder irgendeine Literatur dem entsprechen soll, was man unter Literatur versteht. Denn was versteht man darunter?

Sie ist ein Wunschbild, das man sich zurechtkorrigiert, in dem man Fakten stehenläßt und andere ausmerzt.

Sehen wir uns doch einmal heute um, nach den Meinungen, den Festlegungen. Da kann man sonderbare Erfahrungen machen alle Tage, im Gespräch mit Freunden zum Beispiel. In einem Gespräch über Malerei etwa können Sie die Namen Giotto, Kandinsky, Pollock hören, aber in demselben Gespräch wird man sich hüten, Raffael im gleichen Tonfall zu nennen. Sie können, wenn Sie zu Gast sind und sich nach den Schallplatten umsehen, Bach, etwas Barockmusik, Schönberg und Webern ausgelegt finden, Tschaikowski wird in dem Sortiment kaum zu finden sein. In Literaturgesprächen, bei denen man auf sich hält, kann man Verlautbarungen über Joyce und Faulkner, Homer und Cicero hören, aber bei Namen wie Eichendorff oder Stifter geht möglicherweise die Alarmglocke. Das sind keine erfundenen Pointen; wir erleben sie täglich und wirken mit an diesen Pointen. Denn während auf der einen Seite eine offizielle, allem gerecht werdende Denkmalpflege der Literatur und jeder Kunst getrieben wird, herrscht inoffiziell ein Terror, der ganze Teile der Literatur und jeder Kunst für eine Zeit in Acht und Bann tut. Es hat diese Art Terror immer gegeben, und es hilft kaum, sich darüber klarzuwerden; wir üben ihn selber notwendigerweise aus, die Freude an dem einen Teil der Literatur bedingt die Ablehnung des anderen, in dieser Ungerechtigkeit erhalten wir sie am Leben, sie orientierend an einem Wunschbild. Und es ist durchaus denkbar, daß in nicht ferner Zeit *unsere* Idole, die älteren und neueren, wieder gestürzt werden und eine Weile abtreten müssen, daß unser Schrittmachen und unser Streit für das Neue, wie wir es verstehen, einen anderen Streit herausfordern wird. Solange wir hier sind, und man ist hier immer im rechten Glauben, kümmert es einen nicht.

So ist die Literatur, obwohl und sogar weil sie immer ein Sammelsurium von Vergangenem und Vorgefundenem ist, immer das Erhoffte, das Erwünschte, das wir ausstatten aus dem Vorrat nach unserem Verlangen – so ist sie ein nach vorn geöffnetes Reich von unbekannten Grenzen. Unser Verlangen macht, daß alles, was sich aus Sprache schon gebildet hat, zugleich teilhat an dem, was noch nicht ausgesprochen ist, und unsere Begeisterung für bestimmte herrliche Texte ist eigentlich die Begeisterung für das weiße, unbeschriebene Blatt, auf dem das noch Hinzuzugewinnende auch eingetragen scheint. An jedem großen Werk, sei es nun der ›*Don Quijote*‹ oder die ›*Divina Comedia*‹, ist für uns etwas verblüht, verwittert, es gibt einen Mangel, den wir selbst beheben dadurch, daß wir ihm heute eine Chance geben, es lesen und morgen lesen wollen – einen Mangel, der so groß ist, daß er uns antreibt, mit der Literatur als einer Utopie zu verfahren.

In welcher Verlegenheit also müßte sich die Wissenschaft befinden, da es kein objektives Urteil über Literatur gibt, nur ein lebendiges, und dies lebendige Urteil von solchen Folgen ist. Im Lauf unseres Lebens ändern wir unser Urteil über einen Autor häufig mehrmals. Als Zwanzigjährige erledigen wir ihn mit einem Witz oder nennen ihn eine Gipsfigur, die uns nichts angehe, mit dreißig entdecken wir seine Größe, und wieder zehn Jahre später ist unser Interesse an ihm erloschen oder neue Zweifel sind uns gekommen und eine neue Unduldsamkeit. Oder wir halten ihn, umgekehrt, erst für ein Genie, entdecken später Plattheiten, die uns enttäuschen, und geben ihn auf. Wir sind gnad- und rücksichtslos, aber wo wir es nicht sind, sind wir auch nicht beteiligt. Immer ist uns dieses und jenes an einer Zeit, an einem Autor zum

Exemplifizieren recht, und anderes steht uns im Weg, muß wegdisputiert werden. Wir zitieren triumphierend oder verdammend, als wären die Werke nur dazu da, um etwas für uns zu beweisen.

Die wechselnden Erfolge der Werke oder ihre Mißerfolge lassen nun weniger auf sich selbst als auf unsere eigene Konstitution und auf die Konstitution der Zeit schließen, aber die Geschichte dieser Konstitutionen hat noch niemand geschrieben, und weiter geschrieben wird an der Geschichte der Literatur, und sie wird kritisch-ästhetisch geordnet, als wäre sie ein erledigter Akt, der dem einhelligen Wahrspruch der darauf Eingeschworenen – nämlich der Leser, der Kritiker und der Wissenschaftler – zugänglich sei.

Aber die Literatur ist ungeschlossen, die alte so gut wie die neue, sie ist ungeschlossener als jeder andere Bereich – als Wissenschaften, wo jede neue Erkenntnis die alte überrundet –, sie ist ungeschlossen, da ihre ganze Vergangenheit sich in die Gegenwart drängt. Mit der Kraft aus allen Zeiten drückt sie gegen uns, gegen die Zeitschwelle, auf der wir halten, und ihr Anrücken mit starken alten und starken neuen Erkenntnissen macht uns begreifen, dass keines ihrer Werke *datiert* und *unschädlich* gemacht sein wollte, sondern daß sie alle die Voraussetzungen enthalten, die sich jeder endgültigen Absprache und Einordnung entziehen.

Diese Voraussetzungen, die in den Werken selber liegen, möchte ich versuchen, die »utopischen« zu nennen.

Wären nicht auch auf seiten der Werke diese utopischen Voraussetzungen, so wäre die Literatur, trotz unserer Anteilnahme, ein Friedhof. Wir hätten nur mit Kranzniederlegungen zu tun. Dann wäre jedes Werk durch ein anderes abgelöst und verbessert worden, jedes beerdigt worden durch ein folgendes.

Die Literatur braucht aber kein Pantheon, sie versteht sich nicht aufs Sterben, auf den Himmel, auf keine Erlösung, sondern auf *die stärkste Absicht, zu wirken* in jeder Gegenwart, in dieser oder der nächsten – (…)

Thomas Bernhard

Der junge Mann (1969)

Ein »schreibender Dialog«: Um uns gemeinsam dem Text anzunähern, haben wir ihn uns gegenseitig je einmal vorgelesen. Dann haben wir an der schriftlichen Fassung ein Verfahren angewendet, das man »schreibenden Dialog« nennen könnte: Der Erste notiert einen Satz zu einer Textstelle, die ihm besonders aufgefallen ist, der Zweite reagiert darauf und führt den Gedanken fort usw. Das Ganze geschieht, ohne dass dabei gesprochen wird, und führt manchmal zu überraschenden Einsichten. Dieses Verfahren ist eine sehr gute Vorbereitung für ein anschließendes Interpretationsgespräch!

F: Der junge Mann »stellt fest«: »In dem alten Mann *ist* nichts.« Das sagt der Erzähler. Irritierend!

M: Nehmen wir an, der alte Mann schläft oder ist gar tot, und der junge Mann hat das nicht bemerkt.

F: Der Text beginnt doch aber damit, dass der junge Mann dem alten etwas »beweisen« will. Da ist der Alte noch wach und lebendig. Warum sollte er tot sein?

M: Das lese ich aus dem Anfang nicht heraus. Nur: dass der junge Mann einen Alten, der vielleicht vor seiner Haustür sitzt, mit seinem Versuch, ihm etwas zu »beweisen«, überfällt. Über den Alten ist sonst nichts gesagt.

F: Gut, der junge Mann verhält sich merkwürdig. Warum ist er so allein? Er prallt auf Ablehnung. Der alte Mann tut nichts, der junge benutzt ihn zum Selbstbeweis. Vielleicht ist er autistisch.

M: Jedenfalls: ob der Alte schläft, schwerhörig oder gar tot ist, – der junge Mann kümmert sich nicht darum, sondern nur um sich selbst.

Krankhaft finde ich es noch nicht, wenn einer redet, aber nichts hört und sieht, bis zu dem Zeitpunkt, an dem er wenigstens das eine bemerkt, dass »da nichts ist«. Ein Autist würde nicht einmal das bemerken!

F: Eine Rätsel-Geschichte! Der junge Mann berichtet, dass er die Menschen abstößt. Wie reagiert man denn auf jemanden, der einen nicht richtig wahrnimmt? Dann nimmt man ihn nur ungern auf. Was aber genau passiert am Schluss?

M: Ich lese: Er »deckt sich zu«, weil er sich »schämt«, – wie ein Kind. Vielleicht ist das die Chance, sich zu ändern. Der Alte hatte sie ihm auf eine radikale Weise durch Nicht-Reagieren eröffnet.

F: Also das Erkennen eines Kommunikationsmusters, das ihn im Alleinsein belässt. Ich stelle mir das konkret vor: Da redet jemand »mit Gewalttätigkeit« auf einen Fremden ein. Wie würdest du denn reagieren?

M: Ich weiß nicht. Vielleicht würde auch ich mich schwerhörig stellen. Aber darauf kommt es nicht an. Der alte Mann reagiert eben einfach nicht. Und so etwas hatte der junge Mann zuvor so noch nicht erlebt. – Ich frage mich aber noch etwas anderes: Was will der Erzähler damit bewirken, dass er dem jungen Mann nur die indirekte Rede zubilligt? Wäre es nicht viel drastischer, er ließe ihn wirklich direkt und »gewalttätig« reden?

F: Das bewirkt Distanzierung. Ich versuche das Ganze einmal in einen Redetext umzudenken und mir die Szene gespielt vorzustellen. Wie oft quatscht mich jemand unangemessen an, sieht nichts und hört nichts von mir, will mir beweisen, dass die Welt »schlecht« oder unkommunikativ ist, merkt irgendwann, dass ich mich längst abgewandt habe, läuft weg und erzählt einem Nachbarn, in mir sei nichts. Da bin ich bei der indirekten Rede!

M: In der Ich-Form würde das einleuchten. Aber in der personalen Erzählweise? Ich denke: Der Erzähler charakterisiert den jungen Mann durch die indirekte Rede als einen, der überhaupt nicht Ich und nicht Du sagen kann. Das müsste er ihn nämlich in direkter Rede sagen lassen!

F: So könnte es sein. Jetzt möchte ich aber noch bitte wissen, warum dieser Text »unentbehrlich« sein soll?

M: Für mich: weil er mich auf eindringliche Weise mahnt. Geschenke, Maskierungen, Einreden auf andere können keine Beziehungen stiften. Ich muss als Ich das Du wirklich zur Kenntnis nehmen. Ich denke, das hat der junge Mann am Ende wohl auch erfahren.

Leben und Werke:
Thomas Bernhard wurde 1931 in Heerlen/Holland geboren und wuchs bei seinen Großeltern in Österreich auf. Eine schwere Lungenkrankheit und der Tod der Mutter lassen den späteren Journalisten und freien Schriftsteller das Schreiben *als Überlebensform entdecken.* Die Themen Tod, Krankheit, Erkenntniszweifel und Verfall bestimmen seine Romane, Gedichte und Bühnenstücke. Bis zu seinem Tod 1989 lebte Bernhard in Ohlsdorf/Oberösterreich.

Leseempfehlungen:
Zum Einlesen empfehlen wir *Thomas Bernhard – Ein Lesebuch* – und: *Erzählungen.* Und dann vielleicht eines der größeren Werke: *Verstörung, Frost, Das Kalkwerk, Macht der Gewohnheit.*

Thomas Bernhard

Der junge Mann

Der junge Mann versucht, einem alten Mann zu beweisen, daß er, *der junge Mann,* allein ist. Er sagt ihm, er sei in die Stadt gekommen, um Menschen kennenzulernen, aber es sei ihm bis jetzt noch nicht gelungen, auch nur einen Menschen zu finden. Er habe verschiedene Mittel angewendet, um das Vertrauen der Menschen zu gewinnen. Aber er habe sie abgestoßen. Sie ließen ihn zwar ausreden und hörten ihm auch zu, aber sie wollten ihn nicht *verstehen.* Er habe ihnen Geschenke mitgebracht; denn mit Geschenken könne man Menschen zur Freundschaft und zur Anhänglichkeit verführen. Aber sie nähmen die Geschenke nicht an und setzten ihn vor die Tür. Er habe tagelang darüber nachgedacht, warum sie ihn nicht haben wollten. Aber er sei nicht darauf gekommen. Er habe sich sogar *verwandelt,* um Menschen zu gewinnen; er sei bald der und bald jener gewesen, und es sei ihm gelungen, sich zu verstellen, aber auch auf diese Weise habe er nicht einen Menschen gewonnen. Er redet auf den alten Mann, der neben seiner Haustüre sitzt, mit einer solchen Gewalttätigkeit ein, daß er sich plötzlich schämt. Er tritt einen Schritt zurück und stellt fest, daß in dem alten Mann nichts vorgeht. In dem alten Mann ist nichts, das er wahrnehmen könnte. Jetzt läuft der junge Mann in sein Zimmer und deckt sich zu.

Heinrich Böll
Anekdote zur Senkung der Arbeitsmoral (1963)

Leben, um zu arbeiten – Arbeiten, um zu leben. Oder in Bölls Sprache: *Arbeiten, um eines Tages einmal nicht mehr arbeiten zu müssen,* – dagegen: nur so viel arbeiten, dass man schon in der Gegenwart noch Zeit hat zum Leben. Zwei Lebensprinzipien, die hier zur Zeit des Wirtschaftswunders in Deutschland, als ein wohlhabender Tourist wahrscheinlich das Irland Heinrich Bölls besucht, aufeinanderprallen. Die Betriebsamkeit, mit der der Tourist aus dem Wunderland des Kapitalismus dem dösenden Fischer aus dem damals noch in unbefleckter Ruhe dämmernden Irland seine guten Ratschläge zum Reichwerden andient, stößt bei dem auf nichts als unverständiges Kopfschütteln. Die witzige Pointe, die jeder Anekdote eigen ist, gipfelt dann darin, dass sich der reiche Tourist gegenüber dem armen Fischer mit seinen eigenen Argumenten widerlegt – und so demaskiert. Wenigstens gesteht er sich am Ende *ein wenig Neid* ein; aber das ist schon fast, wie bei Böll nicht selten, ein wenig zu viel an Beredsamkeit, die auch ohne diesen letzten Satz (vielleicht besser) ausgekommen wäre. Doch dem Moralisten Böll ist eben immer auch daran gelegen, dass nicht nur seine Leser, sondern auch seine Figuren etwas aus der ästhetisch gestalteten Situation lernen.

Im Gesamtwerk Bölls ist auch dieser kurze, humorvolle Text ein Beispiel für das Gegenbild einer humanen zur inhumanen vom Diktat des Geldes bestimmten Welt, eine Absage an das, was die Selbstverwirklichung des Menschen verhindert. Man hört ihn reden, den, der die »Ästhetik des Humanen« vertreten hat wie kaum ein anderer Schriftsteller in der zweiten Hälfte des 20. Jahrhunderts, der mit großer Bescheidenheit den einfachen Leuten Recht gibt, ohne sie je als »einfach« bezeichnet zu haben. Und man hört auch von Anfang an den Satiriker reden, der ja fast immer auch ein Moralist ist: Anekdote zur Senkung der Arbeitsmoral, – natürlich ist das ein Titel mit doppeltem Boden; denn Böll will ja nicht die falsch verstandene Arbeitsmoral senken, sondern einer wirklichen Moral des Arbeitens zu humanem Ansehen verhelfen. Wenn man zudem bedenkt, dass die Poetik der Anekdote in der Regel von den Namen der »Großen, Berühmten« bestimmt ist, so ist auch diese Geschichte eine Verbeugung vor den »Kleinen«, auf deren Beispielhaftigkeit Böll mit dem Titel Anekdote hinweist. »Unentbehrlich«, von ihnen zu lernen!

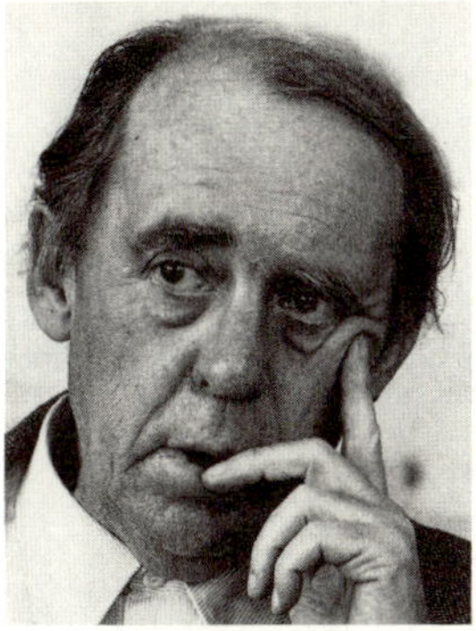

Leben und Werke:
Heinrich Böll wurde 1917 in Köln geboren. Nach abgebrochener Buchhändlerlehre: Reichsarbeitsdienst, Beginn des Studiums in Germanistik und Altphilologie, von 1939–1945 Soldat. Seit 1951 ist Böll freier Schriftsteller. Er schreibt Kurzgeschichten, Erzählungen, Romane, Hörspiele, Essays, Satiren, veröffentlicht Gespräche und politische Schriften. Zu seinen großen Romanen zählen *Billard um halb zehn, Ansichten eines Clowns, Gruppenbild mit Dame, Die verlorene Ehre der Katharina Blum*. 1972 erhält er den Nobelpreis für Literatur. Böll stirbt 1985 in Köln.

Leseempfehlungen:
Zu seinen schönsten Büchern gehört ohne Zweifel das *Irische Tagebuch*, in dem er Auskunft gibt über seine Liebe zu Irland, wo er ein Haus erwirbt und vorübergehend dort schreibt. Viele seiner Kurzgeschichten wie *Die Waage der Baleks, Wanderer, kommst du nach Spa ...*, gehören noch heute zu Recht zur verbreiteten Schullektüre. Seine satirischen Texte wie *Nicht nur zur Weihnachtszeit, Doktor Murkes gesammeltes Schweigen* haben ihre satirische Kraft bis heute erhalten. Wer sich in einige kürzere Texte einlesen möchte, dem sei empfohlen *Das Heinrich Böll Lesebuch.*

Heinrich Böll:

Anekdote zur Senkung der Arbeitsmoral

In einem Hafen an der westlichen Küste Europas liegt ein ärmlich gekleideter Mann in seinem Fischerboot und döst. Ein schick angezogener Tourist legt eben einen neuen Farbfilm in seinen Fotoapparat, um das idyllische Bild zu fotografieren: blauer Himmel, grüne See mit friedlichen, schneeweißen Wellenkämmen, schwarzes Boot, rote Fischermütze. Klick. Noch einmal: klick, und da aller guten Dinge drei sind, und sicher sicher ist, ein drittes Mal: klick. Das spröde, fast feindselige Geräusch weckt den dösenden Fischer, der sich schläfrig aufrichtet, schläfrig nach seiner Zigarettenschachtel angelt, aber bevor er das Gesuchte gefunden, hat ihm der eifrige Tourist schon eine Schachtel vor die Nase gehalten, ihm die Zigarette nicht gerade in den Mund gesteckt, aber in die Hand gelegt, und ein viertes Klick, das des Feuerzeuges, schließt die eilfertige Höflichkeit ab. Durch jenes kaum messbare, nie nachweisbare Zuviel an flinker Höflichkeit ist eine gereizte Verlegenheit entstanden, die der Tourist – der Landessprache mächtig – durch ein Gespräch zu überbrücken versucht.

»Sie werden heute einen guten Fang machen.«

Kopfschütteln des Fischers.

»Aber man hat mir gesagt, dass das Wetter günstig ist.«

Kopfnicken des Fischers.

»Sie werden also nicht ausfahren?«

Kopfschütteln des Fischers, steigende Nervosität des Touristen. Gewiss liegt ihm das Wohl des ärmlich gekleideten Menschen am Herzen, nagt an ihm die Trauer über die verpasste Gelegenheit.

»Oh, sie fühlen sich nicht wohl?«

Endlich geht der Fischer von der Zeichensprache zum wahrhaft gesprochenen Wort über. »Ich fühle mich großartig«, sagt er. »Ich habe mich nie besser gefühlt.« Er steht auf, reckt sich, als wollte er demonstrieren, wie athletisch er gebaut ist. »Ich fühle mich phantastisch.«

Der Gesichtsausdruck des Touristen wird immer unglücklicher, er kann die Frage nicht mehr unterdrücken, die ihm sozusagen das Herz zu sprengen droht: »Aber warum fahren Sie dann nicht aus?«

Die Antwort kommt prompt und knapp. »Weil ich heute morgen schon ausgefahren bin.«

»War der Fang gut?«

»Er war so gut, dass ich nicht noch einmal auszufahren brauche, ich habe vier Hummer in meinen Körben gehabt, fast zwei Dutzend Makrelen gefangen …«

Der Fischer, endlich erwacht, taut jetzt auf und klopft dem Touristen beruhigend auf die Schultern. Dessen besorgter Gesichtsausdruck erscheint ihm als ein Ausdruck zwar unangebrachter, doch rührender Kümmernis.

»Ich habe sogar für morgen und übermorgen genug«, sagt er, um des Fremden Seele zu erleichtern. »Rauchen Sie eine von meinen?«

»Ja, danke.«

Zigaretten werden in Münder gesteckt, ein fünftes Klick, der Fremde setzt sich kopfschüttelnd auf den Bootsrand, legt die Kamera aus der Hand, denn er braucht jetzt beide Hände, um seiner Rede Nachdruck zu verleihen.

»Ich will mich ja nicht in Ihre persönlichen Angelegenheiten mischen«, sagt er, »aber stellen Sie sich mal vor, Sie führen heute ein zweites, ein drittes, vielleicht sogar ein viertes Mal aus und Sie würden drei, vier, fünf, vielleicht gar zehn Dutzend Makrelen fangen … stellen Sie sich das mal vor.«

Der Fischer nickt.

»Sie würden«, fährt der Tourist fort, »nicht nur heute, sondern morgen, übermorgen, ja, an jedem günstigen Tag zwei-, dreimal, vielleicht viermal ausfahren – wissen Sie, was geschehen würde?«

Der Fischer schüttelt den Kopf.

»Sie würden sich in spätestens einem Jahr einen Motor kaufen können, in zwei Jahren ein zweites Boot, in drei oder vier Jahren könnten Sie vielleicht einen kleinen Kutter haben, mit zwei Booten oder dem Kutter würden Sie natürlich viel mehr fangen – eines Tages würden Sie zwei Kutter haben, Sie würden ...«, die Begeisterung verschlägt ihm für ein paar Augenblicke die Stimme, »Sie würden ein kleines Kühlhaus bauen, vielleicht eine Räucherei, später eine Marinadenfabrik, mit einem eigenen Hubschrauber rundfliegen, die Fischschwärme ausmachen und Ihren Kuttern per Funk Anweisung geben. Sie könnten die Lachsrechte erwerben, ein Fischrestaurant eröffnen, den Hummer ohne Zwischenhändler direkt nach Paris exportieren – und dann ...«, wieder verschlägt die Begeisterung dem Fremden die Sprache. Kopfschüttelnd, im tiefsten Herzen betrübt, seiner Urlaubsfreude schon fast verlustig, blickt er auf die friedlich hereinrollende Flut, in der die ungefangenen Fische munter springen.

»Und dann«, sagt er, aber wieder verschlägt ihm die Erregung die Sprache. Der Fischer klopft ihm auf den Rücken, wie einem Kind, das sich verschluckt hat. »Was dann?«, fragt er leise.

»Dann«, sagt der Fremde mit stiller Begeisterung, »dann könnten Sie beruhigt hier im Hafen sitzen, in der Sonne dösen – und auf das herrliche Meer blicken.«

»Aber das tu ich ja schon jetzt«, sagt der Fischer, »ich sitze beruhigt am Hafen und döse, nur Ihr Klicken hat mich dabei gestört.«

Tatsächlich zog der solcherlei belehrte Tourist nachdenklich von dannen, denn früher hatte er auch einmal geglaubt, er arbeite, um eines Tages einmal nicht mehr arbeiten zu müssen, und es blieb keine Spur von Mitleid mit dem ärmlich gekleideten Fischer in ihm zurück, nur ein wenig Neid.

Wolfgang Borchert

Der viele viele Schnee (1946/47)

Dass nicht sein kann, was nicht sein darf! Da singt ein junger Soldat in der Einsamkeit der russischen Front Weihnachtslieder, aus Angst. Wie ein Kind pfeift er, wenn es sich fürchtet. *Denn die Angst war groß in den Ohren. Denn es seufzte. Da sang er* ... Regression, das Zurückfallen auf frühere Stufen der geistigen Entwicklung. Die ganze Geschichte ist in ihrer Sprache, wie oft bei Borchert, kindlich-märchenhaft *(der viele viele Schnee)*. In manchen Interpretationen wird sie zu Unrecht als »einfach« oder »umgangssprachlich« bezeichnet. Doch sie ist hochgradig stilisiert, artifiziell. Ein funktionaler Stil. Mit Wiederholungen (19 mal das Wort *Schnee,* 12 mal *leise/still,* 11 mal *seufzte* usw.) gestaltet Borchert die erzählte Zeit so, dass sie nahezu deckungsgleich ist mit der Erzählzeit. Das immer Gleiche dieser schrecklichen Situation wird durch die immer gleichen Wörter evoziert: *Schnee, Wald, Astwerk, Stille, Angst* ...

Und wie märchenhaft dann die Erlösung: Eher erklärt sich ein Feldwebel für verrückt, als dass er daran glaubt, auf Posten an der Front könnte ein Maschinengewehrschütze Weihnachtslieder singen. Er lacht am Ende über seine eigene Verrücktheit. Und wie durch den Zauber des Lachens stellt der Schütze fest, dass das *Seufzen* ihn (und mit ihm den Leser) genarrt hatte. Es waren die Äste, die sich unter dem Schnee bogen. Humor und Tröstlichkeit am Schluss der Geschichte. Ein Märchen ist sie jedoch leider nicht.

Leben und Werke:
Wolfgang Borchert wurde 1921 in Hamburg geboren. Er war Buchhändler, dann Schauspieler und kam 1941 als Soldat an die russische Front. Durch unvorsichtige Äußerungen in Briefen wurde er verhaftet und zum Tode verurteilt, jedoch zwecks Bewährung noch einmal an die Ostfront versetzt. Nach dem Krieg arbeitete er als Regieassistent und Kabarettist. Schon chronisch fieberkrank ermöglichten ihm Freunde einen Kuraufenthalt in der Schweiz. Zwei Jahre lang konnte er noch schreiben: sein berühmtes Drama *Draußen vor der Tür*, Gedichte, Kurzgeschichten und Erzählungen. *Der viele viele Schnee* ist in seiner Sammlung *An diesem Dienstag* 1946/47 entstanden.

Leseempfehlungen:
Peter Rühmkorf hat 1967 unter dem Titel *Die traurigen Geranien* Geschichten aus Borcherts Nachlass herausgegeben. Das Buch enthält 18 Texte, die nicht im Gesamtwerk enthalten sind und von denen einige zu seinen eindrucksvollsten gehören. Rühmkorfs Nachwort sei ausdrücklich zum Lesen empfohlen! Dass einige seiner Kurzgeschichten wie *Nachts schlafen die Ratten* doch auch heute noch zu einer wichtigen Lektüre gehören, braucht nicht eigens hervorgehoben zu werden.

Wolfgang Borchert

Der viele viele Schnee

Schnee hing im Astwerk. Der Maschinengewehrschütze sang. Er stand in einem russischen Wald auf weit vorgeschobenem Posten. Er sang Weihnachtslieder und dabei war es schon Anfang Februar. Aber das kam, weil Schnee meterhoch lag. Schnee zwischen den schwarzen Stämmen. Schnee auf den schwarzgrünen Zweigen. Im Astwerk hängen geblieben, auf Büsche geweht, wattig, und an schwarze Stämme gebackt. Viel viel Schnee. Und der Maschinengewehrschütze sang Weihnachtslieder, obgleich es schon Februar war.

Hin und wieder musst du mal ein paar Schüsse loslassen. Sonst friert das Ding ein. Einfach geradeaus ins Dunkle halten. Damit es nicht einfriert. Schieß man auf die Büsche da. Ja, die da, dann weißt du gleich, dass da keiner drin sitzt. Das beruhigt. Kannst ruhig alle Viertelstunde mal eine Serie loslassen. Das beruhigt. Sonst friert das Ding ein. Dann ist es auch nicht so still, wenn man hin und wieder mal schießt. Das hatte der gesagt, den er abgelöst hatte. Und dazu noch: Du musst den Kopfschützer von den Ohren machen. Befehl vom Regiment. Auf Posten muss man den Kopfschützer von den Ohren machen. Sonst hört man ja nichts. Das ist Befehl. Aber man hört sowieso nichts. Es ist alles still. Kein Mucks. Die ganzen Wochen schon. Kein Mucks. Na, also dann. Schieß man hin und wieder mal. Das beruhigt.

Das hatte der gesagt. Dann stand er allein. Er nahm den Kopfschützer von den Ohren und die Kälte griff mit spitzen Fingern nach ihnen. Er stand allein. Und Schnee hing im Astwerk. Klebte an blauschwarzen Stämmen. Angehäuft überm Gesträuch. Aufgetürmt, in Mulden gesackt und hingeweht. Viel viel Schnee.

Und der Schnee, in dem er stand, machte die Gefahr so leise. So weit ab. Und sie konnte schon hinter einem stehen. Er verschwieg sie. Und der Schnee, in dem er stand, allein stand in der

Nacht, zum ersten Mal allein stand, er machte die Nähe der andern so leise. So weit ab machte er sie. Er verschwieg sie, denn er machte alles so leise, dass das eigene Blut in den Ohren laut wurde, so laut wurde, dass man ihm nicht mehr entgehen konnte. So verschwieg der Schnee.

Da seufzte es. Links. Vorne. Dann rechts. Links wieder. Und hinten mit einmal. Der Maschinengewehrschütze hielt den Atem an. Da, wieder. Es seufzte. Das Rauschen in seinen Ohren wurde ganz groß. Da seufzte es wieder. Er riss sich den Mantelkragen auf. Die Finger zerrten, zitterten. Den Mantelkragen zerrten sie auf, dass er das Ohr nicht verdeckte. Da. Es seufzte. Der Schweiß kam kalt unter dem Helm heraus und gefror auf der Stirn. Gefror dort. Es waren zweiundvierzig Grad Kälte. Unterm Helm kam der Schweiß heraus und gefror. Es seufzte. Hinten. Und rechts. Weit vorne. Dann hier. Da. Da auch.

Der Maschinengewehrschütze stand im russischen Wald. Schnee hing im Astwerk. Und das Blut rauschte groß in den Ohren. Und der Schweiß gefror auf der Stirn. Und der Schweiß kam unterm Helm heraus. Denn es seufzte. Irgendwas. Oder irgendwer. Der Schnee verschwieg den. Davon gefror der Schweiß auf der Stirn. Denn die Angst war groß in den Ohren. Denn es seufzte.

Da sang er. Laut sang er, dass er die Angst nicht mehr hörte. Und das Seufzen nicht mehr. Und dass der Schweiß nicht mehr fror. Er sang. Und er hörte die Angst nicht mehr. Weihnachtslieder sang er und er hörte das Seufzen nicht mehr. Laut sang er Weihnachtslieder im russischen Wald. Denn Schnee hing im schwarzblauen Astwerk im russischen Wald. Viel Schnee.

Aber dann brach plötzlich ein Zweig. Und der Maschinengewehrschütze schwieg. Und fuhr herum. Und riss die Pistole heraus. Da kam der Feldwebel durch den Schnee in großen Sätzen auf ihn zu.

Jetzt werde ich erschossen, dachte der Maschinengewehrschütze. Ich habe auf Posten gesungen. Und jetzt werde ich erschossen. Da kommt schon der Feldwebel. Und wie er läuft. Ich habe auf Posten gesungen und jetzt kommen sie und erschießen mich.

Und er hielt die Pistole fest in der Hand.

Da war der Feldwebel da. Und hielt sich an ihm. Und sah sich um. Und flog. Und keuchte dann:

Mein Gott. Halt mich fest, Mensch. Mein Gott! Mein Gott! Und dann lachte er. Flog an den Händen. Und lachte doch: Weihnachtslieder hört man schon. Weihnachtslieder in diesem verdammten russischen Wald. Weihnachtslieder. Haben wir nicht Februar? Wir haben doch schon Februar. Dabei hört man Weihnachtslieder. Das kommt von dieser furchtbaren Stille. Weihnachtslieder! Mein Gott nochmal! Mensch, halt mich bloß fest. Sei mal still. Da! Nein. Jetzt ist es weg. Lach nicht, sagte der Feldwebel und keuchte noch und hielt den Maschinengewehrschützen fest, lach nicht, du. Aber das kommt von der Stille. Wochenlang diese Stille. Kein Mucks! Nichts! Da hört man denn nachher schon Weihnachtslieder. Und dabei haben wir doch längst Februar. Aber das kommt von dem Schnee. Der ist so viel hier. Lach nicht, du. Das macht verrückt, sag ich dir. Du bist erst zwei Tage hier. Aber wir sitzen hier nun schon wochenlang drin. Kein Mucks. Nichts. Das macht verrückt. Immer alles still. Kein Mucks. Wochenlang. Dann hört man allmählich Weihnachtslieder, du. Lach nicht. Erst als ich dich sah, waren sie plötzlich weg. Mein Gott. Das macht verrückt. Diese ewige Stille. Diese ewige!

Der Feldwebel keuchte noch. Und lachte. Und hielt ihn fest. Und der Maschinengewehrschütze hielt ihn wieder fest. Dann lachten sie beide. Im russischen Wald. Im Februar.

Manchmal bog sich ein Ast von dem Schnee. Und der rutschte dann zwischen den schwarzblauen Zweigen zu Boden. Und seufzte dabei. Ganz leise. Vorne mal. Links. Dann hier. Da auch. Überall seufzte es. Denn Schnee hing im Astwerk. Der viele viele Schnee.

Hermann Bote

Eulenspiegel: Die 76. Historie (1520)

Es gibt wohl kaum einen, der Eulenspiegel nicht kennt. Viele von uns haben als Kinder ihre ersten literarischen Erfahrungen mit diesen Geschichten gemacht: in den Schulbuchfassungen oder den kindertümlich geglätteten Übersetzungen von Kästner oder anderen. Wir haben aber immer nur die lustigen von ihnen kennen gelernt, die mit den typischen Eulenspiegel-Missverständnissen. Später haben wir sie dann meistens nicht mehr gelesen, eben weil wir sie für witzige Geschichten hielten, die nur für Kinder gemacht sind. Wer aber hat schon erfahren, dass dieses *Eulenspiegel-Buch* als eine der großen satirischen Sammlungen von subversiven, widerständigen Geschichten geschrieben wurde, die der Zollschreiber Hermann Bote sich nicht einmal unter seinem Namen zu veröffentlichen getraute? Die Deftigkeit dieser Geschichten wird uns heute in ihrer Ausgangssprache kaum mehr verständlich. Deswegen habe ich eine von ihnen, die in keinem Kinderbuch steht, hier einmal in unsere Sprache »übersetzt«.

An ihr wird deutlich, wie dem Autor die Eulenspiegel-Figur indirekt als Vehikel zu Kritik durch Witz gedient hat. Zur Kritik an einer scheinheiligen Gesellschaft, die nur gelten ließ, was ihr zu Nutz und Frommen war (wie hier), zur Kritik an verkrusteten Kaufmanns-Zünften, am Hochmut der Professoren, am dickbäuchigen Pfaffentum, am sich herrschaftlich gebärdenden Adel, an Eitelkeit, Vorurteilen, Hartherzigkeit, Aberglaube, Bestechlichkeit, Dummheit usw. (in anderen *Historien*). In unserer Geschichte steht Eulenspiegel auf der Seite der Außenseiter jener Gesellschaft, auf der des fahrenden Volkes, der Gaukler, Künstler und Spielleute. Dass die nicht gerade hohes Ansehen in der Gesellschaft genossen, hatte natürlich mit ihrer »Obdachlosigkeit« und ihren Taschenspielertricks zu tun, mit denen sie die Arrivierten abzockten, wo es möglich war. Aber eben auch damit, dass man sie nicht in die Gesellschaft eingliederte, wie unser Beispiel zeigt. Da hält ihnen nun einer den Spiegel vor oder bläst ihnen seinen Dampf unter die Nase. Dass er aus der Abschiebung in sein Zimmer heraus die dem Schelm eben noch mögliche »Kontaktaufnahme« versucht, hat fast symbolische Kraft. Er will nichts anderes sagen als, »das stinkt mir«, wie ihr euch verhaltet! Die Doppeldeutigkeit, jemandem etwas von seiner »Kost abzugeben«, ist nicht nur witzig, sondern auch verzweifelt. Dass der Reiche innerhalb dieser Geschichte dabei gar nichts lernt, dass ein Gastwirt daraus allenfalls eine Lehre für sein Geschäft zieht, ist das eine. Dass die Leser sich dabei aber auf die Seite des Außenseiters schlagen können, ist das andere.

Das *Eulenspiegel-Volksbuch* wurde in seinen verschiedenen mundartlichen Ausgaben sehr schnell zu einem der erfolgreichsten Bücher des 16. Jahrhunderts, das auf die Missstände jener Zeit aufmerksam gemacht und die Schwächen der Gesellschaft bloßgelegt hat. Und der Schluss? *Ulenspiegel was da gewesen* ... Er hat euch, liebe Leser, einen Tipp gegeben, wie man sich anders verhalten sollte. Macht was draus! ... *Und kam nit wider.* Doch Leute seines Schlages kommen zum Glück immer wieder! Heute freilich als Satiriker, Protestsongschreiber, Kabarettisten, die den Menschen noch immer den Spiegel vorhalten, ohne ihnen allerdings ihren Wutgestank direkt in die Stube zu blasen.

Leben und Werke:

Hermann Bote, der Sohn eines Braunschweiger Schmiedemeisters, ist 1488 als Zollschreiber von Braunschweig aufgeführt, 1493 wurde er Landrichter, danach wahrscheinlich Verwalter des Altstadt-Kellers und 1497 wieder Zollschreiber. Um 1520 taucht sein Name als Verwalter einer städtischen Ziegelei auf. Eine vollkommene Biografie über ihn gibt es bis heute nicht. In seinem Volksbuch, als dessen Dichter Bote erst 1971 ermittelt werden konnte, griff er auf Quellen von Eulenspiegelschriften zurück, die schon lange vorher bekannt waren. Dass es einen historischen Eulenspiegel gegeben hat, wird heute nicht mehr bezweifelt. Dokumentiert ist, dass er im Jahre 1350 in Mölln gestorben ist. Was wir aber von ihm wirklich kennen, ist die lebendig gewordene literarische Figur Hermann Botes.

Leseempfehlungen:

Die schönste vollständige Ausgabe des Textes von Hermann Bote hat Siegfried H. Sichtermann in einem Insel-Taschenbuch herausgegeben. Der Urtext ist recht gut übersetzt, die Ausgabe enthält viele der alten Stiche, das Vorwort ist vorzüglich.

Hermann Bote

Till Eulenspiegel

Die 76. Historie, die erzählt, wie Eulenspiegel in ein Haus schiss und den Gestank durch die Wand in eine Gesellschaft hineinblies, die ihn nicht dabeihaben wollte.

Hefftig wandert Ulenspiegel und kam gen Nürnberg und waz da 14 Tage. Und in der Herberg, da er in was, da wont ein frum Man, der was reich und gieng gern in die Kirchen unnd vermöcht sich nit wol der Spilleutt. Wa die waren oder kamen, da er was, da gieng er davon. Da hett derselb Mann ein Wonheit, das er des Jares eins sein Nachburen zu Gast het und thet ihn den gütlich mit Kost und mit Wein und mit dem besten Getränck. Und in welchem Huß seiner Nachburen, den er zu Gast pflegt zu haben, het er ein frembden Gast, Kouflüt, zwen oder drei, die lud er allzeit mit und waren ihm wilkumen …

Die Übersetzung:

Einen anstrengenden Weg hatte Eulenspiegel hinter sich, als er nach Nürnberg kam und 14 Tage dort blieb. Im Gebäude der Herberge, in der er ein Zimmer bekommen hatte, hatte ein frommer Mann seine Wohnung, der reich war und gern in die Kirche ging. Wen er aber nicht ausstehen konnte, das waren Straßenmusikanten und fahrendes Volk. Wenn die irgendwo waren oder hinkamen, wo er selber war, lief er davon. Dieser Mann lud jedes Jahr einmal seine Nachbarn zu sich ein und bewirtete sie mit Speisen und Wein und den besten Getränken. Und wenn in den Häusern der Nachbarn Fremde zu Gast waren, zwei oder drei Kaufleute zum Beispiel, dann lud er die immer auch mit ein, und sie waren ihm willkommen.

Es war gerade die Zeit, in der jedermann Gäste bei sich einmietete, und Eulenspiegel wohnte also in einem Zimmer neben der Wohnung des Reichen. Der lud nun wie gewöhnlich seine Nachbarn und ihre Gäste ein, natürlich nur diejenigen, die anständige und fromme Leute waren. Eulenspiegel wurde nicht eingeladen, weil er ihn für einen jener Gaukler und Straßenmusikanten hielt, die ihm nun einmal zuwider waren. Als die Nachbarn mit allen ihren ehrbaren Gästen, die sie zu Hause untergebracht hatten, zu dem frommen Mann ins Haus gingen, da ging auch der Wirt, bei dem Eulenspiegel wohnte, mit allen Leuten, die er zu Gast hatte, dorthin. Zu Eulenspiegel sagte der Wirt, dass der reiche Mann ihn für einen Gaukler halte und ihn deswegen nicht mit eingeladen habe. Eulenspiegel machte das nicht viel aus, er dachte aber: »Wenn ich schon für einen Gaukler gehalten werde, so will ich dem auch was vorgaukeln.« Es ärgerte ihn doch ein bisschen, dass der Mann ihn abgelehnt hatte.

Das Fest fand kurz nach dem Sankt-Martins-Tag statt. Der Hausherr saß mit seinen Gästen in einem vornehmen Zimmer und ließ das Essen auftragen. Dieses Zimmer stieß nun direkt gegen die Wand des Zimmers, in dem Eulenspiegel wohnte. Als die Gäste gerade beim Essen saßen und guter Dinge waren, da bohrt Eulenspiegel ein Loch durch die Wand und nimmt einen Blasebalg, kackt einen großen Haufen darauf und bläst mit dem Blasebalg durch das Loch in das Zimmer auf der anderen Seite. Da fing es drüben so entsetzlich zu stinken an, dass es niemand mehr aushalten konnte. Einer guckte den anderen an. Der eine meinte, dass ein anderer stinkt, der andere meinte, dass ein Dritter stinkt. Und Eulenspiegel machte mit dem Blasebalg immer weiter, sodass die Gäste aufstehen mussten, weil sie es vor Gestank nicht mehr aushalten konnten. Sie suchten unter den Bänken, sie kehrten alle Winkel sauber, doch das half alles nichts. Niemand hatte eine Ahnung, wo der Gestank herkam. Alle verließen fluchtartig den Raum und gingen nach Hause.

Auch Eulenspiegels Wirt ging zurück in seine Wohnung. Ihm war von dem Gestank so übel geworden, dass er alles auskotzen musste, was er im Leibe hatte. Er erzählte Eulenspiegel davon, wie schrecklich es in dem Zimmer drüben nach Menschenschiet gestunken habe. Eulenspiegel musste lachen und sagte: »Der reiche Mann wollte mich ja nicht einladen und mir von seiner Kost abgeben. Ich dagegen bin freigebig und gönne ihm meine Kost. Wäre ich dabei gewesen, hätte es dort drüben nicht so schrecklich gestunken!« Darauf ließ er sich von dem Wirt die Rechnung geben und ritt davon, denn er fürchtete, dass alles herauskommen könnte.

Der Wirt hatte aus seinen Worten herausgehört, dass Eulenspiegel von dem Gestank etwas wusste, aber er hatte keine Ahnung, was Eulenspiegel da angezettelt haben könnte. Er schüttelte ratlos den Kopf. Als Eulenspiegel die Stadt verlassen hatte, fing der Wirt an in dem Haus alles abzusuchen – und er fand den Blasebalg, der richtig schön vollgekackt war, und fand auch das Loch, das Eulenspiegel durch die Wand gebohrt hatte. Da durchschaute er das ganze Spielchen, er holte seinen Nachbarn herüber und erzählte ihm, wie Eulenspiegel alles angestellt hatte und was er ihm gesagt hatte.

Der reiche Mann sagte: »Mein lieber Herr Nachbar, ich habe es ja immer gesagt, von solchen Typen wie Straßenmusikanten kommt nichts Gutes! Darum will ich dieses Pack nie mehr in meinem Haus sehen. Ich kann ja nichts machen, wenn mir so ein übler Streich von Eurer Wohnung aus gespielt wird. Aber ich habe Euren Gast von Anfang an für einen Bösewicht gehalten. Sein Name hat mir gleich zu denken gegeben. Es ist nur gut, dass das alles von Eurem Gasthaus aus passiert ist, bei mir selbst hätte er womöglich noch schrecklichere Dinge angestellt.« Eulenspiegels Wirt antwortete: »Vielleicht auch nicht, mein Lieber. Ich denke eher, vor einem solchen Witzbold sollte man zwei Kerzen aufstellen, was ich in Zukunft auch tun werde, denn ich muss ja mit meinen Gästen gut auskommen. Einen solchen Typ muss man nämlich besonders gut bewirten!« Damit gingen sie auseinander. Eulenspiegel war da gewesen! Und kam nie wieder.

Bertolt Brecht
Über das Lesen von Büchern (1940)

So, wie es *im* Text steht, geht es wohl auch *mit* dem Text, wenn man ihn liest: Man muss das Buch ab und zu weglegen, um das Gelesene zu überdenken. Hat der Verfasser demnach selber »als ein wenig schwach« zu gelten? Sicher keine Selbstironie! Brecht lässt Me-ti, den Lehrer und Weisen, hier einige Grundsätze formulieren, die in den theoretischen Debatten um Literatur und Realismus diskutiert wurden. Auf der Suche nach einer neuen Dramaturgie, die sich nicht mehr nur des Mittels des Mitfühlens und der Katharsis bedient, entwickelte Brecht ja in den 30er Jahren in *Me-ti: Buch der Wendungen* seine eigenen Form des epischen Theaters in Anlehnung an fernöstliche Darstellungweisen. Wir Leserinnen und Leser sollen Misstrauen entwickeln gegenüber Büchern. Spannung zu erzeugen ist nur ein »literarischer Trick«, der uns davon ablenkt, auf die Inhalte zu schauen. Bücher lenken von der Wirklichkeit ab, wenn man das Gelesene nicht überdenkt und mit der eigenen Realität vergleicht. Autoren sind Verdächtige, helfen als Mitläufer denjenigen politischen Instanzen, die gegen die wirklichen Lebensinteressen der Menschen arbeiten.

Man kann diese Aussagen im Brechtschen Sinne dialektisch wenden und Forderungen an »gute« Erzählungen formulieren. Diese müssten die Wirklichkeit reflektieren, sollten die Leser mit klaren Gedanken konfrontieren, gegen die herrschenden Trends gerichtet sein und im Sinne der Humanitas menschliche Ziele verfolgen. Der Gradmesser für die Qualität von Texten ist demnach eine außerliterarische Kategorie, es ist die weltanschauliche, die politische Haltung der Verfasser, gerichtet gegen diejenigen, die »das Getreide verfaulen« lassen.

Wie es Brecht gelingt, gute Literatur zu schreiben und doch, eigentlich im Widerspruch zu seiner Theorie, alle »literarischen Tricks« anzuwenden, – doch dabei nie »die Welt vergessen« macht, kann man bei ihm überall studieren. Den leichtesten Zugang dazu findet man über seine

Balladen, Kalendergeschichten, Keunergeschichten und einige seiner Gedichte. Sie alle sind geradezu darauf angelegt, nicht nur nach ihrer »landläufigen Ästhetik« zu fragen (die sie besitzen!), sondern ihnen die eigenen Vorstellungen entgegenzuhalten und mit denen »des Verfassers zu vergleichen«.

Was wir von ihm für das Lesen lernen können, ist gewiss nicht nur die distanzierte Reflexion und die argumentative, dialektische Auseinandersetzung (wie er es theoretisch immer wieder eingefordert hat), sondern auch der emotionale Widerstand, das gefühlsmäßige Mitempfinden, das »Sich-Ansteckenlassen«, wie Brecht es genannt hat und wozu seine Werke selbst motivieren.

Leben und Werke:
Brecht wurde 1898 in Augburg geboren, verlebte dort eine durchaus bürgerliche Jugend. In Berlin wurde er in den 20er Jahren ein viel gespielter Dramenautor, die *Dreigroschenoper* brachte den endgültigen Durchbruch. Im Exil schrieb er u. a. *Mutter Courage und ihre Kinder;* gespielt von Helene Weigel wurde es das Stück, das seinen Weltruhm begründete. In Ost-Berlin widmete er sich mit dem Berliner Ensemble der praktischen Theaterarbeit. Auf dem Totenbett, mit 55 Jahren, diktierte er: Schreiben Sie, dass ich unbequem war und es auch nach meinem Tode zu bleiben gedenke. Es gibt auch dann noch gewisse Möglichkeiten.

Leseempfehlungen:
Neben den bekannten Dramen sind immer wieder lesenswert die *Keuner-Geschichten* und die Balladen, die *Buckower Elegien* und die zahlreichen Liebesgedichte.

Bertolt Brecht

Über das Lesen von Büchern

Viele, sagte Me-ti, sehe ich Bücher lesen, eine schwierige Kunst, die sie niemand gelehrt hat. Ihre Vorkenntnisse reichen weder aus, die Schwächen, noch die Stärken von Büchern zu erkennen. Ich will nicht von wissenschaftlichen Büchern reden, die fast immer so geschrieben sind, daß Wissen nötig ist, um Wissen zu erwerben. Aber auch die Erzählungen sind schwer lesbar. Meist erreicht der Verfasser im Handumdrehen, daß der Leser sich mehr für die Welt seines Buches interessiert, als sein Buch sich für die Welt interessiert. Er macht den Leser die Welt vergessen über dem Buch, das sie beschreiben soll. Mit einigen leicht erlernbaren aber schwer durchschaubaren Tricks wird eine Spannung erzeugt, die den Leser vergessen macht, was vorgeht, indem sie ihn neugierig macht, wie es weitergeht. Um weitere Lügen zu erfahren, schluckt er die schon erfahrenen. Ein Schriftsteller, der so schreibt, daß sein Leser imstande ist, das Buch ab und zu wegzulegen, um das Gelesene zu überdenken und die Gedanken des Verfassers mit den eigenen zu vergleichen, gilt als ein wenig schwach. Es heißt von ihm, er könne mit seinem Leser nicht anfangen was er wolle. Nach der landläufigen Ästhetik müssen die Gedanken der Verfasser überhaupt versteckt sein, möglichst schwer ausziehbar. Außerdem soll sich der Leser fragen: Was hat der Schreiber von dem, was er gewollt hat, erreicht. Nicht ob es richtig war zu morden, sondern ob richtig gemordet wurde, soll untersucht werden. In Wirklichkeit müssen die Bücher gelesen werden als die Schriften von Verdächtigen, die sie sind. Wie anders als mit dem äußersten Mißtrauen soll man die Erzählungen von Leuten hinnehmen, die entweder mithelfen, Hilflose in gewaltigen Mengen in blutige Kriege zu treiben, oder selber hilflos hineingetrieben werden? Die das Getreide verfaulen und die Menschen verhungern lassen? Die treten oder sich treten lassen?

Bertolt Brecht

Der hilflose Knabe (1930)

Diese Geschichte, die Brecht Herrn *Keuner* in den Mund legt, gehört vermutlich zu den bekanntesten Geschichten Brechts überhaupt. Wer ist *Herr* K., der dergleichen Geschichten erzählt? Ein Herr »Keiner«, wie ihn Walter Benjamin einmal genannt hat, oder einer, der sich vom Griechischen »Keunos« herleitet: einer, der allen gehört und zu allen spricht? Auf jeden Fall ein Exemplifizierer, der durch seine Beispiele provozieren und Denkanstöße geben will für ein verändertes politisches, moralisches und gesellschaftliches Bewusstsein.

Welches Exempel er gibt, könnten Sie, wenn Sie die Geschichte noch nicht kennen, zunächst selbst einmal zu ermitteln versuchen, indem Sie den Schlusssatz der Geschichte zu Ende denken – oder schreiben, ehe Sie hier weiterlesen. Umso mehr werden Sie sich über den Schluss Brechts hernach wundern, der in Spiegelschrift darunter steht.

Herrn Keuners Exempel ist so radikal, dass es schon wieder als unmoralisch erscheint: gegen alle Erwartungen des weinenden *Knaben* – und wohl auch gegen die vieler Leser. Hätte er dem Jungen nicht aus Mitleid einen Groschen schenken können? Hätte er ihm nicht hinterherlaufen und den Groschen wieder wegnehmen können? Hätte er ihn nicht vielleicht sogar für den Diebstahl bestrafen sollen? So jedenfalls denken viele Kinder und Jugendliche, wenn man ihnen diese Geschichte ohne den Schluss zu lesen gibt.

Dieser Schluss des *Herrn Keuner* ist einem Menschen fast unzumutbar, der auf der Stufe der »Mitleidsethik« verharrt oder über eine Moral von »Auge um Auge, Zahn um Zahn« nicht hinauswächst. Reagiert man denn so auf den verständlichen Wunsch eines Kindes nach Hilfe? *Herr K.* würde wohl antworten: Wenn es einer höheren Moral dienlich ist! *Unart* nennt er das Verhalten, *erlittenes Unrecht stillschweigend in sich hineinzufressen.* Das ist durchaus vom Kind aus gedacht. Was aber dann die »Artigkeit« oder das rechte Verhalten wäre, kann das Kind selbst wohl noch nicht verstehen. Dass ihm auch der zweite Groschen noch weggenommen wird: Kann es das nicht nur als eine weitere Ungerechtigkeit begreifen, und womöglich als eine noch brutalere, da der Mann es *streichelt* und *anlächelt* und *unbekümmert* weitergeht? Hierauf würde *Herr K.* wahrscheinlich antworten: Das Schreien über die Boshaftigkeiten anderer Menschen kann man gar nicht früh genug lernen!

Und denkt man die Geschichte weiter, worauf ja alle Keuner-Geschichten angelegt sind, dann stelle ich mir denselben Knaben vor, dem Ähnliches noch einmal widerfährt. Er wird körperlich nicht stärker geworden sein, um sich gegen noch Stärkere wehren zu können. Aber vielleicht vorsichtiger. Und er wird vermutlich, wozu ihm die böse Erfahrung ein Beispiel sein sollte, *um Hilfe schreien.* Andere *auf erlittenes Unrecht* mit einer der ursprünglichsten Möglichkeiten von Sprache, dem Schrei, aufmerksam zu machen: Ich denke, das ist die »Lehre«, die uns *Herr K.* mitteilen will. Nicht resignieren, weil man die Aussichtslosigkeit einsieht; nicht Widerstand leisten, wenn man zu schwach dafür ist; nicht Rache zu üben, weil dies unmoralisch wäre. Aber schreien – und andere für die gerechte Sache zu gewinnen! Wenn dies der kindliche Protagonist hier auch noch nicht recht einzusehen imstande ist, der Leser ist es.

Offen bleibt allerdings, was das Schreien letztlich bewirken kann. Wie hätte der *Vorübergehende* gehandelt, wenn der Knabe tatsächlich geschrieen hätte? Das Vorgehen gegen Diebstahl ist Sache eines Gerichtes. Selbstjustiz ist nicht Sache des *Herrn K.* Gewiss, ohne Anklage *(Schreien)* kann ein Gericht nicht tätig werden. Aber wegen eines Groschens wird es gewiss nicht tätig, selbst wenn der Täter gestellt ist. Also? Ich denke: Etwas allgemein Gültiges ist hier symbolisch und in einer wunderbar dialektischen Geschichte am konkreten Fall exemplifiziert. Doch taugt das Exempel für den konkreten Fall selbst?

Bertolt Brecht

Der hilflose Knabe

Herr K. sprach über die Unart, erlittenes Unrecht stillschweigend in sich hineinzufressen, und erzählte folgende Geschichte: »Einen vor sich hin weinenden Jungen fragte ein Vorübergehender nach dem Grund seines Kummers. ›Ich hatte zwei Groschen für das Kino beisammen‹, sagte der Knabe, ›da kam ein Junge und riß mir einen aus der Hand‹, und er zeigte auf einen Jungen, der in einiger Entfernung zu sehen war. ›Hast du denn nicht um Hilfe geschrien?‹ fragte der Mann. ›Doch‹, sagte der Junge und schluchzte ein wenig stärker. ›Hat dich niemand gehört?‹ fragte ihn der Mann weiter, ihn liebevoll streichelnd. ›Nein‹, schluchzte der Junge. ›Kannst du denn nicht lauter schreien?‹ fragte der Mann. ›Nein‹ sagte der Junge und blickte ihn mit neuer Hoffnung an. Denn der Mann lächelte. ›Dann … … Dann gib auch den her‹, sagte er, nahm ihm den letzten Groschen aus der Hand und ging unbekümmert weiter.«

Bertolt Brecht

Legende von der Entstehung des Buches Taoteking auf dem Weg des Laotse in die Emigration (1939)

Dies ist Brechts *Legende über die Entstehung der Aphorismensammlung Taoteking* (Buch vom Weg des Menschen) des südchinesischen Philosophen Laotse, der etwa im Jahr 604 vor Chr. geboren wurde: eine Erzählung in Versen. Aber was für eine! Eine Legende, entzaubert vom hohen Anspruch der frommen Dichtungsart – und zugleich bezaubernd in der Art ihres Gestus' der Freundlichkeit. Wohl kaum einmal hat man gedankliche Größe so »lapidar« in des Wortes reinster Bedeutung gestaltet gefunden: gedrängte wie in Stein gehauene Sätze. Bescheiden lakonisch die Sprechweise des Erzählgedichts, hier und da umgangssprachlich: ... *was er so brauchte, ... dies und das, ... hat er was rausgekriegt, ... kam Fahrt in unsern Mann, ... intressiert es dich, ... so was, ... und dann war's soweit;* manchmal auch kurz angebunden: *Sprach der Knabe ..., Hielt der Alte ..., Sprach der Mann ...* Und dann die letzten Verse einer jeden Strophe, die den fünf- bis achthebig ausholenden Vierzeilern angehängt sind! Wie eine lakonische Handgebärde des Nicht-so-wichtig-Nehmens treten sie auf: *Und er gürtete den Schuh ..., Weißbrot nach dem Augenmaß ..., Und so war auch das erklärt.* – So, das wäre es, mehr nicht.

Unbekümmert um Größe und Wichtigkeit seiner Lehre tritt der Weise dem einfachen Zöllner gegenüber. Wichtig wird sie ihm erst, als er erfährt, dass der Zöllner an der Weisheit des Weisen »intressiert« ist: Auch du? Da nimmt er sich Zeit, seine Reise zu unterbrechen und ihm, weil er höflich sein möchte, die einundachtzig Sprüche aufzuschreiben. Denn: Die etwas fragen, die verdienen Antwort. Der kleine Aufenthalt dauert dann sieben Tage, – ein Understatement, wie es nur eine Höflichkeit ermöglicht, die von großer Bescheidenheit und Freundlichkeit und von der Philosophie des Taoismus, also der des Geschehenlassens, getragen ist. Von all dem, was Laotse dem Zöllner von seinen Aphorismen über Liebe und Freundlichkeit, über Genügsamkeit und Demut, über Untätigkeit, Verzicht und über das Große im Kleinen usw. hinterlässt, erfahren wir nur das eine, das Wichtigste, und das auch nur in der populären Diktion des Knaben: Dass das weiche Wasser in Bewegung mit der Zeit den mächtigen Stein besiegt. Du verstehst, das Harte unterliegt. Bescheidener und einfacher kann man einen großen Gedanken nicht formulieren.

Ein politischer Text über die Hoffnung der Unterdrückten in Zeiten der Gewaltherrschaft. Ein freundlicher Text auch über demokratisches Verhalten, das den einfachen Zöllner genauso wichtig nimmt wie den großen Philosophen. Ein exemplarischer Text über die Verständlichkeit und Kommunizierbarkeit von Weisheit. Und natürlich ein didaktischer Text, der das Lernen genauso ernst nimmt wie das Lehren, das ja seine Kraft erst speist aus der Neugier anderer, die etwas wissen wollen. – Das ist es, was dieses wunderbare Gedicht zu meinem Lieblingstext unter den sechsundsechzig macht.

Bertolt Brecht

Legende von der Entstehung des Buches Taoteking auf dem Wege des Laotse in die Emigration

1
Als er Siebzig war und war gebrechlich
Drängte es den Lehrer doch nach Ruh
Denn die Güte war im Lande wieder einmal schwächlich
Und die Bosheit nahm an Kräften wieder einmal zu.
Und er gürtete den Schuh.

2
Und er packte ein, was er so brauchte:
Wenig. Doch es wurde dies und das.
So die Pfeife, die er immer abends rauchte
Und das Büchlein, das er immer las.
Weißbrot nach dem Augenmaß.

3
Freute sich des Tals noch einmal und vergaß es
Als er ins Gebirg den Weg einschlug.
Und sein Ochse freute sich des frischen Grases
Kauend, während er den Alten trug.
Denn dem ging es schnell genug.

4
Doch am vierten Tag im Felsgesteine
Hat ein Zöllner ihm den Weg verwehrt:
»Kostbarkeiten zu verzollen?« – »Keine.«
Und der Knabe, der den Ochsen führte, sprach:
»Er hat gelehrt.«
Und so war auch das erklärt.

5
Doch der Mann in einer heitren Regung
Fragte noch: »Hat er was rausgekriegt?«
Sprach der Knabe: Daß das weiche Wasser in Bewegung
Mit der Zeit den harten Stein besiegt.
Du verstehst, das Harte unterliegt.«

6
Daß er nicht das letzte Tageslicht verlöre
Trieb der Knabe nun den Ochsen an
Und die drei verschwanden schon um eine schwarze Föhre
Da kam plötzlich Fahrt in unsern Mann
Und er schrie: »He, du! Halt an!

7
Was ist das mit diesem Wasser, Alter?«
Hielt der Alte: »Intressiert es dich?«
Sprach der Mann: »Ich bin nur Zollverwalter
Doch wer wen besiegt, das intressiert auch mich.
Wenn du's weißt, dann sprich!

8
Schreib mir's auf! Diktier es diesem Kinde!
So was nimmt man doch nicht mit sich fort.
Da gibt's doch Papier bei uns und Tinte
Und ein Nachtmahl gibt es auch: ich wohne dort.
Nun, ist das ein Wort?«

9
Über seine Schulter sah der Alte
Auf den Mann: Flickjoppe. Keine Schuh.
Und die Stirne eine einzige Falte.
Ach, kein Sieger trat da auf ihn zu.
Und er murmelte: »Auch du?«

10
Eine höfliche Bitte abzuschlagen
War der Alte, wie es schien, zu alt.
Denn er sagte laut: »Die etwas fragen
Die verdienen Antwort.«
Sprach der Knabe: »Es wird auch schon kalt.«
»Gut, ein kleiner Aufenthalt.«

11
Und von seinem Ochsen stieg der Weise
Sieben Tage schrieben sie zu zweit.
Und der Zöllner brachte Essen (und er fluchte nur noch leise
Mit den Schmugglern in der ganzen Zeit).
Und dann war's soweit.

12
Und dem Zöllner händigte der Knabe
Eines Morgens einundachtzig Sprüche ein.
Und mit Dank für eine kleine Reisegabe
Bogen sie um jene Föhre ins Gestein.
Sagt jetzt: kann man höflicher sein?

13
Aber rühmen wir nicht nur den Weisen
Dessen Name auf dem Buche prangt!
Denn man muß dem Weisen seine Weisheit erst entreißen.
Darum sei der Zöllner auch bedankt:
Er hat sie ihm abverlangt.

KONRAD
EYFERTH

Georg Büchner

Das Märchen aus dem Woyzeck (1836)

Das traurigste Märchen der Literatur! Der Mond ein Stück faules Holz, die Sonne eine verrottete Sonnenblume, die Sterne von einem Vogel, dem Neuntöter, auf Dornen gespießte Mücken, ein umgekippter Nachttopf die Erde. Die Lichter des Himmels, die dem Kind Trost versprechen, erweisen sich, als es zu ihnen kommt, als vergammelnde, tote Dinge. Da kehrt es zur Erde zurück und *da sitzt es noch und ist ganz allein.* Die Umkehrung des guten Ausgangs der meisten Märchen, die wir kennen: *Und wenn sie nicht gestorben sind, so leben sie noch heute glücklich miteinander.* Dieses Kind wird nicht mehr glücklich – und *ist* gestorben!

Warum erzählt die Großmutter den Kindern ein so trostloses Märchen? Weil sie ihnen keine Illusion vorspiegeln möchte? Weil in ihre Situation kein anderes Märchen hineinpasst? Katharsis durch Abschreckung und Erziehung zum Sich-Dreinfinden ins vorbestimmte Schicksal? Immerhin *erzählt* diese Großmutter noch, anders als die Sonne, der Mond, die stumm bleiben, und verweigert sich nicht. Und die Kinder hören einem Menschen zu. Ein kleiner Rest der vertrauten Ursituation des Erzählens, des Kontaktes.

Warum fügt Büchner in sein Drama ein so trostloses Märchen ein? Nun, es ist hier ein weiteres Beispiel für das Reden »von oben nach unten«: Wie der Hauptmann, wie der Doctor mit Woyzeck, wie der Tambour mit Marie, so die Großmutter mit den Kindern. Alle reden schamlos und unbekümmert um die Wirkungen auf die ihnen Ausgesetzten ein. Die »unten« suchen nach Liebe, nach Trost, nach Kontakt, nach *Ringle, ringel Rosenkranz,* sie suchen das Du; die »oben« erwidern mit Macht (gleich klingt auch *Herodes* an!), mit Eitelkeit, mit Verweigerung, sie reden vom Ich. Nichts anderes ist dieses Märchen, das auch die Situation des Woyzeck beschreibt, der sucht und nichts findet außer dem ausgekippten Dreck eines Nachttopfs. Das Kind im

Märchen findet auf dem Weg zu Sonne, Mond und Sternen, mit denen es sprechen will, nur zurück in die Einsamkeit – wie Woyzeck auch.

Und warum sehen wir ein Stück wie den *Woyzeck* – und lassen uns damit auch ein solches Märchen darin »gefallen«? Vielleicht weil es eine Katharsis (Reinigung) ausübt im Sinne Lessings: »Umwandlung von Mitleid in tugendhafte Fertigkeiten«. Oder weil es unseren gerechten Zorn weckt gegenüber so viel Ungerechtigkeit, Lieblosigkeit, gegenüber solchen sozialen Verhältnissen und uns zur Veränderung aufruft. Auch das Schreckliche in der Literatur (man lese Dürrenmatts *Der Sohn!*) will unsere besseren Kräfte wecken. Deswegen ist es »unentbehrlich«.

Leben und Werke:
Georg Büchner ist 1813 in Goddelau (Hessen-Darmstadt) geboren. Er studiert Medizin in Straßburg und nimmt noch als Student an den sozialistischen Aufständen teil. Er gründet den Geheimbund *Gesellschaft der Menschenrechte* und verfasst für ihn seine berühmte sozialrevolutionäre Flugschrift *Der Hessische Landbote.* 1835 schreibt er das Drama *Dantons Tod* und 1836 das Lustspiel *Leonce und Lena.* Büchner promoviert an der Universität Zürich, wo er auch eine Privatdozentur erhält. 1837 arbeitet er noch am *Woyzeck.* Er stirbt in Zürich im Alter von nur 23 Jahren an Typhus.

Leseempfehlungen:
Natürlich den ganzen Woyzeck, der sich auch lesend erschließt. Besser natürlich wäre, man würde ihn einmal auf der Bühne erleben – oder gar in der musikalischen Fassung Alban Bergs. Und was man einmal gelesen haben sollte, ist die Novelle *Lenz.*

Georg Büchner:

Das Märchen aus »Woyzeck«

Marie mit Mädchen vor der Haustür

Mädchen: Wie scheint die Sonn St. Lichtmesstag
Und steht das Korn im Blühn.
Sie gingen wohl die Straße hin,
Sie gingen zu zwei und zwein. Die Pfeifer gingen vorn,
Die Geiger hinte drein.
Sie hatte rothe Sock …

Erstes Kind: S' ist nit schön.

Zweites Kind: Was willst du auch immer!

Drittes Kind: Was hast zuerst anfangen?

Zweites Kind: Warum?

Erstes Kind: Darum!

Zweites Kind: Aber warum darum?

Drittes Kind: Es muss singen – ? *(Sieht sich fragend im Kreise um und zeigt auf das 1. Kind.)*

Erstes Kind: Ich kann nit.

Alle Kinder: Marieche sing du uns.

Marie: Kommt ihr klei Krabben!
Ringle, ringel Rosenkranz. König Herodes.
Großmutter erzähl.

Großmutter: Es war einmal ein arm Kind und hat kei Vater und kei Mutter war Alles todt und war Niemand mehr auf der Welt. Alles todt, und es ist hingangen und hat greint Tag und Nacht. Und weil auf der Erd Niemand mehr war, wollt's in Himmel gehn, und der Mond guckt es so freundlich an und wie's endlich zum Mond kam, war's ein Stück faul Holz und da ist es zur Sonn gangen und wie's zur Sonn kam, war's ein verreckt Sonneblum und wie's zu den Sterne kam, warens klei golde Mück, die waren angesteckt wie der Neuntödter sie auf die Schlehe steckt und wie's wieder auf die Erd wollt, war die Erd ein umgestürzter Hafen und war ganz allein und da hat sich's hingesetzt und geweint und da sitzt es noch und ist ganz allein.

Woyzeck: Marie!
Marie *erschreckt*: Was ist?
Woyzeck: Marie wir wolln gehn. S' ist Zeit.
Marie: Wo hinaus?
Woyzeck: Weiß ich's?

Gottfried August Bürger
Aus: **Münchhausen** (1788)

Für Kinder waren diese Geschichten so wenig geschrieben wie die des *Eulenspiegel,* aber Lügen und Streiche sind eben etwas, woran gerade Kinder Vergnügen haben. Ihre satirische Absicht bleibt ihnen aber noch weitgehend verborgen. Das ist das Schicksal all dieser Texte von *Schildbürgern* und *Gullivers Reisen,* die einstmals als satirische Texte für Erwachsene geschrieben waren und die dann, allerdings reduziert auf ihre bloße Witzigkeit, als Lesebuchgeschichten Generationen von Kindern Vergnügen bereitet haben. – Der *Münchhausen* gehört zu ihnen. Er hat eine komplizierte Entstehungsgeschichte.

1. Da gab es den wirklichen Hieronymus Karl Friedrich von Münchhausen in dem Weserstädtchen Bodenwerder (1720–1797), der sich tatsächlich einigen Ruhm über die Umgebung hinaus erwarb durch das Erzählen von abenteuerlichen Geschichten im Kreise seiner Landadligen. Dieser Ruhm ist bis nach Göttingen vorgedrungen, an deren Universität Gottfried August Bürger Dozent war.

2. Zu gleicher Zeit musste auch der Professor Rudolf Erich Raspe (1737–1794) aus Kassel davon gehört haben. Der nahm, als er wegen einiger Betrügereien nach England geflohen war, diese Geschichten zum Anlass, seine *Baron Munchhausen's Narrative of his Marvellous Travels* zu verfassen (1786), die in England sofort einen großen Erfolg hatten.

3. Diese englische Ausgabe wiederum war die Vorlage für Bürgers erste Übersetzung aus dem Englischen von 1786. Der gab sie anonym heraus, aus Rücksicht auf seine Stellung als Professor und den Freiherrn von Münchhausen im benachbarten Bodenwerder. Er ergänzte die Geschichtensammlung und gestaltete sie um. Unsere Geschichte von dem Hühnerhund *Piel* gehört, wie etwa ein Drittel der Texte, zu seinen eigenen Erfindungen.

4. Heute gelten die Geschichten insgesamt als Bürgers Werk, da er ihnen den charakteristischen eigenen Stil gab: volkstümlich und witzig. Er hatte aus den einzelnen Texten Raspes ein zusammenhängendes Wunderwerk geschaffen, das die Tradition der Lügengeschichten unter Verwendung von Motiven von Lukian und Swift und zeitkritischer Anspielungen fortsetzte und zu einem Teil der Weltliteratur machte.

Was hat Leser an Geschichten, in denen gelogen wird, seit je so fasziniert? Gewiss nicht die Lüge selbst! Seit es Jägerlatein gibt, seit Grimmelshausen sich Erzähler gegenseitig im Lügen überbieten ließ, ging es wohl immer darum, mit Sprache die Wirklichkeit zu überbieten: Seht her, wozu Sprache imstande ist und welche Macht in ihr wohnt! Und immer auch dienten diese Geschichten dazu, das Selbstbewusstsein der Leser zu stärken: Seht her, wir durchschauen das alles, was die Menschen in der Geschichte glauben! Es ist das Selbstbewusstsein, das Lügengeschichten den Lesern verleiht, das so wunderbar gemeinschaftsbildend ist – und das diese Geschichten so tragfähig macht für satirische Kritik.

Leben und Werke:
Gottfried August Bürger ist 1747 in Molmerswende am Harz geboren. Er studierte Theologie und Jura und war seit 1784 an der Universität in Göttingen als Dozent und später als Professor tätig. Seine *Sämtlichen Werke* (Hamburg 1813) umfassen sechs Bände. Der Begriff der »Volkstümlichkeit« spielte bei allem, was er schrieb, eine wesentliche Rolle. 1794 starb Bürger in Göttingen.

Leseempfehlungen:
Berühmt geworden ist Bürger, außer durch seinen Münchhausen, mit einer Ballade, die in allen Anthologien bis heute immer wieder aufgenommen wird: die Lenore. Sie erzählt in einer äußerst wirkungsvollen Sprache von der Macht der Liebe und der Verbindung von Lebenden und Toten.

Gottfried August Bürger

Münchhausen

Drittes Kapitel:
Von Hunden und Pferden des Freiherrn von Münchhausen

In allen diesen Fällen, meine Herren, wo ich freilich immer glücklich, aber doch nur immer mit genauer Not davonkam, half mir das Ohngefähr, welches ich durch Tapferkeit und Gegenwart des Geistes zu meinem Vorteile lenkte. Alles zusammengenommen macht, wie jedermann weiß, den glücklichen Jäger, Seemann und Soldaten aus. Der aber würde ein sehr unvorsichtiger, tadelnswerter Weidmann, Admiral und General sein, der sich überall nur auf das Ohngefähr oder sein Gestirn verlassen wollte, ohne sich weder um die besonders erforderlichen Kunstfertigkeiten zu bekümmern, noch sich mit denjenigen Werkzeugen zu versehen, die den guten Erfolg sichern. Ein solcher Tadel trifft mich keineswegs. Denn ich bin immer berühmt gewesen sowohl wegen der Vortrefflichkeit meiner Pferde, Hunde und Gewehre als auch wegen der besondern Art, das alles zu handhaben, sodass ich mich wohl rühmen kann, in Forst, Wiese und Feld meines Namens Gedächtnis hinlänglich gestiftet zu haben. Ich will mich nun zwar nicht auf Partikularitäten von meinen Pferd- und Hundeställen oder meiner Gewehrkammer einlassen, wie Stall-, Jagd- und Hundejunker sonst wohl zu tun pflegen, aber zwei von meinen Hunden zeichneten sich so sehr in meinen Diensten aus, dass ich sie nie vergessen kann und ihrer bei dieser Gelegenheit mit Wenigem erwähnen muss. Der eine war ein Hühnerhund, so unermüdet, so aufmerksam, so vorsichtig, dass jeder, der ihn sah, mich darum beneidete. Tag und Nacht konnte ich ihn gebrauchen: wurd' es Nacht, so hing ich ihm eine Laterne an den Schwanz, und nun jagte ich so gut oder noch besser mit ihm als am hellen Tage. – Einst (es war kurz nach meiner Verheiratung) bezeugte meine

Frau Lust, auf die Jagd zu gehen. Ich ritt voran, um etwas aufzusuchen, und es dauerte nicht lange, so stand mein Hund vor einer Kette von einigen hundert Hühnern. Ich warte und warte immer auf meine Frau, die mit meinem Leutnant und einem Reitknechte gleich nach mir weggeritten war; niemand aber war zu sehen und zu hören. Endlich werde ich unruhig, kehre um, und ungefähr auf der Hälfte des Weges höre ich ein äußerst klägliches Winseln. Es schien mir ziemlich nahe zu sein, und doch war weit und breit keine lebendige Seele zu erblicken. Ich stieg ab, legte mein Ohr auf den Boden, und nun hörte ich nicht nur, dass dies Jammern unter der Erde war, sondern erkannte auch ganz deutlich die Stimme meiner Frau, meines Leutnants und meines Reitknechts. Zugleich sehe ich auch, dass nicht weit von mir die Öffnung einer Steinkohlengrube war, und es blieb mir nun leider kein Zweifel mehr, dass mein armes Weib und ihre Begleiter da hineingestürzt waren. Ich eilte in voller Karriere nach dem nächsten Dorfe, um die Grubenleute zu holen, die endlich nach langer, höchst mühseliger Arbeit die Verunglückten aus einer neunzig Klafter tiefen Schacht zu Tage förderten. Erst brachten sie den Reitknecht, dann sein Pferd, dann den Leutnant, dann sein Pferd, dann meine Frau und zuletzt ihren türkischen Klepper. Das Wunderbarste bei der ganzen Sache war, dass Menschen und Pferde bei diesem ungeheuren Sturze, einige kleine Quetschungen abgerechnet, fast gar nicht beschädigt waren; desto mehr aber hatten sie durch die unaussprechliche Angst gelitten. An eine Jagd war nun, wie Sie sich leicht vorstellen können, nicht mehr zu denken; und da Sie, wie ich fast vermute, meinen Hund während dieser Erzählung vergessen haben, so werden Sie mir es nicht übelnehmen, dass auch ich nicht mehr an ihn dachte. Mein Dienst nötigte mich, gleich den andern Morgen eine Reise anzutreten, von der ich erst nach vierzehn Tagen zurückkam. Ich war kaum einige Stunden wieder zu Hause, als ich meine Diane vermisste. Niemand hatte sich um sie bekümmert; meine Leute hatten sämtlich geglaubt, sie wäre mit mir gelaufen, und nun war sie zu meinem großen Leidwesen nirgends zu finden. – Endlich kam mir der Gedanke: sollte der Hund wohl gar noch bei den Hühnern sein? Hoffnung und Furcht jagten mich augenblicklich nach der Gegend hin, und siehe da, zu meiner unsäglichen Freude stand mein Hund noch auf derselben Stelle, wo ich ihn vor vierzehn Tagen verlassen hatte. »Piel!«, rief ich, und sogleich sprang er ein, und ich bekam auf einen Schuss fünfundzwanzig Hühner. Kaum aber konnte das arme Tier noch zu mir ankriechen, so ausgehungert und abgemattet war es. Um ihn mit mir nach Hause bringen zu können, musste ich ihn auf mein Pferd nehmen, und Sie können leicht denken, dass ich mich mit der größten Freude dieser Unbequemlichkeit unterzog. Nach einer guten Pflege von wenigen Tagen war er wieder so frisch und munter als zuvor, und wenige Wochen darauf machte er mir es möglich, ein Rätsel aufzulösen, was mir ohne ihn wahrscheinlich ewig ungelöset hätte bleiben müssen.

Ich jagte nämlich zwei ganzer Tage hinter einem Hasen her. Mein Hund brachte ihn immer wieder herum, aber nie konnte ich zum Schusse kommen. – An Hexerei zu glauben, ist meine Sache nie gewesen, dazu habe ich zu außerordentliche Dinge erlebt; allein hier war ich doch mit meinen fünf Sinnen am Ende. Endlich kam mir aber doch der Hase so nahe, dass ich ihn mit meinem Gewehr erreichen konnte. Er stürzte nieder, und was meinen Sie, was ich nun fand? – Vier Läufe hatte mein Hase unter dem Leibe und viere auf dem Rücken. Waren die zwei untern Paar müde, so warf er sich wie ein geschickter Schwimmer, der auf Bauch und Rücken schwimmen kann, herum, und nun ging es mit den beiden neuen wieder mit verstärkter Geschwindigkeit fort. Nie habe ich nachher einen Hasen von der Art gefunden und auch diesen würde ich nicht bekommen haben, wenn mein Hund nicht so ungemeine Vollkommenheiten gehabt hätte. Dieser aber übertraf sein ganzes Geschlecht so sehr, dass ich kein Bedenken tragen würde, ihm den Beinamen des Einzigen beizulegen, wenn nicht ein Windspiel, das ich hatte, ihm diese Ehre streitig machte. Das Tierchen war minder wegen seiner Gestalt als wegen seiner außerordentlichen Schnelligkeit merkwürdig. Hätten die Herren es gesehen, so würden sie es gewiss bewundert und sich gar nicht verwundert haben, dass ich es so lieb hatte und so oft mit ihm jagte. Es lief so schnell, so oft und so lange in meinem Dienste, dass es sich die Beine ganz bis dicht unterm Leibe weglief und ich es in seiner letzten Lebenszeit nur noch als Dachssucher gebrauchen konnte, in welcher Qualität es mir denn ebenfalls noch manch liebes Jahr diente.

Weiland noch als Windspiel – beiläufig zu melden, es war eine Hündin – setzte sie einst hinter einem Hasen her, der mir ganz ungewöhnlich dick vorkam. Es tat mir Leid um meine arme Hündin, denn sie war mit Jungen trächtig und wollte doch noch ebenso schnell laufen als sonst. Nur in sehr weiter Entfernung konnte ich zu Pferde nachfolgen. Auf einmal hörte ich ein Geklaffe wie von einer ganzen Kuppel Hunde, allein so schwach und zart, dass ich nicht wusste, was ich daraus machen sollte. Wie ich näher kam, sah ich mein himmelblaues Wunder. Die Häsin hatte im Laufen gesetzt, und meine Hündin geworfen, und zwar jene gerade ebenso viel junge Hasen als diese junge Hunde. Instinktmäßig hatten jene die Flucht genommen, diese aber nicht nur gejagt, sondern auch gefangen. Dadurch gelangte ich am Ende der Jagd auf einmal zu sechs Hasen und Hunden: da ich doch nur mit einem einzigen angefangen hatte.

Wilhelm Busch

Der Eispeter (1864)

Das Personal, das Busch uns auf den ersten drei Bildern vorstellt, ist nicht eben vom Feinsten: der schlafrockige Vater, die spitznasige Mutter, der gesichtslose Onkel Förster und der tumbe, etwas widerborstige Peter. Die Zeit, die wir uns vorzustellen haben: der kalte Winter des Jahres 1812. Da entflieht also der abenteuerlustige Peter der Spießbürgerlichkeit der elterlichen Stube, in der es wegen der Kälte auch nicht gerade gemütlich ist, winkt noch einmal dem Onkel zu, dessen Warnungen missachtend, und geht, »tralitrala«, Schlittschuh laufen, bricht ein, gefriert zu Eis, wird wieder aufgetaut und am Schluss im wörtlichen Sinne »liquidiert«, indem man ihn, verflüssigt in einen Tontopf gegeben, zwischen anderes Eingemachtes in die Vorratskammer stellt. Ein grausliches Ende, wie es auch das von *Max und Moritz* ist, die durch die Mühle gemahlen und von Hühnern aufgefressen werden, oder das der *Frommen Helene,* die sich im Feuer verflüchtigt.

Komik? Humor? Groteske? – Gibt es dabei etwas zu lachen? Über das Verhältnis von Komik und Humor bei Wilhelm Busch, über seine boshafte Heiterkeit ist viel geschrieben worden. Fast immer sind es Schreckensbilder, die uns Busch vor Augen stellt. Alle Figuren sind ins Komische karikiert und mit allen rhetorischen Mitteln seiner meisterlichen Verse am Ende ins Groteske verwandelt. Und das bewirkt, dass uns das Lachen, mit dem wir sonst auf Komisches reagieren, im Halse stecken bleibt. Am Ende Kopfschütteln über so viele Gräuel. Wir können die Distanz, in die uns das Komische der Geschichten von Wilhelm Busch versetzt, am Ende meist nicht aufrechterhalten. In brutaler Nahperspektive wird uns der Topf mit dem Peter, zwischen anderem Vorrat, vor Augen gestellt. Und Busch vermittelt uns damit die Vorstellung, seinem Inhalt könne, wozu der Vergleich mit der Butter beiträgt, weit nach dem Ende der Geschichte, das Schicksal der anderen Vorräte widerfahren, für das Vorräte nun einmal bestimmt sind. Grotesker geht es nicht mehr!

Und von so etwas lassen wir uns vergnüglich unterhalten: von den spitzesten Spitzen, die je ein Zeichner zeichnete und ein Schnitzer in Holz schnitzte, und von den witzigsten Versen mit ihren ironischen Wortanspielungen und Understatements *(Mit Hinterlassung seiner Mütze/Steigt Peter wieder aus der Pfütze)* und ihren verfremdenden Syllepsen *(Mit einer Axt und stillem Weh/Sucht man den Peter hier im Schnee)*. Wie ist das zu erklären? Empfinden wir vielleicht doch einen Rest Sympathie mit dem widerborstigen Knaben, der sich seinen spießbürgerlichen und blöden Eltern entzieht und diese am Ende durch den grandiosen Trick, sich nicht *im* Wasser, sondern *zu* Wasser gefrieren zu lassen, vor den Lesern bloßstellt. Jedenfalls, so scheint mir, gehen die zu den boshaftesten Streichen und Ungehorsamkeiten aufgelegten und deswegen arg gebeutelten, bestraften, erfrorenen und zu Korn gemahlenen Kinder doch immer als Sieger gegen die verknöcherten Erwachsenen hervor, – und sei es, dass ihnen nichts anderes übrig bliebe, als ihren Aggregatzustand zu verändern und sich so deren spießiger Welt zu entziehen.

Leben und Werke:
Wilhelm Busch ist 1832 in Wiedensahl geboren. 1841 wird er seinem Onkel in Ebergötzen zur Erziehung übergeben. Mit dem Müllerssohn Erich Bachmann verbindet ihn Zeit seines Lebens eine tiefe Freundschaft. Die Geschichten und Figuren aus *Max und Moritz* entstammen wahrscheinlich diesen Kindheitserinnerungen. 1847 geht Busch an die Polytechnische Schule nach Hannover, verlässt diese aber bald und studiert in Düsseldorf und Antwerpen Kunst. Nach schwerer Krankheit kehrt er 1853 nach Wiedensahl zurück, wo er damit beginnt, Märchen und Sagen zu sammeln. 1854 beginnt er ein Studium in München an der Königlichen Akademie für Künste. 1858 verpflichtet ihn der Herausgeber der *Fliegenden Blätter* als Zeichner und Karikaturisten. Hier erscheint 1864 sein *Der Eispeter. Eine Bilderposse.* Kurz danach wird sein *Max und Moritz* in Buchform veröffentlicht. Busch befasst sich, seit 1867 in Frankfurt

am Main, mit der Philosophie Schopenhauers, schreibt und zeichnet den *Heiligen Antonius* und *Die fromme Helene.* Außer seinen berühmt gewordenen Bildergeschichten *Herr und Frau Knopp, Fipps der Affe, Plisch und Plumm, Maler Klecksel* widmet sich Busch rein literarischen Texten: Gedichten und Prosaschriften wie *Kritik des Herzens, Eduards Traum, Der Schmetterling, Zu guter Letzt,* … 1908 stirbt Wilhelm Busch in Mechtshausen.

Leseempfehlungen:
Ausgewählte Werke von Wilhelm Busch, die leicht zugänglich sind, gibt es in verschiedenen Verlagen. Einige seiner Gedichte wie *Fink und Frosch* und *Humor* gehören fast schon zum Bildungsgut deutscher Schullesebücher. Seine Gedichtsammlungen *Kritik des Herzens* und *Zu guter Letzt* sind voller witziger Weisheiten. Die Bildergeschichte *Die fromme Helene* ist für jeden, der über Scheinheiligkeit lachen möchte, eine vergnügliche Lektüre.

Als *anno 12* das Holz so rar,
Und als der kalte Winter war;

Da blieb ein Jeder gern zu Haus;
Nur Peter muss auf's Eis hinaus.

Da draußen, ja man glaubt es kaum,
Fiel manche Krähe tot vom Baum.

Der Onkel Förster warnt und spricht:
Nein, Peter, heute geht es nicht!

Auch ist ein Hase bei den Ohren
Ganz dicht am Wege festgefroren.

Doch Peter denkt: Tralitrala!
Und sitzt auf einem Steine da.

Nun möchte Peter sich erheben;
Die Hose bleibt am Steine kleben,

Der Stoff ist alt, die Lust ist groß;
Der Peter reißt sich wieder los.

Na, richtig! Ja, ich dacht' es doch!
Da fällt er schon in's tiefe Loch.

Mit Hinterlassung seiner Mütze
Steigt Peter wieder aus der Pfütze.

Bald schießt hervor, obschon noch klein,
Ein Zacken Eis am Nasenbein.

Der Zacken wird noch immer besser
Und scharf als wie ein Schlachtermesser.

Der Zacken werden immer mehr,
Der Nasenzacken wird ein Speer.

Und jeder fragt: Wer mag das sein?
Das ist ja ein gefrornes Stachelschwein!

Die Eltern sehen nach der Uhr:
Ach, ach! wo bleibt denn Peter nur?

Da ruft der Onkel in das Haus:
Der Schlingel ist auf's Eis hinaus!

Mit einer Axt und stillem Weh
Sucht man den Peter hier im Schnee.

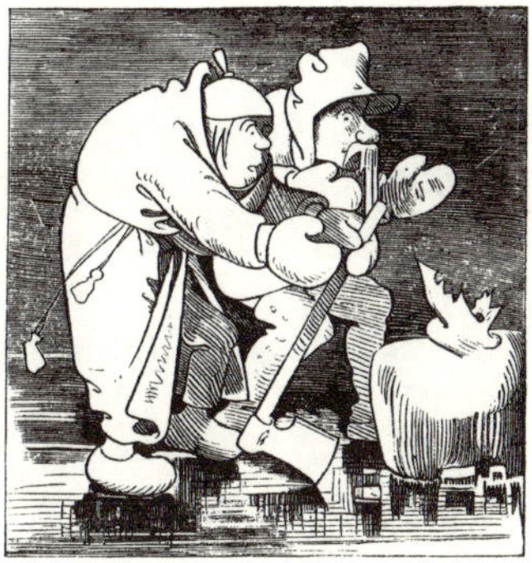

Schon sieht man mit betrübtem Blick
Ein Teil von Peters Kleidungsstück.

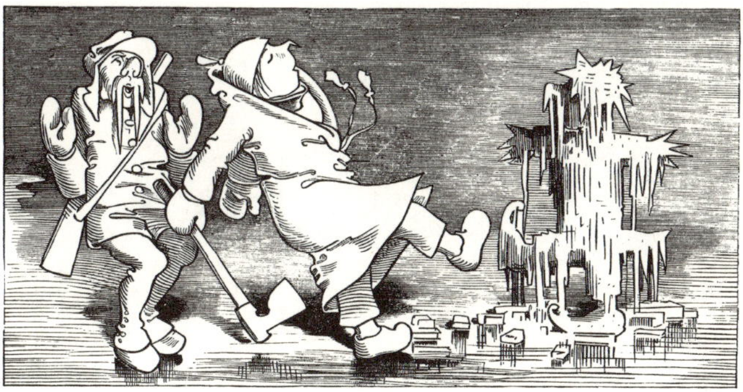

Doch größer war die Trauer da,
Als man den Peter selber sah.

Hier wird der Peter transportiert,
Der Vater weint, die Träne friert.

Behutsam lässt man Peters Glieder
Zu Haus am warmen Ofen nieder.

Juchhe! Die Freudigkeit ist groß;
Das Wasser rinnt, das Eis geht los.

Ach, aber ach! Nun ist's vorbei!
Der ganze Kerl zerrinnt zu Brei.

Hier wird in einen Topf gefüllt
Des Peters traurig Ebenbild.

Ja ja! In diesem Topf von Stein
Da machte man den Peter ein,
Der, nachdem er anfangs hart,
Später weich wie Butter ward.

Alfred Döblin
Aus: **Berlin Alexanderplatz** (1929)

Wir hatten uns einen Rahmen gesetzt: »Kurze Texte«. Wir sind einige Male an diese selbst gesetzte Grenze gestoßen, wenn wir (immerhin) mit einer in sich geschlossenen Episode auf ein größeres Werk hinweisen wollten, das uns »unentbehrlich« schien. Was wir aber hier tun, sprengt jeden Rahmen! Darf man das: lediglich den Anfang und das Ende eines umfangreichen Romans vorstellen? Wir gestatten es uns einfach! Weil die Textteile in sich eindrucksvoll sind, weil sie einen ersten Einblick in das Ganze vermitteln – und weil wir mit ihnen dazu anregen wollen, die paar 400 Seiten dazwischen auch zu lesen. Es handelt sich immerhin um einen der größten Romane des 20. Jahrhunderts: Vorbild für eine neue Art des Erzählens; von großem Format wie *Der Mann ohne Eigenschaften* von Musil, der *Doktor Faustus* von Thomas Mann, *Die Blechtrommel* von Grass, um nur einige deutschsprachige Autoren zu nennen.

Ganz persönlich möchte ich mit diesem Beispiel aber auch auf eine Art des Anreizes zum Lesen hinweisen, die mir unvergesslich ist: Der Direktor unseres Gymnasiums holte damals in den großen Pausen hin und wieder vier, fünf Schülerinnen und Schüler vom Schulhof und lud sie hinter seine lederbespannte Doppeltür ins Chefzimmer ein mit den Worten: »Ich muss euch unbedingt etwas vorlesen!« Und dann las er etwa eine Viertelstunde lang Anfänge oder Ausschnitte von Romanen vor, die er wohl eben selbst gelesen hatte. Nur vorgelesen, nichts weiter dazu gesagt! Auf diese Weise bin ich an Manns *Felix Krull*, Musils *Törless* und Hesses *Glasperlenspiel* geraten. So etwas stelle ich mir angesichts des *Biberkopf-Romans* auch vor.

Da gibt es diese Inhaltsangabe! Wer hätte dergleichen je einem seiner Romane vorangestellt? Sie ist bereits selbst ein klappentextliches Glanzstück. Dann diese opulenten Kapiteleinleitungen, die sich fast barock ausnehmen und an Grimmelshausen erinnern. Und dann die

Ausschnitte aus dem ersten und letzten »Buch« (Kapitel), in denen sich der Stil des gesamten Romans spiegelt: diese Collage aus Ausschnitten aus der Werbung, der Gefängnisverordnung und (später) aus dem Alten Testament, Brehms Tierleben, Zeitungen, Wetterberichten, weisen Sprüchen, Sachbuchausschnitten, Liedern und Versen, Parolen, Gerichtsurteilen, Texten aus der griechischen Mythologie, Jiddischen Geschichten, Paragraphen, Statistiken und so weiter. Da spricht bald der auktoriale Erzähler, der in seinen *Franz Biberkopf* hineinschauen kann, der ihn sogar anredet; da redet der *Franz* mit sich selbst, denkt im inneren Monolog, der Erzähler kommentiert ihn, fährt dazwischen, berichtigt ihn ... Das alles war im deutschen Roman zu jener Zeit neu. Eine Sprache zum Hören! Umgangssprache mischt sich, oft ohne Übergang, mit Schriftsprache vom Feinsten, Trauriges mit Brutalem, Stilles mit Hektischem, Gaunersprache mit der Sprache der Bibel, die Sprache des Realismus mit der des Expressionismus ... – ein Kaleidoskop sprachlicher Vielfalt, eine »Montage-Technik«, die vielfach gewürdigt worden ist und die man so zuvor nicht kannte.

Am Anfang kommt *Franz Biberkopf* aus dem Gefängnis, in dem er wegen Totschlags einsaß. Als er in die Freiheit eintritt, ist er seiner Alltagswelt entfremdet und arm und schwach und verführbar genug, aufs Neue zu versumpfen. Ein Jahr liegt zwischen diesem Anfang und dem Ende des Romans: Schicksalsschläge, Abstieg ins Lumpenproletariat, fast kommt er zu Tode, findet die Liebe einer Braut, die ihm allerdings ausgespannt und umgebracht wird. Er wird als vermeintlicher Täter erneut verhaftet, kommt in die Irrenanstalt; der Prozess fördert aber die Wahrheit zu Tage, *Biberkopf* wird entlassen – und steht wieder am Anfang. Wird es ihm diesmal gelingen, *anständig* zu sein? Der Krieg wirft seine Schatten voraus. Es lässt sich nichts Gutes ahnen. Was aber für uns bleibt: ein unvergessliches Stück Literatur über Menschlichkeit und ihre Gefährdung. ... Und nun lese man noch einmal die letzten Sätze der Einleitung!

Leben und Werke:

Alfred Döblin wurde 1878 in Stettin geboren. Er studiert Medizin und Philosophie in Berlin und Freiburg und promoviert zum Dr. med. 1911 eröffnet er eine Kassenpraxis in Berlin. 1913 gibt er einen Erzählband heraus mit der berühmten Geschichte *Die Ermordung einer Butterblume.* In den Folgejahren schreibt er mehrere Romane, 1929 seinen berühmtesten: *Berlin Alexanderplatz.* 1933 emigriert er nach Zürich, 1940 flieht er in die USA. 1949 wird er Vizepräsident der Akademie der Wissenschaften und Literatur in Mainz. 1957 stirbt er in Emmendingen.

Leseempfehlungen:

Berlin Alexanderplatz natürlich! Aber es gibt auch ein *Deutsche Grammophon-Hörbuch.* Hier liest der legendäre Hannes Messemer (fast) den ganzen Roman. Ein seltener Genuss! Und wer den Film noch nicht gesehen hat: Fassbinders Meisterstück!

Alfred Döblin

Berlin Alexanderplatz

Einleitung

Dies Buch berichtet von einem ehemaligen Zement- und Transportarbeiter Franz Biberkopf in Berlin. Er ist aus dem Gefängnis, wo er wegen älterer Vorfälle saß, entlassen und steht nun wieder in Berlin und will anständig sein.

Das gelingt ihm auch anfangs. Dann aber wird er, obwohl es ihm wirtschaftlich leidlich geht, in einen regelrechten Kampf verwickelt mit etwas, das von außen kommt, das unberechenbar ist und wie ein Schicksal aussieht.

Dreimal fährt dies gegen den Mann und stört ihn in seinem Lebensplan. Es rennt gegen ihn mit einem Schwindel und Betrug. Der Mann kann sich wieder aufrappeln, er steht noch fest.

Es stößt und schlägt ihn mit einer Gemeinheit. Er kann sich schon schwer erheben, er wird schon fast ausgezählt.

Zuletzt torpediert es ihn mit einer ungeheuerlichen äußersten Roheit.

Damit ist unser guter Mann, der sich bis zuletzt stramm gehalten hat, zur Strecke gebracht. Er gibt die Partie verloren, er weiß nicht weiter und scheint erledigt.

Bevor er aber ein radikales Ende mit sich macht, wird ihm auf eine Weise, die ich hier nicht bezeichne, der Star gestochen. Es wird ihm aufs Deutlichste klargemacht, woran alles lag. Und zwar an ihm selbst, man sieht es schon, an seinem Lebensplan, der wie nichts aussah, aber jetzt plötzlich ganz anders aussieht, nicht einfach und fast selbstverständlich, sondern hochmütig und ahnungslos, frech, dabei feige und voller Schwäche.

Das furchtbare Ding, das sein Leben war, bekommt einen Sinn. Es ist eine Gewaltkur mit Franz Biberkopf vollzogen. Wir sehen am Schluss den Mann wieder am Alexanderplatz stehen, sehr verändert, ramponiert, aber doch zurechtgebogen.

Dies zu betrachten und zu hören wird sich für viele lohnen, die wie Franz Biberkopf in einer Menschenhaut wohnen und denen es passiert wie diesem Franz Biberkopf, nämlich vom Leben mehr zu verlangen als das Butterbrot.

Aus dem Ersten Buch

Hier im Beginn verlässt Franz Biberkopf das Gefängnis Tegel, in das ihn ein früheres sinnloses Leben geführt hat. Er fasst in Berlin schwer wieder Fuß, aber schließlich gelingt es ihm doch, worüber er sich freut, und er tut nun den Schwur, anständig zu sein.

Mit der 41 in die Stadt

Er stand vor dem Tor des Tegeler Gefängnisses und war frei. Gestern hatte er noch hinten auf den Äckern Kartoffeln geharkt mit den andern, in Sträflingskleidung, jetzt ging er im gelben Sommermantel, sie harkten hinten, er war frei. Er ließ Elektrische auf Elektrische vorbeifahren, drückte den Rücken an die rote Mauer und ging nicht. Der Aufseher am Tor spazierte einige Male an ihm vorbei, zeigte ihm seine Bahn, er ging nicht. Der schreckliche Augenblick war gekommen [schrecklich, Franze, warum schrecklich?], die vier Jahre waren um. Die schwarzen eisernen Torflügel, die er seit einem Jahre mit wachsendem Widerwillen betrachtet hatte [Widerwillen, warum Widerwillen], waren hinter ihm geschlossen. Man setzte ihn wieder aus. Drin saßen die andern, tischlerten, lackierten, sortierten, klebten, hatten noch zwei Jahre, fünf Jahre. Er stand an der Haltestelle.

Die Strafe beginnt.

Er schüttelte sich, schluckte. Er trat sich auf den Fuß. Dann nahm er einen Anlauf und saß in der Elektrischen. Mitten unter den Leuten. Los. Das war zuerst, als wenn man beim Zahnarzt sitzt, der eine Wurzel mit der Zange gepackt hat und zieht, der

Schmerz wächst, der Kopf will platzen. Er drehte den Kopf zurück nach der roten Mauer, aber die Elektrische sauste mit ihm auf den Schienen weg, dann stand nur noch sein Kopf in der Richtung des Gefängnisses. Der Wagen machte eine Biegung, Bäume, Häuser traten dazwischen. Lebhafte Straßen tauchten auf, die Seestraße, Leute stiegen ein und aus. In ihm schrie es entsetzt: Achtung, Achtung, es geht los. Seine Nasenspitze vereiste, über seine Backe schwirrte es. »Zwölf Uhr Mittagszeit«, »B. Z.«, »Die neuste Illustrierte«, »Die Funkstunde neu«, »Noch jemand zugestiegen?« Die Schupos haben jetzt blaue Uniformen. Er stieg unbeachtet wieder aus dem Wagen, war unter Menschen. Was war denn? Nichts. Haltung, ausgehungertes Schwein, reiß dich zusammen, kriegst meine Faust zu riechen. Gewimmel, welch Gewimmel. Wie sich das bewegte. Mein Brägen hat wohl kein Schmalz mehr, der ist wohl ganz ausgetrocknet. Was war das alles. Schuhgeschäfte, Hutgeschäfte, Glühlampen, Destillen. Die Menschen müssen doch Schuhe haben, wenn sie so viel rumlaufen, wir hatten ja auch eine Schusterei, wollen das mal festhalten. Hundert blanke Scheiben, lass die doch blitzern, die werden dir doch nicht Bange machen, kannst sie ja kaputt schlagen, was ist denn mit die, sind eben blank geputzt. Man riss das Pflaster am Rosenthaler Platz auf, er ging zwischen den andern auf Holzbohlen. Man mischt sich unter die andern, da vergeht alles, dann merkst du nichts, Kerl. Figuren standen in den Schaufenstern in Anzügen, Mänteln, mit Röcken, mit Strümpfen und Schuhen. Draußen bewegte sich alles, aber – dahinter – war nichts! Es – lebte – nicht! Es hatte fröhliche Gesichter, es lachte, wartete auf der Schutzinsel gegenüber Aschinger zu zweit oder zu dritt, rauchte Zigaretten, blätterte in Zeitungen. So stand das da wie die Laternen – und – wurde immer starrer. Sie gehörten zusammen mit den Häusern, alles weiß, alles Holz.

Schreck fuhr in ihn, als er die Rosenthaler Straße herunterging und in einer kleinen Kneipe ein Mann und eine Frau dicht am Fenster saßen: die gossen sich Bier aus Seideln in den Hals, ja was war dabei, sie tranken eben, sie hatten Gabeln und stachen sich damit Fleischstücke in den Mund, dann zogen sie die Gabeln wieder heraus und bluteten nicht. Oh, krampfte sich sein Leib zusammen, ich kriege es nicht weg, wo soll ich hin? Es antwortete: Die Strafe.

Es konnte nicht zurück, er war mit der Elektrischen so weit hierher gefahren, er war aus dem Gefängnis entlassen und musste hier hinein, noch tiefer hinein.

Das weiß ich, seufzte er in sich, dass ich hier rin muss und dass ich aus dem Gefängnis entlassen bin. Sie mussten mich ja entlassen, die Strafe war um, hat seine Ordnung, der Bürokrat tut seine Pflicht. Ich geh auch rin, aber ich möchte nicht, mein Gott, ich kann nicht.

Er wanderte die Rosenthaler Straße am Warenhaus Tietz vorbei, nach rechts bog er ein in die schmale Sophienstraße. Er dachte, diese Straße ist dunkler, wo es dunkel ist, wird es besser sein. Die Gefangenen werden in Einzelhaft, Zellenhaft und Gemeinschaftshaft untergebracht. Bei Einzelhaft wird der Gefangene bei Tag und Nacht unausgesetzt von andern Gefangenen gesondert gehalten. Bei Zellenhaft wird der Gefangene in einer Zelle untergebracht, jedoch bei Bewegung im Freien, beim Unterricht, Gottesdienst mit andern zusammengebracht. Die Wagen tobten und klingelten weiter, es rann Häuserfront neben Häuserfront ohne Aufhören hin. Und Dächer waren auf den Häusern, die schwebten auf den Häusern, seine Augen irrten nach oben: wenn die Dächer nur nicht abrutschten, aber die Häuser standen grade. Wo soll ick armer Deibel hin, er latschte an der Häuserwand lang, es nahm kein Ende damit. Ich bin ein ganz großer Dussel, man wird sich hier doch noch durchschlängeln können, fünf Minuten, zehn Minuten, dann trinkt man einen Kognak und setzt sich. Auf entsprechendes Glockenzeichen ist sofort mit der Arbeit zu beginnen. Sie darf nur unterbrochen werden in der zum Essen, Spaziergang, Unterricht bestimmten Zeit. Beim Spaziergang haben die Gefangenen die Arme ausgestreckt zu halten und sie vor- und rückwärts zu bewegen. (…)

Lieb Vaterland, magst ruhig sein, ich hab die Augen auf und fall nicht rein

Zum zweiten Mal verlässt jetzt Biberkopf ein Haus, in dem er gefangen gehalten war, wir sind am Ende unseres weiten Wegs und machen mit Franz zusammen noch einen einzigen kleinen Schritt.

Das erste Haus, das er verließ, war die Strafanstalt in Tegel. Verängstigt stand er an der roten Mauer, und als er sich losmachte und die 41 kam und mit ihm nach Berlin fuhr, da standen die Häuser nicht still, die Dächer wollten über Franz fallen, er musste lange gehen und sitzen, bis alles um ihn ruhig war und er stark genug war, um hier zu bleiben und wieder anzufangen. Jetzt ist er kraftlos. Das feste Haus kann er nicht mehr sehen. Aber siehe, wie er am Stettiner Bahnhof aussteigt, am Vorortbahnhof, und vor ihm das große Baltikumhotel liegt, bewegt – sich – nichts. Die Häuser halten still, die Dächer liegen fest, er kann sich ruhig unter ihnen bewegen, er braucht in keine dunklen Höfe zu kriechen. Ja, dieser Mann – wir wollen ihn Franz Karl Biberkopf nennen, um ihn von dem ersten zu unterscheiden, Franz hat bei der Taufe auch den zweiten Namen bekommen, nach seinem Großvater, dem Vater seiner Mutter –, dieser Mann geht jetzt langsam die Invalidenstraße rauf, an der Ackerstraße vorbei, nach der Brunnenstraße zu, an der gelben Markthalle vorbei, und sieht sich ruhig die Läden und Häuser an und wie die Menschen hier rumrennen, und lange habe ich das alles nicht gesehen, und jetzt bin ich wieder da. Biberkopf war lange weg. Jetzt ist Biberkopf wieder da. Euer Biberkopf ist wieder da.

Herankommen lassen, herankommen lassen die weiten Ebenen, die roten Ziegelhäuser, in denen Licht brennt. Herankommen lassen die frierenden Wanderer, die Säcke auf dem Rücken tragen. Es ist ein Wiedersehn, mehr als ein Wiedersehn. (...)

Und was er dann tut? Er fängt langsam an, auf die Straße zu gehen, er geht in Berlin herum.

Berlin, 52 Grad 31 nördliche Breite, 13 Grad 25 östliche Länge, 20 Fernbahnhöfe, 121 Vorortbahn, 27 Ringbahn, 14 Stadtbahn, 7 Rangierbahn, Elektrische, Hochbahn, Autobus, es gibt nur a Kaiserstadt, es gibt nur a Wien. Frauensehnsucht in drei Worten, drei Worte schließen alles Sehnen der Frauen in sich ein. Stellen Sie sich vor, dass eine Neuyorker Firma ein neues kosmetisches Mittel ankündigt, das einer gelblichen Netzhaut jene frische bläuliche Farbe verleiht, die nur die Jugend hat. Die schönste Pupille vom tiefen Blau bis zum samtenen Braun kann man aus Tuben beziehen. Wozu so viel Geld für Pelzreinigung ausgeben.

Er geht durch die Stadt. Da sind viele Dinge, die einen gesund machen können, wenn nur das Herz gesund ist. (...)

Wir sind am Ende dieser Geschichte. Sie ist lang geworden, aber sie musste sich dehnen und immer mehr dehnen, bis sie jenen Höhepunkt erreichte, den Umschlagspunkt, von dem erst Licht auf das Ganze fällt.

Wir sind eine dunkle Allee gegangen, keine Laterne brannte zuerst, man wusste nur, hier geht es lang, allmählich wird es heller und heller, zuletzt hängt da die Laterne, und dann liest man endlich unter ihr das Straßenschild. Es war ein Enthüllungsprozess besonderer Art. Franz Biberkopf ging nicht die Straße wie wir. Er rannte drauflos, diese dunkle Straße, er stieß sich an Bäume, und je mehr er ins Laufen kam, um so mehr stieß er an Bäume. Es war schon dunkel, und wie er an Bäume stieß, presste er entsetzt die Augen zu. Und je mehr er sich stieß, immer entsetzter klemmte er die Augen zu. Mit zerlöchertem Kopf, kaum noch bei Sinnen, kam er schließlich doch an. Wie er hinfiel, machte er die Augen auf. Da brannte die Laterne hell über ihm, und das Schild war zu lesen.

Er steht zum Schluss als Hilfsportier in einer mittleren Fabrik. Er steht nicht mehr allein am Alexanderplatz. Es sind welche rechts von ihm und links von ihm, und vor ihm gehen welche, und hinter ihm gehen welche.

Viel Unglück kommt davon, wenn man allein geht. Wenn mehrere sind, ist es schon anders. Man muss sich gewöhnen, auf andere zu hören, denn was andere sagen, geht mich auch an. Da merke ich, wer ich bin und was ich mir vornehmen kann. Es wird überall herum um mich meine Schlacht geschlagen, ich muss aufpassen, ehe ich es merke, komm ich ran.

Er ist Hilfsportier in einer Fabrik. Was ist denn das Schicksal? Eins ist stärker als ich. Wenn wir zwei sind, ist es schon schwerer, stärker zu sein als ich. Wenn wir zehn sind, noch schwerer. Und wenn wir tausend sind und eine Million, dann ist es ganz schwer.

Aber es ist auch schöner und besser, mit andern zu sein. Da fühle ich und weiß ich alles noch einmal so gut. Ein Schiff liegt nicht fest ohne großen Anker, und ein Mensch kann nicht sein ohne viele andere Menschen. Was wahr und falsch ist, werd ich jetzt besser wissen. Ich bin schon einmal auf ein Wort reingefallen, ich habe es bitter bezahlen müssen, nochmal passiert das dem Biberkopf nicht. Da rollen die Worte auf einen an, man muss sich vorsehen, dass man nicht überfahren wird, passt du nicht auf auf den Autobus, fährt er dich zu Appelmus. Ich schwör sobald auf nichts in der Welt. Lieb Vaterland, kannst ruhig sein, ich hab die Augen auf und fall so bald nicht rein.

Sie marschieren oft mit Fahnen und Musik und Gesang an seinem Fenster vorbei, Biberkopf sieht kühl zu seiner Türe raus und bleibt noch lange ruhig zu Haus. Halt das Maul und fasse Schritt, marschiere mit uns andern mit. Wenn ich marschieren soll, muss ich das nachher mit dem Kopf bezahlen, was andere sich ausgedacht haben. Darum rechne ich erst alles nach, und wenn es so weit ist und mir passt, werde ich mich danach richten. Dem Mensch ist gegeben die Vernunft, die Ochsen bilden statt dessen eine Zunft.

Biberkopf tut seine Arbeit als Hilfsportier, nimmt die Nummern ab, kontrolliert Wagen, sieht, wer rein- und rauskommt.

Wach sein, wach sein, es geht was vor in der Welt. Die Welt ist nicht aus Zucker gemacht. Wenn sie Gasbomben werfen, muss ich ersticken, man weiß nicht, warum sie geschmissen haben, aber darauf kommts nicht an, man hat Zeit gehabt, sich drum zu kümmern. (...)

Biberkopf ist ein kleiner Arbeiter. Wir wissen, was wir wissen, wir habens teuer bezahlen müssen.

Es geht in die Freiheit, die Freiheit hinein, die alte Welt muss stürzen, wach auf, die Morgenluft.

Und Schritt gefasst und rechts und links und rechts und links, marschieren, marschieren, wir ziehen in den Krieg, es ziehen mit uns hundert Spielleute mit, sie trommeln und pfeifen, widebum widebum, dem einen geht's grade, dem andern geht's krumm, der eine bleibt stehen, der andere fällt um, der eine rennt weiter, der andere liegt stumm, widebum widebum.

Annette von Droste-Hülshoff

Twee Künigeskinner (1844/15. Jahrhundert)

Dieses schönste aller Gedichte aus der Geschichte der Volkslieder hat Annette von Droste-Hülshoff in westfälischer Mundart handschriftlich aufgezeichnet. Sie hat es wohl in ihrer Kindheit selbst gesungen. Entstanden und mit einer Melodie versehen ist das Gedicht schon im 15. Jahrhundert. Es wird, wie alle Volkslieder, einen Verfasser gehabt haben, der aber nie bekannt geworden ist. Denn natürlich hat nicht das »Volk« eine so artifizielle Geschichte, mit diesen dialogischen Verzögerungen, hintergründigen Anspielungen, Reimen und diesem Versmaß erfunden. Das Volk hat solche Lieder gebraucht, verkürzt, ausgeweitet, »zersungen«, – sich also angeeignet. Es gibt daher bis heute eine große Anzahl Variationen davon. Wir möchten den ursprünglichen Dichter mit dieser Aufzeichnerin würdigen!

Besungen wird, wie bei den meisten Liebesliedern, nicht die erfüllte Liebe, sondern die Hoffnung auf Liebe und das Leiden an ihr. »Jenseits der Hoffnung des Liebenden beginnt das Klagen ... die Qual«, schreibt Hartmut von Hentig in seiner Gedichtanthologie *Meine deutschen Gedichte* (Kallmeyer Verlag, Seelze). »Die Dichtung ›dokumentiert‹ diesen Zustand nicht, sie ist dieser Zustand. Die Not geht im Wort auf.« Generationen von Kindern, Jugendlichen, Liebenden, die in ihrem Kummer einer verlorenen oder enttäuschten Liebe gedachten, haben dieses Lied gesungen. Es ist so wunderbar traurig, und es erzählt davon, dass es Königskindern in der Liebe nicht anders ergeht als ihnen selbst; ja, man gewinnt aus der schönen Traurigkeit sogar noch ein Vergnügen, denn ganz so schlimm wie den Königskindern geht es Liebesbekümmerten normalerweise dann doch meistens nicht. Der reich beschenkte, arme Fischersmann, als Vermittler zwischen den Schichten, ist ein Gewährsmann dafür. Katharsis eben!

Leben und Werke:
Annette von Droste-Hülshoff wurde 1797 bei Münster geboren. Sie genoss eine konservative Erziehung. 1826 übersiedelte sie in den mütterlichen Witwensitz auf dem Lande. Sie unternahm Reisen nach Koblenz, Köln und Bonn und wurde mit Literaten bekannt. 1840 lernt sie den Schriftsteller Levin Schücking kennen, der in Meersburg am Bodensee Bibliothekar war. Zwischen 1837 und 1842 schreibt sie ihr wohl berühmtestes Werk nach einem Ereignis des Jahres 1782 in Paderborn: *Die Judenbuche.* 1844 gibt sie eine Sammlung von Naturgedichten und Balladen heraus. Sie stirbt 1848 in Meersburg.

Leseempfehlungen:
Der Knabe im Moor gehört zu den eindrucksvollsten Texten in der Geschichte der Ballade. Empfehlen möchten wir aber vor allem auch ihr emanzipatorisches Gedicht von 1842 *Am Turme.* Und natürlich: *Die Judenbuche!*

Annette von Droste-Hülshoff

Twee Künigeskinner

Et wassen twee Künigeskinner,	
De hadden eenander so leef,	
De konnen ton anner nich kummen:	
Dat Water was vil to breed.	breit, tief
»Leef Herte, kannst du der nich swemmen?	
Leef Herte, so swemme to mi!	
Ik will di twe Keskes upstecken,	Kerzen
Un de söllt löchten to di!«	
Dat horde ne falske Nunne	Norne: Schicksalsgöttin
Up ere Slopkammer, o we!	über …
Se dey de Keskes utdömpen:	tat auslöschen
Leef Herte bleef in de See.	Der Liebste ertrank in dem See
Et was up en Sundage Morgen,	
De Lüde wören alle so fro;	
Nich so de Künigesdochter,	
De Augen de seten ehr to.	Die Augen taten ihr weh
»O Moder«, säde se, »Moder,	sagte sie
Mine Augen doht mi der so we;	der: doch
Mag ik der nich gohn spatzeren	der: denn
An de Kant von de ruskende See?«	An die Küste des rauschenden Sees
»O Dochter«, säde se, »Dochter,	
Allene kannst du der nich gohn;	
Weck up dine jüngste Süster	Schwester
Und de sall met di gohn.«	

»Mine allerjüngste Süster
Is noch so'n unnüsel Kind, — einfältig
Se plücket wol alle de Blömkes — Blumen
De an de Seekante sind.«

»Un plückt se auk men de wilden — auch nur
Un lätt de tammen stohn, — Und lässt die zahmen stehn
So segget doch alle de Lüde:
Dat het dat Künigeskind dohn!« — So ist eben ein Königskind!

»O Moder«, sede se, »Moder,
Mine Augen daht mi der so we;
Mag ik der nich gohn spatzeren
An de Kant von de ruskende See?«

»O Dochter«, sede se, »Dochter,
Allene sast du der nich gohn; — sollst, darfst
Weck up dinen jüngsten Broder,
Un de sall met di gohn.«

»Min allerjüngster Broder
Is noch so'n unnüsel Kind,
He schütt wull alle de Vügel — schießt
De up de Seekante sind.«

»Und schütt he auk men de wilden
Un lätt te tammen gohn,
So segget doch alle Lüde:
Dat het dar Künigeskind dohn.«

»O Moder«, sede se, »Moder,
Min Herte doht mi der so we, — Mein Herz tut mir doch so weh
Laet andere gohn tor Kerken, — Kirche
Ik bed' an de ruskende See!« — bete

Da sat de Künigesdochter — setzte
Up 't Hoefd ere goldene Kron, — Haupt
Se stack up eren Finger
En Rink von Demanten so schon. — schön

De Moder genk to de Kerken,
De Dochter geng en de Seekant,
Se geng der so lange spatzeren — der: dort
Bes se enen Fisker fand.

»O Fisker, leeveste Fisker,
Ji könnt verdeenen grot Lohn:
Settet jue Netkes to Water, — Netze
Fisket mi den Künigessohn!«

He sette sin Netkes to Water,
De Lotkes sünken to Grund, — Lote, Senkbleie
He fiske und fiske so lange,
De Künigessohn wurde sin Fund.

Do nam de Künigesdochter
Von Hoefd ere goldene Kron:
»Sü do, woledele Fisker, — wohl edler
Dat ist ju verdeende Lohn.«

Se trock von eeren Finger — zog
Den Rink von Demanten so schon:
»Sü do, woleldele Fisker,
Dat is ju verdeende Lohn.«

Se namm in ere blanke Arme
Den Künigessohn, o we!
Se sprank mit em in de Wellen:
»O Vader und Moder, ade!«

Friedrich Dürrenmatt

Der Sohn (1943)

Ein »Schreibgespräch«: Der Geschichte haben wir uns dadurch anzunähern versucht, das einer von uns schriftlich Fragen zum Text gestellt hat, die ihm wichtig waren, und der andere sie schriftlich zu beantworten versuchte.

F: Warum denn eine derart brutale Geschichte als Leseempfehlung, gar als »unentbehrlichen« Text? Ist nicht eine Auswahl von Literatur auch eine verantwortliche Tätigkeit?

M: Natürlich ist dies eine brutale Geschichte. Aber ist sie weniger brutal als viele Opfergeschichten aus dem *Alten Testament,* Geschichten aus den *Nibelungen,* aus Grimmelshausens *Simplizissimus* usw.? Und: Ist sie ganz fern jeglicher Realität, von der wir in den Zeitungen lesen können? Sie richtet den Fokus aufs Schreckliche, aber sie distanziert auch durch ihren vorantreibend musikalischen Stil wieder davon. (Dürrenmatt hatte damals dabei schon Bachs *Wohltemperiertes Klavier* im Ohr!) Im Grunde geht es, wie oft bei Dürrenmatt, um die brutale Darstellung von Verantwortungslosigkeit, mit der er eben auf das hinweisen will, was du nachfragst: auf Verantwortung. Das Fremde wird hier wirklich als fremd erfahren. Und Fremderfahrungen zu machen ist eine der wichtigsten Aufgaben des Lesers von Literatur.

F: Der Stil erinnert mich sehr an Kleist. Da hat doch wohl der junge Dürrenmatt sich im Kleistschen Stil erproben wollen. Und dann das Kaspar-Hauser-Motiv, und die Vertreibung aus dem Paradies. Ist das überhaupt schon eine eigene Geschichte?

M: Wahrscheinlich hat Dürrenmatt zunächst noch mit der Sprache experimentiert, vielleicht sogar Kleistschen Stil erprobt, was ich allerdings nicht ermitteln konnte. Es gibt in *Weihnachten* oder *Die Wurst* aber auch das Gegenteil: Texte, die nur aus Kürzestsätzen bestehen.

Kleist jedenfalls hat eine derart radikale Syntax nie verwendet. Und was »die eigene Geschichte« betrifft, kann ich nur sagen: Dem Brutalen, Chaotischen oder dem »Durcheinander« eine eigene Gestalt zu geben, ist bis zu seinen Werken *Durcheinandertal* oder *Achterloo* immer ein wichtiges Anliegen gewesen. Schon sein *Besuch der alten Dame* belegt das auf eindrucksvolle Weise.

F: Ich weiß, du bist ein Dürrenmatt-Fan. Aber warum gerade diese Geschichte?

M: Ich glaube: In diesen ersten Geschichten des jungen Dürrenmatt (er war damals gerade 22) ist der spätere Dürrenmatt schon sehr gut zu erkennen. Dafür spricht auch, dass Dürrenmatt diese kleine Geschichte aus dem Jahre 1943 zum ersten Mal 1978 veröffentlichte, – also als schon berühmter Schriftsteller noch zu ihr stand. Was wir in *Der Sohn* als syntaktisches Experiment erleben, konturiert sich in einem seiner Spätwerke *Der Auftrag* als Stil eines ganzen Romans: 13 Kapitel – und jedes bestehend aus nur einem einzigen Satzgefüge. Also: diese Geschichte als eine Einführung in eine Dürrenmattlektüre und als Hilfe, auch seine späteren Werke richtig zu verstehen!

Leben und Werke:

Friedrich Dürrenmatt wird 1921 in Konolfingen (Schweiz) geboren. Er studiert in Bern und Zürich Literatur und Philosophie. Während dieser Zeit beginnt er seine frühen Texte zu schreiben. Um Geld zu verdienen, schreibt er für eine Wochenzeitung Kriminalromane als Fortsetzungsgeschichten, u. a. *Der Richter und sein Henker* und *Der Verdacht.* Die ersten Hörspiele und Theaterstücke entstehen. Den ersten großen Erfolg hat er 1956 mit dem Theaterstück *Der Besuch der alten Dame.* Das Stück wird innerhalb weniger Jahre auf vielen Bühnen der Welt aufgeführt. 1962 ist in Zürich die Uraufführung von *Die Physiker.* Dürrenmatt führt vielfach selbst Regie und zeichnet Bilder zu seinen Stücken. Als 1983 seine Frau Lotti stirbt, heiratet er die Journalistin Charlotte Kerr. Gemeinsame Arbeiten entstehen. 1985 und 1986 schreibt er seine Romane *Justiz* und *Der Auftrag.* Dürrenmatt stirbt am 14. Dezember 1990.

Leseempfehlungen:

Zu den spannendsten Texten gehören, außer dem hier abgedruckten, seine frühen Erzählungen *Die Panne* und *Der Tunnel* sowie sein letzter Prosatext *Der Auftrag.* Einige seiner Theaterstücke gehören heute als Musterbeispiele für »tragische Komödien« zur selbstverständlichen Schullektüre. Besonders empfehlen möchten wir als Ergänzung zur Dürrenmatt-Lektüre Charlotte Kerrs Buch *Die Frau im roten Mantel* und das von ihr herausgegebene zauberhafte Büchlein mit Zeichnungen Dürrenmatts *Das Nashorn schreibt der Tigerin,* in denen sie Auskunft gibt über die Zusammenarbeit mit dem berühmten Schriftsteller.

Der Sohn

Friedrich Dürrenmatt

Ein Chirurg, der sich sowohl als Chefarzt einer berühmten Klinik als auch durch wissenschaftliche Forschungen einen großen Namen erworben und durch Wohltätigkeit den Armen gegenüber allgemeine Beliebtheit erlangt hatte, gab, auf der Höhe seiner Laufbahn, den Beruf zur Bestürzung und Verwunderung der Freunde und Kollegen auf, veröffentlichte in allen Zeitungen des Landes Heiratsinserate, studierte die vielen Anträge auf das gewissenhafteste, besuchte sämtliche Bordelle der Stadt, ließ sich mit jeder Dirne in lange Gespräche ein, forschte nach Charakter und Verhältnissen jeder Frau, der er begegnete, erweckte durch sein absonderliches Treiben, als ein sittenstrenger Junggeselle bekannt, überall Kopfschütteln und Bedenken, warb schließlich um die Gunst einer achtzehnjährigen Schönheit, Tochter eines reichen Fabrikanten, schwängerte diese, auf heftigste Abneigung stoßend, nachdem er sie in sein Haus gelockt, auf eine brutale Art gewaltsam, brachte den Sohn, den sie ihm unter seiner alleinigen Obhut in seiner Privatklinik geboren, ohne Rücksicht darauf, daß die junge Frau unter heftigen Blutungen verschied, sofort nach der Geburt mit einem Automobil in rasender Fahrt nach einer Villa, die er in einem wilden Park, fünfzig Kilometer von der Stadt, hatte bauen lassen, wo er ihn ohne fremde Hilfe, sei es auch diejenige der Amme, aufzog, derart, daß er stets nackt mit ihm lebte, ihm jeden Wunsch erfüllte, ihn aber ohne Wissen um Gut und Böse ließ, jeden Verkehr mit Menschen auf so geschickte Weise unmöglich machte, daß der Sohn glaubte, er und der Vater seien die einzigen Menschen, die es gäbe, mit dem Park aber höre die Welt auf, bis der Vater ihm eine Hure, die er aus einem der ordinärsten Häuser hatte kommen lassen, zuführte, worauf der Sohn, eben fünfzehn geworden, den Park, ohne daß der Vater ihn zu hindern suchte, nackt, wie er geschaffen, verließ, schon nach einer Stunde aber, Kleider verlangend, zurückkehrte, um nach vierundzwanzig Stunden, da er einen Menschen, der sich geweigert hatte, ihm ohne Bezahlung Nahrung zu geben, kurzerhand umgebracht, gehetzt von der Polizei und deren Hunden, die ihm dicht auf den Fersen waren, die Hände und das Gesicht mit Blut verschmiert, zum Vater zurückzuflüchten, der ihn, ohne zu fragen, aufnahm, die Polizei mit einem Maschinengewehr zurücktrieb, sich, als diese den Kampf wieder begann, Seite an Seite mit dem Sohn in einem Zimmer verschanzte, sich aufs wütendste, ohngeachtet, daß die Villa, von Handgranaten halb zerstört, in Flammen aufging, gegen die Übermacht verteidigte, die Angreifer, die sich hinter den Bäumen und Büschen des Parks verbargen, immer wieder in die Flucht schlagend und den Boden mit Leichen bedeckend, bis der Sohn, durch eine Kugel, die ihm die Schulter zerschmetterte, schwer verwundet, in der Ecke des Zimmers, wo er blutüberströmt lag, halb erstickt durch eindringenden Rauch, heftige Flüche gegen den Vater ausstoßend, ihm vorwarf, er habe ihn zu einer Bestie gemacht, so daß die Menschen ihn, obgleich er nicht wisse warum, wie ein Tier verfolgten und mit Hunden hetzten, worauf der Vater, ohne mit der Wimper zu zucken, den Sohn niederschoß.

Joseph Freiherr von Eichendorff

Frühlingsfahrt (1818)

Zwei Lebensgeschichten in konzentrierter lyrischer Form. Beide gehen dergestalt aus, dass der lyrische Sprecher am Ende seine Trauer darüber bekundet. Erzählt werden sie von einem Sprecher, der die Lebenswege junger Leute verfolgt hat und zwei von ihnen zu Prototypen gestaltet, wie sie noch heute vorkommen. Beide wollten es in ihrer Jugend zu etwas bringen, und das machte alle, die sie sahen, hoffnungsfroh. Der eine aber heiratete schon sehr früh und gab sich mit dem Leben eines Spießbürgers zufrieden (ihm ist nur eine Strophe gewidmet, so schnell ging das!). Der andere hatte ein bewegtes Leben, geriet aber unter die Räder, indem er sich auf sexuelle Abenteuer einließ *(verlockend Sirenen – in der buhlenden Wogen)* und sich wahrscheinlich, wie viele damals, eine Geschlechtskrankheit einhandelte *(Da war er müde und alt, ... Und über die Wasser weht's kalt);* heute würde man eher an einen Aids-Kranken oder Drogenabhängigen denken. Der Erste erfährt jedenfalls eher den Spott des Sprechers, der Zweite eher sein Mitleid. Den lyrischen Sprecher überkommt, wenn er dergleichen kecke Gesellen sieht (und das heißt hier: *mutig und lebenslustig*), in beiden Fällen große Traurigkeit darüber, dass jugendliche Hoffnung oftmals so enttäuscht wird. Denn er wünscht sich, dass das Streben *nach hohen Dingen* ein Ziel findet, das anders aussieht: etwas von der Welt zu erfahren, das zu Glück und Erkenntnis führt und nicht in Spießbürgerlichkeit, Krankheit oder Einsamkeit endet.

Dem Inhalt entspricht, was wir hier nur andeuten können, die Form aufs Vollkommenste. Die ungleiche Verteilung der Strophen auf die beiden Figuren: Der eine *fand* ein Ziel, indem er sich allzu rasch zufrieden gibt: *Hof, Haus, Liebchen* und *Bübchen,* ohne all dies noch recht gesucht zu haben. Der andere, noch passiver, wird verführt und verliert sein Ziel aus den Augen. Wohlgeordnete Sätze berichten von dem ersten Gesellen; verwickelte Syntax beschreibt den sich verzettelnden Lebensweg des zweiten Mannes. Verniedlichungsformen charakterisieren die Spießbürgerlichkeit des ersten Gesellen; dunkle Vokale, die Symbolik des Wassers, *Sirenen,* bewegte *Wellen* der Jugend, hinab ziehende *Wogen* als Lebensgefahren und die kalten, stehenden *Wasser* als Lebenseinsamkeit, symbolisieren die des zweiten.

Der Erzähler nimmt am Ende die Reime *Gesellen – Wellen* wieder auf. Doch was dort jubelnd und *hell* daherkam, ist am Schluss eingetrübt und endet mit einem Stoßseufzer an Gott. Nur der kann, wie der fromme Romantiker bei aller Kritik und allem Mitleiden glaubt, den Lebenswegen junger Menschen eine andere Richtung geben. – Können junge Menschen von diesem Romantiker noch heute lernen? Vielleicht das Suchen, zu dem sich die beiden *Gesellen* so gar nicht entschließen konnten!

Leben und Werke:
Joseph Freiherr von Eichendorff wurde 1788 in Oberschlesien geboren, studierte Jura und Philosophie in Halle und Heidelberg, wurde bekannt mit Novalis, Arnim und Brentano, reiste nach Paris und Wien, wirkte als juristischer Beamter von 1816 an in Breslau, Königsberg und Berlin. 1855 zog er zu seiner Schwester nach Neiße in Schlesien, wo er 1857 verstarb.

Leseempfehlungen:
Sein Gedicht *Frühlingsfahrt* schrieb Eichendorff im Jahre 1818, also als junger Mann von 30 Jahren. Seine typisch romantische Novelle *Aus dem Leben eines Taugenichts (1826)* und eine Reihe seiner Gedichte wie *Es war, als hätt' der Himmel, Dämmrung will die Flügel spreiten, In einem kühlen Grunde, Weihnacht …* gehören zu den schönsten Texten deutscher Literatur. Viele der Gedichte finden als Lieder in den Vertonungen von Robert Schumanns *Liederkreis (Op. 39)* bis heute in den Konzertsälen ihr Publikum.

Joseph Freiherr von Eichendorff

Frühlingsfahrt.

Es zogen zwei rüst'ge Gesellen
Zum ersten Mal von Haus,
So jubelnd recht in die hellen
Klingenden, singenden Wellen
Des vollen Frühlings hinaus.

Die strebten nach hohen Dingen,
Die wollten trotz Lust und Schmerz,
Was Recht's in der Welt vollbringen,
Und wem sie vorübergingen,
Dem lachten Sinnen und Herz. –

Der Erste, der fand ein Liebchen,
Die Schwieger kauft' Hof und Haus;
Der wiegte gar bald ein Bübchen,
Und sah aus heimlichen Stübchen
Behaglich ins Feld hinaus.

Dem zweiten sangen und logen
Die tausend Stimmen im Grund,
Verlockend' Sirenen, und zogen
Ihn in der buhlenden Wogen
Farbig klingenden Schlund.

Und wie er auftaucht vom Schlunde,
Da war er müde und alt,
Sein Schifflein, das lag im Grunde,
So still war's rings in die Runde
Und über die Wasser weht's kalt.

Es singen und klingen die Wellen
Des Frühlings wohl über mir,
Und seh ich so kecke Gesellen,
Die Tränen im Auge mir schwellen –
Ach Gott, führ' uns liebreich zu Dir!

Theodor Fontane
Herr von Ribbeck (1898)

Jedes Kind hat diese Ballade wohl einmal in der Schule gelesen und gar gelernt. Sie gehört zu den bekanntesten lyrischen Geschichten überhaupt, so gesehen gewiss zu den »unentbehrlichen« Texten literarischer Erziehung, auch meiner eigenen. Keine Anthologie kommt ohne sie aus. Sie ist schlicht und humorvoll erzählt; jeder versteht sie; sie bedarf keiner aufwändigen Interpretation, außer vielleicht, dass *lobesam* als ein ungewöhnlich vorausgestelltes Attribut zu *Ribbek* zu verstehen ist, also als *der von Ribbeck auf Ribbeck lobesam* (laudabilis, löblich: formelhafte, hier altertümlich-ironische Wendung).

Ich möchte hier aber darauf aufmerksam machen: Es stimmt nicht, was da steht. Nie hat mich einer meiner Schüler, nie eine Studentin oder Lehrerin darauf aufmerksam gemacht, dass da etwas nicht stimmen kann. Natürlich hat Fontane es gewusst – und schon gar der kundige Landadlige Ribbeck selbst: Aus grabes-angemessener Tiefe kann nie und nimmer ein Birnenkern, auch keiner von ländlichen Birnen früherer Zeiten, die noch auskeimen konnten, hervorwachsen. Die Birne mit samt ihren Kernen wäre schlichtweg verfault.

Nun lässt sich da mancherlei spekulieren: Vielleicht hat der Ribbeck die Birne sich nicht *ins Grab,* sondern *auf* das Grab legen lassen; vielleicht herrschte über lange Zeit so große Trockenheit, dass sie tatsächlich erst *im dritten Jahr* aufkeimte. Doch diese Spekulationen sind natürlich selbst so ironisch wie des Herrn von Ribbeck »biologische Versuchsanordnung«. Was wirklich bemerkenswert ist: dass hinter der poetischen Überzeugungskraft niemand die Wahrheit in Frage stellt. Und das angesichts eines realistischen Textes! Die Liebe zu Kindern, der Humor des Balladenerzählers und die Schönheit der Poesie vermögen eben doch die Realität außer Kraft zu setzen – oder zutreffender: ihr eine Kraft zu verleihen, die sie nicht hat. Und wer dergleichen bemerkt und sogar kritisiert, wird durch die Wirkung des Textes einfach widerlegt. Das Ästhetische als Wirkung! Fontanes Ballade ist eines der schönsten Beispiele dafür.

Leben und Werke:
Theodor Fontane wurde 1819 in Neuruppin geboren. Nach einer Apothekerlehre beginnt er erste Gedichte zu schreiben. Von 1849 an arbeitet er als freier Schriftsteller und Korrespondent der »Dresdner Zeitung«. 1855 beginnt ein mehrjähriger Aufenthalt in London. Er wird Presseagent. 1859 kehrt er nach Berlin zurück und wird Redakteur der »Kreuzzeitung«. 1861 erscheinen seine ersten Balladen und 1842 die ersten Texte seines Werkes *Wanderungen durch die Mark Brandenburg.* Von 1866 an ist er Korrespondent auf Kriegsschauplätzen. Erst vom 59. Lebensjahr an schreibt er seine ersten Romane: *Vor dem Sturm; Grete Minde; L'Adultera; Schach von Wuthenow; Irrungen, Wirrungen; Stine.* Seine beiden berühmtesten Romane entstehen gar erst vom 76. Lebensjahr an: *Der Stechlin; Effi Briest.* 1898 stirbt Fontane in Berlin.

Leseempfehlungen:
Zur Schullektüre gehört noch immer *Effie Briest,* zweifellos Fontanes differenziertester Roman. Aber man sollte doch vielleicht einmal mit zwei anderen Bekanntschaft schließen: *L'Adultera* und *Stine.* Und natürlich mit einigen seiner Balladen wie *Die Brück am Tay, John Maynard* und Gedichten wie *O trübe diese Tage nicht, Summa summarum, Aber wir lassen es andere machen.*

Theodor Fontane

Herr von Ribbeck auf Ribbeck im Havelland

Herr von Ribbeck auf Ribbeck im Havelland,
Ein Birnbaum in seinem Garten stand,
Und kam die goldene Herbsteszeit
Und die Birnen leuchteten weit und breit,
Da stopfte, wenn's Mittag vom Turme scholl,
Der von Ribbeck sich beide Taschen voll,
Und kam in Pantinen ein Junge daher,
So rief er: »Junge, wiste 'ne Beer?«
Und kam ein Mädel, so rief er: »Lütt Dirn,
Kumm man röwer, ick hebb 'ne Birn.«

So ging es viel Jahre, bis lobesam
Der von Ribbeck auf Ribbeck zu sterben kam.
Er fühlte sein Ende. 's war Herbsteszeit,
Wieder lachten die Birnen weit und breit,
Da sagte von Ribbeck: »Ich scheide nun ab.
Legt mir eine Birne mit ins Grab.«
Und drei Tage drauf, aus dem Doppeldachhaus,
Trugen von Ribbeck sie hinaus,
Alle Bauern und Büdner mit Feiergesicht
Sangen »Jesus meine Zuversicht«,
Und die Kinder klagten, das Herze schwer:
»He is dod nu. Wer giwt uns nu 'ne Beer?«

So klagten die Kinder. Das war nicht recht –
Ach, sie kannten den alten Ribbeck schlecht;
Der *neue* freilich, der knausert und spart,
Hält Park und Birnbaum strenge verwahrt.
Aber der *alte,* vorahnend schon
Und voll Misstrauen gegen den eigenen Sohn,
Der wusste genau, was damals er tat,
Als um eine Birn' ins Grab er bat,
Und im dritten Jahr, aus dem stillen Haus
Ein Birnbaumsprössling sprosst heraus.

Und die Jahre gehen wohl auf und ab,
Längst wölbt sich ein Birnbaum über dem Grab,
Und in der goldenen Herbsteszeit
Leuchtet's wieder weit und breit.
Und kommt ein Jung' übern Kirchhof her,
So flüstert's im Baume »Wiste 'ne Beer?«
Und kommt ein Mädel, so flüstert's: »Lütt Dirn,
Kumm man röwer, ick gew di 'ne Birn.«

So spendet Segen noch immer die Hand
Des von Ribbeck auf Ribbeck im Havelland.

Max Frisch
Aus: **Montauk. Eine Erzählung** (1975)

Ich habe hier einmal Ausschnitte aus einer Erzählung gewählt, in der es nicht um *Geschichten* geht, sondern um *die Geschichte* eines Schriftstellers selbst. Der Erzählung *Montauk* stellt Frisch ein Zitat von Montaigne aus dem Jahr 1508 voran: *»Dies ist ein aufrichtiges Buch (...). Ich bin selber der einzige Inhalt meines Buches.«* Auf den ersten Blick trifft dies zu, Inhalt des Textes und Biografie stimmen in weiten Teilen überein: Frisch erzählt ein Wochenende, das der Schriftsteller Max, berühmt und bereits über 60 Jahre alt, mit der jungen Journalistin Lynn im Sommer 1974 in der Nähe von New York verbringt – die Parallele zu Frischs eigener Reise ist per Film dokumentiert.

Überlagert werden die Erlebnisse und Reflexionen durch die Erinnerungen aus der Erlebniswelt des Mannes und Autors Max Frisch. *My life as a man* – dieses Motto zieht sich wie ein roter Faden durch die Erzählung. Die Montage autobiographischen Materials zu einer Art Collage legt zunächst den Schluss nahe, *Montauk* sei keine Fiktion, sondern beschränke sich auf Authentisches: Hier begegnet uns der Autor Max Frisch, wird fassbar, gewährt Einblick in sein Leben, schwarz auf weiß.

Tatsächlich? Betrachten wir die hier ausgewählten Textausschnitte, die Auskunft über Frischs Praxis des biographischen Erzählens geben. Sein Leben will er erzählen, ungeschönt in seiner reinsten Form, ohne Sendungsbewusstsein. Doch an welchen Geschichten lässt er den Leser wirklich teilhaben, an welchen nicht? Manches wird von vornherein ausgeklammert, gar nicht thematisiert, obgleich er über eine Fülle von Wissen verfügt *(Ich habe mir mein Leben verschwiegen.)*. Eine erschreckende Erfahrung. Anderes hat er der Öffentlichkeit bereits offeriert, allerdings *bis zur Unkenntlichkeit entblößt;* keinesfalls ist das so beschriebene Ich identisch mit dem realen Ich: *Ich habe mich nur verraten.* Einzige Lösung des Widerspruchs: Frisch literarisiert sein

Leben. Dies lässt ihn sogar seine eigene Geschichte auf neue Weise erleben, und nebenbei ist der autobiographische Anspruch erfüllt. Allerdings wird die eigene Vergangenheit dort ausgeklammert, wo sie nicht literarisierbar ist *(Es fehlen ganze Bezirke ...)* – sie existiert in diesem Sinne nicht.

Kann *Montauk* unter diesen Aspekten wirklich eine autobiographische Erzählung sein (Sein Schriftstellerkollege Dürrenmatt hat das mit dem flapsigen Satz bezweifelt: »Das stimmt alles nicht. Sonst hätte Max mir davon erzählt.«), oder nimmt sich hier jemand das Recht, sich nicht in die Karten gucken zu lassen? Im ersten Teil der Erzählung formuliert Frisch seinen Anspruch zwischen Fiktion und Erinnerung: Er möchte wissen, was er, *schreibend unter Kunstzwang,* über sein Leben erfahren kann.

Was offenbart diese Reflexion des Schreibprozesses für den Leser? Sie lässt den Schluss zu, dass uns in *Montauk* an keiner Stelle die Person des Autors, sondern lediglich die »Figur« Max Frisch begegnet, die der Autor konstruiert. Und er konstruiert sie auch perspektivisch: Bald schreibt er in der Ich-Form, bald in der Er-Form, identifizierend und distanzierend. Im *Stiller* heißt gleich der erste Satz: »Ich bin nicht Stiller.« Im *Gantenbein* immer wieder: »Ich stelle mir vor ...« Frisch selbst und seine Figuren *probieren Geschichten an wie Kleider* – eine erhellende Botschaft an uns Leserinnen und Leser. Sich selbst darstellen und von sich absehen. So wird große Literatur – auch aus einer scheinbar biographischen Erzählung.

Leben und Werke:

Max Frisch, geboren 1911 in Zürich, hält sich zunächst für literarisch untalentiert, wird Architekt, erst später freier Schriftsteller, lebt in Zürich, Rom, im Tessin, Berlin, New York. Zwei Ehen, wechselhafte Beziehungen zu Frauen, zwei Kinder, auch das war Max Frisch. Eine lange Reihe literarischer Werke von *Mein Name sei Gantenbein, Biedermann und die Brandstifter, Andorra, Stiller, Homo faber, Montauk* bis *Der Mensch erscheint im Holozän* und *Blaubart,* mit großen autobiographischen Zügen, wurden zum festen Bestandteil der Literatur der zweiten Hälfte des 20. Jahrhunderts deutschsprachiger Bühnen und Lehrpläne. Sein gesellschaftspolitisches Engagement ist beispielhaft. 1991 stirbt Max Frisch, der bereits 1978 der ETH Zürich seinen Nachlass vermachte.

Leseempfehlungen:

Geradezu »Klassiker« geworden sind: *Homo faber* und *Andorra.* Eine gute Quelle für Frischs biographische Hintergründe und ihre literarische Verarbeitung sind natürlich die *Tagebücher.*

Max Frisch:

Montauk. Eine Erzählung

AMAGANNSETT

heißt also der kleine Ort, wo er gestern beschlossen hat, dieses Wochenende zu erzählen: autobiographisch, ja autobiographisch. Ohne Personnagen zu erfinden; ohne Ereignisse zu erfinden, die exemplarischer sind als seine Wirklichkeit; ohne auszuweichen in Erfindungen. Ohne seine Schriftstellerei zu rechtfertigen durch Verantwortung gegenüber der Gesellschaft; ohne Botschaft. Er hat keine und lebt trotzdem. Er möchte bloß erzählen (nicht ohne alle Rücksicht auf die Menschen, die er beim Namen nennt): sein Leben.

ICH PROBIERE GESCHICHTEN AN WIE KLEIDER

Immer öfter erschreckt mich irgendeine Erinnerung, meistens sind es Erinnerungen, die eigentlich nicht schrecklich sind; viel Bagatellen, nicht wert, daß ich sie erzähle in der Küche oder als Beifahrer. Es erschreckt mich nur die Entdeckung: Ich habe mir mein Leben verschwiegen. Ich habe irgendeine Öffentlichkeit bedient mit Geschichten. Ich habe mich in diesen Geschichten entblößt, ich weiß, bis zur Unkenntlichkeit. Ich lebe nicht mit der eignen Geschichte, nur mit Teilen davon, die ich habe literarisieren können. Es fehlen ganze Bezirke: der Vater, der Bruder, die Schwester. Im vergangenen Jahr ist meine Schwester gestorben. Ich bin betroffen gewesen, wieviel ich von ihr weiß; nichts davon habe ich je geschrieben. Es stimmt nicht einmal, daß ich immer nur mich selbst beschrieben habe. Ich habe mich selbst nie beschrieben. Ich habe mich nur verraten.

MAX, WHAT IS YOUR STATE OF MIND?

fragt Lynn, weil es regnet ... Ein Zug von Trübsinn, den fast jedes Foto zeigt, mißfällt mir seit eh und je. Das kommt von einer Lähmung der Augenlider, was zudem, ich weiß, einen Ausdruck von Suffisance ergibt. Die Lähmung der Augenlider kommt daher, daß ich als Bub, als ich die Masern hatte und im Halbdunkel liegen sollte, insgeheim mit Hilfe einer Taschenlampe stundenlang unter der Bettdecke gelesen habe, *Don Quixote.* Später wurden die Augenlider behandelt zwei Mal wöchentlich; der Augenarzt stülpte die Lider auf und pinselte die Innseite mit einer braunen Tinktur, das tat weh, Quittung für Ungehorsam, es brannte höllisch, nachher mußte ich mit verbundenen Augen eine Stunde lang im Wartezimmer sitzen. Die Behandlung hat wenig geholfen. Diese Augenlider (als sei der Blick stets gesenkt: mißtrauisch, spöttisch) gehören zu meiner Physiognomie – ich habe als Schüler erfahren, wie sie den einen und andern Lehrer verdrossen hat: ein mäßiger Schüler und eine solche Arroganz. Ich habe nie genau gewußt, was dieses Wort heißt; etwas Schlechtes jedenfalls, etwas Verwerfliches. Setz dich! Das ist lang her; später heißt es nicht mehr: Setz dich! Die Physiognomie aber ist geblieben, ihre Wirkung; ich erfahre davon, wenn jemand bei näherer Bekanntschaft sich wundert, daß ich eigentlich nicht arrogant sei. Diese Entdeckung erleichtert den andern mehr als mich. Ich sehe daraus: ich muß auf der Hut sein, ich muß besonders bescheiden sein. Ein natürlicher Stolz, ausgesprochen mit dieser meiner Physiognomie, muß als Arroganz erscheinen. Also gebe ich mich jovial-bescheiden, und wenn der andere darauf nicht eingehen mag, so betreibe ich Selbstbezichtigung –

NO, sagt er, I AM FINE.

Der Regen verdrießt ihn nicht. Er ist froh um jede Gegenwart. Jetzt das Hin und Her der beiden Scheibenwischer. Er achtet auf alles, was grad zu sehen ist. Er will keine Memoiren. Er will den Augenblick. Die Landschaft, jetzt in diesem Augenblick, ist ziemlich öde; er schaut trotzdem. Er sieht ihren Fuß auf dem Gashebel, einen beschädigten Schuh, ihre rechte Hand am Steuer, eine schmale Hand, das Hin und Her der Scheibenwischer. Er vermißt nichts; er ist dankbar für dieses Wochenende, das noch nicht vergangen ist.

Johann Wolfgang von Goethe
Maximen und Reflexionen (1821)

Manchmal ist es nur ein einziger Gedanke, der einem eine Erkenntnis vermittelt, die, ich will nicht sagen »lebensbestimmend« ist, die aber doch in bestimmten Situationen immer wieder aufleuchtet. Freilich muss ein solcher Gedanke unvergesslich sein, also in einem Bilde erscheinen und sprachlich pointiert sein, womöglich dialektisch, damit man eine Synthese für sich bilden kann. Und dies sind die Maximen Goethes auf unvergleichliche Weise.

Das Besondere dieser Maxime (der ersten der beiden, – und vielleicht verzichten Sie hier einmal darauf, sie vorher zu lesen!) kann man sich dadurch bewusst machen, dass man den Text mit Lücken versieht und diese dann, wie ich es oft mit Studierenden getan habe, auffüllen lässt. Dann kann u. a. Folgendes herauskommen:

Es ist mit Meinungen, die man wagt, wie mit Steinen, die man ...
... *um sich wirft:*
sie können ...
... *etwas ins Rollen bringen,*
aber sie können auch ...
... *manches zerstören.*
oder:
Es ist mit Meinungen, die man wagt, wie mit Steinen, die man ...
wirft:
sie können ...
... *treffen,*
aber sie *können auch* ...
... *zutreffen.*

Wir würden es wohl so oder ähnlich schreiben. Vielleicht ergänzen auch Sie einmal diese Sätze! Und dann lesen Sie bitte, was Goethe selbst gesagt hat.

Goethe hat das Bild des Schachspiels gewählt. Dass man dabei gewinnen kann, auch wenn man einmal eine Figur verliert, kann nicht gemeint sein; es wäre trivial. Da steht: dass die Figuren ein Spiel einleiten, »das gewonnen wird«. Gewonnen von dem einen oder dem anderen – oder von beiden? Jedenfalls kann mit »gewonnen« wohl nur gemeint sein, dass man aus einem Spiel, also einem Diskurs, in jedem Fall als Sieger hervorgeht, auch wenn man den Stein einer Meinungsäußerung verliert. Und das kann wiederum nur bedeuten, dass die ein Spiel bestimmenden Züge von Argumenten am Ende als Gewinn und gemeinsames Vergnügen für beide Spiel- (sprich: Diskurs-) Partner anzusehen sind. Dabei ist allerdings mit »Meinungen« weder das unverpflichtende Geschwätz noch das sichere Wissen gemeint, wie aus einer anderen Maxime hervorgeht: *Was ich recht weiß, weiß ich nur mir selbst; ein ausgesprochenes Wort fördert selten, es erregt meistens Widerspruch, Stocken und Stillstehen.* Gemeint ist vielmehr ein »gewagter« Spielzug, der etwas (An-) Greifbares hat und den man nicht zurücknehmen kann. Er umfasst, wie in der zweiten Maxime steht, auch den Irrtum, vor dem Goethe große Hochachtung hatte.

Wer ein Gespräch so versteht, wie es das Bild ausdrückt, sieht sich dazu motiviert, sich auf riskante Meinungsäußerung und Meinungsbildung miteinander einzulassen, zu Selbstkorrekturen womöglich und zu Kritiktoleranz. Ein Diskurs über Argumente, begriffen als vergnügliches, gleichwohl verpflichtendes Spiel, an dessen Ende, gleichgültig wer gewinnt oder verliert, beide Spielpartner einen Gewinn davontragen: Darin sehe ich die eigentliche Pointe dieser Maxime. Und die hat etwas sehr Ermutigendes. Sollte ich jemandem die Weisheit, die mir diese Maxime mitteilt, weitergeben, so würde ich übersetzen: Riskiere eine Meinung, stehe zu ihr, versuche zu überzeugen! Fürchte dich nicht vor einem möglichen Irrtum, rechne mit Einwänden, respektiere sie! Das erst wird zu einem Gewinn führen. Lass dich ein auf die Freude an einer gemeinsam erworbenen Erkenntnis! Werte den Ärger über einen für dich verlorenen Spielzug nie so hoch wie das Vergnügen an einem gemeinsam »gewonnenen Spiel«!

Leben und Werke:
Johann Wolfgang von Goethe, geboren am 28.8.1749 in Frankfurt a.M., gestorben am 22.3.1832 in Weimar. Die Chronologie seines Lebens und seiner Werke kann hier nicht aufgeführt werden; sie findet sich leicht in den einschlägigen literaturgeschichtlichen Werken. – Bei Goethes *Maximen* handelt es sich nicht um ein zusammenhängendes Werk, sondern um einzelne, mehr oder weniger zusammenhängende Sprüche, Aphorismen, Exzerpte, Notizen z. T. aus realen Mitteilungszusammenhängen. Die hier vorgestellten *Maximen* stammen aus der Zeitschrift *Kunst und Altertum* des Jahres 1821. Harald Fricke: *Johann Wolfgang Goethe – Sprüche in Prosa* (Frankfurt a. M. 1993) hat diese kleinen »Werke« Goethes zusammengestellt und nach Thesengruppen geordnet. In manchen Goethe-Ausgaben allerdings findet sich ebenfalls eine Reihe dieser Sprüche. Es ist erkenntnisreich und vergnüglich, sich auch einmal mit dieser Seite seiner Werke etwas näher zu befassen.

Leseempfehlungen:
Wir wollen auch hier unsere »Meinungen wagen« und einige Leseempfehlungen geben, die dem üblichen Kanon sicher nicht entsprechen und sich bescheiden ausnehmen:
Unbedingt: einige seiner Gedichte und Balladen: *Prometheus, Selige Sehnsucht, Wandrers Nachtlied I und II, Grenzen der Menschheit, Meeresstille – Glückliche Fahrt, Gefunden, Es war ein Buhle, Der Zauberlehrling.*
Für Musikinteressierte: *die Ballade Erlkönig* – in den Vertonungen von Schubert und Carl Loewe im Vergleich.
Wer Goethe wirklich mit Vergnügen genießen möchte: das Epos *Reineke Fuchs.*
Wer einen modernen Roman über Goethe lesen möchte: Joseph Ortheil: *Faustinas Küsse.*

Johann Wolfgang von Goethe

Maximen und Reflexionen

Es ist mit Meinungen,
die man wagt, wie mit Steinen,
die man voran im Brette bewegt:
sie können geschlagen werden,
aber sie haben ein Spiel eingeleitet,
das gewonnen wird.

Es ist so gewiss als wunderbar,
dass Wahrheit und Irrtum
aus einer Quelle entstehen;
deswegen man oft dem Irrtum nicht schaden darf,
weil man zugleich der Wahrheit schadet.

Johann Wolfgang von Goethe
Es war ein Buhle (1774)

Zum vergnüglichen und erschauernden Lesen sei hier noch eine der schönsten, aber weitgehend unbekannt gebliebenen Balladen Goethes hinzugefügt, die er 1776 in eines seiner Singspiele eingefügt hat. Vorgetragen wird sie dort, zur Laute singend, von dem Räuber *Crugantino.* Ein besonderer Reiz dieser Ballade besteht in dem Siebenzeiler, dessen jeweils letzter Vers ohne Reim bleibt – und der in der letzten Strophe rhythmisch eindrucksvoll abbricht. *Die wend' sich.* Sein *Schätzel,* wie er selbst nun im Reich der Toten, bewegt, als er sie ansieht, den Kopf. Doch *wendet* sie sich von ihm ab – oder ihm zu? Fortdauer der Liebe noch in der Unterwelt, weil er ihr den Beweis seiner Reue gab? Oder enttäuschte Abwendung über den Tod hinaus, weil er sie verlassen hatte? Der Text lässt es offen. Deuten Sie es für sich selbst, zu welchem *Feste* die Gäste dort unten ihm *hohläugig grinsend winken:* zum Hochzeitsfest oder zu einer Totenfeier; hin zu seinem *Schätzel,* das da in den *weißen Tüchern* seines Hochzeits- oder Leichenkleides liegt.

Johann Wolfgang von Goethe

Es war ein Buhle

Es war ein Buhle frech genung,
War erst aus Frankreich kommen,
Der hat ein armes Maidel jung
Gar oft in Arm genommen,
Und liebgekost und liebgeherzt,
Als Bräutigam herumgescherzt,
Und endlich sie verlassen.

Das arme Maidel das erfuhr,
Vergingen ihr die Sinnen,
Sie lacht'. und weint' und bet' und schwur –
So fuhr die Seel' von hinnen.
Die Stund, da sie verschieden war,
Wird bang dem Buben, graust sein Haar,
Es treibt ihn fort zu Pferde.

Er gab die Sporen kreuz und quer
Und ritt auf alle Seiten,
Herüber, 'nüber, hin und her,
Kann keine Ruh' erreiten;
Reit' sieben Tag und sieben Nacht –
Es blitzt und donnert, stürmt und kracht,
Die Fluten reißen über;

Und reit' im Blitz und Wetterschein
Gemäuerwerk entgegen,
Bindt's Pferd hauß an und kriecht hinein
Und duckt sich vor dem Regen.
Und wie er tappt und wie er fühlt,
Sich unter ihm die Erd' erwühlt:
Er stürzt wohl hundert Klafter.

Und als er sich ermannt vom Schlag,
Sieht er drei Lichtlein schleichen.
Er rafft sich auf und krapelt nach,
Die Lichtlein ferne weichen,
Irrführen ihn die Quer und Läng',
Treppauf treppab durch enge Gäng',
Verfallne wüste Keller.

Auf einmal steht er hoch im Saal,
Sieht sitzen hundert Gäste,
Hohlaugig grinsen allzumal
Und winken ihm zum Feste.
Er sieht sein Schätzel unten an
Mit weißen Tüchern angetan,
Die wend't sich –

Günter Grass

Aus: **Mein Jahrhundert** (1999)

Günter Grass gehört ohne jeden Zweifel zu jenen Schriftstellern unseres Jahrhunderts, die eine Reihe von Texten geschrieben haben, die zu den »unentbehrlichen« gehören. Aber es sind fast allesamt große und lange Texte, Romane, Erzählungen, Novellen. Wir haben uns, auf der Suche nach einem kurzen Text, für einen in sich geschlossenen Ausschnitt aus seinem Buch *Mein Jahrhundert* entschieden.

Hier ist aus der Ich-Perspektive des Schriftstellers eine Episode beschrieben: der Tag der Bundestagswahl am 27. September 1998 mit dem Sieg der Sozialdemokraten und Grünen. Der literarische Fall, ob Realität oder Fiktion, ist hintergründig und witzig wie stets bei Grass. Die Syntax mit ihren aufreihenden Sätzen, sich gegenseitig erläuternden oder einschränkenden Wortfolgen, der Wechsel von überbordenden Satzreihen und plötzlich breitbeinig dastehenden Einzelsätzen – bei Grass immer erkennbar: wie in der *Blechtrommel* schon. Keiner außer ihm hat aus dem, was nicht ist, so artistische Sätze gemalt: *Keine Lamellen, keine Röhren zeichnen ihn aus. Steht weder auf dünnem, womöglich holzigem Stiel noch auf bauchigem, bereits wurmstichigem Leib* ... und über das Nichtsein das Sein in die Anschauung des Lesers hineingemalt. Keiner hat auch wie er die nahe Realität auf so geistreich-witzige Weise mit dem Hintergründigen verstrickt: die Anzahl gefundener Pilze magisch an die Sitze im Bundestag geknotet. Und keiner hat das Abstrakte so deftig mit Farblichem, Geschmacklichem, Duftendem gesalzen und gepfeffert. Selbst aus diesem kurzen Stück Literatur tritt er unübersehbar hervor: der große Sprachmagier und Sprachartist der zweiten Hälfte des 20. Jahrhunderts, bei dem gleichwohl alles Konstruierte sich niemals konstruktiv gebärdet, weil es vor Farbigkeit strotzt. Immer drängt sich Gemaltes und Komponiertes in unsere Augen und Ohren. Was für ein witzig-sinnliches Spielstück über Hoffen und Bangen!

Leben und Werke:

Günter Grass, geboren 1927 in Danzig, Flakhelfer, Soldat, Kriegsgefangener, Steinmetz und Bildhauer, Mitglied der Gruppe 47, seit 1960 freier Schriftsteller und seit 1999 Literatur-Nobelpreisträger, gehört zu den prägenden Schriftstellern unseres Jahrhunderts. Grass ist ein deutscher und in Europa und in der Welt bekannter Schriftsteller. Er ist aber auch ein bildender Künstler von Rang. Von Anbeginn an hatte er die Titelbilder seiner Werke selbst gestaltet: *Die Blechtrommel, Hundejahre, Der Butt, Die Rättin, Ein weites Feld.* Besonders in den letzten Jahren hat er Werke geschaffen, die von seinen Bildern leben: »Aquadichte« nannte er in *Fundsachen* seine Mischung aus Gedichten und Aquarellen. *Mein Jahrhundert* ist ein Buch, das aus 100 einzelnen Kapiteln besteht, für jedes Jahr des 20. Jahrhunderts eines.

Leseempfehlungen:

Das Buch *Mein Jahrhundert* eignet sich sehr gut zum Herumblättern und Lesen einzelner Episoden, Dialoge, Briefe, Reden, Interviews usw. Unverzichtbar, wenn man Grass kennen lernen will! Natürlich noch immer: *Die Blechtrommel,* sein ganz gewiss größter Roman, und *Katz und Maus,* seine eindrucksvollste Novelle. Wer sich mit Barockliteratur auskennt, für den ist *Das Treffen in Teltge* eines der größten Lesevergnügen, die Grass uns beschert hat.

Günter Grass

Mein Jahrhundert

1998

Wir hatten uns per Briefwahl entschieden, trafen dann aber doch schon am Vorabend des 27. September, von Hiddensee kommend, in Behlendorf ein, wo wir unser mitgebracht mulmiges Gefühl mit Geschäftigkeit abzudeckeln versuchten. Ute kochte für den Wahlabend eine Linsensuppe vor, die, gleich welches Ergebnis, beschwichtigen sollte. Einer der Söhne, Bruno mit Freund, und die Rühmkorfs wollten kommen. Ich verdrückte mich am frühen Nachmittag in den nahen Wald, um, großspurig angekündigt, in die Pilze zu gehen.

Der Behlendorfer Forst, der sich über hügelige Endmoränen zum See hin erstreckt, gehört zu den Lübschen Wäldern und sieht im Herbst als Mischwald vielversprechend aus. Doch unter Laub- und Nadelholz fanden sich weder Maronen noch Steinpilze. Wo ich Mitte des Monats eine satte Mahlzeit Safranschirmlinge gefunden hatte, stand nichts. Die violetten Ritterlinge am Waldrand waren bereits ausgewachsen, vergilbt. Mein Pilzgang versprach wenig ertragreich zu sein. Selbst der Hund hatte mich nicht begleiten wollen.

Sie werden es womöglich bezweifeln: einzig mein restlicher Aberglaube, dem ich, wie viele Spätaufklärer, ersatzweise anhänge, hat mich bewogen, dennoch auf Suche zu bleiben und die blindlings erhoffte Ausbeute an Pilzen ins Verhältnis zum gleichfalls erhofften Wahlergebnis zu bringen. Doch das Messer blieb unbenutzt, der Korb leer. Schon wollte ich aufgeben, mir für die restlichen Stunden eine fatalistische Haltung einüben, schon sah ich mich, geübt im Umgang mit Niederlagen, auf der Verliererbank, schon war ich versucht, die allseits erwartete Last einer großen Koalition durch pragmatische Abstriche um einige Gramm zu erleichtern, schon verlästerte ich meinen Aberglauben, da schimmerte es weißlich zwischen morschem Geäst, auf bemoosten Wurzelstrünken, stand vereinzelt und in Gruppen, gab helle, nicht verkennbare Signale: die Unschuld in Pilzgestalt.

Kennen Sie Flaschenboviste? Ist Ihnen der Flaschenbovist jemals begegnet? Keine Lamellen, keine Röhren zeichnen ihn aus. Steht weder auf dünnem, womöglich holzigem Stiel noch auf bauchigem, bereits wurmstichigem Leib. Kein weitkrempiger, kein gedellter, kein Kuppelhut will ihn beschatten. Kahlköpfig, wie er steht, ist er nur mit dem jungen Kartoffelbovist zu verwechseln, der zwar als eßbar gilt, aber nicht schmackhaft sein soll und weniger schön in Erscheinung tritt. Der Flaschenbovist jedoch trägt seinen runden Kahlkopf, der häufig mit weißen Körnchen gepudert scheint, auf sanft abgehobenem und doch deutlich verschlanktem Hals. Direkt überm Waldboden abgeschnitten, beweist er sich jung als schnittfest und zeigt als Ausweis seiner Jugend weißes Fleisch vor, dem allerdings nur wenige Tage gegönnt sind, denn übereilt alternd ergrauen Rundkopf und Hals, zerfällt das Fruchtfleisch wäßrig, geht ins Grünliche über, wird schwammig, um in alter Hülle bräunlich und alsbald in papierener Haut zu Staub zu werden. Dennoch sollten Sie wissen, daß der Flaschenbovist wohlschmeckend ist und keine schweren Träume macht.

Ich fand und fand. Er liebt moderndes Holz. Ein einzelner kündigt mehrere an. Sie sind gesellig. Man könnte sie raffen. Doch will ein jeder behutsam genommen sein. So sehr sie einander gleichen, sind sie doch von jeweils besonderer Gestalt. Also begann ich, einen jeglichen Bovist, den mein Messer geköpft hatte, zu zählen. Bald lagen auf gebreitetem Zeitungspapier – *Frankfurter Rundschau* –, dem man veraltete Meldungen, Kommentare, Wahlprognosen hätte ablesen können, gut zwanzig kleine, mittelgroße und ausgereifte Exemplare, die letzteren grad noch gut im Fleisch. Mein restlicher Aberglaube klopfte an. Er trieb Zahlenspiele. Er begann, die bereits gefundenen Flaschenboviste mit den Prozenten eines drohenden oder vielversprechenden Wahlergebnisses zu verrechnen. Schon spekulierte er sich eine günstige

Hochrechnung herbei. Doch nach fünfunddreißig Exemplaren gingen mir die Fundstellen aus. Ich begann um Rotgrün zu bangen. Überall nichts oder allenfalls Täublinge. Dann aber wurde ich in einer Senke fündig, die sich nahe dem Bach ergibt, der eigentlich ein Überlaufgraben ist und den Behlendorfer See mit dem Elbe-Trave-Kanal verbindet.

Um Sie, der Sie mittlerweile wissen, wie schön der Flaschenbovist ist, und ahnen können, wie köstlich ein Gericht seiner Güte, kurz in Butter gebraten, dem Pilzsucher und seinen Gästen schmecken wird, nicht länger in Erwartung zu halten, sei nun versichert, daß es – jeden schon ältlichen und zuinnerst grün anlaufenden Fund beiseite geschoben – siebenundvierzig auf vergangene Zeitung gebreitete Flaschenboviste gewesen sind, die ich nach Hause und in die Küche trug.

Bald kamen die Gäste: Bruno und sein Freund Martin, Eva und Peter Rühmkorf. Kurz nach der günstigen Trendmeldung und knapp vor der ersten Hochrechnung servierte ich als Voressen das Pilzgericht, von dem, mir vertrauend, alle nahmen, sogar P. R., der, was Speisen betrifft, als heikel gilt. Da ich die Boviste in Scheiben geschnitten und so ihre Anzahl aufgehoben hatte, blieb mein Hexeneinmaleins zwar geheim, aber dennoch wirksam. Die Gäste staunten. Selbst Ute, die immer alles vorweg weiß und ganz anders geartetem Aberglauben anhängt, gab letzte Skepsis auf. Als sich das für Rotgrün ausreichende Wahlergebnis nach und nach stabilisierte, sogar mit Überhangmandaten zu rechnen war, sah ich mich in meinem Aberglauben bestätigt: Es hätten nicht weniger Flaschenboviste sein dürfen, mehr aber auch nicht.

Nun kam mit Majoranduft Utes Linsensuppe auf den Tisch, geeignet, aufkommenden Hochmut zu dämpfen. Wir sahen auf zu klein wirkendem Bildschirm den abgewählten Kanzler echt weinen. Das Staunen der Sieger über soviel noch unhandlich anmutende Macht ließ sie jünger aussehen, als sie an Jahren zählen. Bald würden sie miteinander aus Neigung streiten. Selbst darauf freuten wir uns. Die Rechnung war aufgegangen; aber bis weit in den Oktober hinein fanden sich keine Flaschenboviste mehr.

Brüder Grimm

Prinzessin Mäusehaut (1812)

Dieses Märchen ist uns in zwei Fassungen überliefert: in der handschriftlichen Urfassung von 1810 und in der überarbeiteten Fassung von 1812. In die Endfassung der *Kinder- und Hausmärchen,* wie wir sie kennen, ist es dann nicht mehr aufgenommen worden. Der Grund: Es hat eine unübersehbare Ähnlichkeit mit dem Märchen *Eselshaut* des Franzosen Perrault, und die Grimms wollten ja doch mit ihrer Märchensammlung vor allem »deutsches Volksgut« veröffentlichen.

Wir sehen aber umso deutlicher: Die Grimmschen Märchen stammen aus einer großen europäischen, ja weltumspannenden Erzähltradition, und waren eben nicht, wie die Brüder Grimm es damals darstellen wollten, jenes Band, das nur die zersplitterten deutschen Kleinstaaten einigen und vor französischer Überfremdung bewahren sollte. Es ging in ihnen immer schon um zeitlose Dinge, die für alle Menschen wichtig, rätselhaft oder erschütternd waren: um Liebe und Tod, um Hass und Treue, um Ehrgeiz und Eifersucht, um Selbstbestimmung und Konkurrenz, um Todesmut und das Angewiesensein auf die Hilfe anderer, – und wie hier: um das Verhältnis von Kindern zu ihren Eltern.

Da gibt es einen Vater, der seine Tochter verstößt, nur weil sie ihm nicht schmeichlerisch, wie ihre unbedeutenden Schwestern, nach dem Munde redet. Da gibt es einen Untergebenen, der wohl das schöne Mädchen gern für sich gewonnen hätte – und sie deswegen rettet. Und da gibt es diese Tochter, die sich ohne den Freier couragiert allein auf den Weg macht, sich in struppiger Männerkleidung zunächst selbst verleugnet, um sich vor den Blicken der Männer zu schützen, um damit aber auch ein Ziel zu verfolgen, das ihr das Maß an Selbstständigkeit gewährt, das sie braucht. Ihrem späteren Herrn hält sie erst auf mutige Weise den Spiegel vor und lässt sich dann von ihm heiraten. Und bei der Hochzeit hält sie auch dem geladenen Vater den Spiegel vor, um ihm danach verzeihen zu können. Was für eine Geschichte über die Entwicklung eines jungen Menschen von der Verstoßung über den mutigen Weg der Selbsterfahrung bis hin zur Autonomie!

Leben und Werke:
Jakob, geboren 1785, und Wilhelm Grimm, geboren 1786, studieren an der Universität Marburg Jura und beginnen 1806 durch die Anregungen Brentanos mit dem Sammeln von Sagen und Märchen. 1812 erscheint der erste, 1815 der zweite Band ihrer Kinder- und Hausmärchen. 1829 werden die Brüder an die Universität Göttingen berufen, wo sie später Professoren werden. Als die Brüder gemeinsam mit anderen Professoren (»Göttinger Sieben«) gegen den Verfassungsbruch von Ernst August, König von Hannover, protestieren, werden sie aus dem Staatsdienst entlassen. 1841 erhalten beide einen Ruf nach Berlin. Dort lehren und forschen sie auf dem Gebiete der Germanistik. Wilhelm Grimm bearbeitet seit 1815 die Märchensammlung, löst einige Texte wieder heraus und verleiht dem Ganzen durch stilistische Bereinigungen den eigentlichen »Grimm-Ton«. 1857 erscheint die *Große Ausgabe letzter Hand* der Kinder- und Hausmärchen mit ihren 200 Texten, wie wir sie heute kennen. Wilhelm stirbt 1859, Jakob 1863.

Leseempfehlungen:
Es lohnt sich noch immer, die 200 Märchen der Brüder Grimm zu lesen. Erst wenn man sie einmal alle gelesen hat, überwindet man das Klischee von den bloßen Happy-End-Geschichten und gewinnt Einsicht in eine literarische Menschheitsgeschichte, wie sie uns kaum umfassender als aus Märchen entgegentritt. Und wenn man dann auch einmal einen Blick wirft in die früheren Fassungen der Grimmschen Märchen und sie mit späteren vergleicht, dann lernt man etwas kennen über das literarische Handwerkszeug vom ersten Aufzeichnen bis hin zum stilistisch Vollkommenen, – freilich auch häufig Geglätteten und, wie hier, zum wieder Verworfenen.

Brüder Grimm

Prinzessin Mäusehaut

Ein König hatte drei Töchter; da wollte er wissen, welche ihn am liebsten hätte, ließ sie vor sich kommen und fragte sie. Die älteste sprach, sie habe ihn lieber als das ganze Königreich; die zweite, als alle Edelsteine und Perlen auf der Welt; die dritte aber sagte, sie habe ihn lieber als das Salz. Der König ward aufgebracht, dass sie ihre Liebe zu ihm mit einer so geringen Sache vergleiche, übergab sie einem Diener und befahl, er solle sie in den Wald führen und töten. Wie sie in den Wald gekommen waren, bat die Prinzessin den Diener um ihr Leben; dieser war ihr treu und würde sie doch nicht getötet haben, er sagte auch, er wolle mit ihr gehen, und ganz nach ihren Befehlen tun. Die Prinzessin verlangte aber nichts als ein Kleid von Mausehaut, und als er ihr das geholt, wickelte sie sich hinein und ging fort. Sie ging geradezu an den Hof eines benachbarten Königs, gab sich für einen Mann aus und bat den König, dass er sie in seine Dienste nehme. Der König sagte es zu, und sie solle bei ihm die Aufwartung haben: Abends musste sie ihm die Stiefel ausziehen, die warf er ihr allemal an den Kopf. Einmal fragte er, woher sie sei. – »Aus dem Lande, wo man den Leuten die Stiefel nicht um den Kopf wirft.« Der König ward da aufmerksam, endlich brachten ihm die andern Diener einen Ring; Mausehaut habe ihn verloren, der sei zu kostbar, den müsse er gestohlen haben. Der König ließ Mausehaut vor sich kommen und fragte, woher der Ring sei. Da konnte sich Mausehaut nicht länger verbergen, sie wickelte sich von der Mausehaut los, ihre goldgelben Haare quollen hervor, und sie trat heraus so schön, aber auch so schön, dass der König gleich die Krone von seinem Kopf abnahm und ihr aufsetzte und sie für seine Gemahlin erklärte.

Zu der Hochzeit wurde auch der Vater der Mausehaut eingeladen, der glaubte seine Tochter sei schon längst tot, und erkannte sie nicht wieder. Auf der Tafel aber waren alle Speisen, die ihm vorgesetzt wurden, ungesalzen, da ward er ärgerlich und sagte: »Ich will lieber nicht leben als solche Speise essen!« Wie er das Wort ausgesagt, sprach die Königin zu ihm: »Jetzt wollt ihr nicht leben ohne Salz, und doch habt ihr mich einmal wollen töten lassen, weil ich sagte, ich hätte euch lieber als Salz!« Da erkannte er seine Tochter, und küsste sie, und bat sie um Verzeihung, und es war ihm lieber als sein Königreich und alle Edelsteine der Welt, dass er sie wiedergefunden.

Hans Jacob Christoffel von Grimmelshausen
Der teutsche Baur (1670)

»Die Kalendergeschichte aller Kalendergeschichten« nennt Ludwig Rohner diese Geschichte; man habe in ihr eine Vorläuferin von Kleists Novellen sehen wollen. Tatsächlich hat Grimmelshausen großen Einfluss ausgeübt auf die Literatur bis in unsere Zeit: auf Gottfried August Bürgers *Münchhausen*, auf die Anekdoten von Kleist, auf Hebels Kalendergeschichten, auf Brecht insbesondere – bis hin zu Günter Grass. – Wir möchten den Text hier so vorstellen, wie er im Original *Des abenteuerlichen Simplicissimi Ewigwährenden Calenders* abgedruckt ist, aber auch in einer in unsere Sprache übertragenen Version, die es möglich macht, auf mancherlei Anmerkungen zu verzichten.

Wahrscheinlich stammt das Ereignis aus Grimmelshausens eigenem Erleben im Kriegsjahre 1638: Ein eingefangener Bauer muss sich um Kopf und Kragen reden angesichts der Kriegswirren, in denen keiner mehr wusste, in die Hände welcher Truppe er gerade geraten war, – und ob sich die einzelnen marodierenden Haufen tatsächlich als diejenigen zu erkennen gaben, zu denen sie tatsächlich gehörten. Der Bauer wird es in Wirklichkeit weniger pointiert getan haben; aber der große Grimmelshausen hat ihn literarisch zu einem gemacht, der als Exemplum für Witz und Ehrlichkeit Gültigkeit erlangt hat wie manche spätere Figur Kleists, Hebels oder Brechts. Was für eine Geschichte wird aus diesem kleinen Dialog, dessen lebensbedrohende Situation man sich gar nicht schlimm genug vorstellen kann! Eine Geschichte aus der Sicht eines auktorialen Erzählers, der ironisch in Klammern kommentiert, der andeutet, erklärt und verzögert und damit Spannung erzeugt und am Ende mit dem witzigen Zeugma, *daß gab bey uns ein Gelächter und dem Bawren wider die Freyheit* die Pointe gestaltet. Was die Soldaten herauskriegen wollten, per Spaß, war in der Realität bitterernster Söldnerscherz, über dessen Ausgang der arme Bauer bis zum Schluss nicht sicher sein konnte. Er konnte wohl einzig damit rechnen, dass die einfachen Söldner bald auf dieser Seite, bald auf jener des Krieges standen, und dass man sich auf das Versprechen eines Offiziers noch verlassen konnte, wenn man, was er vorsichtig tat, an seine Moral appellierte. Aber sicher war auch das nicht. Auf gar keinen Fall hätte er sich mit einem Bekenntnis auf eine der beiden Seiten stellen dürfen, denn man wusste nie, wofür sich die Truppe *ausgab.* So apostrophierte er die beiden Heere als *Milch* mit *Brocken,* also als eine Köstlichkeit, wovon damals jeder gern satt geworden wäre, um beide dann, ehrlich – aber genauso lebensbedrohend, zum Teufel zu wünschen. Dadurch bekam er zumindest, wie es sich für einen gelungenen Witz gehört, die Lacher auf seine Seite.

Bei aller Komik eine traurige Geschichte über den Krieg, in dem einer, nur wenn er auf seinem eigenen *Mist* mit sich selber spricht, wirklich offen und ehrlich sein kann, und wo man auf das Lachen der anderen angewiesen ist, um sein Leben zu retten. – Der verallgemeinernde Titel der Geschichte macht einmal mehr betroffen: *Der deutsche Bauer.* So weit ist es mit ihm also in diesen Kriegszeiten gekommen!

Leben und Werke:
Grimmelshausen wurde 1621 in Gelnhausen geboren. Als die Stadt im Dreißigjährigen Krieg (1618–1648 zwischen den kaiserlichen Katholiken und den schwedischen Protestanten) verwüstet wurde, geriet er als junger Bursche unter die Soldaten. Seine Kriegserfahrungen verarbeitete er in seinen berühmtesten Romanen *Der abenteuerliche Simplizissimus,* der 1668 erschien und sofort beim Publikum einschlug, und in *Lebensbeschreibung der Erzbetrügerin und Landstörzerin Courasche* von 1670, die Brecht als Vorlage für sein Drama *Mutter Courage* diente. Grimmelshausen erwarb nach dem Krieg Grundbesitz und war eine Zeit lang Burgvogt und Gastwirt. 1667 wurde er Schultheiß (Bürgermeister) in Renchen bei Straßburg. Dort gab er mehrere Jahrgänge eines Kalenders mit Kalendarium, Namenstagen, Sprüchen, Wettervorhersagen, Schwänken, Gesprächen, Wunder- und Kalendergeschichten heraus, welcher der gebil-

deten Bevölkerung zur Orientierung, Belehrung und Unterhaltung dienten. 1676 starb Grimmelshausen in Renchen.

Leseempfehlungen:
Im Zusammenhang mit unserer Kalendergeschichte möchten wir auf die Tradition hinweisen, die diese Art von Geschichten hat. Die Geschichten von Johann Peter Hebel (in diesem Buch), die Anekdoten von Kleist und die Keuner-Geschichten von Bertolt Brecht (ebenfalls in diesem Buch) sind allesamt lesenswerte Kleinodien unserer Literatur. Vor allem aber natürlich gehört der *Simplizissimus* zu den großen Werken der deutschen Literaturgeschichte, die man einmal gelesen haben sollte.

H. J. Ch. von Grimmelshausen

Der teutsche Baur

Ich wurde einmal mit einer Einheit der Götzischen Armee, die damals zu Neustatt im Schwarzwald lag, ins Schwabenland kommandiert. Da begegnete uns ein Bauer, der uns den Weg am Bodensee entlang weisen sollte. Diesen fragten wir aus Spaß, ob er ein Schwedischer oder ein Kaiserlicher sei. Der Bauer dachte: Sagst du kaiserlich, so geben sich die Kerle als schwedisch aus und prügeln dir den Buckel blau; antwortest du aber schwedisch, so geschieht dir dasselbe. Also antwortete er, er wisse es nicht. »Schurke«, sagt ein Reiter zu ihm (denn damals gab es nur wenige anständige Leute; die Soldaten nannten die Bauern Schurken, auch wenn sie es hörten, die Bauern dagegen schalten die Soldaten Diebe, aber nur, wenn sie es nicht hörten), »du wirst doch wissen, wozu du gehörst!« – »Nein, Ihr Herren«, antwortet der Bauer, »das kann man ohne Gefahr nicht sagen, es sei denn, ich stehe auf meinem Misthaufen.« Darauf sagte der Offizier: »Wenn du mir die Wahrheit sagst und sagst, wie es in deinem Herzen aussieht, so werde ich dich gleich wieder laufen lassen. Wenn aber nicht, so musst du im Bodensee, an dem wir eben vorbei geritten sind, ohne Barmherzigkeit ersaufen.« Der Bauer antwortet: »Ich habe mein Leben lang gehört, dass ein ehrlicher Adliger, für den ich Euch ansehe, sein Wort hält. Deswegen werde ich auf solche Versprechungen lieber die Wahrheit sagen (wenn sie mir tatsächlich eine Versicherung ist) und mit dem Leben davonkommen als schweigen oder gar im See liegen und ersaufen.« – »Ein Schurke, der sein Wort nicht hält!«, antwortet der Offizier. Da sagt der Bauer: »Es bleibt also dabei! Was nun mein Gefühl anbelangt, so würde ich mir wünschen, die Kaiserlichen Soldaten wären eine Milchsuppe so groß wie dieser See, und die Schwedischen wären die Brotbrocken darin. Dann möge der Teufel sie alle miteinander ausfressen!« Das gab bei uns ein Gelächter – und dem Bauern die Freiheit wieder!

IV.

Die demütige Seel.

MIr würde erzehlet daß Simplicissimus auff eine Zeit mit etlichen Stutzern spaziren gangen/ da seye jhnen ein garstiges altes Weib begegnet / uff dieselbe hätte Simplicissimus mit dem Stab gezeigt und gesagt / sehet umb Gottes willen / was diß Weib vor ein edle demütige Seel haben muß / daß sie sich so lang in einer solchen schlimmen Herberg gedultet.

V.

Platz zum Wein.

ALs er einsmahls mit einem Cavallier und einem Doctor in einen Kellervoll Wein gieng/allwo der Cavallier gleich anfieng das Wasser zulassen/ und den Doctor fragte / wie es doch komme/daß einem jeden die Natur gleich an diese Verrichtung erinnere ; Antworttet Simplicissimus, die sorgfältige Natur begehre man soll Platz machen / den edlen Rebensafft zu logirn.

VI.

Der teutsche Bawr.

ICh wurde einsmahls mit einer Parthey von der Götzischen Armee, die damahl zur Newstatt uff dem Schwartzwalt lag / in die Schwabenheit commandirt, da krigten wir einen Bawren der uns den Weeg am Bodensee weisen muste ; diesen fragten wir per Spaß ob er Schwedisch oder Käyserisch seye ? Er aber gedachte sagstu Käyserisch / so geben sich diese vor Schwedisch auß und Raumen dir den Buckel ab ; sagstu aber Schwedisch so widerfahret dirs abermahl ; Antworttet derowegen er wisse es nicht; Schelm / sagt ein Reuter zu jhm (dann damahls waren wenig redlich Leuth / weil die Soldaten die Bawren Schelmen nennten daß sie es höreten / und hingegen die Bawern die Soldaten Dieb schalten wann sie es nicht höreten) du wirst ja wissen wem du zugehörest ? Nein jhr Herrn / antworttet der Bawr / diß ist ohne Gefahr nicht zu sagen / ich seye dann uff meinen Mist ; darauff sagte der Officier / wann du mir die Warheit bekennest / und sagst wie es dir umbs Hertz ist / so will ich dich wider gleich deines Weegs lauffen lassen / wo nicht / so mustu im Bodensee / neben welchem wir eben vorbey ritten / ohn alle Barmhertzigkeit ersauffen ; der Bawr antworttet / ich hab mein lebtag gehört ein ehrlicher vom Adel wie ich euch vor einen ansehe / halte sein Wort / darumb will ich eben so mehr uff solche Paloren die Warheit sagen (wann ich deren nur versichert bin) und lebendig darvon kommen / als stillschweigen oder gar ligen und im See versauffen ; Ein Schelm ist der sein Wort nicht halt / antworttet der Officier ; Da sagt der Bawr es bleibt darbey / was aber meine Afexion anbelangt/ so wolte ich wünschen die Käyserische Soldaten wären eine Milchsup so groß als diser See/ und die Schwedische wären die Brocken drein / alsdann möchte der Teuffel sie mit einander außfressen ; daß gab bey uns ein Gelächter und dem Bawren wider die Freyheit.

VII.

Der Redlichste.

MAn redet einsmahls in beysein Simplicissimi von der Redligkeit und gerechten uffrichtigen Leuthen / da sagte er / in diesem Fall übertrifft der Todt uns Menschen mit einander / dann er macht jedermann ein gleiche Zech : und ob er zwar dem Henoch und Eliæ ein zeitlang so würde jhnen doch die Schult nicht schencken.

VIII.

Genawe Kundschafft.

MAn sagt als Simplicissimus noch ein muthwilliger Tragoner Jung gewesen / seye jhm zu Soest ein alt Weib uffgestossen / die hette er gefragt was der Teuffel in der Höll mache : welche geantworttet ! Schubkärch / dich und deines gleichen böse Buben damit in die Höll zuführen : darauff hette sich Simplicissimus zu seinen Cammerathen gewendet und gesagt ich hab wohl gedacht / diese werde grosse Kundschafft mit dem Teuffel haben / und find mich auch nicht betrogen/ sintemahl sie von seinen Ge-

schäf-

Peter Handke

Die drei Lesungen des Gesetzes (1968)

F: Hier wird nicht erzählt. Es werden Gesetzestexte abgedruckt und durch nichts weiter als Protokollnotizen unterbrochen; so, wie es in offiziellen Mitschriften von Plenarsitzungen demokratischer Parlamente üblich ist: *starker Beifall, unverständliche Zwischenrufe, Unruhe und höhnischer Beifall.* Die Ziffern 1 bis 3 bezeichnen offenbar die üblichen drei Lesungen eines Gesetzestextes, die der Verabschiedung durch ein gewähltes Parlament vorausgehen. Die Grundrechte sind, bei Handke in dieser Allgemeingültigkeit formuliert, beim ersten Überfliegen des Textes auch vom Leser zu begrüßen; das eingeschobene *Beifall* entspricht folglich der Leseerwartung. Möglicherweise übersieht man zunächst, dass da schon nach der ersten Zeile Zustimmung signalisiert wird. Der Text der ersten Lesung wird für die zweite Vorlage modifiziert. Das Recht auf Bildung wird beispielsweise ergänzt durch den Hinweis auf *die ökonomischen Verhältnisse,* die sie zulassen oder nötig machen können. Der (fiktive) Protokollant verzeichnet Reaktionen bis zum Türenschlagen. Was »lernen« wir als Leser?

Die Erweiterung des Ausgangstextes wird durch die Volksvertreter abgelehnt: *Das hat uns noch gefehlt!* Was sind das für Parlamentarier? Sie sind offenbar nicht in rivalisierende politische Lager gespalten, sondern gleichgeschaltet worden. Spätestens bei der dritten Lesung wird klar: man ist sich einig in der Annahme der dritten und letzten Textversion, der frenetische Beifall am Schluss zeigt es deutlich. Hier wird politische Praxis durch das Spiel mit politisch-juristischer Originalsprache vorgeführt, karikiert, entlarvt, angeprangert, ad absurdum geführt – scheinbar ohne ein eigenes oder kommentierendes Wort des Autors. Das Sprachmaterial selbst wird benutzt, um herrschende Politik zu hinterfragen und Politiker zumindest in den Verdacht der Obrigkeitsmentalität zu bringen.

Das Entstehungsdatum dieses Textes erklärt nicht nur die gesellschaftliche Stoßrichtung des Inhalts, auch die sprachlichen Mittel entsprechen den damaligen literarischen Gepflogenheiten. Die vorherrschenden Prinzipien sind: die Ordnungsfunktion von Sprache wird aufgebrochen, dokumentarische ersetzt die erzählende Literatur, konkrete Poesie statt Metaphorik, Destruktion festgesetzter Bedeutungen, Collage, Ende der Beschreibungsliteratur.

M: Ich gebe zu bedenken: Was sprachlich wie eine ständige Erweiterung und Differenzierung aussieht, ist in Wirklichkeit von zunehmenden Einschränkungen bestimmt. Über einen angefangenen Satz wie *Jeder Staatsbürger hat das Recht* ... ist man sich in ungestümem Beifall noch einig. Bei der Einschränkung ... *im Rahmen der Gesetze* protestiert man schon. Und die dritte Fassung, noch weiter einschränkend, bleibt zunächst ohne jede Reaktion. Die Rufer aus den verschiedenen Parteien haben sich bereits an den Prozess des Einschränkens gewöhnt. Beifall nur noch am Ende: Die Befürworter jubeln erleichtert und stolz über das endlich zustande gekommene Gesetz. Die Unterlegenen haben keine Mehrheit. Totgeschwiegen schweigen sie nun.

Leben und Werke:
1942 in Griffen/Kärnten geboren, studiert Handke ab 1961 Jura in Graz, knüpft Kontakte zum Literaturkreis »Grazer Gruppe«, deren Verfechter als »Anti-PEN« in den etablierten Literaturbetrieb einbrachen, veröffentlicht dort erste Texte. 1966 der erste Roman *Die Hornissen,* seither lebt er als freiberuflicher Schriftsteller mit wechselnden Wohnsitzen in Österreich, Deutschland, Frankreich, USA.
Die frühen Dramen Handkes setzen seine Sprachreflexionen unmittelbar um: in der *Publikumsbeschimpfung* werden die Schauspieler vom Objekt zum Subjekt der geäußerten Kritik; sein *Kaspar* (in Anlehnung an den Fall Kaspar Hauser) erleidet Sprache und erlernt sie als Station zur Herausbildung persönlichen und gesellschaftlichen Selbstbewusstseins. Das war die Zeit um 1968. Später schreibt Handke lange Romane über Selbstverlust und Selbstfindung, Innerlichkeit, Mystik und Mythos. Als einer der umstrittensten Autoren der Gegenwart ist Handke mehrfacher Literaturpreisträger, erhält 1993 den Dramenpreis des Goethe-Instituts. Seine Verteidigung der Serben während des Krieges in Bosnien löste erbitterte Debatten aus.

Leseempfehlungen:
Beeindruckend die Erzählung über das Leben seiner Mutter: *Wunschloses Unglück.* Zeitlos und anregend sind *Versuch über den geglückten Tag, Nachmittag eines Schriftstellers, Die Stunde der wahren Empfindung, Der Chinese des Schmerzes;* besonders eindrucksvoll: *Die linkshändige Frau;* und wenn man sich eingelesen hat: die Romanfolge *Langsame Heimkehr.*

Peter Handke

Die drei Lesungen des Gesetzes

1.

Jeder Staatsbürger hat das Recht –
Beifall
seine Persönlichkeit frei zu entfalten –
Beifall
insbesondere hat er das Recht auf:
Arbeit –
Beifall

Freizeit –
Beifall
Freizügigkeit –
Beifall
Bildung –
Beifall
Versammlung –
Beifall
sowie auf Unantastbarkeit der Person –
starker Beifall.

2.

Jeder Staatsbürger hat das Recht –
Beifall
im Rahmen der Gesetze seine Persönlichkeit frei zu entfalten –
Rufe: Hört! Hört!
insbesondere hat er das Recht auf:
Arbeit entsprechend den gesellschaftlichen Erfordernissen –
Unruhe, Beifall

auf Freizeit nach Maßgabe seiner gesellschaftlich notwendigen Arbeitskraft –

Zischen, Beifall, amüsiertes Lachen, Unruhe

auf Freizügigkeit, ausgenommen die Fälle, in denen eine ausreichende Lebensgrundlage nicht vorhanden ist und der Allgemeinheit daraus besondere Lasten entstehen würden –

schwacher Beifall, höhnisches Lachen, Scharren, Unruhe

auf Bildung soweit die ökonomischen Verhältnisse sie sowohl zulassen als auch nötig machen –

starke Unruhe, Murren, unverständliche Zwischenrufe, Türenschlagen, höhnischer Beifall

auf Versammlung nach Maßgabe der Unterstützung der Interessen der Mitglieder der Allgemeinheit –

Pultdeckelschlagen, Pfeifen, allgemeine Unruhe, Lärm, vereinzelte Bravorufe, Prostestklatschen, Rufe wie: Endlich! oder: Das hat uns noch gefehlt!, Trampeln, Gebrüll, Platzen von Papiertüten

sowie auf Unantastbarkeit der Person –

Unruhe und höhnischer Beifall.

3.

Jeder Staatsbürger hat das Recht

im Rahmen der Gesetze und der guten Sitten seine Persönlichkeit frei zu entfalten, insbesondere hat er das Recht auf Arbeit entsprechend den wirtschaftlichen und sittlichen Grundsätzen der Allgemeinheit –

das Recht auf Freizeit nach Maßgabe der allgemeinen wirtschaftlichen Erfordernisse und den Möglichkeiten eines durchschnittlich leistungsfähigen Bürgers –

das Recht auf Freizügigkeit, ausgenommen die Fälle, in denen eine ausreichende Lebensgrundlage nicht vorhanden ist und der Allgemeinheit dadurch besondere Lasten entstehen würden oder aber zur Abwehr einer drohenden Gefahr für den Bestand der Allgemeinheit oder zum Schutz vor sittlicher und leistungsabträglicher Verwahrlosung oder zur Erhaltung eines geordneten Ehe-, Familien- und Gemeinschaftslebens –

das Recht auf Bildung, soweit sie für den wirtschaftlich-sittlichen Fortschritt der Allgemeinheit sowohl zuträglich als auch erforderlich ist und soweit sie nicht Gefahr läuft, den Bestand der Allgemeinheit in ihren Grundlagen und Zielsetzungen zu gefährden –

das Recht auf Versammlung nach Maßgabe sowohl der Festigung als auch des Nutzens der Allgemeinheit unter Berücksichtigung von Seuchengefahr, Brandgefahr und drohenden Naturkatastrophen –

sowie das Recht auf Unantastbarkeit der Person:

Allgemeiner stürmischer, nichtendenwollender Beifall.

Johann Peter Hebel
Unverhofftes Wiedersehen (1811)

Zwei sich liebende Menschen können miteinander alt werden und dabei die Veränderungen aneinander kaum bemerken: Gewöhnung! Es geschieht auch, dass zwei, die sich in ihrer Jugend geliebt haben, sich im Alter wieder treffen und kaum mehr dem Bilde nahe kommen, das sie voneinander in ihrem Gedächtnis bewahrt haben: Enttäuschung! Hier aber ist die eine von den beiden lebend alt geworden und der andere tot jung geblieben: Erschütterung! Und erschüttert liest der Leser diese Geschichte, die man die »schönste Geschichte« der Literatur genannt hat (Robert Minder). Am Anfang und am Ende des Textes steht das Ehepaar im Mittelpunkt. Dazwischen ein Lebensalter in erzählter Geschichte: der Geschichte der Großen und Kleinen, der Herrschenden und Handwerker, der politischen Großereignisse und der bäuerlichen Arbeit, der Katastrophen und Alltäglichkeiten, – fünfzig Jahre auf engstem Raum zeitraffend rhythmisiert. Am Ende das unverhoffte Wiedersehen.

In der Realität ist geschehen, dass man einen jungen Bergmann in der schwedischen Stadt Falun nach einem Bergbau-Unglück nahezu unverändert wiederfand. Ein Stück Literatur ist daraus geworden durch die menschliche Begegnung, die Johann Peter Hebel über dieses Ereignis gestaltete. Ich stelle mir vor, im hohen Alter begegnete mir das lebendige Bild einer Geliebten als jung gebliebener toter Körper. Welche Trauer über den Lauf der Zeit, über Vergänglichkeit!

Leben und Werke:
Johann Peter Hebel ist 1760 in Basel geboren. Er studiert Theologie in Erlangen und wird 1791 Lehrer am Gymnasium in Karlsruhe. 1803 wird er Mitglied einer Kommission, die den »Kurfürstlich badischen Landkalender« herausgibt, das ist ein Jahreskalender mit Kalendarium, Wetterregeln, Naturgeschichtlichem, Medizinischem, Politischem, mit Geschichten, Rätseln und Gedichten zur Information, Belehrung und Unterhaltung der Bevölkerung. 1807 wird Hebel alleiniger Herausgeber des Kalenders *Der Rheinländische Hausfreund,* für den er von 1808 bis 1819 die meisten Texte selbst schreibt. Die literarischen Texte darin werden »Kalendergeschichten« genannt. Ihre Tradition reicht von Grimmelshausen bis Bertolt Brecht. 1819 wird Hebel an die Spitze der evangelischen Landeskirche Badens berufen und wird auch Mitglied des Landtages. 1826 stirbt er in Schwetzingen.

Leseempfehlungen:
Einige der Kalendergeschichten Hebels sind zu Stücken der großen deutschen Literatur geworden: so die Schwankgeschichten vom *Zundelfrieder,* die Kalendergeschichten *Das wohlfeile Mittagessen, Der Barbierjunge von Segringen,* die berühmte Geschichte *Kannitverstan* und eben das *Unverhoffte Wiedersehn.* Es sind humorvolle, schlaue, philosophische und moralische Geschichten zur Aufklärung der Menschen, gegen die Besserwisser und Verbohrten, in die sich der »Kalendermann« Hebel immer wieder mit augenzwinkernden Kommentaren einschaltet. Sie haben sich zu einer ganz eigenen Gattung etabliert, die Brecht dann noch einmal in seinen *Keunergeschichten* aufnimmt.

Johann Peter Hebel

Unverhofftes Wiedersehen

In Falun in Schweden küsste vor guten fünfzig Jahren und mehr ein junger Bergmann seine junge hübsche Braut und sagte zu ihr: »Auf Sankt Luciä wird unsere Liebe von des Priesters Hand gesegnet. Dann sind wir Mann und Weib, und bauen uns ein eigenes Nestlein.« – »Und Friede und Liebe soll darin wohnen«, sagte die schöne Braut mit holdem Lächeln, »denn du bist mein Einziges und Alles, und ohne dich möchte ich lieber im Grab sein, als an einem andern Ort.« Als sie aber vor St. Luciä der Pfarrer zum zweiten Mal in der Kirche ausgerufen hatte: *»So nun jemand Hindernis wüsste anzuzeigen, warum diese Personen nicht möchten ehelich zusammenkommen«* – da meldete sich der *Tod.* Denn als der Jüngling den andern Morgen in seiner schwarzen Bergmannskleidung an ihrem Haus vorbeiging, der Bergmann hat sein Totenkleid immer an, da klopfte er zwar noch einmal an ihrem Fenster und sagte ihr guten Morgen, aber keinen guten Abend mehr. Er kam nimmer aus dem Bergwerk zurück, und sie saumte vergeblich selbigen Morgen ein schwarzes Halstuch mit rotem Rand für ihn zum Hochzeittag, sondern als er nimmer kam, legte sie es weg, und weinte um ihn und vergaß ihn nie. Unterdessen wurde die Stadt Lissabon in Portugal durch ein Erdbeben zerstört, und der Siebenjährige Krieg ging vorüber, und Kaiser Franz der Erste starb, und der Jesuitenorden wurde aufgehoben und Polen geteilt, und die Kaiserin Maria Theresia starb, und der Struensee wurde hingerichtet, Amerika wurde frei, und die vereinigte französische und spanische Macht konnte Gibraltar nicht erobern. Die Türken schlossen den General Stein in der Veteraner Höhle in Ungarn ein, und der Kaiser Joseph starb auch. Der König Gustav von Schweden eroberte russisch Finnland, und die Französische Revolution und der lange Krieg fing an, und der Kaiser Leopold der Zweite ging auch ins Grab. Napoleon eroberte Preußen, und die

Engländer bombardierten Kopenhagen, und die Ackerleute säeten und schnitten. Der Müller mahlte, und die Schmiede hämmerten, und die Bergleute gruben nach den Metalladern in ihrer unterirdischen Werkstatt. Als die Bergleute in Falun im Jahr 1809 etwas vor oder nach Johannis zwischen zwei Schachten eine Öffnung durchgraben wollten, gute dreihundert Ehlen tief unter dem Boden gruben sie aus dem Schutt und Vitriolwasser den Leichnam eines Jünglings heraus, der ganz mit Eisenvitriol durchdrungen, sonst aber unverwest und unverändert war; also dass man seine Gesichtszüge und sein Alter noch völlig erkennen konnte, als wenn er erst vor einer Stunde gestorben, oder ein wenig eingeschlafen wäre, an der Arbeit. Als man ihn aber zu Tag ausgefördert hatte, Vater und Mutter, Gefreundte und Bekannte waren schon lange tot, kein Mensch wollte den schlafenden Jüngling kennen oder etwas von seinem Unglück wissen, bis die ehemalige Verlobte des Bergmanns kam, der eines Tages auf die Schicht gegangen war und nimmer zurückkehrte. Grau und zusammengeschrumpft kam sie an einer Krücke an den Platz und erkannte ihren Bräutigam; und mehr mit freudigem Entzücken als mit Schmerz sank sie auf die geliebte Leichte nieder, und erst als sie sich von einer langen heftigen Bewegung des Gemüts erholt hatte, »es ist mein Verlobter«, sagte sie endlich, »um den ich fünfzig Jahre lang getrauert hatte, und den mich Gott noch einmal sehen lässt vor meinem Ende. Acht Tage vor der Hochzeit ist er unter die Erde gegangen und nimmer heraufgekommen.« Da wurden die Gemüter aller Umstehenden von Wehmut und Tränen ergriffen, als sie sahen die ehemalige Braut jetzt in der Gestalt des hingewelkten kraftlosen Alters und den Bräutigam noch in seiner jugendlichen Schöne, und wie in ihrer Brust nach 50 Jahren die Flamme der jugendlichen Liebe noch einmal erwachte; aber er öffnete den Mund nimmer zum Lächeln oder die Augen zum Wiedererkennen; und wie sie ihn endlich von den Bergleuten in ihr Stüblein tragen ließ, als die einzige, die ihm angehöre, und ein Recht an ihn habe, bis sein Grab gerüstet sei auf dem Kirchhof. Den andern Tag, als das Grab gerüstet war auf dem Kirchhof und ihn die Bergleute holten, schloss sie ein Kästlein auf, legte sie ihm das schwarzseidene Halstuch mit roten Streifen um, und begleitete ihn alsdann in ihrem Sonntagsgewand, als wenn es ihr Hochzeittag und nicht der Tag seiner Beerdigung wäre. Denn als man ihn auf dem Kirchhof ins Grab legte, sagte sie: »Schlafe nun wohl, noch einen Tag oder zehen im kühlen Hochzeitbett, und lass dir die Zeit nicht lange werden. Ich habe nur noch wenig zu tun, und komme bald, und bald wird's wieder Tag. – Was die Erde einmal wiedergegeben hat, wird sie zum zweiten Mal auch nicht behalten«, sagte sie, als sie fortging, und noch einmal umschaute.

Heinrich Heine
Aus: **Die Memoiren des Herren Schnabelewopski** (1834)

In diesem Romanfragment kommt der junge Herr Schnabelewopski aus dem weit im Osten gelegenen Schnabelewops auf seiner Reise nach Leiden, um sich »dort nach dem Wunsche seiner Eltern dem Studium der Gottesgelehrtheit zu ergeben«, für ein halbes Jahr in die Stadt Hamburg. Dort ist es, wie es sich nach traditioneller Jugendsymbolik gehört, Frühling. Zwölf Jahre später verschlägt es ihn wieder nach Hamburg, – der Ich-Erzähler sagt nicht, warum, aber allem Anschein nach, um einem ästhetischen Gestaltungsprinzip Genüge zu tun, – und nun ist es der Alterssymbolik gemäß Winter. Auf diese Weise erhält der Memoirenverfasser die Gelegenheit, seine Eindrücke und Erlebnisse strukturell in den schönsten Parallelen und inhaltlich in den schönsten Gegensätzen zu erzählen: mit ironisch spöttischer Sentimentalität, die die Erfahrungen aufwärmt und abkühlt, und mit sarkastisch höhnender Bitterkeit, die die kalte Trauer des Alters bestimmt.

Eine bedrückende Erfahrung macht, wer den ersten Teil des Kapitels, nachdem er den zweiten gelesen hat, ein weiteres Mal liest. Was das Leben uns so nicht zu sehen lehrt, lehrt uns das Lesen von Literatur. Die ersten prallen Erfahrungen der Jugend werden beim zweiten Lesen vom traurigen Wissen des Alters verfärbt: Das also kann in der Zukunft draus werden, was sich uns so ganz anders in der Gegenwart darstellt! Kaum ein anderer als Heinrich Heine führt uns diese Sichtweise immer wieder vor. Der jugendliche Überschwang erhält dabei durch Spott die Distanz, die ihn nicht allzu sentimental werden lässt – und die Trauer des Alters wird gemildert durch Ironie. Die farbenprächtigen *rosagestreiften Roben* der beiden Schönen *Minka* und *Heloise* haben *ihre Farbe verloren.* Der reiche Kaufmann, der *sonst wie ein Pfingstochs geputzt ging,* sah jetzt *wie die magerste von Pharaos Kühen* aus. Die Häuser und Bäume der Stadt, alles verändert. Die *Schwäne,* im Frühling der Jugend Symbole der Verheißung und des

Verlangens, im Winter des Alters zu Symbolen der Angst verkrüppelt. Und endlich die Sterne: Der junge Schnabelewopski hatte sie emphatisch als *verliebte Engelsaugen* gefeiert. Doch so sicher schien er sich dieser Metapher schon in seiner Jugend nicht zu sein, denn er lässt dem begeisterten Ausruf *Die Sterne!* gleich zwei Sätze mit Fragezeichen folgen, die die blumigen Metaphern schon wieder in Frage stellen. Am Ende demaskiert sie der *alte, törichte* Betrachter als *glänzende Täuschungen* und *goldene Lügen.*

Heinrich Heine, der Meister der »Desillusions-Ästhetik«! Die Auflösung der klassischen Kunstidee durch die Darstellung der Zerrissenheit. Der *große Weltriss,* der durch sein Herz ging, hier ist er als Gespaltenheit innerhalb eines einzigen Kapitels gestaltet. Und deswegen habe ich eben dieses Kapitel eines Romanfragments ausgewählt, von dem Heine ansonsten nicht viel hielt; er hat es nie zu Ende gebracht.

Leben und Werke:

Heinrich Heine wurde 1797 in Düsseldorf geboren. Er stammt aus einer jüdischen Familie. Bei seinem Onkel Salomon geht er in die kaufmännische Lehre. Er studiert Jura in Düsseldorf, Bonn, Göttingen und Berlin. 1825 promoviert er in Göttingen. Das Studium aber betreibt er weitgehend neben seiner Arbeit als Dichter und Korrespondent für Zeitungen und Zeitschriften. Er schreibt *Reisebilder* über die Nordsee, Italien, Polen. In ihnen findet sich auch das biografische Stück *Ideen. Das Buch Le Grand* von 1827. Seine *Harzreise* gehört zu den eindrucksvollsten Reisebeschreibungen, die *Nordsee-Gedichte* zählen zu den schönsten lyrischen Tagebuch-Gestaltungen. 1830 übersiedelt Heine nach Paris, wo er verschiedene Schriften unter dem Titel *Der Salon* schreibt. Auch unser Textauszug stammt aus dieser Zeit. Von Paris aus macht er Reisen nach Deutschland. Zu seinen großen Werken aus dieser Zeit zählt der Zyklus *Deutschland. Ein Wintermärchen* von 1844. Berühmt ist Heine bis heute vor allem durch seine Gedichte wie *Das Buch der Lieder* von 1827. Seine *Loreley* aus der Sammlung *Heimkehr* gehört zu den bekanntesten Gedichten der deutschen Literatur. Nach jahrlanger Krankheit, die Heine an die »Matratzengruft« fesselt, stirbt er 1856 in Paris.

Leseempfehlungen:

Zu allererst natürlich *Deutschland. Ein Wintermärchen* und *Die Harzreise.* Lesenswert sind aus *Die Memoiren des Herren Schnabelewopski* die beiden satirischen Kapitel III und IV – und darüber hinaus seine Bearbeitung (oder Erfindung?) der Sage vom *Fliegenden Holländer* darin. Eine Begegnung mit seinen Gedichten möchte ich vor allem über die Vertonungen Robert Schumanns in *Dichterliebe* empfehlen.

Heinrich Heine

Die Memoiren des Herren Schnabelewopski

Kapitel IV.

Für Leser, denen die Stadt Hamburg nicht bekannt ist – und es gibt deren vielleicht in China und Oberbayern –, für diese muss ich bemerken: dass der schönste Spaziergang der Söhne und Töchter Hammonias den rechtmäßigen Namen Jungfernsteeg führt; dass er aus einer Lindenallee besteht, die auf der einen Seite von einer Reihe Häuser, auf der anderen Seite von dem großen Alsterbassin begrenzt wird; und dass vor letzterem, ins Wasser hineingebaut, zwei zeltartige lustige Kaffeehäuslein stehen, die man Pavillons nennt. Besonders vor dem einen, dem sogenannten Schweizerpavillon, lässt sich gut sitzen, wenn es Sommer ist und die Nachmittagssonne nicht zu wild glüht, sondern nur heiter lächelt und mit ihrem Glanze die Linden, die Häuser, die Menschen, die Alster und die Schwäne, die sich darauf wiegen, fast märchenhaft lieblich übergießt. Da lässt sich gut sitzen, und da saß ich gut, gar manchen Sommernachmittag, und dachte, was ein junger Mensch zu denken pflegt, nämlich gar nichts, und betrachtete, was ein junger Mensch zu betrachten pflegt, nämlich die jungen Mädchen, die vorübergingen – und da flatterten sie vorüber jene holden Wesen mit ihren geflügelten Häubchen und ihren verdeckten Körbchen, worin nichts enthalten ist – da trippelten sie dahin, die bunten Vierlanderinnen, die ganz Hamburg mit Erdbeeren und eigener Milch versehen, und deren Röcke noch immer viel zu lang sind – da stolzierten die schönen Kaufmannstöchter, mit deren Liebe man auch so viel bares Geld bekömmt – da hüpft eine Amme, auf den Armen ein rosiges Knäbchen, das sie beständig küsst, während sie an ihren Geliebten denkt – da wandeln Priesterinnen der schaumentstiegenen Göttin, hanseatische Vestalen, Dianen, die auf die Jagd gehen, Najaden, Dryaden, Hamadryaden und sonstige Predigerstöchter – ach! da wandelt auch Minka und Heloisa! Wie oft saß ich vor dem Pavillon und sah sie so vorüberwandeln in ihren rosa gestreiften Roben – die Elle kostet 4 Mark und 3 Schilling und Herr Seligmann hat mir versichert, die Rosastreifen würden im Waschen die Farbe behalten. – Prächtige Dirnen!, riefen dann die tugendhaften Jünglinge, die neben mir saßen. – Ich erinnere mich, ein großer Assekuradeur, der immer wie ein Pfingstochs geputzt ging, sagte einst: die eine möcht' ich mir mal als Frühstück und die andere als Abendbrot zu Gemüte führen, und ich würde an solchem Tage gar nicht zu Mittag speisen. – Sie ist ein Engel!, sagte einst ein Seekapitän ganz laut, sodass sich beide Mädchen zu gleicher Zeit umsahen, und sich dann einander eifersüchtig anblickten. – Ich selber sagte nie etwas, und ich dachte meine süßesten Garnichtsgedanken, und betrachtete die Mädchen, und den heiter sanften Himmel, und den langen Petriturm mit der schlanken Taille, und die stille blaue Alster, worauf die Schwäne so stolz und so lieblich und so sicher umherschwammen. Die Schwäne! Stundenlang konnte ich sie betrachten, diese holden Geschöpfe mit ihren sanften langen Hälsen, wie sie sich üppig auf den weichen Fluten wiegten, wie sie zuweilen selig untertauchten und wieder auftauchten und übermütig plätscherten, bis der Himmel dunkelte und die goldnen Sterne hervortraten, verlangend, verheißend, wunderbar zärtlich verklärt. Die Sterne! Sind es goldne Blumen am bräutlichen Busen des Himmels? Sind es verliebte Engelsaugen, die sich sehnsüchtig spiegeln in den blauen Gewässern der Erde und mit den Schwänen buhlen? – – – Ach!, das ist nun lange her. Ich war damals jung und töricht. Jetzt bin ich alt und töricht. Manche Blume ist unterdessen verwelkt und manche sogar zertreten worden. Manches seidne Kleid ist unterdessen zerrissen, und sogar der rosa gestreifte Kattun des Herrn Seligmann hat unterdessen die Farbe verloren. Er selber aber ist ebenfalls verblichen – die Firma ist jetzt »Seligmanns selige Witwe« – und Heloisa, das sanfte Wesen, das geschaffen schien, nur auf weichbeblümten indischen Teppichen zu wandeln und mit Pfauenfedern gefächelt zu werden, sie ging unter in Matrosenlärm, Punsch, Tabaksrauch und schlechter Musik. Als ich Minka wiedersah – sie nannte sich jetzt Kathinka und wohnte zwischen Hamburg und Altona – da sah sie aus wie der Tempel Salomonis, als ihn Nebukadnezar zerstört hatte, und roch nach assyrischem Knaster – und als sie mir Heloisas Tod erzählte, weinte sie bitterlich und riss sich verzweiflungsvoll die Haare aus, und wurde schier ohnmächtig, und musste ein großes Glas Branntwein austrinken, um zur Besinnung zu kommen.

Und die Stadt selbst, wie war sie verändert! Und der Jungfernsteeg! Der Schnee lag auf den Dächern, und es schien, als hätten sogar die Häuser gealtert und weiße Haare bekommen. Die Linden des Jungfernsteegs waren nur tote Bäume mit dürren Ästen, die sich gespenstisch im kalten Winde bewegten. Der Himmel war schneidend blau und dunkelte hastig. Es war Sonntag, fünf Uhr, die allgemeine Fütterungsstunde, und die Wagen rollten, Herren und Damen stiegen aus mit einem gefrorenen Lächeln auf den hungrigen Lippen. – Entsetzlich!, in diesem Augenblick durchschauerte mich die schreckliche Bemerkung, dass ein unergründlicher Blödsinn auf allen diesen Gesichtern lag, und dass alle Menschen, die eben vorbeigingen, in einem wunderbaren Wahnwitz befangen schienen. Ich hatte sie schon vor zwölf Jahren, um dieselbe Stunde, mit denselben Mienen, wie die Puppen einer Rathausuhr, in derselben Bewegung gesehen, und sie hatten seitdem ununterbrochen in derselben Weise gerechnet, die Börse besucht, sich einander eingeladen, die Kinnbacken bewegt, ihre Trinkgelder bezahlt, und wieder gerechnet: zweimal zwei ist vier. – Entsetzlich!, rief ich, wenn einem von diesen Leuten, während er auf dem Kontorbock säße, plötzlich einfiele, dass zweimal zwei eigentlich fünf sei, und dass er also sein ganzes Leben verrechnet und sein ganzes Leben in einem schauderhaften Irrtum vergeudet habe! Auf einmal aber ergriff mich selbst ein närrischer Wahnsinn, und als ich die vorüberwandelnden Menschen genauer betrachtete, kam es mir vor, als seien sie selber nichts anderes als Zahlen, als arabische Chiffern; und da ging eine krummfüßige

Zwei neben einer fatalen Drei, ihrer schwangeren und vollbusigen Frau Gemahlin; dahinter ging Herr Vier auf Krücken; einherwatschelnd kam eine fatale Fünf, rundbäuchig mit kleinem Köpfchen; dann kam eine wohlbekannte kleine Sechse und eine noch wohlbekanntere böse Sieben – doch als ich die unglückliche Acht, wie sie vorüberschwankte, ganz genau betrachtete, erkannte ich den Assekuradeur, der sonst wie ein Pfingstochs geputzt ging, jetzt aber wie die magerste von Pharaos mageren Kühen aussah – blasse hohle Wangen, wie ein leerer Suppenteller, kaltrote Nase wie eine Winterrose, abgeschabter schwarzer Rock, der einen kümmerlich weißen Widerschein gab, ein Hut, worin Saturn mit der Sense einige Luftlöcher geschnitten, doch die Stiefel noch immer spiegelblank gewichst – und er schien nicht mehr daran zu denken, Heloisa und Minka als Frühstück und Abendbrot zu verzehren, er schien sich vielmehr nach einem Mittagessen von gewöhnlichem Rindfleisch zu sehnen. Unter den vorüberrollenden Nullen erkannte ich noch manchen alten Bekannten. Diese und die anderen Zahlenmenschen rollten vorüber, hastig und hungrig, während unfern, längs den Häusern des Jungfernsteegs, noch grauenhafter drollig, ein Leichenzug sich hinbewegte. Ein trübsinniger Mummenschanz!, hinter dem Trauerwagen, einherstelzend auf ihren dünnen schwarzseidenen Beinchen, gleich Marionetten des Todes, gingen die wohlbekannten Ratsdiener, privilegierte Leidtragende in parodiert altburgundischem Kostüm; kurze schwarze Mäntel und schwarze Pluderhosen, weiße Perücken und weiße Halsbergen, wozwischen die roten bezahlten Gesichter gar possenhaft hervorgucken, kurze Stahldegen an den Hüften, unterm Arm ein grüner Regenschirm.

Aber noch unheimlicher und verwirrender als diese Bilder, die sich, wie ein chinesisches Schattenspiel, schweigend vorbeibewegten, waren die Töne, die von einer anderen Seite in mein Ohr drangen. Es waren heisere, schnarrende, metalllose Töne, ein unsinniges Kreischen, ein ängstliches Plätschern und verzweifelndes Schlürfen, ein Keichen und Schollern, ein Stöhnen und Ächzen, ein unbeschreibbar eiskalter Schmerzlaut. Das Bassin der Alster war zugefroren, nur nahe am Ufer war ein großes, breites Viereck in der Eisdecke ausgehauen, kamen aus den Kehlen der armen weißen Geschöpfe, die darin herumschwammen und in entsetzlicher Todesangst schrien, und ach!, es waren dieselben Schwäne, die einst so weich und heiter meine Seele bewegten. Ach!, die schönen weißen Schwäne, man hatte ihnen die Flügel gebrochen, damit sie im Herbst nicht auswandern konnten, nach dem warmen Süden, und jetzt hielt der Norden sie festgebannt in seinen dunkeln Eisgruben – und der Markeur des Pavillons meinte, sie befänden sich wohl darin und die Kälte sei ihnen gesund. Das ist aber nicht wahr, es ist einem nicht wohl, wenn man ohnmächtig in einem kalten Pfuhl eingekerkert ist, fast eingefroren, und einem die Flügel gebrochen sind, und man nicht fortfliegen kann nach dem schönen Süden, wo die schönen Blumen, wo die goldnen Sonnenlichter, wo die blauen Bergseen – Ach!, auch mir erging es einst nicht viel besser, und ich verstand die Qual dieser armen Schwäne; und als es gar immer dunkler wurde, und die Sterne oben hell hervortraten, dieselben Sterne, die einst, in schönen Sommernächten, so liebeheiß mit den Schwänen gebuhlt, jetzt aber so winterkalt, so frostig klar und fast verhöhnend auf sie herabblickten – wohl begriff ich jetzt, dass die Sterne keine liebende, mitfühlende Wesen sind, sondern nur glänzende Täuschungen der Nacht, ewige Trugbilder in einem erträumten Himmel, goldne Lügen im dunkelblauen Nichts. – – –

Johann Gottfried Herder
Der Löwe und die Stiere (1782)

Eine tierische Geschichte, mitten aus dem Leben gegriffen; eine gute Fabel eben. Die Ausgangslage ist ziemlich menschlich: die *Begierde* wächst *von Tag zu Tag*. Nun kann man niemandem zum Vorwurf machen, dass er seine Grundbedürfnisse befriedigen will, satt werden will. Wenn man ein Löwe ist, dann muss man sehen, dass man an seine Fleischportionen kommt, für Blätter und Gras ist man nicht geschaffen. Das gilt auch im übertragenen Sinne. Wer es z. B. für richtig hält, sein Geld mit dem Ankauf und Verkauf von Immobilien zu verdienen, der wird nicht primär darüber nachdenken, ob seine Geschäftspraktiken moralisch sind, sondern ob sie erfolgreich sind. Nur danach wird er am Monatsende gemessen, er muss seine Stiere von der Wiese holen. Für die Löwen unter uns eine sinnvolle Geschichte: Als Mittel gegen die Stärke gegnerischer Solidarität hilft es, Misstrauen zu säen, die Partner gegeneinander auszuspielen. Dann hat man leichte Beute. Wie macht man das? Man rüttelt an dem gegnerischen Grundsatz von der Gleichwertigkeit der Partner, lässt ein paar Tropfen von dem Gift *Eifersucht* und *Misstrauen* hineinträufeln in deren Glauben von Gleichheit und Harmonie. Das wirkt auf Dauer fast immer, nicht nur in der Geschäftswelt, auch in Familien, in der Politik, innerhalb von Arbeitsstätten. Wenn wir uns dort mit einem der Stiere identifizieren müssen, dann kann uns diese Fabel zumindest nachdenklich stimmen.

Ist eine Fabel, unter der gedanklich so etwas steht wie »Und die Moral von der Geschicht ...«, deswegen schon lesenswert? Ist Moral ein Merkmal für literarische Qualität? Ist die Gesinnung von literarischen Figuren, ist gar die ethische Haltung von Autoren Kriterium für den Wert eines Werkes? Wie gehen wir um mit radikalen Liedtexten der rechten oder linken Szene, mit gewaltverherrlichenden Videos, gar mit Pornografie? Sind Exilautoren mit konsequenter Biografie lesenswerter als solche, die sich in der »inneren Emigration« durchgemauschelt haben? Unterscheiden wir zwischen anderen (das Gute im Text ist Auswahlkriterium für »gute Kinder- und Jugendliteratur«) und uns selbst (Hand aufs Herz, wie war das im letzten Krimi, der doch so spannend war…)? Und wie ist das mit der einen oder anderen Stelle des Alten Testamentes? Von der Grausamkeit mancher Märchen wollen wir gar nicht erst wieder reden! Verschenken wir Romane von Autoren, deren Verstrickung in unerfreuliche Machtstrukturen, egal in welchem politischen System, irgendwann ans Tageslicht kamen?

Herder hat Literatur immer wieder im Spannungsverhältnis gesellschaftlicher Fragestellungen reflektiert. Die Eckpfeiler seines Denkens sind das Freiheitspostulat des Dichtergenies im Sturm und Drang einerseits – und die Fortschrittsgläubigkeit aus der Entfaltung der Vernunft im Zeitalter der Aufklärung andererseits. Ein beredter Buchtitel gibt von seinem Bestreben Zeugnis: »Über die Wirkung der Dichtkunst auf die Sitten der Völker in alten und neuen Zeiten«. Was denn aber Moral sei, das beschreibt er, ganz privat, in einem Brief an seine spätere Frau, in wenigen Worten: »Jeder handle nur ganz aus sich, nach seinem innersten Charakter, sei sich treu.«

War demnach das Verhalten des Löwen in dieser Fabel moralisch? Oder sollen wir da besser nur die Situation der Stiere betrachten?

Leben und Werke:
Geboren wird J. G. Herder 1744 in Mohrungen/Ostpreußen. Goethe und Schiller sind seine Gesprächspartner in Weimar, wo er als Prediger, Kirchenrevisor und Aufseher über das Schulwesen noch Zeit für umfangreiche Publikationstätigkeit findet. Als geachteter intellektueller Anreger seiner Zeit stirbt er 1803 in Weimar.

Leseempfehlungen:
Immer noch vergnüglich zu lesen ist das *Journal meiner Reise*, in dem er den Aufbruch aus seiner Heimat um Riga und Königsberg beschreibt. Und natürlich weitere *Fabeln* und *Lieder.*

Johann Gottfried Herder

Der Löwe und die Stiere

Eine zärtliche und enge Freundschaft verband vier junge kräftige Stiere. Ein Löwe, der in einem nahen Wald seinen Schlupfwinkel hatte, beobachtete sie aus sicherer Entfernung, und seine Begierde nach ihnen wuchs von Tag zu Tag. »Vor diesen acht spitzen Hörnern«, sagte er sich aber, »müsste ich fliehen! Ja, diese vier Stiere könnten mich sogar töten, wenn sie mich gemeinsam angreifen. Aber ich weiß, was ich tun muss!«

Er verbarg sich am Rande der grünen, saftigen Wiese, auf der die Stiere weideten, und wartete geduldig, bis sich einer von den andern ein wenig entfernte. Dann schlich der Löwe hin und flüsterte dem Stier zu: »Ah, du bist es, den die anderen drei verspotten!« Dem nächsten Stier erzählte er: »Die anderen drei sind eifersüchtig auf dich, weil du größer und schöner bist als sie.«

Am Anfang hörten die Stiere nicht auf den Löwen, aber bald fingen sie an, sich gegenseitig zu misstrauen. Sie gingen nicht mehr gemeinsam auf die Weide, und nachts rückten sie voneinander ab. Das alles machte sie noch viel misstrauischer, und jeder dachte von den anderen: Sie warten auf eine Gelegenheit, mir ein Leid anzutun.

Als der Löwe schließlich die Nachricht verbreitete, die vier Stiere wollten sich gegenseitig bekämpfen, weil jeder der Stärkste sein und die anderen von der Weide verjagen wolle, da fielen sie einander sofort in heller Wut an. Bald sahen die vier prächtigen jungen Stiere nicht mehr prächtig aus. Sie schlugen mit ihren Hufen aufeinander ein und zerfetzten sich mit ihren Hörnern die Lenden.

Als der Löwe einen von ihnen anfiel, tötete und fortschleppte, kamen die anderen ihrem Gefährten nicht zu Hilfe. Der Löwe zerriss bald danach den zweiten, dann tötete er den dritten, und auch der vierte Stier wurde in einigen Tagen, als der Löwe wieder Hunger hatte, dessen Opfer.

Hermann Hesse
Der Wolf (1915)

Ein Schreibgespräch:

M: Der Wolf, der Böse für den Menschen, einfühlsam dargestellt, sodass der Mensch als der Böse erscheint.

F: Und der Wolf als Ausdruck der Natur schlechthin. Langsam und genau werden die Bilder entwickelt, ehe zum ersten Mal der Wolf erscheint. Die Landschaft, die kleinen Tiere – und dann als Krönung der Wolf.

M: Und am Ende der Mensch, der die Natur nicht sieht und wohl auch nicht begreift. Der Mond spiegelt sich nur auf den *Flintenläufen.*

F: Auffällig ist, dass der Erzähler die Menschen von außen beschreibt, den Wolf aber schildert er aus der Innensicht. Wir können seine Gefühle miterleben.

M: Ja, ja, der auktoriale Erzähler! Aber geht er nicht doch in seiner Sicht auf die Empfindungen des Wolfes zu weit? Anteilnahme – vielleicht dicht am Trivialen?

F: Ich gehe meinem ersten Lesen nach: Ich war ganz dicht beim Wolf, hatte seinen Hunger, spürte sein Lechzen nach Beute. Mir sträubten sich schon ein wenig die Nackenhaare. Wie im Märchen früher. Nenn es meinetwegen Kitsch!

M: Die Wirkung also: Identifikation mit dem Wolf. Aber könnte man sein Recht auf Leben nicht wirksamer darstellen, wenn man ihm keine menschlichen Regungen unterstellt? Ich glaube nicht, dass das Auge eines Wolfes *traurig an der matten Mondscheibe hängt.*

F: Anthropomorphisierung! Umgekehrt haben wir das doch auch: Haller gleich der »Steppenwolf«. Hesse eben. Ich lasse mich jedenfalls bezaubern von dieser Dschungelbuch-Story.

M: Mich stört nicht die Anthropomorphisierung. Es ist wohl die Vermischung der Perspektiven, die mir nicht überzeugend erscheint: Am Anfang die Sicht auf die Wölfe, dann aber immer wieder die Sicht aus dem Blickwinkel der Wölfe. Wirkungsvoll, aber nicht ganz glaubwürdig. Wie bei Hesse oft! Im Dschungelbuch ist das anders.

F: Wie entsteht Wirkung? Durch unaufhaltsame Reihung und Verknüpfung von Bildern. Wie eine Kamerafahrt. Sinneseindrücke: vom Abstrakten *(schwere Zeit für die Tiere)* zum Konkreten *(der eingezogene, helle Bauch)*. Da könnte der Erzähler aufhören, das wäre glaubwürdig. Aber dann geht er zwei Schritte weiter, blickt nach innen *(traurig hing das Auge ...)* und er verknüpft belebte Natur mit zeitgleichen Reaktionen der unbelebten Natur *(seit vielen Wochen war der Mond nie so rot gewesen)*. Und das alles im Kontrast zu den Männern *mit plumpen Gamaschen,* die sich auf *Schnaps und Kaffee* freuen. Zivilisationskritik? Kitsch? Jedenfalls große Wirkung! Hesse als der Erfolgsautor der Jugend, hier und in den USA, seit mehreren Generationen.

M: Ich füge nur noch hinzu: Eine spannende Annäherung an einen Text, mit Kritik und Würdigung der Geschichte – und mit Kenntnis- und Anteilnahme der Wirkungen auf uns als Leser. Eine schöne Form der Begegnung.

Leben und Werke:

1877 in Calw geboren, sollte Hesse, der einem pietistischen Elternhaus entstammte, in Maulbronn Theologie studieren. Er flüchtete aus dem Seminar, begann eine Uhrmacherlehre; 1899 wurde er Buchhändler in Basel. Nach seinem ersten Erfolg *Peter Camenzind* siedelte er sich 1904 als freier Schriftsteller am Bodensee an. Hesse reiste 1911 nach Indien, wurde erst in Bern, ab 1931 in Montagnola bei Lugano ansässig. Große Ehrungen in den Jahren 1946 und 1955: Nobelpreis, Goethe-Preis, Friedenspreis. Zu seinen großen Werken gehören *Unterm Rad, Siddharta, Der Steppenwolf* und *Das Glasperlenspiel.*

»Bitte keine Besuche« – Hermann Hesse starb entkräftet 1962 an Leukämie in Montagnola.

Leseempfehlungen:

Wer sich heute Hermann Hesse annähern möchte, sollte unbedingt *Peter Camenzind* lesen.

Hermann Hesse

Der Wolf

Noch nie war in den französischen Bergen ein so unheimlich kalter und langer Winter gewesen. Seit Wochen stand die Luft klar, spröde und kalt. Bei Tage lagen die großen, schiefen Schneefelder mattweiß und endlos unter dem grellblauen Himmel, nachts ging klar und klein der Mond über sie hinweg, ein grimmiger Frostmond von gelbem Glanz, dessen starkes Licht auf dem Schnee blau und dumpf wurde und wie der leibhaftige Frost aussah. Die Menschen mieden alle Wege und namentlich die Höhen, sie saßen träge und schimpfend in den Dorfhütten, deren rote Fenster nachts neben dem blauen Mondlicht rauchig trüb erschienen und bald erloschen.

Das war eine schwere Zeit für die Tiere der Gegend. Die kleineren erfroren in Menge, auch Vögel erlagen dem Frost, und die hageren Leichname fielen den Habichten und Wölfen zur Beute. Aber auch diese litten furchtbar an Frost und Hunger. Es lebten nur wenige Wolfsfamilien dort, und die Not trieb sie zu festerem Verband. Tagsüber gingen sie einzeln aus. Da und dort strich einer über den Schnee, mager, hungrig und wachsam, lautlos und scheu wie ein Gespenst. Sein schmaler Schatten glitt neben ihm über die Schneefläche. Spürend reckte er die spitze Schnauze in den Wind und ließ zuweilen ein trockenes, gequältes Geheul vernehmen. Abends aber zogen sie vollzählig aus und drängten sich mit heiserem Heulen um die Dörfer. Dort war Vieh und Geflügel wohlverwahrt, und hinter festen Fensterladen lagen Flinten angelegt. Nur selten fiel eine kleine Beute, etwa ein Hund, ihnen zu, und zwei aus der Schar waren schon erschossen worden.

Der Frost hielt immer noch an. Oft lagen die Wölfe still und brütend beisammen, einer am andern sich wärmend, und lauschten beklommen in die tote Öde hinaus, bis einer, von den grausamen Qualen des Hungers gefoltert, plötzlich mit schauerlichem

Gebrüll aufsprang. Dann wandten alle anderen ihm die Schnauze zu, zitterten und brachen miteinander in ein furchtbares, drohendes und klagendes Heulen aus. Endlich entschloß sich der kleinere Teil der Schar, zu wandern. Früh am Tage verließen sie ihre Löcher, sammelten sich und schnoberten erregt und angstvoll in die frostkalte Luft. Dann trabten sie rasch und gleichmäßig davon. Die Zurückgebliebenen sahen ihnen mit weiten, glasigen Augen nach, trabten ein paar Dutzend Schritte hinterher, blieben unschlüssig und ratlos stehen und kehrten langsam in ihre leeren Höhlen zurück.

Die Auswanderer trennten sich am Mittag voneinander. Drei von ihnen wandten sich östlich dem Schweizer Jura zu, die anderen zogen südlich weiter. Die drei waren schöne, starke Tiere, aber entsetzlich abgemagert. Der eingezogene helle Bauch war schmal wie ein Riemen, auf der Brust standen die Rippen jämmerlich heraus, die Mäuler waren trocken und die Augen weit und verzweifelt. Zu dreien kamen sie weit in den Jura hinein, erbeuteten am zweiten Tag einen Hammel, am dritten einen Hund und ein Füllen und wurden von allen Seiten her wütend vom Landvolk verfolgt. In der Gegend, welche reich an Dörfern und Städtchen ist, verbreitete sich Schrecken und Scheu vor den ungewohnten Eindringlingen. Die Postschlitten wurden bewaffnet, ohne Schießgewehr ging niemand von einem Dorf zum anderen. In der fremden Gegend, nach so guter Beute, fühlten sich die drei Tiere zugleich scheu und wohl; sie wurden tollkühner als je zu Hause und brachen am hellen Tage in den Stall eines Meierhofes. Gebrüll von Kühen, Geknatter splitternder Holzschranken, Hufegetrampel und heißer, lechzender Atem erfüllten den engen, warmen Raum. Aber diesmal kamen Menschen dazwischen. Es war ein Preis auf die Wölfe gesetzt, das verdoppelte den Mut der Bauern. Und sie erlegten zwei von ihnen, dem einen ging ein Flintenschuß durch den Hals, der andere wurde mit einem Beil erschlagen. Der dritte entkam und rannte so lange, bis er halbtot auf den Schnee fiel. Er war der jüngste und schönste von den Wölfen, ein stolzes Tier von mächtiger Kraft und gelenken Formen. Lange blieb er keuchend liegen. Blutig rote Kreise wirbelten vor seinen Augen, und zuweilen stieß er ein pfeifendes, schmerzliches Stöhnen aus. Ein Beilwurf hatte ihm den Rücken getroffen. Doch erholte er sich und konnte sich wieder erheben. Erst jetzt sah er, wie weit er gelaufen war. Nirgends waren Menschen oder Häuser zu sehen. Dicht vor ihm lag ein verschneiter, mächtiger Berg. Es war der Chasseral. Er beschloss, ihn zu umgehen. Da ihn Durst quälte, fraß er kleine Bissen von der gefrorenen, harten Kruste der Schneefläche.

Jenseits des Berges traf er sogleich auf ein Dorf. Es ging gegen Abend. Er wartete in einem dichten Tannenforst. Dann schlich er vorsichtig um die Gartenzäune, dem Geruch warmer Ställe folgend. Niemand war auf der Straße. Scheu und lüstern blinzelte er zwischen den Häusern hindurch. Da fiel ein Schuß. Er warf den Kopf in die Höhe und griff zum Laufen aus, als schon ein zweiter Schuß knallte. Er war getroffen. Sein weißlicher Unterleib war an der Seite mit Blut befleckt, das in dicken Tropfen zäh herabrieselte. Dennoch gelang es ihm, mit großen Sätzen zu entkommen und den jenseitigen Bergwald zu erreichen. Dort wartete er horchend einen Augenblick und hörte von zwei Seiten Stimmen und Schritte. Angstvoll blickte er am Berg empor. Er war steil, bewaldet und mühselig zu ersteigen. Doch blieb ihm keine Wahl. Mit keuchendem Atem klomm er die steile Bergwand hinan, während unten ein Gewirre von Flüchen, Befehlen und Laternenlichtern sich den Berg entlangzog. Zitternd kletterte der verwundete Wolf durch den halbdunkeln Tannenwald, während aus seiner Seite langsam das braune Blut hinabrann. Die Kälte hatte nachgelassen. Der westliche Himmel war dunstig und schien Schneefall zu versprechen. Endlich hatte der Erschöpfte die Höhe erreicht. Er stand nun auf einem leicht geneigten, großen Schneefelde, nahe bei Mont Crosin, hoch über dem Dorfe, dem er entronnen. Hunger fühlte er nicht, aber einen trüben, klammernden Schmerz von der Wunde. Ein leises, krankes Gebell kam aus seinem hängenden Maul, sein Herz schlug schwer und schmerzhaft und fühlte die Hand des Todes wie eine unsäglich schwere Last auf sich drücken. Eine einzeln stehende breitästige Tanne lockte ihn; dort setzte er sich und starrte trübe in die graue Schneenacht. Eine halbe Stunde verging. Nun fiel ein mattrotes Licht auf den Schnee, sonderbar und weich. Der Wolf erhob sich stöhnend und wandte den schönen Kopf dem Licht entgegen. Es war der Mond, der im Südost riesig und blutrot sich erhob und langsam am trüben Himmel höher stieg. Seit vielen Wochen war er nie so rot und groß gewesen. Traurig hing das Auge des sterbenden Tieres an der matten Mondscheibe, und wieder röchelte ein schwaches Heulen schmerzlich und tonlos in die Nacht. Da kamen Lichter und Schritte nach. Bauern in dicken Mänteln, Jäger und junge Burschen in Pelzmützen und mit plumpen Gamaschen stapften durch den Schnee. Gejauchze erscholl. Man hatte den verendenden Wolf entdeckt, zwei Schüsse wurden auf ihn abgedrückt und beide fehlten. Dann sahen sie, dass er schon im Sterben lag, und fielen mit Stöcken und Knütteln über ihn her. Er fühlte es nicht mehr.

Mit zerbrochenen Gliedern schleppten sie ihn nach St. Immer hinab. Sie lachten, sie prahlten, sie freuten sich auf Schnaps und Kaffee, sie sangen, sie fluchten. Keiner sah die Schönheit des verschneiten Forstes, noch den Glanz der Hochebene, noch den roten Mond, der über dem Chasseral hing und dessen schwaches Licht in ihren Flintenläufen, in den Schneekristallen und in den gebrochenen Augen des erschlagenen Wolfes sich brach.

Ernst Theodor Amadeus Hoffmann

Aus: **Der goldene Topf – Siebente Vigilie** (1814)

Dieses *Märchen aus der neuen Zeit* erzählt die Geschichte des Studenten Anselmus. Der ist ein »Unglücksrabe«, dem nichts so recht gelingen will, aber der äußerst empfänglich ist für alles Poetische und Fantastische. Verliebt in ihn hat sich Veronika, die Tochter des Konrektors Paulmann. Wie diese Liebesgeschichte ausgeht, müssen Sie selbst lesen. Was man zu diesem Textausschnitt aber wissen muss, ist, dass Veronika mit der Hilfe des alten Äpfelweibs, einem Ausbund von Boshaftigkeit, aber mit allerlei magischen Fähigkeiten ausgestattet, durch eine Zauberveranstaltung ihr Studentlein ganz allein für sich gewinnen möchte. Denn der ist in Gefahr, ihr von einer anderen, der wunderbaren Serpentina, weggeschnappt zu werden. Und wen er wirklich liebt, weiß er vorübergehend nicht so recht.

Warum wir einen Textausschnitt aus E. T. A. Hoffmanns *Der goldene Topf* ausgewählt haben? Weil uns an ihm etwas fasziniert, was es sonst bei kaum einem anderen Schriftsteller gibt: der Einbruch des Fantastischen in die reale Welt; das Eintauchen des Alltäglichen in die Farbenpracht (an anderen Stellen) – und in die Nachtseite des Dämonischen (hier). Im Märchen ist das Reale in weiter Ferne. Hier aber bleibt die Wirklichkeit bis in ihre Einzelheiten berührbar nahe: die Stadt Dresden mit ihren Straßen, die Figuren mit ihren realen Berufen, selbst der Leser, der angesprochen wird, ... – und doch werden die meisten Figuren, sofern sie sich dem Poetischen öffnen, oder wenigstens doch der Liebe oder dem Bösen, vom Fantastischen berührt oder von ihm hin und wieder gar überwältigt. Der Erzähler freilich, der den Leser anspricht, bleibt in ironischem Abstand zu diesem Traumreich. Und gerade aus diesem Verhältnis von Eintauchen ins Poetische (der Figuren) und Abstandnehmen vom Fantastischen (des Erzählers) gewinnt eines der zwiespältigsten Stücke unserer Literatur seine wunderbare Spannung. Natürlich ist dies Kritik an der Romantik, – und, so scheint uns, zugleich Kritik am Trivialen, das ja bis heute mit dem Fantastischen spielt. *Der Herr der Ringe,* – ihn hatte E. T. A. Hoffmann damals schon ein gutes Stück überwunden!

Leben und Werke:
Hoffmann wird 1776 in Königsberg geboren. Er ist ein Multitalent: Er erhält schon früh Musikunterricht und wird später als Operndirektor und sogar Dirigent tätig sein, Opern und eine Reihe anderer Kompositionen schaffen, von denen einige bis heute gespielt werden. Er erhält Zeichenunterricht und wird sein Leben lang malen, zeichnen, Bühnenbilder und Theaterkulissen herstellen. Er studiert Jura und wird an verschiedenen Gerichten, als Regierungsrat und Kammergerichtsrat tätig sein. Immer schreibt er: Opernlibretti, Zeitschriftentexte, Erzählungen und Romane. Er führt ein Leben, das von Liebesverhältnissen, Krankheiten, Nöten, unterschiedlichsten Wohnsitzen (Glogau, Posen, Warschau, Bamberg, Dresden, Leipzig, Berlin), Rausschmissen und Versetzungen bestimmt ist. Er stirbt 1822 in Berlin.

Leseempfehlungen:
Natürlich haben wir diesen Ausschnitt vorgestellt, damit sie einmal das Vergnügen genießen können, das Märchen *Der goldene Topf* als Ganzes zu lesen. *Das Fräulein von Scuderi* gehört ohnehin noch vielfach zur Schullektüre. Wer tiefer in diese Welt eintauchen möchte, dem empfehlen wir die *Lebensansichten des Kater Murr.* Hinweisen muss man aber auch auf Peter Härtlings schönen Roman *Hoffmann oder die vielfältige Liebe.*

Ernst Theodor Amadeus Hoffmann

Der goldene Topf

Siebente Vigilie

W*ie der Konrektor Paulmann die Pfeile ausklopfte und zu Bette ging. – Rembrandt und Höllenbreughel. – Der Zauberspiegel und des Doktor Eckstein Rezept gegen eine unbekannte Krankheit.*

Endlich klopfte der Konrektor Paulmann die Pfeife aus, sprechend: Nun ist es doch wohl Zeit, sich zur Ruhe zu begeben. »Ja wohl«, erwiderte die durch des Vaters längeres Aufbleiben beängstete Veronika: denn es schlug längst zehn Uhr. Kaum war nun der Konrektor in sein Studier- und Schlafzimmer gegangen, kaum hatten Fränzchens schwerere Atemzüge kund getan, dass sie wirklich fest eingeschlafen, als Veronika, die sich zum Schein auch ins Bett gelegt, leise, leise wieder aufstand, sich anzog, den Mantel umwarf und zum Hause hinausschlüpfte. – Seit dem Augenblick, als Veronika die alte Liese verlassen, stand ihr unaufhörlich der Anselmus vor Augen und sie wusste selber nicht, welch eine fremde Stimme im Innern ihr immer und ewig wiederholte, dass sein Widerstreben von einer ihr feindlichen Person herrühre, die ihn in Banden halte, welche Veronika durch geheimnisvolle Mittel der magischen Kunst zerreißen könne. Ihr Vertrauen auf die alte Liese wuchs mit jedem Tage, und selbst der Eindruck des Unheimlichen, Grausigen stumpfte sich ab, sodass alles Wunderliche, Seltsame ihres Verhältnisses mit der Alten ihr nur im Schimmer des Ungewöhnlichen, Romanhaften erschien, wovon sie eben recht angezogen wurde. Deshalb stand auch der Vorsatz bei ihr fest, selbst mit Gefahr vermisst zu werden und in tausend Unannehmlichkeiten zu geraten, das Abenteuer der Tag- und Nachtgleiche zu bestehen. Endlich war nun die verhängnisvolle Nacht des Aequinoktiums, in der ihr die alte Liese Hülfe und Trost verheißen, eingetreten und Veronika, mit dem Gedanken der nächtlichen Wanderung längst vertraut geworden, fühlte sie sich ganz ermutigt. Pfeilschnell flog sie durch die einsamen Straßen, des Sturms nicht achtend, der durch die Lüfte brauste und ihr die dicken Regentropfen ins Gesicht warf. – Mit dumpfem dröhnenden Klange schlug die Glocke des Kreuzturms elf Uhr, als Veronika ganz durchnässt vor dem Hause der Alten stand. »Ei Liebchen, Liebchen, schon da! – nun warte, warte!«, – rief es von oben herab – und gleich darauf stand auch die Alte mit einem Korbe beladen und von ihrem Kater begleitet vor der Türe. »So wollen wir denn gehen und tun und treiben was ziemlich ist und gedeiht in der Nacht, die dem Werke günstig«, sagte die Alte und ergriff mit kalter Hand die zitternde Veronika, welcher sie den schweren Korb zu tragen gab, während sie selbst mit einem Kessel, Dreifuß und Spaten beladen war. Als sie ins Freie kamen, regnete es nicht mehr, aber der Sturm war stärker geworden; tausendstimmig heulte es in den Lüften, und es war, als töne ein entsetzlicher herzzerschneidender Jammer herab aus den schwarzen Wolken, die sich in schneller Flucht zusammenballten und alles in dicke Finsternis hüllten. Aber die Alte schritt rasch fort mit gellender Stimme rufend: leuchte – leuchte mein Junge! Da schlängelten und kreuzten sich blaue Blitze vor ihnen her und Veronika wurde inne, dass der Kater knisternde Funken sprühend und leuchtend vor ihnen herumsprang, und dessen ängstliches grausiges Zetergeschrei sie vernahm, wenn der Sturm nur einen Augenblick schwieg. – Ihr wollte der Atem vergehen, es war als griffen eiskalte Krallen in ihr Inneres, aber gewaltsam raffte sie sich zusammen und sich fester an die Alte klammernd sprach sie: Nun muss alles vollbracht werden und es mag geschehen, was da will! »Recht so, mein Töchterchen!«, erwiderte die Alte, »bleibe fein standhaft und ich schenke dir was Schönes und den Anselmus obendrein!« Endlich stand die Alte still und sprach: »Nun sind wir an Ort und Stelle!« Sie grub ein Loch in die Erde, schüttete Kohlen hinein und stellte den Dreifuß darüber, auf den sie den Kessel setzte. Alles dieses begleitete sie mit seltsamen Gebärden, während der Kater sie umkreiste.

Aus seinem Schweif sprühten Funken, die einen Feuerreif bildeten. Bald fingen die Kohlen an zu glühen und endlich schlugen blaue Flammen unter dem Dreifuß hervor. Veronika musste Mantel und Schleier ablegen und sich bei der Alten niederkauern, die ihre Hände ergriff und fest drückte, sie mit den funkelnden Augen anstarrend. Nun fingen die sonderbaren Massen – waren es Blumen – Metalle – Kräuter – Tiere, man konnte es nicht unterscheiden – die die Alte aus dem Korbe genommen und in den Kessel geworfen, an zu sieden und zu brausen. Die Alte ließ Veronika los, sie ergriff einen eisernen Löffel, mit dem sie in die glühende Masse hineinfuhr und darin rührte, während Veronika auf ihr Geheiß festen Blickes in den Kessel hineinschauen und ihre Gedanken auf den Anselmus richten musste. Nun warf die Alte aufs Neue blinkende Metalle und auch eine Haarlocke, die sich Veronika vom Kopfwirbel geschnitten, so wie einen kleinen Ring, den sie lange getragen, in den Kessel, indem sie unverständlich durch die Nacht grausig, gellende Töne ausstieß und der Kater im unaufhörlichen Rennen winselte und ächzte. – – Ich wollte, dass du, günstiger Leser! am dreiundzwanzigsten September auf der Reise nach Dresden begriffen gewesen wärst; vergebens suchte man, als der späte Abend hereinbrach, dich auf der letzten Station aufzuhalten; der freundliche Wirt stellte dir vor, es stürme und regne doch gar zu sehr und überhaupt sei es auch nicht geheuer in der Aequinoktialnacht so ins Dunkle hineinzufahren, aber du achtetest dessen nicht, indem du ganz richtig annahmst: Ich zahle dem Postillion einen ganzen Taler Trinkgeld und bin spätestens um ein Uhr in Dresden, wo mich im goldnen Engel oder im Helm oder in der Stadt Naumburg ein gut zugerichtetes Abendessen und ein weiches Bette erwartet. Wie du nun so in der Finsternis daher fährst, siehst du plötzlich in der Ferne ein ganz seltsames flackerndes Leuchten. Näher gekommen erblickst du einen Feuerreif, in dessen Mitte bei einem Kessel, aus dem dicker Qualm und blitzende rote Strahlen und Funken emporschießen, zwei Gestalten sitzen. Gerade durch das Feuer geht der Weg, aber die Pferde prusten und stampfen und bäumen sich – der Postillion flucht und betet –

und peitscht auf die Pferde hinein – sie gehen nicht von der Stelle – Unwillkürlich springst du aus dem Wagen und rennst einige Schritte vorwärts. Nun siehst du deutlich das schlanke holde Mädchen, die im weißen dünnen Nachtgewande bei dem Kessel kniet. Der Sturm hat die Flechten aufgelöst und das lange kastanienbraune Haar flattert frei in den Lüften. Ganz im blendenden Feuer der unter dem Dreifuß emporflackernden Flammen steht das engelschöne Gesicht, aber in dem Entsetzen, das seinen Eisstrom darübergoss, ist es erstarrt zur Totenbleiche, und in dem stieren Blick, in den heraufgezogenen Augenbraunen, in dem Munde, der sich vergebens dem Schrei der Todesangst öffnet, welcher sich nicht entwinden kann der von namenloser Folter gepressten Brust, siehst du ihr Grausen, ihr Entsetzen; die kleinen Händchen hält sie krampfhaft zusammengefaltet in die Höhe, als riefe sie betend die Schutzengel herbei sie zu schirmen vor den Ungetümen der Hölle, die dem mächtigen Zauber gehorchend nun gleich erscheinen werden! – So kniet sie da unbeweglich wie ein Marmorbild. Ihr gegenüber sitzt auf dem Boden niedergekauert ein langes hageres kupfergelbes Weib mit spitzer Habichtsnase und funkelnden Katzenaugen; aus dem schwarzen Mantel, den sie umgeworfen, starren die nackten knöchernen Arme hervor und rührend in dem Höllensud lacht und ruft sie mit krächzender Stimme durch den brausenden tosenden Sturm. – Ich glaube wohl, dass dir, günstiger Leser!, kenntest du auch sonst keine Furcht und Scheu, sich doch bei dem Anblick dieses Rembrandtschen oder Höllenbreughelschen Gemäldes, das nun ins Leben getreten, vor Grausen die Haare auf dem Kopfe gesträubt hätten. Aber dein Blick konnte nicht loskommen von dem im höllischen Treiben befangenen Mädchen, und der elektrische Schlag, der durch alle deine Fibern und Nerven zitterte, entzündete mit der Schnelligkeit des Blitzes in dir den mutigen Gedanken Trotz zu bieten den geheimnisvollen Mächten des Feuerkreises; in ihm ging dein Grausen unter, ja der Gedanke selbst keimte auf in diesem Grausen und Entsetzen als dessen Erzeugnis. Es war dir, als sei'st du selbst der Schutzengel einer, zu denen das zum Tode geängstigte Mädchen flehte, ja als müsstest du nur gleich dein Taschenpistol hervorziehen und die Alte ohne Weiteres totschießen! Aber indem du das lebhaft dachtest, schriest du laut auf: Heda! oder: was gibt es dorten, oder: was treibt ihr da! – Der Postillion stieß schmetternd in sein Horn, die Alte kugelte um in ihren Sud hinein und alles war mit einem Mal verschwunden in dickem Qualm. – Ob du das Mädchen, das du nun mit recht innigem Verlangen in der Finsternis suchtest, gefunden hättest, mag ich nicht behaupten, aber den Spuk des alten Weibes hattest du zerstört und den Bann des magischen Kreises, in den sich Veronika leichtsinnig begeben, gelöset. – Weder du, günstiger Leser!, noch sonst jemand fuhr oder ging aber am dreiundzwanzigsten September in der stürmischen den Hexenkünsten günstigen Nacht des Weges und Veronika musste ausharren am Kessel in tödlicher Angst, bis das Werk der Vollendung nahe. – Sie vernahm wohl, wie es um sie her heulte und brauste, wie allerlei widrige Stimmen durcheinander blöckten und schnatterten, aber sie schlug die Augen nicht auf, denn sie fühlte wie der Anblick des Gräßlichen, des Entsetzlichen, von dem sie umgeben, sie in unheilbaren zerstörenden Wahnsinn stürzen könne. Die Alte hatte aufgehört im Kessel zu rühren, immer schwächer und schwächer wurde der Qualm und zuletzt brannte nur eine leichte Spiritusflamme im Boden des Kessels. Da rief die Alte: Veronika mein Kind!, mein Liebchen!, schau hinein in den Grund! – was siehst du denn – was siehst du denn? – Aber Veronika vermochte nicht zu antworten, unerachtet es ihr schien, als drehten sich allerlei verworrene Figuren im Kessel durcheinander; immer deutlicher und deutlicher gingen Gestalten hervor und mit einem Mal trat, sie freundlich anblickend und die Hand ihr reichend, der Student Anselmus aus der Tiefe des Kessels. Da rief sie laut: Ach der Anselmus! – der Anselmus! – Rasch öffnete die Alte den am Kessel befindlichen Hahn und glühendes Metall strömte zischend und prasselnd in eine kleine Form, die sie daneben gestellt. Nun sprang das Weib auf und kreischte sich mit wilder grässlicher Gebährde herumschwingend: Vollendet ist das Werk – Dank dir mein Junge! – hast Wache gehalten – Huy – Huy – er kommt! – Beiß ihn tot – beiß ihn tot! Aber da brauste es mächtig durch die Lüfte, es war als rausche ein ungeheurer Adler herab mit den Fittigen um sich schlagend und es rief mit entsetzlicher Stimme: »Hei hei! – ihr Gesindel! nun ist's aus – nun ist's aus – fort zu Haus!« Die Alte stürzte heulend nieder, aber der Veronika vergingen Sinn und Gedanken. – Als sie wieder zu sich selbst kam, war es heller Tag geworden, sie lag in ihrem Bette und Fränzchen stand mit einer Tasse dampfenden Tees vor ihr sprechend: Aber sage mir nur Schwester!, was dir ist, da stehe ich nun schon eine Stunde oder länger vor dir und du liegst wie in der Fieberhitze besinnungslos da und stöhnst und ächzest, dass uns Angst und Bange wird. Der Vater ist deinetwegen heute nicht in die Klasse gegangen und wird gleich mit dem Herrn Doktor hereinkommen. – Veronika nahm schweigend den Tee; indem sie ihn hinunterschlürfte, traten ihr die grässlichen Bilder der Nacht lebhaft vor Augen. »So war denn wohl alles nur ein ängstlicher Traum, der mich gequält hat? – Aber ich bin doch gestern Abend wirklich zur Alten gegangen, es war ja der dreiundzwanzigste September? – Doch bin ich wohl schon gestern recht krank geworden und habe mir das alles nur eingebildet und nichts hat mich krank gemacht, als das ewige Denken an den Anselmus und an die wunderliche alte Frau, die sich für die Liese ausgab und mich wohl nur damit geneckt hat.« – Fränzchen, die hinausgegangen, trat wieder herein mit Veronikas ganz durchnässtem Mantel in der Hand. »Sieh nur, Schwester!«, sagte sie, »wie es deinem Mantel ergangen ist; da hat der Sturm in der Nacht das Fenster aufgerissen und den Stuhl, auf dem der Mantel lag, umgeworfen; da hat es nun wohl hineingeregnet, denn der Mantel ist ganz nass.« – Das fiel der Veronika schwer aufs Herz, denn sie merkte nun wohl, dass nicht ein Traum sie gequält, sondern dass sie wirklich bei der Alten gewesen. Da ergriff sie Angst und Grausen und ein Fieberfrost zitterte durch alle Glieder. Im krampfhaften Erbeben zog sie die Bettdecke fest über sich, aber da fühlte sie, dass etwas Hartes ihre Brust drückte, und als sie mit der Hand darnach fasste, schien es ein Medaillon zu sein; sie zog es hervor, als Fränzchen mit dem Mantel fortgegangen, und es war ein kleiner runder hell polierter Metallspiegel. »Das ist ein Geschenk der Alten«, rief sie lebhaft und es war, als schössen feurige Strahlen aus dem Spiegel, die in ihr Innerstes drangen und es wohltuend erwärmten. Der Fieberfrost war vorüber und es durchströmte sie ein unbeschreibliches Gefühl von Behaglichkeit und Wohlsein. – An den Anselmus musste sie denken, und als sie immer fester und fester den Gedanken auf ihn richtete, da lächelte er ihr freundlich aus dem Spiegel entgegen wie ein lebhaftes Miniatur-Portrait. Aber bald war es ihr, als sähe sie nicht mehr das Bild – nein! – sondern den Studenten Anselmus selbst leibhaftig. Er saß in einem hohen seltsam ausstaffierten Zimmer und schrieb emsig. Veronika wollte zu ihm hintreten, ihn auf die Schulter klopfen und sprechen: Herr Anselmus, schauen Sie doch um sich, ich bin ja da! Aber das ging durchaus nicht an, denn es war als umgäbe ihn ein leuchtender Feuerstrom, und wenn Veronika recht genau hinsah, waren es doch nur große Bücher mit vergoldetem Schnitt. Aber endlich gelang es der Veronika, den Anselmus ins Auge zu fassen, da war es, als müsse er im Anschauen sich erst auf sie besinnen, doch endlich lächelte er und sprach: Ach! – sind Sie es liebe Mademoiselle Paulmann! Aber warum belieben Sie sich denn zuweilen als ein Schlänglein zu gebärden? Veronika musste über diese seltsamen Worte laut auflachen, darüber erwachte sie wie aus einem tiefen Traume und sie verbarg schnell den kleinen Spiegel, als die Türe aufging und der Konrektor Paulmann mit dem Doktor Eckstein ins Zimmer kam. Der Doktor Eckstein ging sogleich ans Bette, fasste lang in tiefem Nachdenken versunken Veronikas Puls uns sagte dann: Ei! – Ei! Hierauf schrieb er ein Rezept, fasste noch einmal den Puls, sagte wiederum: Ei! Ei! und verließ die Patientin. Aus diesen Äußerungen des Doktor Eckstein konnte aber der Konrektor Paulmann nicht recht deutlich entnehmen, was der Veronika denn wohl eigentlich fehlen möge.

Hugo von Hofmannsthal

Geschichte der Flucht (1905)

Dieser kleine Text hat nicht mal einen Titel. Ein Erzähler spricht einleitend vom Ereignis einer Flucht, als könne er die Kenntnis dieser *alten und wunderbar ermutigenden Geschichte* beim Hörer oder Leser voraussetzen. Vom Schicksal des Eingekerkerten erfahren wir nur dieses: *Er fiel in Ungnade.* Keine Fragen, keine Erklärungen. Der Trick des Ausbruchs ist märchenhaft genial, man muss nur darauf kommen. Das ist das eine.

Das zweite ist dies: Die Rettung kann nur gelingen durch einen anderen Menschen, der helfen will und dem Plan des Partners vertraut, auch wenn er den Sinn und Zweck der eigenen Aufgabe nicht versteht. Eine Parabel also über Zuversicht und Vertrauen. Aber auch eine Geschichte der Cleverness: Man kann den Lauf der Natur für sich nutzen, selbst wenn das Leben am seidenen Faden hängt.

Der Text stammt von Hugo von Hofmannsthal, dem großen Wiener Sprachartisten der Wende vom 19. zum 20. Jahrhundert. Hermann Broch hat seine künstlerische Existenz zusammengefasst als die Erfahrung von »Aussichtslosigkeit und Vergeblichkeit, denen der Dichter mit seinem Lebenswerk einen unbeirrbaren und beharrlichen Widerstand entgegenzusetzen wusste.« Diese kleine Geschichte zeigt etwas davon. Im sogenannten *Chandos-Brief* formuliert Hofmannsthal die Verzweiflung über Sprachverlust und über die bestürzende Erkenntnis, »das ganze Dasein nicht mehr als eine große Einheit« erleben zu können; es folgt eine tiefe schöpferische Krise. Auch hiervon ist im Text etwas zu ahnen. Die Aufführungen des *Jedermann* in Salzburg sind zur Legende geworden.

Zurück zu Geschichte: Ob ihr etwas fehlen würde, wenn der Redakteur bei der Erstveröffentlichung die beiden Schlusssätze vergessen hätte?

Leben und Werke:
Wien im Geburtsjahr 1874 – eine spannungsgeladene Zeit, politisch bedrohen Panslawismus, Nationalismus und Antisemitismus das Kaiserreich. Literarische Prägungen sind Symbolismus, Romantizismus, »Fin de siècle« und »l'art pour l'art«. H. v. Hofmannsthal begegnet Stefan George 1891, gehört dessen Kreis bis 1905 an. Als freier Schriftsteller ist er Mitherausgeber der Zeitschrift »Morgen« und der »Neuen deutschen Beiträge«. Durch die jahrelange Beziehung zu Richard Strauß entstehen bedeutende Opern. 1929 stirbt Hofmannsthal in Rodaun bei Wien.

Leseempfehlungen:
Hofmannsthals Gedichte zählen zu den kunstvollsten seiner Zeit, das kurze *Die beiden* fehlt in kaum einer Sammlung von Liebesgedichten. An Prosatexten ragen heraus: *Das Märchen der 672. Nacht, Die Frau ohne Schatten, Ein Brief (= Der Brief des Lord Chandos).* Und kennen sollte man natürlich *Jedermann.*

Hugo von Hofmannsthal

Geschichte der Flucht

Ich spreche von der Geschichte der Flucht des Ratgebers des großen indischen Königs aus dem Turmzimmer. Ich spreche von dieser alten und wunderbar ermutigenden Geschichte. Er fiel in Ungnade, und der König ließ ihn im obersten Gemach eines schwindelnd hohen Turmes einsperren. Er aber, der Unglückliche, hatte eine treue Frau, die kam nachts an den Fuß des Turmes und rief nach ihm und fragte ihn, wie ihm zu helfen wäre. Er hieß sie wiederkommen die nächste Nacht und mit sich bringen ein langes Seil, eine lange starke Schnur, einen langen seidenen Faden, einen Käfer und ein wenig Honig. Die Frau wunderte sich sehr, aber sie gehorchte und brachte, was ihr befohlen war. Der Mann rief ihr von oben zu, den Seidenfaden fest an den Käfer zu binden, auf des Käfers Fühler einen Tropfen Honig zu tun und ihn an die Wand des Turmes zu setzen, den Kopf nach oben. Sie gehorchte und tat alles, und der Käfer fing an, emporzuklettern. Immer den Honig witternd, kletterte er langsam höher und höher, bis er auf der Spitze des Turmes ankam. Da faßte ihn der Gefangene und hielt den seidenen Faden in der Hand. Dann hieß er seine Frau, an das untere Ende des seidenen Fadens die starke Schnur binden und zog die Schnur empor, und an das untere Ende der Schnur das Seil binden, und zog das Seil empor. Und das übrige war nicht mehr schwer.

Das übrige ist niemals schwer. Nur solange man nicht weiß, ob man den seidenen Faden in die Hand bekommen wird oder nicht, so lange ist es schwer.

Walter Jens
Aus: **Bergpredigt, Matthäus 5** (1972)

Ein nahezu 2000 Jahre alter Text, einer der ganz großen der Literatur, der uns noch heute eine Wahrheit vor Augen stellt! Hier ist er in unserer Sprache wiedergegeben. Wir kennen ihn vielleicht in der Übersetzung Luthers, der wir hier die Übertragung von Walter Jens gegenüberstellen wollen. Warum? Um ihn besser verstehen zu können. Um ihn in den Worten zu hören, die damals wohl schon so einfach geklungen haben müssen, dass das einfache Volk, das da bei dieser *Bergpredigt* zuhörte, ihn verstehen konnte. Denn wie sehr ist er doch in der alten Sprache, so sehr Luther »dem Volk aufs Maul« geschaut haben mochte, für uns Leser heute, die wir das Altgriechische ja nicht kennen, von so viel Lutherschem Glanz überstrahlt und von einem so großen Glorienschein überglänzt, dass wir gar nicht mehr anders können, als ihn als etwas Großes zu lesen, das seine Maximen fast unerreichbar macht. Der Pastor in der Kirche übersetzt es uns dann wohl auch in unsere Sprache; aber vielleicht möchten wir ja selbst einmal dieses Stück Literatur lesen und recht verstehen.

Das Auffälligste ist: Der literarische Autor Matthäus, der die vom Hörensagen überlieferte Predigt Jesu in schriftliche Rhetorik gebracht hat, redet in der Sprache von Walter Jens so, wie Jesus sie zumindest ungefähr auch gesagt haben könnte, einfach und unprätentiös. Jens als ein Redner, der eben auch etwas von mündlicher Rhetorik versteht – und natürlich auch etwas von den Assoziationen, die durch jedes gesagte und geschriebene Wort bei uns in Gang gesetzt werden! Was bei Luther *selig* heißt, stellt heute Assoziation zu Seligsprechungen her, also Würdigungen durch die Kirche. Bei Jens heißt es *wohl denen,* und das hört sich nach so etwas Einfachem an wie geistiger Gesundheit, wie das schöne *Prosit!,* wenn es ehrlich gemeint ist. Was bei Luther abstrakt und nominalisiert *die Sanftmütigen* heißt, weckt Assoziationen zu gefühlvoller Zurückhaltung, Schwäche fast. Bei Jens heißt dies *gewaltlos sein und Freundlichkeit üben,* – etwas Aktives in der Gewaltlosigkeit! Was bei Luther, fast an Kindlichkeit erinnernd, *reines Herzens sein* heißt, wird von Jens als *aufrichtig im Herzen* übersetzt, – und dabei denkt man eher an Ehrlichkeit zu sich selbst. Was bei Luther *die Friedfertigen* heißt, konnte bei mir den Gedanken an Passivität nie ganz vertreiben. Von Jens erfahre ich, dass etwas sehr Aktives gemeint war: *die Frieden bringen.* Und zuletzt Luthers *gute Werke,* ergebnisorientiert, etwas Fertiges, das mir stets groß und fast unerreichbar erschien. Es waren aber, so erfahre ich von Jens, einfach *gute Taten* gemeint, prozessorientiert und stets wiederholbar.

Und so geht es die ganze Bergpredigt hindurch, von der wir hier ja nur den Anfang wiedergegeben haben. Wenn es bei Jens am Schluss heißt: *Was für einen Lohn erwartet ihr, wenn ihr nur jene Menschen liebt, die euch lieben? Das tun auch die Steuereintreiber! Und was ist Besonderes dabei, wenn ihr zu eurem Bruder freundlich seid?...*, dann sind wir mit der Sprache wieder mitten in unserer Zeit. Ich liebe die Sprache Luthers sehr, bei dem die Stelle lautet: *So ihr liebet/die euch lieben/Was werdet ihr für Lohn haben? Tun nicht dasselbe auch die Zöllner? Und so ihr euch nur zu euren Brüdern freundlich tut/Was tut ihr Sonderliches?...*, aber diese Sätze kommen eben doch eher als rhetorische Fragen daher, auf die man einfache Antworten zu geben sich scheut. Man muss kein gläubiger Christ sein, um vielleicht in der Sprache der Jugend heute sagen zu können: Dieser Jesus, was der da gesagt hat: echt cool! Den gültigen Wahrheiten der Bergpredigt kämen wir so jedenfalls wieder näher. Und in der Übersetzung von Walter Jens fällt uns das ganz gewiss leichter.

Leben und Werke:
Walter Jens ist 1923 in Hamburg geboren. Er studierte Germanistik und klassische Philologie in Hamburg und Freiburg. 1956 wurde er Professor für klassische Philologie in Tübingen und war bis zur Emeritierung Inhaber des Lehrstuhls für Rhetorik. Zu seinen Werken gehören Romane, Hör- und Fernsehspiele, literarische Porträts, Essays und Übersetzungen. Zusammen mit seiner Frau Inge veröffentlichte er zuletzt die Biografie *Frau Thomas Mann – Das Leben der Katharina Pringsheim.*

Leseempfehlungen:
Außer dem Matthäus Evangelium, von dem wir hier einen Ausschnitt vorstellen, hat Jens auch das Lukas-Evangelium übersetzt, das wir ebenfalls zum Lesen in dieser neuen Form empfehlen. Seine *Klassenlektüre, 106 Autoren stellen sich vor* gehört zu den ganz eigenwilligen Beiträgen zu einer Diskussion über das, was in unserer Zeit zu lesen empfohlen werden kann.

Walter Jens

Bergpredigt, Matthäus 5

Als Jesus die Volksmenge sah, all die Scharen von Menschen, stieg er auf einen Berg, setzte sich nieder, und seine Jünger umringten ihn. Dann begann er zu sprechen und verkündete ihnen die Lehre.

»Wohl denen, die arm sind vor Gott und es wissen.
Ihnen gehört das Reich der Himmel.
Wohl denen, die Leiden erfahren.
Trost ist ihnen gewiss.
Wohl denen,
die gewaltlos sind und Freundlichkeit üben.
Erben werden sie das Land.
Wohl denen,
die hungrig und durstig nach Gerechtigkeit sind.
Ihr Hunger und Durst wird gestillt.
Wohl denen, die barmherzig sind.
Sie werden Barmherzigkeit finden.
Wohl denen, die aufrichtig sind in ihrem Herzen.
Sie werden Gott sehen.
Wohl denen, die Frieden bringen.
Gottes Kinder werden sie heißen.
Wohl denen, die verfolgt werden,
weil sie die Gerechtigkeit lieben.
Ihnen gehört das Reich der Himmel.

Wohl euch, wenn man euch, um meinetwillen, schmäht, verfolgt und mit Lügen verleumdet. Freut euch und seid glücklich darüber; denn groß wird euer Lohn im Himmel sein. Bedenkt: Genauso hat man, vor euch, schon die Propheten verfolgt! Ihr seid das Salz der Erde: Wenn es fade wird – wie könnte man salzen? Fades Salz taugt nichts, es wird weggeworfen und von den Menschen zertreten.

Ihr seid das Licht der Welt: Die Stadt, hoch auf dem Berg, bleibt nicht verborgen. Man zündet keine Kerze an, um sie in einem Krug zu verstecken – man stellt sie auf einen Leuchter: Dann strahlt sie allen im Haus. So soll auch euer Licht den Menschen leuchten, damit sie eure guten Taten sehen und euren Vater, der in den Himmeln ist, rühmen …«

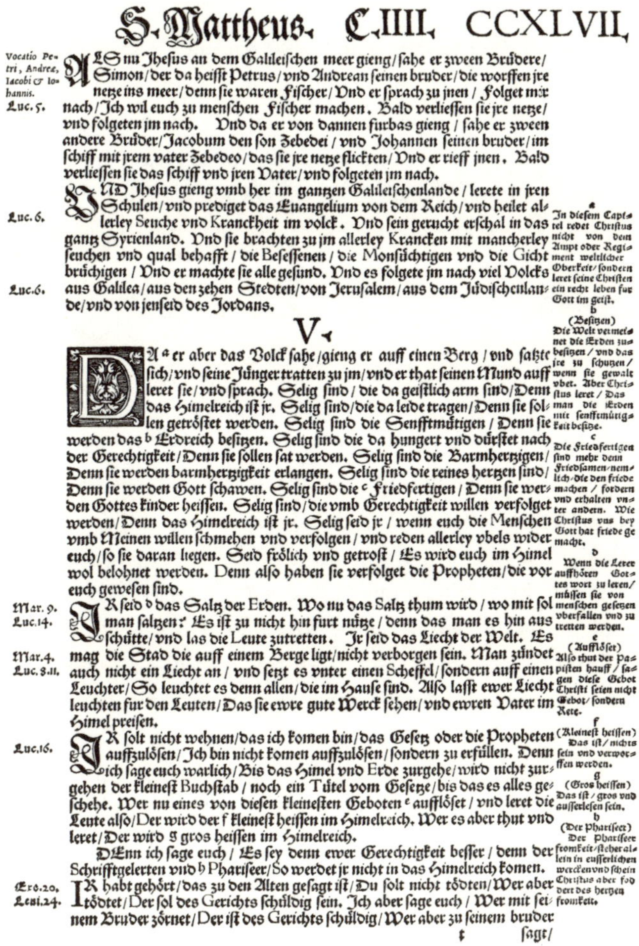

S. Mattheus. C. IIII. CCXLVII.

Vocatio Petri, Andreæ, Iacobi & Iohannis. ALS nu Jhesus an dem Galileischen meer gieng/ sahe er zween Brüdere/ Simon/ der da heisst Petrus/ vnd Andrean seinen bruder/ die worffen jre netze ins meer/ denn sie waren Fischer/ Vnd er sprach zu jnen/ Folget mir
Luc. 5. nach/ Jch wil euch zu menschen Fischer machen. Bald verliessen sie jre netze/ vnd folgeten jm nach. Vnd da er von dannen furbas gieng/ sahe er zween andere Brüder/ Jacobum den son Zebedei/ vnd Johannen seinen bruder/ im schiff mit jrem vater Zebedeo/ das sie jre netze flickten/ Vnd er rieff jnen. Bald verliessen sie das schiff vnd jren Vater/ vnd folgeten jm nach.

VND Jhesus gieng vmb her im gantzen Galileischenlande/ lerete in jren
Luc. 6. Schulen/ vnd prediget das Euangelium von dem Reich/ vnd heilet allerley Seuche vnd Kranckheit im volck. Vnd sein gerucht erschal in das gantz Syrienland. Vnd sie brachten zu jm allerley Krancken mit mancherley seuchen vnd qual behafft/ die Besessenen/ die Monsüchtigen vnd die Gichtbrüchigen/ Vnd er machte sie alle gesund. Vnd es folgete jm nach viel Volcks
Luc. 6. aus Galilea/ aus den zehen Stedten/ von Jerusalem/ aus dem Jüdischenlande/ vnd von jenseid des Jordans.

V.

DA [a] er aber das Volck sahe/ gieng er auff einen Berg/ vnd satzte sich/ vnd seine Jünger tratten zu jm/ vnd er that seinen Mund auff/ leret sie/ vnd sprach. Selig sind/ die da geistlich arm sind/ Denn das Himelreich ist jr. Selig sind/ die da leide tragen/ Denn sie sollen getröstet werden. Selig sind die Senfftmütigen/ Denn sie werden das [b] Erdreich besitzen. Selig sind die da hungert vnd dürstet nach der Gerechtigkeit/ Denn sie sollen sat werden. Selig sind die Barmhertzigen/ Denn sie werden barmhertzigkeit erlangen. Selig sind die reines hertzen sind/ Denn sie werden Gott schawen. Selig sind die [c] Friedfertigen/ Denn sie werden Gottes kinder heissen. Selig sind/ die vmb Gerechtigkeit willen verfolget werden/ Denn das Himelreich ist jr. Selig seid jr/ wenn euch die Menschen vmb Meinen willen schmehen vnd verfolgen/ vnd reden allerley vbels wider euch/ so sie daran liegen. Seid frölich vnd getrost/ Es wird euch im Himel wol belohnet werden. Denn also haben sie verfolget die Propheten/ die vor euch gewesen sind.

Mar. 9. Luc. 14. JR seid [d] das Saltz der Erden. Wo nu das Saltz thum wird/ wo mit sol man saltzen? Es ist zu nicht hin furt nütze/ denn das man es hin aus schütte/ vnd las die Leute zutretten. Jr seid das Liecht der Welt. Es
Mar. 4. Luc. 8. 11. mag die Stad die auff einem Berge ligt/ nicht verborgen sein. Man zündet auch nicht ein Liecht an/ vnd setzt es vnter einen Scheffel/ sondern auff einen Leuchter/ So leuchtet es denn allen/ die im Hause sind. Also lasst ewer Liecht leuchten fur den Leuten/ Das sie ewre gute Werck sehen/ vnd ewren Vater im Himel preisen.

Luc. 16. JR solt nicht wehnen/ das ich komen bin/ das Gesetz oder die Propheten auffzulösen/ Jch bin nicht komen auffzulösen/ sondern zu erfüllen. Denn ich sage euch warlich/ Bis das Himel vnd Erde zurgehe/ wird nicht zurgehen der kleinest Buchstab/ noch ein Tütel vom Gesetze/ bis das es alles geschehe. Wer nu eines von diesen kleinesten Geboten [e] aufflöset/ vnd leret die Leute also/ Der wird der [f] kleinest heissen im Himelreich. Wer es aber thut vnd leret/ Der wird [g] gros heissen im Himelreich.

DEnn ich sage euch/ Es sey denn ewer Gerechtigkeit besser/ denn der Schrifftgelerten vnd [h] Phariseer/ So werdet jr nicht in das Himelreich komen.

Exo. 20. Leui. 24. JR habt gehört/ das zu den Alten gesagt ist/ Du solt nicht tödten/ Wer aber tödtet/ Der sol des Gerichts schüldig sein. Jch aber sage euch/ Wer mit seinem Bruder zörnet/ Der ist des Gerichts schüldig/ Wer aber zu seinem bruder

t sagt/

a In diesem Capitel redet Christus nicht von dem Ampt oder Regiment weltlicher Oberkeit/ sondern leret seine Christen ein recht leben fur Gott im geist.

b (Besitzen) Die Welt vermeinet die Erden zu besitzen/ vnd das jre zu schützen/ wenn sie gewalt vbet. Aber Christus leret/ Das man die Erden mit senfftmütigkeit besitze.

c Die Friedfertigen sind mehr denn Friedsamen/ nemlich/ die den friede machen/ fordern vnd erhalten vnter andern. Wie Christus vns bey Gott hat friede gemacht.

d Wenn die Lerer auffhören Gottes wort zu leren/ müssen sie von menschen gesetzen vberfallen vnd zutretten werden.

e (Aufflöset) Also thut der Papisten hauff/ sagen diese Gebot Christi seien nicht Gebot/ sondern Rete.

f (Kleinest heissen) Das ist/ nichts sein vnd verworffen werden.

g (Gros heissen) Das ist/ gros vnd ausserlesen sein.

h (Der Phariseer) Der Phariseer fromkeit/ stehet allein in eusserlichen wercken vnd schein. Christus aber fodert des hertzen fromkeit.

Franz Kafka
Auf der Galerie (1919)

Diesen Text Kafkas haben wahrscheinlich die meisten von Ihnen schon einmal gelesen. Zu einem »unentbehrlichen« Text der deutschen Literatur zählen wir ihn deswegen, weil er zu den bedeutendsten sprachlichen Kunstwerken der kleinen Form gehört, die es in der deutschen Literatur gibt. Ich möchte hier einmal die ganze Aufmerksamkeit auf das handwerklich Gemachte dieser Geschichte richten.

Ein Text aus nur zwei Absätzen und jeder aus nur einem einzigen Satzgefüge! Der erste Absatz ein Bedingungsgefüge mit *wenn* im Konjunktiv II des Irrealis: Wenn das so wäre, wie es hier geschildert wird, dann riefe *vielleicht* ein *junger Galeriebesucher,* falls er es sähe, zornig *Halt!* Der zweite Absatz ein Kausalgefüge mit *da* im Indikativ des Realis: Da (wie jeder weiß) es aber nicht so ist, – und jetzt müsste eigentlich folgen: … *applaudiert er wie die anderen Zuschauer auch.* Es folgt aber das Unerwartete: *weint er …*

Das sprachliche Kunststück daran ist, dass Kafka, der große Ironiker, zu dessen Lieblingsautoren jener andere Ironiker, Robert Walser, zählte, hinter der Folie des Konjunktivs der Nichtwirklichkeit die wahre Realität des Zirkuslebens aufscheinen lässt: den *peitschenschwingenden erbarmungslosen Chef,* das Getriebenwerden, den Krach, die Anpassungszwänge, die Gefahren und Überanstrengungen, wie wir es auch aus den Bildern des jungen Picasso kennen. Hinter der Maske des Indikativs dagegen, der Wirklichkeitsform also, wird diese Realität verborgen. Eine ironische Umkehrung der linguistischen Verhältnisse! Da der *junge Galeriebesucher* wie alle anderen den Schein als Realität zwar erfährt, den Glanz, den Stolz, die Huldigungen, das Glück, gleichwohl die wahre Realität erahnt, überkommt ihn Trauer. Und so reagiert er am Schluss, weil er empfindsamer ist als das Publikum, unerwartet: *er weint.* Denn er begreift die Wirklichkeit als Illusion.

In einem schweren Traum versinkend, weint er, – ohne es zu wissen. Ein pointierter Schlusssatz mit einem lapidar dahingesagten Nachklapp. Und doch fügt dieser Satz das Entscheidende hinzu: Er, der mehr erahnt als die anderen, erfährt den Zwiespalt zwischen Lüge und Wahrheit, in den wir manchmal hineingestürzt werden, wenn wir sensibel dafür sind. – *Aber weinen, ohne es zu wissen?* Dieses *ohne es zu wissen* könnten wir vielleicht missverstehen als: ohne genau zu wissen, *warum* und *worüber* er in Trauer und Zweifel verfällt. Doch wir müssen es wohl so lesen: Dieser Galeriebesucher weint, ohne zu wissen, *dass* er weint. Ein Kafkasatz! Weinen, ohne sich dessen bewusst zu sein? Der Zwiespalt von Sehen und Ahnen, von Schein und Wirklichkeit, in den sich der junge Galeriebesucher gestürzt sieht, wirkt unbewusst in seine Rolle als Zuschauer hinein. Wie die junge Kunstreiterin, solange sie die ihr zugewiesene Rolle spielt, nicht weiß, dass sie *lungensüchtig* ist, so weiß der junge Galeriebesucher, die Rolle des Publikums mitspielend, nicht, dass es in ihm weint. Und doch erfährt er es, *wie in einem schweren Traum.* Unbewusst und traumhaft erfahren wir in manchen Situationen hinter den Masken, unter denen wir unsere Rollen spielen, unser wahres Ich.

Leben und Werke:
Kafka ist 1883 in Prag geboren. Er beginnt schon als Schüler zu schreiben. An der Universität Prag studiert er Jura, er promoviert und arbeitet später 14 Jahre lang in einer Unfall-Versicherungs-Anstalt. 1908 veröffentlicht er seine ersten Arbeiten. An den literarischen Wert seiner Texte hat er jedoch nie geglaubt. Hätte sein Freund Max Brod seine Texte gegen den Willen Kafkas nicht vor der Vernichtung gerettet, wäre uns einer der bedeutendsten Schriftsteller des 20. Jahrhunderts wohl unbekannt geblieben. Kafka stirbt nach langen Schwächeperioden 1924 bei Wien.

Leseempfehlungen:
In direkter Beziehung zu dieser Geschichte steht der Text *Der Hungerkünstler,* den wir zum Lesen empfehlen. Und natürlich *Die Verwandlung, Bericht für eine Akademie, In der Strafkolonie* und *Der Prozess.* Wer daneben immer wieder einmal in Texte von Robert Walser hineinschaut (siehe hinten), erhält Einsichten in das, was Ironie in der Literatur zu bewirken vermag.

Franz Kafka

Auf der Galerie

Wenn irgendeine hinfällige, lungensüchtige Kunstreiterin in der Manege auf schwankendem Pferd vor einem unermüdlichen Publikum vom peitschenschwingenden erbarmungslosen Chef monatelang ohne Unterbrechung im Kreise rundum getrieben würde, auf dem Pferde schwirrend, Küsse werfend, in der Taille sich wiegend, und wenn dieses Spiel unter dem nicht aussetzenden Brausen des Orchesters und der Ventilatoren in die immerfort weiter sich öffnende graue Zukunft sich fortsetzte, begleitet vom vergehenden und neu anschwellenden Beifallsklatschen der Hände, die eigentlich Dampfhämmer sind – vielleicht eilte dann ein junger Galeriebesucher die lange Treppe durch alle Ränge hinab, stürzte in die Manege, rief das: Halt! durch die Fanfaren des immer sich anpassenden Orchesters.

Da es aber nicht so ist; eine schöne Dame, weiß und rot, hereinfliegt, zwischen den Vorhängen, welche die stolzen Livrierten vor ihr öffnen; der Direktor, hingebungsvoll ihre Augen suchend, in Tierhaltung ihr entgegenatmet; vorsorglich sie auf den Apfelschimmel hebt, als wäre sie seine über alles geliebte Enkelin, die sich auf gefährliche Fahrt begibt; sich nicht entschließen kann, das Peitschenzeichen zu geben; schließlich in Selbstüberwindung es knallend gibt; neben dem Pferde mit offenem Munde einherläuft, die Sprünge der Reiterin scharfen Blickes verfolgt; ihre Kunstfertigkeit kaum begreifen kann; mit englischen Ausrufen zu warnen versucht; die reifenhaltenden Reitknechte wütend zu peinlichster Achtsamkeit ermahnt; vor dem großen Salto mortale das Orchester mit aufgehobenen Händen beschwört, es möge schweigen; schließlich die Kleine vom zitternden Pferde hebt, auf beide Backen küsst und keine Huldigung des Publikums für genügend erachtet; während sie selbst, von ihm gestützt, hoch auf den Fußspitzen, vom Staub umweht, mit ausgebreiteten Armen, zurückgelehntem Köpfchen ihr Glück mit dem ganzen Zirkus teilen will – da dies so ist, legt der Galeriebesucher das Gesicht auf die Brüstung und, im Schlussmarsch wie in einem schweren Traum versinkend, weint er, ohne es zu wissen.

Marie Luise Kaschnitz
Die Katze (1982)

Ein Gedicht über eine Katze. In der Form ist dieser Text eine Zwittergestalt: Erzähltext in lyrischer Form; man hat so etwas »Erzählgedicht« genannt, weswegen es in viele Balladen-Anthologien aufgenommen wurde. Lyrisch sind die Versform mit ihren Enjambements, auch die lyrische Interpunktion (seit Brecht die fehlenden Kommas am Versende), der rhythmisierte Parlando-Stil, die Bildsprache, die Wiederholungen. Doch die Taktreihe der Verse hat, bei aller Freiheit moderner Ausgestaltung, Tradition: Das Gedicht ist, mit einigen Varianten, was die unbetonten Silben betrifft, im Blankvers geschrieben, dem (hier) ungereimten Fünftakter, in dem Lessing seinen *Nathan* schrieb und Shakespeare den *Hamlet*. Ein kleines Drama also.

Erzählt wird die Geschichte einer *Katze, die einer fand,* die er sich anzupassen versuchte, die sein Leben eine Woche lang veränderte und die ihm just in dem Augenblick wieder entsprang, als er glaubte, sie gebändigt zu haben. Sie blieb, bei allem Mitleid, das er für sie hegte, eine Fremde. Das ist, wie jeder weiß, Katzenart. Sie betteln, sie maunzen, sie springen auf Tische und Schränke, sie wollen geliebt werden, aber sie lassen sich nicht abrichten. Ein Katzendrama also.

Doch ich kann gar nicht anders, als eine Geliebte mitzudenken, die ihn *ohrfeigte,* der er *Blumen heimbrachte,* die ihn *mit glühenden Augen ansah, die auf seinen Schoß sprang, sich streicheln ließ,* die er pflegte und die sein Leben durcheinander brachte. Einen Namen hatte er nicht für sie, *weil ihm kein Name einfiel.* Sie war faszinierend, doch blieb sie ihm fremd. Am Ende war ihr die Freiheit an einem unwirtlichen Ort wichtiger als Geborgenheit und eine autoritäre Liebe und die Anpassung an eine Ordnung, die ihr nicht gemäß waren. Viel mehr also als ein Katzengedicht: eine Metapher über Kommunikations- und Beziehungsprobleme.

Leben und Werke:
Marie Luise Kaschnitz wurde 1901 in Karlsruhe geboren. Sie war Buchhändlerin in München und Rom. Von 1926 bis 1956 hatte sie mit ihrem Mann, einem Archäologen, wechselnde Wohnsitze in Königsberg, Marburg und Frankfurt. Sie unternahm Lesereisen nach Südamerika und die USA. 1960 war sie Gastdozentin an der Universität Frankfurt und bekam 1961 ein Stipendium der Villa Massimo in Rom. 1974 starb sie in Rom.

Leseempfehlungen:
Marie Luise Kaschnitz veröffentlichte Romane, Gedichte, Erzählungen, Essays und Hörspiele. Bekannt geworden ist sie vor allem durch eine Reihe von Kurzgeschichten, von denen *Das dicke Kind* und *Laternen* zu denen gehören, die noch immer am häufigsten gelesen werden.

Marie Luise Kaschnitz

Die Katze

Die Katze, die einer fand, in der Baugrube saß sie und schrie.
Die erste Nacht, und die zweite, die dritte Nacht.
Das erste Mal ging er vorüber, dachte an nichts
Trug das Geschrei in den Ohren, fuhr auf aus dem Schlaf.
Das zweite Mal beugte er sich in die verschneite Grube
Lockte vergeblich den Schatten, der dort umherschlich.
Das dritte Mal sprang er hinunter, holte das Tier.
Nannte es Katze, weil ihm kein Name einfiel.
Und die Katze war bei ihm sieben Tage lang.
Ihr Pelz war gesträubt, ließ sich nicht glätten.
Wenn er heimkam, abends, sprang sie ihm auf die Brust, ohrfeigte ihn.
Der Nerv ihres linken Auges zuckte beständig.
Sie sprang auf den Vorhang im Korridor, krallte sich fest
Schwang hin und her, daß die eisernen Ringe klirrten.
Alle Blumen, die er heimbrachte, fraß sie auf.
Sie stürzte die Vasen vom Tisch, zerfetzte die Blütenblätter.
Sie schlief nicht des Nachts, saß am Fuß seines Bettes
Sah ihn mit glühenden Augen an.
Nach einer Woche waren seine Gardinen zerfetzt
Seine Küche lag voll von Abfall. Er tat nichts mehr
Las nicht mehr, spielte nicht mehr Klavier
Der Nerv seines linken Auges zuckte beständig.
Er hatte ihr eine Kugel aus Silberpapier gemacht
Die sie lange geringschätzte. Aber am siebenten Tag
Legte sie sich auf die Lauer, schoß hervor
Jagte die silberne Kugel. Am siebentenTag
Sprang sie auf seinen Schoß, ließ sich streicheln und schnurrte.
Da kam er sich vor wie einer, der große Macht hat.
Er wiegte sie, bürstete sie, band ihr ein Band um den Hals.

Doch in der Nacht entsprang sie, drei Stockwerke tief
Und lief, nicht weit, nur dorthin, wo er sie
Gefunden hatte. Wo die Weidenschatten
Im Mondlicht wehten. An der alten Stelle
Flog sie von Stein zu Stein im rauhen Felle
Und schrie.

Erich Kästner
Aus: **Als ich ein kleiner Junge war** (1956)

Fürs Aufschreiben von Erinnerungen, schreibt Kästner an anderer Stelle, *gelten zwei Gesetze. Das erste heißt: Man kann, ja man muss vieles weglassen. Und das zweite lautet: Man darf nichts hinzufügen.* Das würde man gern all jenen hinter die Ohren schreiben, die heute, als Jungberühmte schon, nichts Besseres zu tun haben, als ihre Memoiren zu schreiben (oder schreiben zu lassen). Der alte Kästner schrieb sie über seine Kindheit – und nicht über die Zeiten seiner Berühmtheit. Und er schrieb sie mit Witz und Bescheidenheit, in Angedenken vor allem an seine Mutter und in lächelnder Liebe auch noch zu jenen, die er weniger mochte. Da steht nicht ein einziger Satz drin, der spektakulär wäre, bei aller Kritik an Menschen und gesellschaftlichen Verhältnissen, kein boshaft kritischer Satz. Vielleicht ab und zu ein etwas eitler und selbstverliebter. Doch auch über den, das schafft der Humorist stets, kann man noch lächeln.

Die Stelle, die ich ausgewählt habe, ist Programm: Versinnlichung der Erinnerungen und dann die Erinnerungsarbeit des Schriftstellers. Man könnte Kästner psychologische Simplifizierung vorwerfen. Man kann aber auch sagen: Es ist die große Meisterschaft einfachen, verständlichen Schreibens. Wer es liest, wird in seinen Handflächen oder Kniekehlen jedenfalls ähnliche Erinnerungen wieder entdecken, die Kästner zum *Aufwecken* bringt.

So bescheiden können Kindheitserinnerungen sein! Und so spannend auch. »Unentbehrlich«, weil sie den Rückblick in die eigene Kindheit schärfen und uns mit Liebe und freundlicher Distanz sehen lehren, was wir einmal waren.

Leben und Werke:

Erich Kästner wurde 1899 in Dresden in einfachsten Verhältnissen geboren. Er besuchte das Lehrerseminar, war Soldat im 1. Weltkrieg, studierte danach in Leipzig, Rostock und Berlin Philosophie, Germanistik und Geschichte und promovierte 1927. In den Folgejahren, Theaterkritiker und Mitarbeiter an Zeitschriften, gibt er seine ersten Gedichtbände heraus: *Herz auf Taille* und *Lärm im Spiegel.* Mit ihnen wird Kästner bekannt. Sein erster Kinderroman aus dieser Zeit ist *Emil und die Detektive.* Es folgen 1930 *Pünktchen und Anton,* 1931 der Roman *Fabian,* 1932 *Das fliegende Klassenzimmer* und viele weitere Bücher für Kinder und Erwachsene. 1933 werden seine Gedichtbände und *Fabian* öffentlich verbrannt. Seine Bücher erscheinen nur noch im Ausland. Kästner bleibt aber wegen seiner alten Eltern in Deutschland. Nach dem Krieg: Mitbegründer des Kabaretts *Die Schaubühne.* 1949 erscheint *Das doppelte Lottchen.* Kästner überträgt ältere Texte *(Eulenspiegel, Münchhausen, Gullivers Reisen …)* in eine kindertümliche, manchmal etwas betuliche Fassung. Viele seiner Bücher werden verfilmt. 1974 stirbt Kästner in München.

Leseempfehlungen:

Vor allem sind für den, der nicht an Kinder- und Jugendliteratur interessiert ist, einige seiner Gedichte und Balladen zu empfehlen wie *Der Handstand auf der Loreley, Sachliche Romanze, Entwicklung der Menschheit, Sogenannte Klassefrauen …;* dann die Gedichte aus *Die 13 Monate* – und natürlich sein Roman *Fabian.* Einen guten Einblick in sein Werk gibt *Das Erich Kästner Lesebuch* (Diogenes Verlag, Zürich 1978).

Erich Kästner

Als ich ein kleiner Junge war

Königsbrücker Straße 48, das zweite Haus meiner Kindheit. Wenn ich, in diesem Augenblick, in München und als, wie man so sagt, älterer Herr, die Augen schließe, spüre ich die Treppenstufen unter meinen Füßen und die Treppenkante, auf der ich hockte, am Hosenboden, obwohl es mehr als fünfzig Jahre später wahrhaftig ein ganz andrer Hosenboden ist als der von damals. Wenn ich mir die vollgepackte Einkaufstasche aus braunem Leder vorstelle, die ich treppauf trug, zieht es zunächst in meinem linken Arm und dann erst im rechten. Dann bis zur zweiten Etage hielt ich die Tasche mit der linken Hand, um an der Wand nicht anzustoßen. Dann nahm ich die Tasche in die rechte Hand und hielt mich mit der linken am Geländer fest. Und schließlich seufze ich, genau wie damals, erleichtert auf, als ich die Tasche vor der Wohnungstür niedersetzte und auf den Klingelknopf drückte.

Gedächtnis und Erinnerung sind geheimnisvolle Kräfte. Und die Erinnerung ist die geheimnisvollere und rätselhaftere von beiden. Denn das Gedächtnis hat nur mit unserem Kopf zu schaffen. Wie viel ist 7 mal 15? Und schon ruft Paulchen: »105!« Er hat es gelernt. Der Kopf hat es behalten. Oder hat er es vergessen. Oder Paulchen ruft begeistert: »115!« Ob wir dergleichen falsch oder richtig wissen oder ob wir es vergessen haben und von neuem ausrechnen müssen, – das gute Gedächtnis und das schlechte wohnen im Kopf. Hier sind die Fächer für alles, was wir gelernt haben. Sie ähneln, glaub ich, Schrank- oder Kommodenfächern. Manchmal klemmen sie beim Aufziehen. Manchmal liegt nichts drin und manchmal etwas Verkehrtes. Und manchmal gehen sie überhaupt nicht auf. Dann sind sie und wir ›wie vernagelt‹. Es gibt große und kleine Gedächtniskommoden. Die Kommode in meinem eignen Kopf ist, zum Beispiel, ziemlich klein. Die Fächer sind nur halbvoll, aber einigermaßen aufgeräumt. Als ich ein kleiner Junge war, sah das ganz anders aus. Damals war mein Oberstübchen das reinste Schrankzimmer!

Die Erinnerungen liegen nicht in Fächern, nicht in Möbeln und nicht im Kopf. Sie wohnen mitten in uns. Meistens schlummern sie, aber sie leben und atmen, und zuweilen schlagen sie die Augen auf. Sie wohnen, leben, atmen und schlummern überall. In den Handflächen, in den Fußsohlen, in der Nase, im Herzen und im Hosenboden. Was wir früher einmal erlebt haben, kehrt nach Jahren und Jahrzehnten plötzlich zurück und blickt uns an. Und wir fühlen: Es war ja gar nicht fort. Es hat nur geschlafen. Und wenn die eine Erinnerung aufwacht und sich den Schlaf aus den Augen reibt, kann es geschehen, dass dadurch auch andere Erinnerungen geweckt werden. Dann geht es zu wie morgens im Schlafsaal!

Eine besondere Sache sind die frühesten Erinnerungen. Warum erinnere ich mich an einige Erlebnisse aus meinem dritten Lebensjahr, aber an gar nichts aus dem vierten oder fünften? Wieso erinnere ich mich noch an Geheimrat Haenel und die betulichen Krankenschwestern und an den kleinen Garten der Privatklinik? Ich war am Bein geschnitten worden. Die bandagierte Wunde brannte wie Feuer. Und meine Mutter trug mich, obwohl ich damals schon laufen konnte, auf beiden Armen nach Hause. Ich schluchzte. Sie tröstete mich. Und ich spüre jetzt noch, wie schwer ich war und wie müd ihre Arme wurden. Schmerz und Angst haben ein gutes Gedächtnis.

Warum erinnere ich mich dann an Herrn Patitz und an sein ›Atelier für künstlerische Portrait-Photographie‹ in der Bautzener Straße? Ich trug ein Matrosenkleidchen mit weißem Pikeekragen, schwarze Strümpfe, die mich juckten, und Schnürschuhe. (Heute tragen die kleinen Mädchen Hosen. Damals trugen die kleinen Jungen Röckchen!) Ich stand an einem niedrigen Schnörkeltisch, und auf dem Tisch stand ein buntes Segelschiff. Herr Patitz steckte, hinter dem hochbeinigen Fotokasten, den Künstlerkopf unter ein schwarzes Tuch und befahl mir zu lächeln. Weil der Befehl nichts nützte, holte er einen Hampelmann aus der Tasche, wedelte damit in der Luft herum und rief wildvergnügt: »Huhuh! Guckguck! Huhuh! Guckguck!« Ich fand Herrn Patitz schrecklich albern, tat ihm aber trotzdem den Gefallen und quälte mir, der Mama zuliebe, die daneben stand, ein verlegenes Lächeln ins Gesicht. Dann drückte der Bildkünstler auf einen Gummiballon, zählte langsam vor sich hin und in sich hinein, schloss die Kassette und notierte den Auftrag. »Zwölf Abzüge, Visitformat.«

Einen dieser zwölf Abzüge besitze ich heute noch. Auf der Rückseite steht, in verblasster Tinte: ›Mein Erich, 3 Jahre alt‹. Das hat meine Mutter 1902 hingeschrieben. Und wenn ich mir den kleinen Jungen im Röckchen betrachte, das rundliche und verlegen lächelnde Kindergesicht mit der sauber geschnittnen Ponyfrisur und die unentschlossene in Gürtelhöhe verhaltene linke Patschhand, dann jucken meine Kniekehlen heute noch. Sie erinnern sich an die wollenen Strümpfe von damals. Warum? Wieso haben sie das nicht vergessen? War denn der Besuch bei dem ›künstlerischen Portrait-Photographen‹ Albert Patitz wirklich so wichtig? War er für den Dreijährigen eine solche Sensation? Ich glaube nicht, und ich weiß es nicht. Und die Erinnerungen selber? Sie leben, und sie sterben, und sie und wir wissen dafür keine Gründe.

Manchmal raten und rätseln wir an dieser Frage herum. Wir versuchen, den Vorhang ein bisschen hochzuheben und die Gründe zu erblicken. Die Gelehrten und die Ungelehrten versuchen's, und meist bleibt es Rätselraten und Nüsseknacken. Und auch meine Mutter und ich versuchten es einmal. Bei einem Jungen aus der Nachbarschaft, der mit mir im gleichen Alter war und Naumanns Richard hieß. Er war einen Kopf größer als ich, ein ganz netter Kerl, und konnte mich nicht leiden. Dass es so war, hätte ich zur Not hingenommen. Aber ich wusste nicht, warum. Und das verwirrte mich.

Unsere Mütter hatten schon nebeneinander auf den grünen Bänken im Garten des Japanischen Palais an der Elbe gesessen, als wir noch im Kinderwagen lagen. Später hockten wir zusammen auf dem Spielplatz im Sandkasten und buken Sandkuchen. Wir gingen gemeinsam in den Turnverein Neu- und Antonstadt, in der Alaunstraße, und in die Vierte Bürgerschule. Und bei jeder Gelegenheit suchte er mir eins auszuwischen.

Er warf mit Steinen nach mir. Er stellte mir ein Bein. Er stieß mich hinterrücks, dass ich hinfiel. Er lauerte mir, der ahnungslos des Wegs kam, in Haustoren auf, schlug mich und lief kreischend davon. Ich rannte ihm nach, und wenn ich ihn einholen konnte, hatte er nichts zu lachen. Ich war nicht ängstlich. Aber ich verstand ihn nicht. Warum überfiel er mich? Warum ließ er mich nicht in Frieden? Ich tat ihm doch nichts. Ich hatte ihn ganz gern. Warum griff er mich an?

Eines Tages sagte meine Mutter, der ich davon erzählt hatte: »Er kratzte dich schon, als ihr noch im Kinderwagen saßt.« »Aber warum denn?«, fragte ich ratlos. Sie dachte eine Weile nach. Dann antwortete sie: »Vielleicht, weil dich alle so hübsch fanden! Die alten Frauen, die Gärtner und die Kinderfräuleins, die an unsrer Bank vorüberkamen, schauten in eure Kinderwagen hinein und fanden dich viel reizender als ihn. Sie lobten dich über den grünen Klee!« »Und du meinst, das hat er verstanden? Als Baby?« »Nicht die Worte. Aber den Sinn. Und den Ton, womit sie es sagten.« »Und daran erinnert er sich noch? Obwohl er es gar nicht verstand?« »Vielleicht«, meinte die Mutter. »Und nun mach deine Schularbeiten.« »Ich habe sie längst gemacht«, antwortete ich. »Ich gehe spielen.«

Und als ich aus dem Haus trat, stolperte ich über Naumanns Richards Bein. Ich sauste hinter ihm her, holte ihn ein und gab ihm eins hinter die Ohren. Es konnte schon sein, dass er mich seit unsrer Kinderwagenzeit hasste. Dass er sich daran erinnerte. Dass er mich gar nicht angriff, wie ich geglaubt hatte. Sondern dass er sich nur verteidigte. Doch ein Bein stellen ließ ich mir deshalb noch lange nicht.

(...)

Wenn ein Kind lesen gelernt hat und gerne liest, entdeckt und erobert es eine zweite Welt, das Reich der Buchstaben. Das Land des Lesens ist ein geheimnisvoller, unendlicher Erdteil. Aus Druckerschwärze entstehen Dinge, Menschen, Geister und Götter, die man sonst nicht sehen könnte. Wer noch nicht lesen kann, sieht nur, was greifbar vor seiner Nase liegt oder steht: den Vater, die Türklingel, den Laternenanzünder, das Fahrrad, den Blumenstrauß und, vom Fenster aus, vielleicht den Kirchturm. Wer lesen kann, sitzt über einem Buch und erblickt mit einem Male den Kilimandscharo oder Karl den Großen oder Huckleberry Finn im Gebüsch oder Zeus als Stier, und auf seinem Rücken reitet die schöne Europa. Wer lesen kann, hat ein zweites Paar Augen, und er muss nur aufpassen, dass er sich dabei das erste Paar nicht verdirbt.

Ich las und las und las. Kein Buchstabe war vor mir sicher. Ich las Bücher und Hefte, Plakate, Firmenschilder, Namensschilder, Prospekte, Gebrauchsanweisungen und Grabinschriften, Tierschutzkalender, Speisekarten, Mamas Kochbuch, Ansichtskartengrüße, Paul Schurigs Lehrerzeitschriften, die ›Bunten Bilder aus dem Sachsenlande‹ und die klitschnassen Zeitungsfetzen, worin ich drei Stauden Kopfsalat nach Hause trug.

Ich las, als wär es Atemholen. Als wär ich sonst erstickt. Es war eine fast gefährliche Leidenschaft. Ich las, was ich verstand und was ich nicht verstand. »Das ist nichts für dich«, sagte meine Mutter, »das verstehst du nicht!« Ich las es trotzdem. Und ich dachte: ›Verstehen denn die Erwachsenen alles, was sie lesen?‹ Heute bin ich selber erwachsen und kann die Frage sachverständig beantworten: Auch die Erwachsenen verstehen nicht alles. Und wenn sie nur läsen, was sie verstünden, hätten die Buchdrucker und die Setzer in den Zeitungsgebäuden Kurzarbeit.

Gottfried Keller
Aus: **Der grüne Heinrich** (1855)

Die Episode, die der kleine Heinrich Lee da aus seinem Leben erzählt, ist deswegen so reizvoll, weil sie aus jener humorvollen Mischung besteht: halb Lüge, halb Fantasterei, die er selbst als eine *merkwürdige Wahrheit* bezeichnet. Sein späterer Schweizer Kollege Robert Walser hat einmal über den Schriftsteller in einer Art Selbstporträt gesagt: »Wenn er den ersten Satz geformt hat, kennt er sich nicht mehr.« So auch *Heinrich,* dem sich, nachdem er einmal seine Lügengirlande an dem einen Ende befestigt hatte, sich *nun jedes Wort zur rechten Zeit einstellte* und *der treffliche Verlauf der Geschichte sich von selbst verstand und ich hieran so wenig etwas ändern konnte als die alten Götter am Fatum.* Diese wunderbare Arglosigkeit, mit der hier gelogen, gesponnen, ausgedacht und hinzugedacht wird, bekommt ihre witzige Einfärbung vor allem durch den belanglosen Anlass (durch die Nachbarin), die Überzeugungskraft (im Hinblick auf die weisen Herren der Schule) und die demaskierende Wirkung (auf den vierten der Betroffenen). Die *höchst unanständigen, rohen Worte* werden wohl von der Art gewesen sein, wie sie Erwachsene (bis heute) in Zorn geraten lassen – und wie sie Kinder (bis heute) nicht recht verstehen. Vielleicht waren es solche wie »Hurenbock«, wie man sie heute auf jedem Schulhof hören kann, ohne dass diejenigen, die sie aussprechen, mehr darüber wissen, als dass sie halt ihre Wirkung tun. Da findet man schon aus Gerechtigkeitsbedürfnis mancherlei Ausreden! Und aus Ausreden werden Verleumdungen, und aus denen kommt man dann nicht mehr heraus, vor allem wenn die Verleumdeten größer und stärker sind – und die Gerechtigkeit Ausübenden einem, je präziser man verleumdet, umso mehr glauben. *Poetische Gerechtigkeit* oder die Wirkung *des schöpferischen Wortes!* Die *leichtgläubigen Inquisitoren* hatten es begriffen. Nur einer nicht: der vierte der Jungen, ein *etwas beschränkter Mensch.* Der begriff bis ins Alter hinein nichts von der Seele des Kindes, nichts von dem Zwang, der zur Verleumdung geführt hatte, – und sicher auch nichts von Poesie.

Und der Ich-Erzähler? Kein Wort von Reue als Kind, und auch später nur eine *nachträgliche Beunruhigung! Nachhaltige Wut* überkommt ihn nur über die bornierte *Plauderhaftigkeit* der Frau und die *Leichtgläubigkeit* der Lehrer und Geistlichen. Die Lust des Erzählers, der sich an *fast jedes Wort ... wieder lebendig erinnert,* ist auf Seiten der *Erzählung (!)* des Kindes. Ein schönes Bekenntnis zu »Dichtung und Wahrheit«! Aber auch ein tiefes Verständnis für die Unfähigkeit eines Kindes, zwischen Lüge und Fabulierlust zu unterscheiden.

Leben und Werke:
Gottfried Keller ist 1819 in Zürich geboren. Er besuchte die Armenschule, später die kantonale Industrieschule. Er bricht eine Lithographenlehre ab und erhält eine künstlerische Ausbildung in München. 1845 erscheinen erste Gedichte von ihm. *Der grüne Heinrich* ist zwischen 1846 und 1855 von dem jungen, noch unbekannten Schriftsteller geschrieben worden; 1880 erschien er dann in überarbeiteter Form ein zweites Mal. 1861 wird Keller Erster Staatsschreiber des Kantons Zürich. 1869 erhält er die Ehrendoktorwürde der dortigen Universität. 1873 erscheinen die ersten Bände der Sammlung von Novellen *Leute von Seldwyla,* 1877 die *Züricher Novellen.* Der Roman *Martin Salander* von 1886 war sein letztes großes Werk. 1890 starb Keller in Zürich.

Leseempfehlungen:
Von seinen Novellen gehören *Romeo und Julia auf dem Dorfe* und *Kleider machen Leute* bis heute zu Recht zur verbreiteten Schullektüre. Einige Gedichte werden immer wieder in neuere Anthologien aufgenommen; zu seinen schönsten zählen das Lied vom *Völkerfrieden: Es gehet eine schöne Sage.* Wer sich in *Der grüne Heinrich* einlesen möchte, dem empfehlen wir die erste, jugendlichere Fassung.

Gottfried Keller

Aus: **Der grüne Heinrich**

Ich saß einst hinter dem Tisch, mit irgendeinem Spielzeuge beschäftigt, und sprach dazu einige unanständige, höchst rohe Worte vor mich hin, deren Bedeutung mir unbekannt war und die ich auf der Straße gehört haben mochte. Eine Frau saß bei meiner Mutter und plauderte mit ihr, als sie die Worte hörte und meine Mutter aufmerksam darauf machte. Sie fragten mich mit ernster Miene, wer mich diese Sachen gelehrt hätte, insbesondere die fremde Frau drang in mich, worüber ich mich verwunderte, einen Augenblick nachsinnend, und dann den Namen eines Knaben nannte, den ich in der Schule gesehen hatte. Sogleich fügte ich noch zwei oder drei andere hinzu, sämtlich Jungen von zwölf bis dreizehn Jahren und einer vorgerückteren Klasse meiner Schule angehörig, mit denen ich aber kaum noch ein Wort gesprochen hatte. Einige Tage darauf behielt mich der Lehrer zu meiner Verwunderung nach der Schule zurück, sowie jene vier angegebenen Knaben, welche mir wie halbe Männer vorkamen, da sie an Alter und Größe mir weit vorgeschritten waren. Ein geistlicher Herr erschien, welcher gewöhnlich den Religionsunterricht gab und sonst der Schule vorstand, setzte sich mit dem Lehrer an einen Tisch und hieß mich neben ihn sitzen. Die Knaben hingegen mussten sich vor dem Tische in eine Reihe stellen und harrten der Dinge, die da kommen sollten. Sie wurden nun mit feierlicher Stimme gefragt, ob sie gewisse Worte in meiner Gegenwart ausgesprochen hätten; sie wussten nichts zu antworten und waren ganz erstaunt. Hierauf sagte der Geistliche zu mir: »Wo hast du die bewussten Dinge gehört von diesen Buben?« Ich war sogleich wieder im Zuge und antwortete unverweilt mit trockener Bestimmtheit: »Im Brüderleinsholze!« Dieses ist ein Gehölz, eine Stunde von der Stadt entfernt, wo ich in meinem Leben nie gewesen war, das ich aber oft nennen hörte. »Wie ist es dabei zugegangen, wie seid ihr dahin gekommen?«, fragte man weiter. Ich erzählte, wie mich die Knaben eines Tages zu einem Spaziergange überredet und in den Wald hinaus mitgenommen hätten, und ich beschrieb mit merkwürdiger Wahrheit die Art, wie etwa größere Knaben einen kleinern zu einem mutwilligen Streifzuge mitnehmen. Die Angeklagten gerieten außer sich und beteuerten mit Tränen, dass sie teils seit langer Zeit, teils gar nie in jenem Gehölze gewesen seien, am wenigsten mit mir! Dabei sahen sie mit erschrecktem Hasse auf mich, wie auf eine böse Schlange, und wollten mich mit Vorwürfen und Fragen bestürmen, wurden aber zur Ruhe gewiesen und ich aufgefordert, den Weg anzugeben, welchen wir gegangen. Sogleich lag derselbe deutlich vor meinen Augen, und angefeuert durch den Widerspruch und das Leugnen eines Märchens, an welches ich nun selbst glaubte, da ich mir sonst auf keine Weise den wirklichen Bestand der gegenwärtigen Szene erklären konnte, gab ich nun Weg und Stege an, die an den Ort führen, und nannte hier ein Dorf, dort eine Brücke oder eine Wiese. Ich kannte dieselben nur vom flüchtigen Hörensagen, und obgleich ich kaum darauf gemerkt hatte, stellte sich nun jedes Wort zur rechten Zeit ein. Ferner erzählte ich, wie wir unterwegs Nüsse heruntergeschlagen, Feuer gemacht und gestohlene Kartoffeln gebraten, auch einen Bauernjungen jämmerlich durchgebleut hätten, welcher uns hindern wollte. Im Walde angekommen, kletterten meine Gefährten auf hohe Tannen und jauchzten in der Höhe, den Geistlichen und den Lehrer mit lächerlichen Spitznamen benennend. Diese Spitznamen hatte ich, über das Äußere der beiden Männer nachsinnend, längst im eigenen Herzen ausgeheckt, aber nie verlautbart; bei dieser Gelegenheit brachte ich sie zugleich an den Mann, und der Zorn der Herren war ebenso groß als das Erstaunen der vorgeschobenen Knaben. Nachdem sie wieder von den Bäumen heruntergekommen, schnitten sie große Ruten und forderten mich auf, auch auf ein Bäumchen zu klettern und oben die Spottnahmen auszurufen. Als ich mich weigerte, banden sie mich an einen Baum fest und schlugen mich so lange mit den Ruten, bis ich alles aussprach, was sie verlangten, auch jene unanständigen Worte. Indessen ich rief, schlichen sie sich hinter meinem Rücken davon, ein Bauer kam in demselben Augenblicke heran, hörte meine unsittlichen Reden und packte mich bei den Ohren. »Wart, ihr bösen Buben!«, rief er, »diesen hab ich!«, und hieb mir einige Streiche. Dann ging er ebenfalls weg und ließ mich stehen, während es schon dunkelte. Mit vieler Mühe riss ich mich los und suchte den Heimweg in dem dunklen Wald. Allein ich verirrte mich, fiel in einen tiefen Bach, in welchem ich bis zum Ausgange des Waldes teils schwamm, teils watete, und so, nach Bestehung mancher Gefährde, den rechten Weg fand. Doch wurde ich noch von einem großen Ziegenbocke angegriffen, bekämpfte denselben mit einem rasch ausgerissenen Zaunpfahl und schlug ihn in die Flucht.

Noch nie hatte man in der Schule eine solche Beredsamkeit an mir bemerkt wie bei dieser Erzählung. Es kam niemand in den Sinn, etwa bei meiner Mutter anfragen zu lassen, ob ich eines Tages durchnässt und nächtlich nach Hause gekommen sei? Dagegen brachte man mit meinem Abenteuer in Zusammenhang, dass der eine und andere der Knaben nachgewiesenermaßen die Schule geschwänzt hatte, gerade um die Zeit, welche ich angab. Man glaubte meiner großen Jugend sowohl wie meiner Erzählung; diese fiel ganz unerwartet und unbefangen aus dem blauen Himmel meines sonstigen Schweigens. Die Angeklagten wurden unschuldig verurteilt als verwilderte bösartige junge Leute, da ihr hartnäckiges und einstimmiges Leugnen und ihre gerechte Entrüstung und Verzweiflung die Sache noch verschlimmerten; sie erhielten die härtesten Schulstrafen, wurden einige Wochen lang auf die Schandbank gesetzt und überdies noch von ihren Eltern geschlagen und eingesperrt.

So viel ich mich dunkel erinnere, war mir das angerichtete Unheil nicht nur gleichgültig, sondern ich fühlte eher noch eine Befriedigung in mir, dass die poetische Gerechtigkeit meine Erfindung so schön und sichtbarlich abrundete, dass etwas Auffallendes geschah, gehandelt und gelitten wurde, und das infolge meines schöpferischen Wortes.

Ich begriff gar nicht, wie die misshandelten Jungen so lamentieren und erbost sein konnten gegen mich, da der treffliche Verlauf der Geschichte sich von selbst verstand und ich hieran so wenig etwas ändern konnte als die alten Götter am Fatum.

Die Betroffenen waren sämtlich, was man schon in der Kinderwelt rechtliche Leute nennen könnte, ruhige, gesetzte Knaben, welche bisher keinen Anlass zu grobem Tadel gegeben und aus denen seither stille und arbeitsame junge Bürger geworden. Umso tiefer wurzelte in ihnen die Erinnerung an meine Teufelei und das erlittene Unrecht, und als sie es jahrelang nachher mir vorhielten, erinnerte ich mich ganz genau wieder an die vergessene Geschichte, und fast jedes Wort ward wieder lebendig. Erst jetzt quälte mich der Vorfall mit verdoppelter nachhaltiger Wut, und sooft ich daran denke, steigt mir das Blut zu Kopfe, und ich möchte mit aller Gewalt die Schuld auf jene leichtgläubigen Inquisitoren schieben, ja sogar die plauderhafte Frau anklagen, welche auf die verpönten Worte gemerkt und nicht geruht hatte, bis ein bestimmter Ursprung derselben nachgewiesen war. Drei der ehemaligen Schulgenossen verziehen mir und lachten, als sie sahen, wie mich die Sache nachträglich beunruhigte, und sie freuten sich, dass ich zu ihrer Genugtuung mich alles einzelnen so wohl erinnerte. Nur der vierte, ein etwas beschränkter Mensch, der viele Mühe mit dem Leben hatte, konnte niemals einen Unterschied machen zwischen der Kinderzeit und dem späteren Alter und trug mir die angetane Unbilde so nach, als ob ich sie erst heute, mit dem Verstande eines Erwachsenen, begangen hätte. Mit dem tiefsten Hasse geht er an mir vorüber, und wenn er mir beleidigende Blicke zuwirft, so vermag ich sie nicht zu erwidern, weil das Unrecht doch auf mir ruht und keiner von uns es vergessen kann.

Heinrich von Kleist
Über das Marionettentheater (1810)

Was benötigt man beim kreativen Schaffen: *Anmut* oder *Bewusstheit?* In diesem Text entstehen Irritationen, weil eine normale Marionette in ihrer Bewegung offenbar mehr Anmut entwickelt als ein professioneller Tänzer. Denn eine gute Gliederpuppe ist so gebaut, dass die einzelnen Glieder automatisch auf jede Verschiebung des Schwerpunktes reagieren und in ihrem Bewegungsablauf harmonisch wirken.

Es geht in diesem Prosastück von Kleist um mehr als um natürliche oder mechanische Bewegung. Ich habe es hin und wieder an Studenten und junge Autoren gegeben, die trotz intensiven Übens beklagen, dass sie nur ihr Niveau halten, aber nicht wirklich weiterkommen. Durch Aufnahme eines Studiums oder einer entsprechenden Ausbildung, durch Erlernen der Theorie, durch Bewusstheit der künstlerischen Mittel müsste man doch, neben dem fortgesetzten Üben, eine neue Ebene produktiver Fähigkeiten erreichen – das ist oft die Grundannahme. Die kalkulierte Geste auf der Bühne, die gezielte Stimmführung innerhalb einer Rede, das Wissen um den optimalen Aufbau eines Textes: Solche Informationen sollten doch helfen, den Durchbruch zu bringen. Aber was häufig nicht erahnt wird: Die große Krise ist durch die Beschäftigung mit der Theorie oder dem Handwerkszeug der Kreativität nicht behoben, sondern geradezu vorprogrammiert.

Hier nun hilft die Erkenntnis von Kleist weiter: Die beginnende Bewusstheit scheint sich *wie ein eisernes Netz um das freie Spiel* des natürlichen Tuns zu legen. Aber es gibt in dieser Situation keinen Weg zurück, das Abbrechen der theoretischen Durchdringung ästhetischer, künstlerischer, sinnlicher Praxis wäre der falsche Weg. Man bliebe sonst unter seinen Möglichkeiten und würde affektiert die verlorene Unschuld nachspielen. Die Übenden müssen werden wie der Kleist'sche Bär, der in seinem Gegenüber die wahren Motive erkennt, *Aug' in Auge,* als ob er dessen *Seele darin lesen könne.*

Und was heißt das für uns Menschen? Erst, *wenn die Erkenntnis gleichsam durch ein Unendliches gegangen ist,* erst dann stellt sich die Grazie wieder ein. Der wahre Künstler (ich würde genereller sagen: der kreative Mensch mit all seinen Potenzialen) muss gleichsam *vom Baum der Erkenntnis essen,* um auf einer höheren Ebene in den Zustand der Unschuld zurückzufallen. Erst, wenn man die ästhetischen Mittel gelernt und wieder »verlernt« (internalisiert) hat, wenn man nicht mehr über die Theorie nachdenkt, sondern intuitiv über sie verfügt, erst dann kann man künstlerisch aus dem Vollen schöpfen.
Heikle Frage: Trifft das bei der Lektüre solcher Texte auch auf die Kunst des Lesens zu?

Leben und Werke:
Heute gilt Kleist als Dramatiker der Weltliteratur. Zu seiner Zeit war er verkannt und erfolglos. 1777 in Frankfurt/Oder geboren, ist sein Leben das eines Umhergetriebenen: Offizierslaufbahn aus Familientradition, Abbruch des Studiums, gelöste Verlobung, bescheidene Staatsanstellung mit unrühmlicher Entlassung. Wechselhafte Reiseziele, quer durch Deutschland, nach Genf, Lyon, Paris, seelischer und körperlicher Zusammenbruch. Schließlich 1811 der Freitod zusammen mit Henriette Vogel am Wannsee. Zu seinen großen Werken gehören *Der zerbrochene Krug, Das Kätchen von Heilbronn, Der Prinz von Homburg, Amphytrion.*

Leseempfehlungen als Ergänzung des „Marionettentheaters“:
Über die allmähliche Verfertigung der Gedanken beim Reden.
Die Novelle *Michael Kohlhaas* gehört noch immer zu Recht zur Schullektüre. Was man unbedingt kennen sollte: einige der aufregendsten *Anekdoten* der deutschen Literatur, in denen sich Kleist als großer Sprachkünstler und Humorist erweist.

Heinrich von Kleist

Über das Marionettentheater

Als ich den Winter 1801 in M… zubrachte, traf ich daselbst eines Abends in einem öffentlichen Garten den Hrn. C. an, der seit kurzem in dieser Stadt als erster Tänzer der Oper angestellt war und bei dem Publiko außerordentliches Glück machte.

Ich sagte ihm, dass ich erstaunt gewesen wäre, ihn schon mehreremal im Marionettentheater zu finden, das auf dem Markte zusammengezimmert worden war und den Pöbel durch kleine dramatische Burlesken, mit Gesang und Tanz durchwebt, belustigte.

Er versicherte mir, dass ihm die Pantomimik dieser Puppen viel Vergnügen machte und ließ nicht undeutlich merken, dass ein Tänzer, der sich ausbilden wolle, mancherlei von ihnen lernen könne.

(…)

»Die Puppen brauchen den Boden nur, wie die Elfen, um ihn zu *streifen*, und den Schwung der Glieder durch die augenblickliche Hemmung neu zu beleben; wir brauchen ihn, um darauf zu *ruhen* und uns von der Anstrengung des Tanzes zu erholen: ein Moment, der offenbar selber kein Tanz ist, und mit dem sich weiter nichts anfangen lässt, als ihn möglichst verschwinden zu machen.«

Ich sagte, dass, so geschickt er auch die Sache seiner Paradoxe führe, er mich doch nimmermehr glauben machen würde, dass in einem mechanischen Gliedermann mehr Anmut enthalten sein könne als in dem Bau des menschlichen Körpers.

Er versetzte, dass es dem Menschen schlechthin unmöglich wäre, den Gliedermann darin auch nur zu erreichen. Nur ein Gott könne sich auf diesem Felde mit der Materie messen; und hier sei der Punkt, wo die beiden Enden der ringförmigen Welt ineinander griffen.

Ich erstaunte immer mehr und wusste nicht, was ich zu so sonderbaren Behauptungen sagen sollte.

Es scheine, versetzte er, indem er eine Prise Tabak nahm, dass ich das dritte Kapitel vom ersten Buch Moses nicht mit Aufmerksamkeit gelesen; und wer diese erste Periode aller menschlichen Bildung nicht kennt, mit dem könne man nicht füglich über die folgenden, um wie viel weniger über die letzte, sprechen.

Ich sagte, dass ich gar wohl wüsste, welche Unordnungen in der natürlichen Grazie des Menschen das Bewusstsein anrichtet. Ein junger Mann von meiner Bekanntschaft hätte durch eine bloße Bemerkung gleichsam vor meinen Augen seine Unschuld verloren und das Paradies derselben trotz aller ersinnlichen Bemühungen nachher niemals wieder gefunden. – »Doch, welche Folgerungen«, setzte ich hinzu, »können Sie daraus ziehen?«

Er fragte mich, welch einen Vorfall ich meine.

»Ich badete mich«, erzählte ich, »vor etwa drei Jahren mit einem jungen Mann, über dessen Bildung damals eine wunderbare Anmut verbreitet war. Er mochte ohngefähr in seinem sechzehnten Jahre stehn, und nur ganz von fern ließen sich, von der Gunst der Frauen herbeigerufen, die ersten Spuren von Eitelkeit erblicken. Es traf sich, dass wir grade kurz zuvor in Paris den Jüngling gesehen hatten, der sich einen Splitter aus dem Fuße zieht; der Abguss der Statue ist bekannt und befindet sich in den meisten deutschen Sammlungen. Ein Blick, den er in dem Augenblick, da er den Fuß auf den Schemel setzte, um ihn abzutrocknen, in einen großen Spiegel warf, erinnerte ihn daran; er lächelte und sagte mir, welch eine Entdeckung er gemacht habe. In der Tat hatte ich in eben diesem Augenblick dieselbe gemacht; doch sei es, um die Sicherheit der Grazie, die ihm beiwohnte, zu prüfen, sei es, um seiner Eitelkeit ein wenig heilsam zu begegnen: Ich lachte und erwiderte – er sähe wohl Geister! Er errötete und hob den Fuß zum zweiten Mal, um es mir zu zeigen; doch der Versuch, wie sich leicht hätte voraussehen lassen, missglückte. Er hob verwirrt den Fuß zum dritten und vierten, er hob ihn wohl noch zehn Mal: umsonst! Er war außerstand, dieselbe Bewegung wieder hervorzubringen – was sag' ich? Die Bewegungen, die er machte, hatten ein so komisches Element, dass ich Mühe hatte, das Gelächter zurückzuhalten. –

Von diesem Tage, gleichsam von diesem Augenblick an, ging eine unbegreifliche Veränderung mit dem jungen Menschen vor. Er fing an, tagelang vor dem Spiegel zu stehen; und immer ein Reiz nach dem anderen verließ ihn. Eine unsichtbare und unbegreifliche Gewalt schien sich wie ein eisernes Netz um das freie Spiel seiner Gebärden zu legen, und als ein Jahr verflossen war, war keine Spur mehr von der Lieblichkeit in ihm zu entdecken, die die Augen der Menschen sonst, die ihn umringten, ergötzt hatte. Noch jetzt lebt jemand, der ein Zeuge jenes sonderbaren und unglücklichen Vorfalls war und ihn Wort für Wort, wie ich ihn erzählt, bestätigen könnte.« –

»Bei dieser Gelegenheit«, sagte Herr C… freundlich, »muss ich Ihnen eine andere Geschichte erzählen, von der Sie leicht begreifen werden, wie sie hierher gehört.

Ich befand mich auf meiner Reise nach Russland auf einem Landgut des Hrn. von G…, eines livländischen Edelmanns, dessen Söhne sich eben damals stark im Fechten übten. Besonders der ältere, der eben von der Universität zurückgekommen war, machte den Virtuosen und bot mir, da ich eines Morgens auf seinem Zimmer war, ein Rapier an. Wir fochten; doch es traf sich, dass ich ihm überlegen war; Leidenschaft kam dazu, ihn zu verwirren; fast jeder Stoß, den ich führte, traf, und sein Rapier flog zuletzt in den Winkel. Halb scherzend, halb empfindlich sagte er, indem er das Rapier aufhob, dass er seinen Meister gefunden habe: Doch alles auf der Welt finde den seinen, und fortan wolle er mich zu dem meinigen führen. Die Brüder lachten laut auf und riefen: ›Fort, fort! In den Holzstall herab!‹, und damit nahmen sie mich bei der Hand und führten mich zu einem Bären, den Hr. v. G., ihr Vater, auf dem Hofe auferziehen ließ.

Der Bär stand, als ich erstaunt vor ihn trat, auf den Hinterfüßen, mit dem Rücken an einem Pfahl gelehnt, an welchem er angeschlossen war, die rechte Tatze schlagfertig erhoben, und sah mir ins Auge: das war seine Fechterpositur. Ich wusste nicht, ob ich träumte, da ich mich einem solchen Gegner gegenübersah; doch: ›Stoßen Sie! Stoßen Sie!‹, sagte Hr. v. G…, ›und versuchen Sie, ob Sie ihm eins beibringen können!‹ Ich fiel, da ich mich ein wenig von meinem Erstaunen erholt hatte, mit dem Rapier auf ihn aus; der Bär machte eine ganz kurze Bewegung mit der Tatze und parierte den Stoß. Ich versuchte ihn durch Finten zu verführen; der Bär rührte sich nicht. Ich fiel wieder mit einer augenblicklichen Gewandtheit auf ihn aus, eines Menschen Brust würde ich ohnfehlbar getroffen haben: Der Bär machte eine ganz kurze Bewegung mit der Tatze und parierte den Stoß. Jetzt war ich fast in dem Fall des jungen Hr. v. G… Der Ernst des Bären kam hinzu, mir die Fassung zu rauben, Stöße und Finten wechselten sich, mir triefte der Schweiß: umsonst! Nicht bloß, dass der Bär wie der erste Fechter der Welt alle meine Stöße parierte; auf Finten (was ihm kein Fechter der Welt nachmacht) ging er gar nicht einmal ein: Aug' in Auge, als ob er meine Seele darin lesen könnte, stand er, die Tatze schlagfertig erhoben, und wenn meine Stöße nicht ernsthaft gemeint waren, so rührte er sich nicht.

Glauben Sie diese Geschichte?«

»Vollkommen!«, rief ich, mit freudigem Beifall; »jedwedem Fremden, so wahrscheinlich ist sie: um wie viel mehr Ihnen!«

»Nun, mein vortrefflicher Freund«, sagte Herr C…, »so sind Sie im Besitz von allem, was nötig ist, um mich zu begreifen. Wir sehen, dass in dem Maße, als, in der organischen Welt, die Reflexion dunkler und schwächer wird, die Grazie darin immer strahlender und herrschender hervortritt. – Doch so, wie sich der Durchschnitt zweier Linien auf der einen Seite eines Punkts nach dem Durchgang durch das Unendliche plötzlich wieder auf der andern Seite einfindet, oder das Bild des Hohlspiegels, nachdem es sich in das Unendliche entfernt hat, plötzlich wieder dicht vor uns tritt: So findet sich auch, wenn die Erkenntnis gleichsam durch ein Unendliches gegangen ist, die Grazie wieder ein; so, dass sie zu gleicher Zeit in demjenigen menschlichen Körperbau am reinsten erscheint, der entweder gar keins oder ein unendliches Bewusstsein hat, d. h. in dem Gliedermann oder in dem Gott.«

»Mithin«, sagte ich ein wenig zerstreut, »müssten wir wieder von dem Baum der Erkenntnis essen, um in den Stand der Unschuld zurückzufallen?«

»Allerdings«, antwortete er; »das ist das letzte Kapitel von der Geschichte der Welt.« –

Heinrich von Kleist:
Mutterliebe (1811)

Diese Anekdote erschien in der von Kleist fast ausschließlich selbst betreuten Zeitung *Berliner Abendblätter*. In einem einzigen Jahr sind einige der Anekdoten erschienen, die später zum Ruhm Kleists beigetragen haben: keine tagesaktuellen Nachrichten, sondern »Merkwürdige Begebenheiten« zurückliegender Jahre, die geradezu zu Prototypen der Textform Anekdote avanciert und in jenem Stil verfasst sind, den man als Kleistschen Stil schon an drei Sätzen in seinen großen Novellen identifizieren kann. – Wer diesen Text mit einem vergleicht, der, über ein ähnlich schreckliches Ereignis *(Kampfhund zerfleischt Schulkind)*, heute auch in der Bild-Zeitung stehen könnte, dem geht ganz gewiss auf, welche seltene Mischung aus journalistischer und poetischer Meisterschaft hier am Werke war: kommentarlose Nüchternheit und Präzision im Gewand eines Stils, in dem alle Register der Spannungsmache gezogen werden. Da ist zunächst einmal die äußerlich auffällige und eigenwillige Zeichensetzung Kleists, mit eingefügten Kommas und Semikolons, die sich auch um die damals schon gültigen Regularitäten nicht kümmerte. Sie unterbricht und staut den Fluss der Sätze und zwingt, rhetorisch gedacht und gemacht, den Vorlesenden zum Pausieren und Atemholen. Und dann sind da, Spannung erzeugend und zum Überbrücken des Gedankens zwingend, der forteilen will, die vielfach, ebenfalls aufs Vorlesen angelegten, eingeschobenen Nebensätze. Und letztlich zieht der Erzähler, wenn der Leser, der ja irgendwo draußen an einem Kaffeehaustisch sitzt, dicht in das Geschehen hereingeholt werden soll, mit Kunstfertigkeit, ins distanziert präteritale Erzählen eine vorgestellte Gegenwart heranzoomend, plötzlich das Register des szenischen Präsens: *Eben zerreißt er das jüngste ...*, um am Ende, wieder Abstand herstellend, ins Präteritum zurückzuweichen: *Die Frau begrub noch ihre Kinder ...* – Natürlich kann man heute, außer mit parodistischer Absicht, so nicht mehr schreiben. Bewundern dürfen wir aber Kleist als stilistisches Vorbild heute noch immer.

Heinrich von Kleist:

Mutterliebe

Zu St. Omer im nördlichen Frankreich ereignete sich im Jahr 1803 ein merkwürdiger Vorfall. Daselbst fiel ein großer toller Hund, der schon mehrere Menschen beschädigt hatte, über zwei, unter einer Haustür spielende, Kinder her. Eben zerreißt er das jüngste, das sich, unter seinen Klauen, im Blute wälzt; da erscheint, aus einer Nebenstraße, mit einem Eimer Wasser, den sie auf dem Kopf trägt, die Mutter. Diese, während der Hund die Kinder loslässt, und auf sie zuspringt, setzt den Eimer neben sich nieder; und außerstand zu fliehen, entschlossen, das Untier mindestens mit sich zu verderben, umklammert sie, mit Gliedern, gestählt von Wut und Rache, den Hund; sie erdrosselt ihn, und fällt, von grimmigen Bissen zerfleischt, ohnmächtig neben ihm nieder. Die Frau begrub noch ihre Kinder und ward, da sie an der Tollwut starb, selbst zu ihnen ins Grab gelegt.

Siegfried Lenz
Eine Liebesgeschichte (1955)

Da wird einer *heimgesucht von der Liebe.* Er denkt heftig und lange über die angemessenen Worte nach, es ihr zu sagen. Als geübte Leser und Filmbetrachter fallen uns an dieser Stelle tausend Varianten ein, aber diese Eröffnung kennen wir noch nicht. *Rutsch' zur Seite.* – und nun schweigen sie *sich gehörig aneinander heran.* Die Lektüre des Taufscheins schließlich nimmt die letzten Zweifel: *Es ist besiegelt und beschlossen.*

Worüber schmunzeln wir eigentlich beim Lesen? Über die sprachliche Unbeholfenheit der einfachen Leute in Masuren damals? Oder darüber, dass hier so einfach gelingt, was (junge) Menschen heute beim »Anbaggern« so alles ausprobieren müssen? Dass es hinter aller sprachlichen Kargheit eine verblüffende Eindeutigkeit jenseits des Gesprochenen gibt? Oder ist es die Erzählweise des Autors Lenz, sein liebevoll-ironisches Einvernehmen mit den Handelnden?

Und: welch starke Vergleiche, Bilder und Kommentierungen! Beim zweiten Lesen schaue ich noch einmal genauer hin: Der Pastor, was denkt er sich denn wohl? Die alte Gusche, wie reagiert sie denn nun? Was mögen da für innere Monologe in den Köpfen der beiden ablaufen, während sie da schweigend auf der *Klattkä* sitzen? Und das könnte doch nach dem Lesen ein herrliches Spiel werden: *»Willst noch Lakritz?«*

Leben und Werke:
Siegfried Lenz wird 1926 in der Kleinstadt Lyck (Ostpreußen) geboren, zur Marine eingezogen. 1945 gerät er in englische Gefangenschaft, arbeitet als Übersetzer. Nach Hamburg entlassen, studiert er unter anderem Literaturwissenschaft, arbeitet nebenbei für die Zeitschrift »Die Welt«. Seit 1951 lebt er als freier Schriftsteller in Hamburg und auf der dänischen Insel Alsen. 1968 erscheint die *Deutschstunde,* einerseits ein Bildungs- und Erziehungsroman in der Tradition des 19. Jahrhunderts, andererseits ein Zeitroman der Adenauer-Ära. Siegfried Lenz arbeitet für Rundfunk und mehrere Zeitungen und wird in den folgenden Jahren mit vielen renommierten Preisen ausgezeichnet. Zu seinen wichtigsten Werken gehören *Das Vorbild, Die Deutschstunde, Der Verlust, Heimatmuseum, Exerzierplatz.*

Leseempfehlungen:
Es waren Habichte in der Luft, So zärtlich war Suleyken, Der Mann im Strom, Das Feuerschiff, Einstein überquert die Elbe bei Hamburg und natürlich: *Deutschstunde.*

Siegfried Lenz

Eine Liebesgeschichte

Joseph Waldemar Gritzan, ein großer, schweigsamer Holzfäller, wurde heimgesucht von der Liebe. Und zwar hatte er nicht bloß so ein mageres Pfeilchen im Rücken sitzen, sondern, gleichsam seiner Branche angemessen, eine ausgewachsene Rundaxt. Empfangen hatte er diese Axt in dem Augenblick, als er Katharina Knack, ein ausnehmend gesundes, rosiges Mädchen, beim Spülen der Wäsche zu Gesicht bekam. Sie hatte auf ihren ansehnlichen Knien am Flüßchen gelegen, den Körper gebeugt, ein paar Härchen im roten Gesicht, während ihre beträchtlichen Arme herrlich mit der Wäsche hantierten. In diesem Augenblick, wie gesagt, ging Joseph Gritzan vorbei, und ehe er sich's versah, hatte er auch schon die Wunde im Rücken.

Demgemäß ging er nicht in den Wald, sondern fand sich, etwa um fünf Uhr morgens, beim Pfarrer von Suleyken ein, trommelte den Mann Gottes aus seinem Bett und sagte: »Mir ist es«, sagte er, »Herr Pastor, in den Sinn gekommen zu heiraten. Deshalb möchte ich bitten um einen Taufschein.«

Der Pastor, aus mildem Traum geschreckt, besah sich den Joseph Gritzan ziemlich ungnädig und sagte: »Mein Sohn, wenn dich die Liebe schon nicht schlafen läßt, dann nimm zumindest Rücksicht auf andere Menschen. Komm später wieder, nach dem Frühstück. Aber wenn du Zeit hast, kannst du mir ein bißchen den Garten umgraben. Der Spaten steht im Stall.«

Der Holzfäller sah einmal rasch zum Stall hinüber und sprach: »Wenn der Garten umgegraben ist, darf ich dann bitten um den Taufschein?«

»Es wird alles genehmigt wie eh und je«, sagte der Pfarrer und empfahl sich.

Joseph Gritzan, beglückt über solche Auskunft, begann dergestalt den Spaten zu gebrauchen, daß der Garten schon nach kurzer Zeit umgegraben war. Dann zog er, nach Rücksprache mit dem Pfarrer, den Schweinen Drahtringe durch die Nasen, melkte eine Kuh, erntete zwei Johannisbeerbüsche ab, schlachtete eine Gans und hackte einen Berg Brennholz. Als er sich gerade daranmachte, den Schuppen auszubessern, rief der Pfarrer ihn zu sich, füllte den Taufschein aus und übergab ihn mit sanften Ermahnungen Joseph Waldemar Gritzan. Na, der faltete das Dokument mit umständlicher Sorgfalt zusammen, wickelte es in eine Seite des Masuren-Kalenders und verwahrte es irgendwo in der weitläufigen Gegend seiner Brust. Bedankte sich natürlich, wie man erwartet hat, und machte sich auf zu der Stelle am Flüßchen, wo die liebliche Axt Amors ihn getroffen hatte.

Katharina Knack, sie wußte noch nichts von seinem Zustand, und ebensowenig wußte sie, was alles er bereits in die heimlichen Wege geleitet hatte. Sie kniete singend am Flüßchen, walkte und knetete die Wäsche und erlaubte sich in kurzen Pausen, ihr gesundes Gesicht zu betrachten, was im Flüßchen möglich war.

Joseph umfing die rosige Gestalt – mit den Blicken, versteht sich –, rang ziemlich nach Luft, schluckte und würgte ein Weilchen, und nachdem er sich ausgeschluckt hatte, ging er an die Klattkä, das ist: ein Steg, heran. Er hatte sich heftig und lange überlegt, welche Worte er sprechen sollte, und als er jetzt neben ihr stand, sprach er so: »Rutsch' zur Seite.«

Das war, ohne Zweifel, ein unmißverständlicher Satz. Katharina machte ihm denn auch schnell Platz auf der Klattkä, und er setzte sich, ohne ein weiteres Wort, neben sie. Sie saßen so – wie lange mag es gewesen sein? – ein halbes Stündchen vielleicht und schwiegen sich gehörig aneinander heran. Sie betrachteten das Flüßchen, das jenseitige Waldufer, sahen zu, wie kleine Gringel in den Grund stießen und kleine Schlammwolken emporrissen, und zuweilen verfolgten sie auch das Treiben der Enten. Plötzlich aber sprach Joseph Gritzan: »Bald sind die Erdbeeren soweit. Und schon gar nicht zu reden von den Blaubeeren im Wald.« Das Mädchen, unvorbereitet auf seine Rede, schrak zusammen und antwortete: »Ja.«

So, und jetzt saßen sie stumm wie Hühner nebeneinander, äugten über die Wiese, äugten zum Wald hinüber, guckten manchmal auch in die Sonne oder kratzten sich am Fuß oder am Hals.

Dann, nach angemessener Weile, erfolgte wieder etwas Ungewöhnliches: Joseph Gritzan langte in die Tasche, zog etwas Eingewickeltes heraus und sprach zu dem Mädchen Katharina Knack: »Willst«, sprach er, »Lakritz?«

Sie nickte, und der Holzfäller wickelte zwei Lakritzstangen aus, gab ihr eine und sah zu, wie sie aß und lutschte. Es schien ihr gut zu schmecken. Sie wurde übermütig – wenn auch nicht so, daß sie zu reden begonnen hätte –, ließ ihre Beine ins Wasser baumeln, machte kleine Wellen und sah hin und wieder in sein Gesicht. Er zog sich nicht die Schuhe aus.

Soweit nahm alles einen ordnungsgemäßen Verlauf. Aber auf einmal – wie es zu gehen pflegt in solchen Lagen – rief die alte Guschke, trat vors Häuschen und rief: »Katinka, wo bleibt die Wäsch'!«

Worauf das Mädchen verdattert aufsprang, den Eimer anfaßte und mir nichts dir nichts, als ob die Lakritzstange gar nichts gewesen wäre, verschwinden wollte. Doch, Gott sei Dank, hatte Joseph Gritzan das weitläufige Gelände seiner Brust bereits durchforscht, hatte auch schon den Taufschein zur Hand, packte ihn sorgsam aus und winkte das Mädchen noch einmal zu sich heran.

»Kannst«, sprach er, »lesen?«

Sie nickte hastig.

Er reichte ihr den Taufschein und erhob sich. Er beobachtete, während sie las, ihr Gesicht und zitterte am ganzen Körper.

»Katinka!« schrie die alte Guschke, »Katinka, haben die Enten die Wäsch' gefressen?!«

»Lies zu Ende«, sagte der Holzfäller drohend. Er versperrte ihr, weiß Gott, schon den Weg, dieser Mensch.

Katharina Knack vertiefte sich immer mehr in den Taufschein, vergaß Welt und Wäsche und stand da, sagen wir mal: wie ein träumendes Kälbchen, so stand sie da.

»Die Wäsch', die Wäsch'«, keifte die alte Guschke von neuem.

»Lies zu Ende«, drohte Joseph Gritzan, und er war so erregt, daß er sich nicht einmal wunderte über seine Geschwätzigkeit.

Plötzlich schoß die alte Guschke zwischen den Stachelbeeren hervor, ein geschwindes, üppiges Weib, schoß hervor und heran, trat ganz dicht neben Katharina Knack und rief: »Die Wäsch', Katinka!« Und mit einem tatarischen Blick auf den Holzfäller: »Hier geht vor die Wäsch', Cholera!«

Oh Wunder der Liebe, insbesondere der masurischen; das Mädchen, das träumende, rosige, hob seinen Kopf, zeigte der alten Guschke den Taufschein und sprach: »Es ist«, sprach es, »besiegelt und beschlossen. Was für ein schöner Taufschein. Ich werde heiraten.« Die alte Guschke, sie war zuerst wie vor den Kopf getreten, aber dann lachte sie und sprach: »Nein, nein«, sprach sie, »was die Wäsch' alles mit sich bringt. Beim Einweichen haben wir noch nichts gewußt. Und beim Plätten ist es schon soweit.«

Währenddessen hatte Joseph Gritzan wiederum etwas aus seiner Tasche gezogen, hielt es dem Mädchen hin und sagte: »Willst noch Lakritz?«

Gotthold Ephraim Lessing

Aus: Nathan der Weise: **Die Ringparabel** (1779)

Religion und Toleranz – auch im neu begonnenen Jahrhundert ein überraschend aktuelles Thema. Dieser berühmten Parabel ging ein Fall von Zensur voraus. Im Juli 1778 verbot der braunschweigische Herzog Carl seinem Bibliothekar in Wolfenbüttel, weiterhin in religiösen Grundfragen mit dem Hamburger Theologen Goeze öffentlich zu streiten. Der Ausweg des Bibliothekars Lessing: *Ich muss versuchen, ob man mich auf meiner alten Kanzel, auf dem Theater wird predigen lassen.* Es entstand *Nathan der Weise.*

Die zentrale Stelle dieses Dramas ist die Ringparabel. Darin wird die These formuliert: *Von den Religionen kann doch nur eine die wahre sein.* Und der christliche Autor Lessing lässt den Juden Nathan dem islamischen Sultan Saladin dieses Gleichnis erzählen, in dem die Ringe die Religionen symbolisieren. Am Ende stellt darin der Richter fest: *Eure Ringe sind nicht echt. Der echte Ring vermutlich ging verloren.*

Das wirft Fragen auf: Kann es angehen und ist es auszuhalten, dass ich nicht im Besitz des wahren und einzigen Ringes bin? Hat (diese oder jene) Religion einen Wahrheitsanspruch, der sich in Glaubenssätzen, Lehrmeinungen und Riten offenbart und Menschen anderer Religionen ausgrenzt? Wenn ja: Welche Konfliktpotenziale liegen in einer möglichen Ausgrenzung? Gilt das Für-wahr-Erachtete absolut, ist es heilig, muss es verteidigt werden? Und mit welchen Mitteln? Gibt es die Vorstellung von Ungläubigen und Heiden, die es zu retten, überzeugen oder bekehren gilt? Spaßgesellschaft, Kultur des Ich, Beliebigkeit der Werte, private Patchwork-Religiosität, boomender Esoterikmarkt – sind das Herausforderungen an die traditionellen Religionen? Und wie stehe ich zu den Menschen, die sich als Freidenker oder Atheisten sehen? Oder zu denen, die einfach nur in die Natur gehen, um ihrer Gottheit nahe zu sein? Braucht Religiosität Gemeinschaft und Gemeinde?

Werden Mann und Frau tradierte Rollenmuster zugewiesen? Wer setzt gegebenenfalls die Normen? Gibt es in den Religionsgemeinschaften einen Bodensatz an fundamentalistischen Positionen, nimmt dessen Einfluss zu? Ist der Unfriede der Welt ein Ausdruck des Unfriedens der Religionen untereinander?

Jeder darf seinen Ring für den echten halten, den Beweis muss er erbringen durch sein Verhalten. Selbst, wenn man *innigste Ergebenheit in Gott* nicht zu den eigenen Maßstäben zählt – es bleiben, mit den Worten Lessings: *Liebe, die frei ist von Vorurteilen, Sanftmut, herzliche Verträglichkeit und Wohltun.* Ein aktueller Text angesichts des letzten Kirchtages, auf dem zum ersten Mal Katholiken und Protestanten gegen das Votum des Papstes ein gemeinsames Abendmahl feierten; auf dem Christen und atheistische Humanisten miteinander Gespräche führten. Doch wie weit sind wir wirklich gekommen angesichts des Widerstands gegen eine gemeinsame Eucharistie – und der noch immer wirksamen Vorurteile gegen den Islam oder die Juden?

Leben und Werke:
1729 in Kamenz/Oberlausitz geboren, verstorben 1781 in Braunschweig, führt Lessing als einer der ersten im »bürgerlichen Zeitalter« das Leben eines freien Schriftstellers – obwohl er nach dem Willen des Vaters protestantischer Theologe werden soll. In Berlin ausgedehnte Redakteur- und Rezensententätigkeit, später (1760–65) Sekretär des Generalgouverneurs in Schlesien, Dramaturg der »Hamburger Entreprise« (1767–68), zwei Jahre mit Eva König verheiratet (1776–78), Bibliothekar in Wolfenbüttel (bis 1781).

Leseempfehlungen:
Natürlich *Nathan der Weise,* und vielleicht auch *Minna von Barnhelm* und *Emilia Galotti;* die *Fabeln* – und wenn man sich traut: *Die Erziehung des Menschengeschlechts.*

Gotthold Ephraim Lessing

Die Ringparabel

Saladin. Ich heische deinen Unterricht in ganz
Was anderm; ganz was anderm. – Da du nun
So weise bist: so sage mir doch einmal –
Was für ein Glaube, was für ein Gesetz
Hat dir am meisten eingeleuchtet?

Nathan. Sultan,
Ich bin ein Jud'.

Saladin. Und ich ein Muselmann.
Der Christ ist zwischen uns. – Von diesen drei
Religionen kann doch eine nur
Die wahre sein. – Ein Mann, wie du, bleibt da
Nicht stehen, wo der Zufall der Geburt
Ihn hingeworfen: oder wenn er bleibt,
Bleibt er aus Einsicht, Gründen, Wahl des Bessern.
Wohlan! so teile deine Einsicht mir
Dann mit. Lass mich die Gründe hören, denen
Ich selber nachzugrübeln, nicht die Zeit
Gehabt. (...)

Nathan. Vor grauen Jahren lebt' ein Mann in Osten,
Der einen Ring von unschätzbarem Wert'
Aus lieber Hand besaß. Der Stein war ein
Opal, der hundert schöne Farben spielte,
Und hatte die geheime Kraft, vor Gott
Und Menschen angenehm zu machen, wer
In dieser Zuversicht ihn trug. Was Wunder,
Dass ihn der Mann in Osten darum nie
Vom Finger ließ; und die Verfügung traf,

Auf ewig ihn bei seinem Hause zu
Erhalten? Nämlich so. Er ließ den Ring
Von seinen Söhnen dem geliebtesten;
Und setzte fest, dass dieser wiederum
Den Ring von seinen Söhnen dem vermache,
Der ihm der liebste sei; und stets der Liebste,
Ohn Ansehn der Geburt, in Kraft allein
Des Rings, das Haupt, der Fürst des Hauses werde. –
Versteh mich, Sultan.

Saladin. Ich versteh dich. Weiter!

Nathan. So kam nun dieser Ring, von Sohn zu Sohn,
Auf einen Vater endlich von drei Söhnen;
Die alle drei ihm gleich gehorsam waren,
Die alle drei er folglich gleich zu lieben
Sich nicht entbrechen konnte. Nur von Zeit
Zu Zeit schien ihm bald der, bald dieser, bald
Der dritte, – sowie jeder sich mit ihm
Allein befand, und sein ergießend Herz
Die andern zwei nicht teilten, – würdiger
Des Ringes; den er denn auch einem jeden
Die fromme Schwachheit hatte, zu versprechen.
Das ging nun so, solang es ging. – Allein
Es kam zum Sterben, und der gute Vater
Kömmt in Verlegenheit. Es schmerzt ihn, zwei
Von seinen Söhnen, die sich auf sein Wort
Verlassen, so zu kränken. – Was zu tun? –
Er sendet in geheim zu einem Künstler,
Bei dem er, nach dem Muster seines Ringes,
Zwei andere bestellt, und weder Kosten
Noch Mühe sparen heißt, sie jenem gleich,
Vollkommen gleich zu machen. Das gelingt
Dem Künstler. Da er ihm die Ringe bringt,
Kann selbst der Vater seinen Musterring

Nicht unterscheiden. Froh und freudig ruft
Er seine Söhne, jeden insbesondre;
Gibt jedem insbesondre seinen Segen, –
Und seinen Ring, – und stirbt. – Du hörst doch, Sultan?

Saladin *(der sich betroffen von ihm gewandt).*
Ich hör, ich höre! – Komm mit deinem Märchen
Nur bald zu Ende. – Wird's?

Nathan. Ich bin zu Ende.
Denn was noch folgt, versteht sich ja von selbst. –
Kaum war der Vater tot, so kömmt ein jeder
Mit seinem Ring', und jeder will der Fürst
Des Hauses sein. Man untersucht, man zankt,
Man klagt. Umsonst; der rechte Ring war nicht
Erweislich; – *(nach einer Pause, in welcher er des Sultans Antwort erwartet)*
Fast so unerweislich, als
Uns itzt – der rechte Glaube.

Saladin. Wie? das soll
Die Antwort sein auf meine Frage? …

Nathan. Soll
Mich bloß entschuldigen, wenn ich die Ringe,
Mir nicht getrau zu unterscheiden, die
Der Vater in der Absicht machen ließ,
Damit sie nicht zu unterscheiden wären.

Saladin. Die Ringe! – Spiele nicht mit mir! – Ich dächte,
Dass die Religionen, die ich dir
Genannt, doch wohl zu unterscheiden wären.
Bis auf die Kleidung; bis auf Speis und Trank!

Nathan. Und nur von Seiten ihrer Gründe nicht. –
Denn gründen alle sich nicht auf Geschichte?
Geschrieben oder überliefert! – Und
Geschichte muss doch wohl allein auf Treu
Und Glauben angenommen werden? – Nicht? –
Nun wessen Treu und Glauben zieht man denn
Am wenigsten in Zweifel? Doch der Seinen?
Doch deren Blut wir sind? doch deren, die
Von Kindheit an uns Proben ihrer Liebe
Gegeben? die uns nie getäuscht, als wo
Getäuscht zu werden uns heilsamer war? –
Wie kann ich meinen Vätern weniger,
Als du den deinen glauben? Oder umgekehrt. –
Kann ich von dir verlangen, dass du deine
Vorfahren Lügen strafst, um meinen nicht
Zu widersprechen? Oder umgekehrt.
Das Nämliche gilt von den Christen. Nicht? –

Saladin. (Bei dem Lebendigen! Der Mann hat Recht.
Ich muss verstummen.)

Nathan. Lass auf unsre Ring'
Uns wieder kommen. Wie gesagt: die Söhne
Verklagten sich; und jeder schwur dem Richter,
Unmittelbar aus seines Vaters Hand
Den Ring zu haben. – Wie auch wahr! – Nachdem
Er von ihm lange das Versprechen schon
Gehabt, des Ringes Vorrecht einmal zu
Genießen. – Wie nicht minder wahr! – Der Vater,
Beteu'rte jeder, könne gegen ihn
Nicht falsch gewesen sein; und eh er dieses
Von ihm, von einem solchen lieben Vater,
Argwohnen lass': eh müss' er seine Brüder,
So gern er sonst von ihnen nur das Beste
Bereit zu glauben sei, des falschen Spiels

Bezeihen; und er wolle die Verräter
Schon auszufinden wissen; sich schon rächen.

Saladin. Und nun, der Richter? – Mich verlangt zu hören,
Was du den Richter sagen lässest. Sprich!

Nathan. Der Richter sprach: Wenn ihr mir nun den Vater
Nicht bald zur Stelle schafft, so weis ich euch
Von meinem Stuhle. Denkt ihr, dass ich Rätsel
Zu lösen da bin? Oder harret ihr,
Bis dass der rechte Ring den Mund eröffne? –
Doch halt! Ich höre ja, der rechte Ring
Besitzt die Wunderkraft beliebt zu machen;
Vor Gott und Menschen angenehm. Das muss
Entscheiden! Denn die falschen Ringe werden
Doch das nicht können! – Nun; wen lieben zwei
Von euch am meisten? – Macht, sagt an! Ihr schweigt?
Die Ringe wirken nur zurück? und nicht
Nach außen? Jeder liebt sich selber nur
Am meisten? – O so seid ihr alle drei
Betrogene Betrieger! Eure Ringe
Sind alle drei nicht echt. Der echte Ring
Vermutlich ging verloren. Den Verlust
Zu bergen, zu ersetzen, ließ der Vater
Die drei für einen machen.

Saladin. Herrlich! herrlich!

Nathan. Und also; fuhr der Richter fort, wenn ihr
Nicht meinen Rat, statt meines Spruches, wollt:
Geht nur! – Mein Rat ist aber der: ihr nehmt
Die Sache völlig wie sie liegt. Hat von
Euch jeder seinen Ring von seinem Vater:
So glaube jeder sicher seinen Ring
Den echten. – Möglich; dass der Vater nun

Die Tyrannei des Einen Rings nicht länger
In seinem Hause dulden wollen! – Und gewiss;
Dass er euch alle drei geliebt, und gleich
Geliebt: indem er zwei nicht drücken mögen,
Um einen zu begünstigen. – Wohlan!
Es eifre jeder seiner unbestochnen
Von Vorurteilen freien Liebe nach!
Es strebe von euch jeder um die Wette,
Die Kraft des Steins in seinem Ring' an Tag
Zu legen! komme dieser Kraft mit Sanftmut,
Mit herzlicher Verträglichkeit, mit Wohltun,
Mit innigster Ergebenheit in Gott,
Zu Hülf'! Und wenn sich dann der Steine Kräfte
Bei euren Kindes-Kindeskindern äußern:
So lad ich über tausend tausend Jahre,
Sie wiederum vor diesen Stuhl. Da wird
Ein weisrer Mann auf diesem Stuhle sitzen,
Als ich; und sprechen. Geht! – So sagte der
Bescheidne Richter.

Heinrich Mann
Aus: **Der Untertan** (1914)

Eine Sammlung über deutschsprachige Literatur kommt am Thema »Deutschland« nicht vorbei. Dieser Textausschnitt spielt mit allen Versatzstücken des nationalen Pathos, die ein Jahrhundert lang tausendfach in Festtagsreden bemüht worden sind: *berechtigtes Selbstgefühl, Tüchtigkeit, sittliche Kraft, Geist, fruchtbare Wehr gegen den Neid der Feinde, Elite unter den Nationen, Höhe germanischer Herrenkultur, siegreich auf dem Schlachtfelde, vom Weltenschöpfer erwählt* ... Und natürlich braucht eine solche Nation eine *unvergleichliche Persönlichkeit, die stark genug ist, dass wir allesamt uns efeuartig an ihr emporranken dürfen.*

Heinrich Mann war in den 20er Jahren einer der prominentesten und geachtetsten Autoren deutscher Sprache. Schon im Februar 1933 musste er unter dem Druck derer, die jetzt die *einzige politische Partei* bildeten, den Vorsitz der Sektion Dichtkunst der Preußischen Akademie der Künste abgeben. Internationalen Ruhm erlangte er durch die Figur des Professor Unrat, freilich weniger durch seinen gleichnamigen Roman, als vielmehr durch die Verfilmung unter dem Titel *Der blaue Engel* (Standfotos der blonden Hauptdarstellerin haben wir ja alle noch im Kopf ...).

Die Figur des Diederich Heßling, der die hier vorgestellte Rede hielt, wurde im Roman *Der Kopf* aufgegriffen und fortentwickelt: zum Großkapitalisten, der in der »Villa Höhe« residiert, eine klare Anspielung auf Krupps »Villa Hügel«. Mann schrieb den *Untertan* bereits vor dem Ersten Weltkrieg, im Nachhinein muss man zur Kenntnis nehmen, dass der hier entlarvte Untertanengeist in den 30er Jahren fröhliche Urstände feierte und trotz der furchtbaren Folgen des Nationalsozialismus in vielen Köpfen und Herzen überdauerte. Der jüngere Bruder, sie hatten es nicht immer leicht miteinander, skizziert den Unterschied von Erfolg und Wirkung wie folgt: »Die Verbindung des Dichters mit dem politischen Moralisten war den Deutschen zu fremd, als dass sein kritisches Genie über ihr Schicksal etwas vermocht hätte, und noch heute, fürchte ich, wissen wenige von ihnen, dass dieser Tote einer ihrer größten Schriftsteller war.«

Warum sollten wir solche Texte heute noch lesen? Weil sie eine Hyperbolik dessen sind, was in politischen Reden noch heute hier und da geschieht? Jedenfalls: weil sie uns aufmerksam machen können auf den Tonfall des nationalen Eigenlobs, wo immer er sich erhebt, um Menschen zu verführen.

Leben und Werke:
In Lübeck wurde Heinrich Mann 1871 geboren. Nach dem Tod des Vaters zog er nach München um, fand Anschluss in der dortigen Boheme, reagierte publizistisch und literarisch vor allem auf die politische Entwicklung des deutschen Bürgertums. Noch vor der Bücherverbrennung emigrierte er nach Frankreich, später in die USA. Gestorben ist er dort 1950.

Leseempfehlungen:
Spannend zu lesen ist zweifellos *Professor Unrat:* ein machtbesessener Bildungsbürger erlebt seinen Untergang durch die Liebe zur »Künstlerin Fröhlich«. Und natürlich »muss« man die hier als Auszug abgedruckte Geschichte des *Untertanen* kennen.

Heinrich Mann

Der Untertan

»Eure Exzellenzen! Höchste, hohe und geehrte Herren!

Hundert Jahre sind es, dass der große Kaiser, dessen Denkmal der Enthüllung harrt durch den Vertreter Seiner Majestät, uns und dem Vaterlande geschenkt ward; gleichzeitig aber, das macht diese Stunde noch bedeutsamer, ist fast ein Jahrzehnt vergangen, seit sein großer Enkel den Thron bestiegen hat! Wie sollten wir da nicht vor allem auf die große Zeit, die wir selbst miterleben durften, einen stolzen und dankbaren Rückblick werfen.«

Diederich warf ihn. Er feierte abwechselnd den beispiellosen Aufschwung der Wirtschaft und des nationalen Gedankens. Längere Zeit verweilte er beim Ozean. »Der Ozean ist unentbehrlich für Deutschlands Größe. Der Ozean beweist uns, dass auf ihm und jenseits von ihm ohne Deutschland und ohne den Deutschen Kaiser keine Entscheidung mehr fallen darf, denn das Weltgeschäft ist heute das Hauptgeschäft!« Aber nicht nur vom geschäftlichen Standpunkt, noch mehr geistig und sittlich war der Aufschwung ein beispielloser zu nennen. Wie sah es denn früher aus mit uns? Diederich entwarf ein wenig schmeichelhaftes Bild des älteren Geschlechts, das durch eine einseitige humanitäre Bildung zu zuchtlosen Anschauungen verführt, in nationaler Hinsicht noch keinen Komment gehabt hatte. Wenn das jetzt gründlich anders geworden war, wenn wir, im berechtigten Selbstgefühl, das tüchtigste Volk Europas und der Welt zu sein, von Nörglern und Elenden abgesehen, nur noch eine einzige nationale Partei bildeten, wem verdankten wir es? Allein Seiner Majestät, antwortete Diederich. »Er hat den Bürger aus dem Schlummer gerüttelt, sein erhabenes Beispiel hat uns zu dem gemacht, was wir sind!« – wobei Diederich sich auf die Brust schlug. »Seine Persönlichkeit, seine einzige, unvergleichliche Persönlichkeit ist stark genug, dass wir allesamt uns efeuartig an ihr emporranken dürfen!«, rief er aus, obwohl es nicht in seinem Entwurf stand. »Was Seine Majestät der Kaiser zum Wohle des deutschen Volkes beschließt, dabei wollen wir ihm jubelnd behilflich sein, ob wir nun edel sind oder unfrei. Auch der einfache Mann aus der Werkstatt ist willkommen!«, fügte er wieder aus dem Stegreif hinzu, jäh inspiriert durch den Geruch des schwitzenden Volkes hinter dem Militärkordon; denn der Wind, der aufkam, trug ihn her.

»In staunender Weise ertüchtigt, voll hoher sittlicher Kraft zu positiver Betätigung, und in unserer furchtbaren Wehr der Schrecken aller Feinde, die uns neidisch umdrohen, so sind wir die Elite unter den Nationen und bezeichnen eine zum ersten Male erreichte Höhe germanischer Herrenkultur, die bestimmt niemals und von niemandem, er sei wer er sei, wird überboten werden können!«

Hier sah man den Oberpräsidenten mit dem Kopf nicken, indes der Flügeladjutant die Hände gegeneinander bewegte: da brachen die Tribünen in Beifall aus. Bei den Zivilisten wehten Taschentücher, Guste ließ es im Wind flattern und, trotz der Unstimmigkeit von vorhin, auch Käthchen Zillich. Diederich, im Herzen leicht wie die wehenden Taschentücher, nahm seinen hohen Flug wieder auf.

»Eine solche, nie da gewesene Blüte aber erreicht ein Herrenvolk nicht in einem schlaffen, faulen Frieden: Nein, sondern unser alter Alliierter hat es für notwendig gehalten, das deutsche Gold im Feuer zu bewähren. Durch den Schmelzofen von Jena und Tilsit haben wir hindurchgemusst, und schließlich ist es uns doch gelungen, siegreich überall unsere Fahnen aufzupflanzen und auf dem Schlachtfelde die deutsche Kaiserkrone zu schmieden!«

Und er erinnerte an das prüfungsreiche Leben Wilhelms des Großen, woraus wir, wie Diederich feststellte, erkannten, dass der Weltenschöpfer das Volk im Auge behält, das er sich erwählt hat, und sich auch das entsprechende Instrument baut.

Thomas Mann
Vision (1893)

Ist das nicht rührend? Dieser ziselierte Parallelismus der beiden ersten Sätze, bis in die eitlen Reflexiva hinein; diese Auswahl sonntäglich-jugendstiliger Worte für eine Beschreibung alltäglicher Dinge! Ist da bereits der ironisierende Erzähler am Werk? Einer der ganz Großen des 20. Jahrhunderts hatte diese *Vision*. Da war er achtzehn Jahre alt; den Text ließ er unter dem Pseudonym Paul Thomas in seiner Heimatstadt Lübeck in *Der Frühlingssturm* veröffentlichen. Aber bitte schön: Drei Jahre nach seinem Tode wurde diese Jünglingsprosa vorn in die Gesamtausgabe seiner *Erzählungen* aufgenommen, dort findet man sie auch heute noch. Das Motiv der verlorenen Liebe, das erlesene Interieur, die geschliffene Grammatik, der penible Blick auf die Dinge, all das findet ja seine Fortsetzung in der späteren Prosa des Nobelpreisträgers.

Von Thomas Mann sollte man eigentlich einen Auszug aus *Buddenbrooks* bringen, dafür bekam er schließlich den Nobelpreis. Oder etwas aus dem Zusammenhang von Tonio Kröger, Gustav Aschenbach, Felix Krull oder Adrian Leverkühn.

Dieser Text ist nicht seiner selbst willen lesenswert, sondern als Dokument einer großen literarischen Entwicklung. Erst der Blick auf diesen unfreiwilligen Kitsch lässt uns erahnen, wie viel Ringen, wie viel Arbeit, wie viel Hoffen und Bangen ein Autor auf sich nehmen muss, um sich von solchen ersten Schreibversuchen zu emanzipieren zur Prosa von Weltrang.

Beim Blättern durch die *Erzählungen* fiel mir wieder die *Schwere Stunde* in die Hand. Dort lässt Thomas Mann einen der beiden Weimarer Dichterfürsten die Leiden und Freuden des Schreibens durchleben: *»Er stand vom Schreibtisch auf, von seiner kleinen, gebrechlichen Schreibkommode, stand auf wie ein Verzweifelter und ging mit hän-*

gendem Kopfe in den entgegengesetzten Winkel des Zimmers«, so beginnt dort die Schilderung einer Arbeitsnacht. Und wir Leser bekommen eine Ahnung vom literarischen Schaffensprozess: *»Vom ersten rhythmischen Drange innerer Kunst nach Stoff, Materie, Möglichkeit des Ergusses – bis zum Gedanken, zum Bilde, zum Worte, zur Zeile: welch Ringen! Welch Leidensweg!«*

Manchmal ist es hilfreich, Autoren nicht nur in ihren großen und berühmten Texten zu begegnen, sondern sie in ihrem Werdegang zu verfolgen. Diese frühe *Vision* lenkt den Blick zurück auf einen Anfang.

Auf diesem Hintergrund lässt sich ein Credo wie das aus *Schwere Stunde* in seiner ganzen Tragweite erfassen; dort greift der Autor schließlich erneut zur Feder und spornt sich selbst an: *»Nicht grübeln: Arbeiten! Begrenzen, ausschalten, gestalten, fertig werden …«*

Leben und Werke:
Geboren wurde Thomas Mann 1875 in Lübeck. *Buddenbrooks,* der Roman über den »Verfall einer Familie«, ein Stück Seelengeschichte des europäischen Bürgertums, erscheint 1901 und begründet seinen Weltruhm. 1933 verlässt er Deutschland, bleibt bis 1938 in der Schweiz und wird schließlich amerikanischer Staatsbürger. 1949 kehrt er erstmals nach Deutschland zurück, von 1952 bis zu seinem Tod 1955 lebt er wiederum in der Schweiz. Seine 1975 veröffentlichten Tagebücher geben Auskunft, dass sich hinter dem Schutzwall der Bürgerlichkeit eine Existenz verbarg, die ständig aus der Balance zu geraten drohte.

Leseempfehlungen:
Besonders zu empfehlen sind *Buddenbrooks, Die Bekenntnisse des Hochstaplers Felix Krull,* die Novellen *Tonio Kröger* und *Der Tod in Venedig.* Intensive Auseinandersetzung fordert sein Alterswerk *Doktor Faustus.*

Thomas Mann

Vision

Wie ich mir mechanisch eine neue Zigarette drehe und die braunen Stäubchen mit feinem Prickeln auf das weißgelbe Löschpapier der Schreibmappe niedertaumeln, will es mir unwahrscheinlich werden, dass ich noch wache. Und wie die feuchtwarme Abendluft, die durch das offene Fenster neben mir hereingeht, die Rauchwölkchen so seltsam formt und aus dem Bereich der grün beschirmten Lampe ins Mattschwarze trägt, steht es mir fest, dass ich schon träume.

Da wird's natürlich schon ganz arg; denn diese Meinung wirft der Phantasie die Zügel auf den Rücken. Hinter mir knackt heimlich neckend die Stuhllehne, dass es mir jäh wie hastiger Schauder durch alle Nerven fährt. Das stört mich ärgerlich in meinem tiefsinnigen Studium der bizarren Rauchschriftzeichen, die um mich irren und über die einen Leitfaden zu verfassen ich bereits fest entschlossen war.

Aber nun ist die Ruhe zum Teufel. Tolle Bewegung in allen Sinnen. Fiebrisch, nervös, wahnsinnig. Jeder Laut keift. Und mit all dem verwirrt steigt Vergessenes auf. Einst dem Sehsinn Eingeprägtes, das sich seltsam erneut; mit dem Fühlen dazu von damals.

Wie interessiert ich es bemerke, dass mein Blick sich gierig erweitert, als er die Stelle im Dunkel umfasst! Jene Stelle, aus der sich lichte Plastik stets deutlicher hervorhebt. Wie er es einsaugt; eigentlich nur wähnt, aber doch selig. Und er empfängt immer mehr. Das heißt gibt sich immer mehr; macht sich immer mehr; zaubert sich immer mehr … immer … mehr.

Nun ist es da, ganz deutlich, ganz wie damals, das Bild, das Kunstwerk des Zufalls. Aufgetaucht aus Vergessenem, wiedergeschaffen, geformt, gemalt von der Phantasie, der fabelhaft talentvollen Künstlerin.

Nicht groß: klein. Auch kein Ganzes eigentlich, aber doch vollendet wie damals. Doch unendlich im Dunkel verschwimmend, nach allen Seiten. Ein All. Eine Welt. – Licht zittert darin und tiefe Stimmung. Aber kein Laut. Nichts dringt hinein von dem lachenden Lärm ringsum. Wohl nicht jetzt ringsum, aber damals.

Ganz unten blendet Damast; quer zacken und runden und winden gewirkte Blätter und Blüten. Darauf durchsichtig hingeplattet und dann schlank ragend ein Kristallkelch, halb voll blassem Gold. Davor träumend hingestreckt eine Hand. Die Finger liegen lose um den Fuß des Kelches. Um den einen geschmiegt ein duffsilberner Reif. Blutend darauf ein Rubin.

Schon wo es nach dem zarten Gelenk im Formencrescendo Arm werden will, verschwimmt es im Ganzen. Ein süßes Rätsel. Träumerisch und regungslos ruht die Mädchenhand. Nur da, wo sich über ihr mattes Weiß weich eine hellblaue Ader schlängelt, pulsiert Leben, pocht Leidenschaft langsam und heftig. Und wie es meinen Blick fühlt, wird es rascher und rascher, wilder und wilder, bis es zum flehenden Zucken wird: Lass ab …

Aber schwer und mit grausamer Wollust lastet mein Blick, wie damals. Lastet auf der Hand, in der bebend der Kampf mit der Liebe, der Sieg der Liebe pulsiert … wie damals … wie damals …

Langsam löst sich vom Grunde des Kelches eine Perle und schwebt aufwärts. Wie sie in den Lichtbereich des Rubins kommt, flammt sie blutrot auf und erlischt jäh an der Oberfläche. Da will wie gestört alles schwinden, wie sehr der Blick sich müht, zeichnend die weichen Konturen aufzufrischen.

Nun ist es dahin; im Dunkel zerronnen. Ich atme tief – tief auf, denn ich bemerke, dass ich das vergessen hatte darüber. Wie damals auch …

Wie ich mich müde zurücklehne, zuckt Schmerz auf. Aber ich weiß es nun so sicher wie damals: Du liebtest mich doch … Und das ist es, warum ich nun weinen kann.

Conrad Ferdinand Meyer
Die Füße im Feuer (1864/1882)

In kaum einer Anthologie fehlt dieses berühmteste Exemplar der Gattung Ballade. Interpretationen gibt es zuhauf; sie sind leicht zugänglich. Die Geschichte, hinreichend Stoff für eine Novelle, spielt zur Zeit der Hugenottenkriege (1562–1710); *dem größten König eigen* bezieht sich vermutlich auf Ludwig XIV., der 1685 das Edikt von Nantes auflöste; der Kampf zwischen den Katholiken und Reformierten befindet sich also in einer Beruhigungsphase. Und in dieser Zeit verirrt sich ein *Knecht des Königs* in das Anwesen eines Reformierten, den er in der Zeit der Verfolgung drei Jahre zuvor eben dort gesucht hatte. Die Frau des *Edelmanns* hatte ihn, den *Junker*, trotz Folter, bei der sie zu Tode kam, nicht verraten.

Ich möchte hier meine »Textlupe« auf die Zeilen legen, in denen die Kinder, also das *Edelfräulein* und der *Knabe*, eine Rolle spielen. Der *Kurier* tritt also in den Saal, und die beiden Kinder erkennen den Folterer allmählich wieder. Grauen überkommt sie: *Der Kinder Blick / Hangt schreckensstarr am Gast und hangt am Herd entsetzt* ... Sie erleben das Unvergessliche, Furchtbare noch einmal nach. In der Erstfassung der Ballade *Der Hugenot* von 1864 heißt es: *Unruhig wird der Knabe jetzt / Und ist zum Vater hingerückt; / Das bleiche Mädchen starrt entsetzt, / Als hätt's ein reißend Tier erblickt.* Doch sie sind beherrscht; die Autorität des Vaters wirkt offensichtlich beruhigend auf sie ein. *Den Kindern winkt der Vater: »Still!«*, heißt es in der Erstfassung.

Wie alt mögen die beiden sein, die da so anrührend der *greisen Schaffnerin* beim Auftragen der Speisen helfen? Vielleicht zehn Jahre der Knabe und etwas jünger das Mädchen: *Das Edelmägdlein hilft, / Ein Knabe trug den Krug mit Wein.* Eine merkwürdige, die Zeiten und Perspektiven überlagernde Gegenüberstellung der beiden! *Das* Mädchen *hilft* – *ein* Knabe *trug*. Der Binnenreim *trug* – *Krug* erklärt nicht den Wechsel von bestimmtem und unbestimmtem Artikel, von Präsens und Präteritum. Erklärbar ist es nur so: Der *Kurier* sieht, was hier und jetzt geschieht – und erinnert sich, was damals geschah. Vor drei Jahren war es, der Knabe musste also wohl sieben Jahre alt gewesen sein, als er dem tobenden Eindringling, vielleicht um ihn gnädig zu stimmen, einen Krug mit Wein gebracht hatte. Wiedererkennen auf beiden Seiten! Und der Vater versteht die Signale seiner Kinder an ihren Blicken, an ihrer Sprachlosigkeit: *Doch keins der Kinder spricht das Tischgebet.* Erst als der Fremde den Hausherrn um eine *Lagerstatt* anhält, denn hier wieder herauszukommen wagt er nicht, sieht er *den Knaben flüstern in des Vaters Ohr.* Nun erhält der Vater Gewissheit über das, was er längst schon an dem Verhalten der Kinder erahnt haben musste.

Was für eine Situation! Und wie wird sie erzählt! Da sitzen der Vater und seine Kinder *in ihrer schwarzen Tracht* der Trauer im Saal unter dem Bild der ermordeten Mutter, der Vater liest ihnen vielleicht etwas vor oder sie musizieren gemeinsam mit ihm vor dem Abendessen, und plötzlich kommt derjenige herein, den die Kinder als den Mörder der Mutter wiedererkennen und der vom Vater mit gebührender Gastfreundschaft aufgenommen wird. Conrad Ferdinand Meyer gestaltet diese Szene als eine Überlagerung der Perspektiven des Erzählers und des Fremden. Damit erhält sie einerseits etwas Starres und distanziert Beherrschtes, das Hugenottische kennzeichnend, andererseits wird sie in der Kurzatmigkeit von Erinnerungsfetzen erzählt: Anzeichen für die Angst des Reiters, der nichts bereut, sondern sich nur den Vorwurf macht: *Wer hieß dich hier zu Gaste gehen, dummer Narr?* Wie sich der Fremde in seiner Sprache, seinem Verhalten und in seiner Selbstgerechtigkeit aufführt, das steht den Kindern greifbar vor Augen. Er ist derselbe geblieben wie damals. Doch der Vater, so müssen sie wohl denken, hat ihn jetzt in der Hand. Rache, Vergeltung? Der größte König ist Gott. Und nur der kann sagen: *Mein ist die Rache.*

Leben und Werke:
Conrad Ferdinand Meyer wurde 1825 in Zürich geboren. Während seines Schulbesuches in Lausanne lernt er die französische Literatur kennen. Er wird später, nachdem er schon als Jugendlicher wegen Schwermut in eine Heilanstalt eingewiesen werden musste, als Übersetzer aus dem Französischen und ins Französische tätig sein. Sein Hauptwerk besteht vornehmlich aus novellistischen Texten, Gedichten und Balladen, so: *Kleine Novellen* (1883), die Novellen *Die Hochzeit des Mönchs* (1884), *Die Richterin* (1885), *Angela Borgia* (1891). 1891 bricht er durch Überarbeitung zusammen und stirbt 1898 in Kilchberg.

Leseempfehlungen:
Vor allem eine der Kleinen Novellen: *Das Amulett* oder *Der Schuss von der Kanzel.* Wer sich auf poetische »Spurensuche« begeben möchte, dem sei besonders empfohlen, die verschiedenen Fassungen von *Der römische Brunnen* (1860, 1864, 1870, 1882) zu vergleichen und zu der hier besprochenen Ballade die Frühfassung *Der Hugenot* (1864) zu lesen. Da wird einem deutlich, zu welchen wundervollen Ergebnissen Überarbeitungsprozesse führen können!

Conrad Ferdinand Meyer

Die Füße im Feuer

Wild zuckt der Blitz. In fahlem Lichte steht ein Turm.
Der Donner rollt. Ein Reiter kämpft mit seinem Ross,
Springt ab und pocht ans Tor und lärmt. Sein Mantel saust
Im Wind. Er hält den scheuen Fuchs am Zügel fest.
Ein schmales Gitterfenster schimmert goldenhell
Und knarrend öffnet jetzt das Tor ein Edelmann …

»Ich bin ein Knecht des Königs, als Kurier geschickt
Nach Nîmes. Herbergt mich! Ihr kennt des Königs Rock!«
»Es stürmt. Mein Gast bist du. Dein Kleid, was kümmert's mich?
Tritt ein und wärme dich! Ich sorge für dein Tier!«
Der Reiter tritt in einen dunkeln Ahnensaal,
Von eines weiten Herdes Feuer schwach erhellt,
Und je nach seines Flackerns launenhaftem Licht
Droht hier ein Hugenott im Harnisch, dort ein Weib,
Ein stolzes Edelweib aus braunem Ahnenbild …
Der Reiter wirft sich in den Sessel vor dem Herd
Und starrt in den lebend'gen Brand. Er brütet, gafft …
Leis sträubt sich ihm das Haar. Er kennt den Herd, den Saal …
Die Flamme zischt. Zwei Füße zucken in der Glut.

Den Abendtisch bestellt die greise Schaffnerin
Mit Linnen blendend weiß. Das Edelmägdlein hilft.
Ein Knabe trug den Krug mit Wein. Der Kinder Blick
Hangt schreckensstarr am Gast und hangt am Herd entsetzt …
Die Flamme zischt. Zwei Füße zucken in der Glut.
»Verdammt! Dasselbe Wappen! Dieser selbe Saal!
Drei Jahre sind's … Auf einer Hugenottenjagd …
Ein fein, halsstarrig Weib … ›Wo steckt der Junker? Sprich!‹
Sie schweigt. ›Bekenn!‹ Sie schweigt. ›Gib ihn heraus!‹ Sie schweigt.

Ich werde wild. Der Stolz! Ich zerre das Geschöpf …
Die nackten Füße pack ich ihr und strecke sie
Tief mitten in die Glut … ›Gib ihn heraus!‹ … Sie schweigt …
Sie windet sich … Sahst du das Wappen nicht am Tor?
Wer hieß dich hier zu Gaste gehen, dummer Narr?
Hat er nur einen Tropfen Bluts, erwürgt er dich.«
Eintritt der Edelmann. »Du träumst! Zu Tische, Gast …«

Da sitzen sie. Die drei in ihrer schwarzen Tracht
Und er. Doch keins der Kinder spricht das Tischgebet.
Ihn starren sie mit aufgerissnen Augen an –
Den Becher füllt und übergießt er, stürzt den Trunk,
Springt auf: »Herr, gebet jetzt mir meine Lagerstatt!
Müd bin ich wie ein Hund!« Ein Diener leuchtet ihm,
Doch auf der Schwelle wirft er einen Blick zurück
Und sieht den Knaben flüstern in des Vaters Ohr …
Dem Diener folgt er taumelnd in das Turmgemach.

Fest riegelt er die Tür. Er prüft Pistol und Schwert.
Gell pfeift der Sturm. Die Diele bebt. Die Decke stöhnt.
Die Treppe kracht … Dröhnt hier ein Tritt? Schleicht dort ein Schritt? …

Ihn täuscht das Ohr. Vorüberwandelt Mitternacht.
Auf seinen Lidern lastet Blei, und schlummernd sinkt
Er auf das Lager. Draußen plätschert Regenflut.
Er träumt. »Gesteh!« Sie schweigt. »Gib ihn heraus!« Sie schweigt.

Er zerrt das Weib. Zwei Füße zucken in der Glut.
Aufsprüht und zischt ein Feuermeer, das ihn verschlingt …
– »Erwach! Du solltest längst von hinnen sein! Es tagt!«
Durch die Tapetentür in das Gemach gelangt,
Vor seinem Lager steht des Schlosses Herr – ergraut,
Dem gestern dunkelbraun sich noch gekraust das Haar.

Sie reiten durch den Wald. Kein Lüftchen regt sich heut.
Zersplittert liegen Ästetrümmer quer im Pfad.
Die frühsten Vöglein zwitschern, halb im Traume noch.
Friedsel'ge Wolken schwimmen durch die klare Luft,
Als kehrten Engel heim von einer nächt'gen Wacht.
Die dunkeln Schollen atmen kräft'gen Erdgeruch.
Die Ebne öffnet sich. Im Felde geht ein Pflug.
Der Reiter lauert aus den Augenwinkeln: »Herr,
Ihr seid ein kluger Mann und voll Besonnenheit
Und wisst, dass ich dem größten König eigen bin.
Lebt wohl! Auf Nimmerwiedersehn!« Der andre spricht:
»Du sagst's! Dem größten König eigen! Heute ward
Sein Dienst mir schwer … Gemordet hast du teuflisch mir
Mein Weib! Und lebst … Mein ist die Rache, redet Gott.«

Conrad Ferdinand Meyer

Der Hugenot

Wild zuckt der Blitz, der Donner kracht,
Es kämpft ein Reiter mit dem Sturm,
Ein neuer Blitz zerreißt die Nacht
Und grell beleuchtet steht ein Turm.
Der Reiter spornt sein scheues Ross,
Und eine Brücke führt zum Schloss,
Rasch springt er ab und pocht an's Tor,
Sein Mantel saust im Wind empor.

Er drückt sich in die Stirn den Hut
Und hält das Tier am Zügel fest,
Verdoppelt tobt des Sturmes Wut,
Der kaum den Renner schnaufen lässt.
Ein Gitterfenster schimmert schnell,
Dann öffnet sich die Türe hell,
Ein Edelmann im schwarzen Kleid
Erscheint, und Diener steh'n bereit.

Der Reiter ruft: »Des Königs Knecht!
Nach Nîmes eil' ich als Kourier!
Beherbergt mich, es wettert schlecht,
Den Rock des Königs kennet ihr!«
Des Schlosses Herr versetzt: »Mein Gast,
Was kümmert's mich, welch' Kleid du hast.
Komm' an den Herd, tritt in's Gemach
Und wärme dich, ich folge nach.«

Ein knisternd Feuer flackert gut;
Der Kriegsknecht tritt an den Kamin,
Und Ahnenbilder von der Glut
Beleuchtet, schauen rings auf ihn,
Die Ritter mit den strengen Brau'n,
Im Samtgewand die Edelfrau'n.
Des Hauses Wappen wiederholt
Sich oft, es ist ein Kreuz in Gold. –

Der Reiter staunt, ihm scheint bekannt
Der heller stets geword'ne Saal;
Scheu blickt er in des Herdes Brand
Und auf das Wappen noch einmal, –
Da tritt mit Sohn und Töchterlein
Der ernste Herr des Hauses ein,
Und spricht ihm zu: »Du rittest weit,
Komm zu dem Mahl, es steht bereit.«

Dem fremden Gaste tönt wie Droh'n
Des Wirtes mahnendes Geheiß.
Gerüstet ist die Tafel schon,
Das Linnen schimmert blendend weiß.
Erschaudernd wie in Fieberglüh'n
Wirft er auf einen Stuhl sich hin,
Und in die Runde treten sacht,
Die Drei in ihrer schwarzen Tracht. –

Es haftet auf dem Fremden bald
Der Kinder unverwandter Blick;
Der wünscht sich in den nächt'gen Wald
Und in den finstern Sturm zurück.

Den Becher fasst der wilde Gast
Und füllt, und übergießt ihn fast,
Da wehrt der Herr des Hauses: »Nein!
Lass erst das Mahl gesegnet sein.«

Unruhig wird der Knabe jetzt
Und ist zum Vater hingerückt;
Das bleiche Mädchen starrt entsetzt,
Als hätt's ein reißend Tier erblickt.
Den Kindern winkt der Vater: »Still!«
Und weiß nicht, was da werden will –
Der Reiter stammelt: »Ich bin matt, –
Herr, gebt mir eine Lagerstatt.«

Er eilt davon mit Ungestüm
Und seine Tritte dröhnen schwer,
Ein alter Diener leuchtet ihm,
Doch mit dem Leuchter zittert er.
Und an der Schwelle wirft zurück
Der Reiter einen wilden Blick,
Da sieht den Knaben er empor
Sich heben zu des Vaters Ohr.

Er stürzt erschreckt zum Saal hinaus,
Und alle Sinne sind ihm wirr,
Er flöhe gern in Nacht und Graus,
Doch seine Schritte gehen irr,
Und wie ein Trunk'ner folgt er nach
Dem Diener in das Schlafgemach.
Da ist er nun und weiß nicht wie,
Er prüft die Tür und riegelt sie.

Fest presst er mit der Hand die Stirn
Und frägt sich: »Ist es Sinnentrug?«
Da fügt im dämmernden Gehirn
Zum düstern Bild sich Zug an Zug.
»In dieser Burg vor einem Jahr
Lagst du mit deiner Reiterschaar,
Wie du die Hugenottenjagd
In den Gebirgen mitgemacht. –

»Wo hat der Junker sich versteckt?
Frag' ich ein bleiches Frauenbild.
Sie weint und hat mir's nicht entdeckt,
Die Kinder schrei'n, – ich werde wild, –
Da seh ein Feuer ich verglüh'n,
Da reiß ich sie zum Herde hin,
Die Füße hab' ich ihr gepackt
Und hielt sie in die Gluten nackt.«

»Will sich die Kammer mit mir dreh'n?
Bin ich berauscht? Nein! es ist wahr!
Wer hieß dich hier zu Gaste geh'n,
Du blöder Tor! Du blinder Narr!
Hat er nur einen Tropfen Blut,
So rächt er deinen Übermut,
Er überfällt dich heute Nacht,
Da liegst du morgen umgebracht.«

Wild greift nach Schwert er und Pistol
Und stellt sich an die Tür und lauscht;
Es pfeift der Sturm und ras't wie toll,
Der Erker bebt, die Diele rauscht;
Und will es einmal stille sein,
So zuckt ein fahler Blitz herein
Und über seinem Haupte rollt
Der Donner schwer und zürnt und grollt.

Schon weit ist's über Mitternacht,
Noch immer steht der Reiter da,
Und wenn im Haus ein Balken kracht,
Glaubt er den Schritt der Rache nah.
Doch endlich bricht des Sturmes Wut
Und plätschernd stürzt die Regenflut,
Da schließt sich ihm das Augenlid
Und nieder sinkt er bleiern müd.

Er schlummert … Fackeln in dem Saal,
Ein höllisches Gelächter schallt:
Weib, wo versteckst du den Gemahl?
Sprich! oder du bereust es bald!
Er zerrt mit widerwill'ger Wut
Die Füße nieder in die Glut;
Da sprüht die Flamme weit umher
Und wird ein lodernd Feuermeer.

Er krümmt auf feuchtem Lager sich
Und er erwacht … Es ist so still.
Am Himmel steht ein lichter Strich,
Der schon den Tag verkünden will.
Er schleppt sich an das Fenster sacht
und öffnet und blickt in die Nacht,
Es zwitschert in dem nahen Baum
Ein Vögelein, noch halb im Traum.

Die Scholle atmet kräft'gen Duft,
Gebadet ist der Garten ganz,
Es schwimmen Wolken in der Luft
Mit einem matten Silberglanz,
Und in dem ersten Dämmerschein
Wie ist die Erde still und rein! –
Da fühlt er dumpf wie sich verwies
Er aus des Friedens Paradies.

Rasch klopft es an: »Mach dich bereit!
Bist du bereit? Der Tag bricht ein.
Ich gebe selbst dir das Geleit,
Du solltest schon von hinnen sein.« –
Mit seinem Führer reitet bald
Der Kriegsknecht durch den dichten Wald,
Mit Ästen ist der Weg bestreut,
Doch nicht ein Lüftchen regt sich heut.

Der Reiter lauert tückisch scheu
Indem sie rüstig fürder zieh'n,
Erstaunt, dass er am Leben sei,
Und fragt sich: »Weiß er, wer ich bin?«
Da däucht ihn halb ergraut das Haar,
Das gestern noch so dunkel war,
Da scheint ihm, wie vom Sturm gebeugt,
Der ihm des Waldes Wege zeigt.

Und schon im Felde seh'n den Pflug
Sie in der Morgensonne geh'n,
Da ruft der Reiter: »Herr genug!
Habt Dank! Auf Nimmerwiederseh'n!
Ihr seid ein Mann von weisem Sinn,
Und seht, dass ich des Königs bin,
Des größten Königs in der Welt,
Der meinen Weg im Auge hält!«

Jetzt spricht der Andre feierlich:
»Du hieltst in meinem Hause Rast,
Und durch den Wald geleit' ich dich,
Der du mein Weib gemordet hast!
Ich weiß, dass du *des* Königs bist,
Der über Alle mächtig ist …
Doch wurde heut sein Dienst mir schwer;
Mein ist die Rache! spricht der Herr.«

Eduard Mörike
Der Feuerreiter (1824/1867)

Ein halbes Leben lang hat sich Mörike mit dieser Romanze oder Ballade auseinander gesetzt! Fünf Fassungen liegen uns vor. Dieses Bemühen um Überarbeitung, Umgestaltung, Verbesserung ist es, was mich daran immer wieder begeistert hat. Wie faszinierend fand ich es, als ich in seiner ersten Handschrift bemerkte, dass am Ende der vorletzten Strophe nach *Brennt's in einer* ... abgebrochen wurde und das *in einer* durchgestrichen war! Einblick in die Arbeit eines Schriftstellers! Jemand, der sich für eine solche Umformungsarbeit interessiert, kann die vielen Veränderungen studieren. Für mich war dieses Studium »unentbehrlich«.

Das Balladen-Geschehen selbst ist immer gleich geblieben: Ein Mann, der offenbar bekannt dafür ist, Feuer vorhersagen zu können, reitet auf einem Pferd an den Ort des Brandes und verschwindet dort. Jahre später, vielleicht beim Neubau der Mühle, findet man sein Gerippe und das des Pferdes unter den Mauern; die Mütze ist unversehrt.

Auch wie das erzählt ist, hat Mörike im Prinzip nicht verändert: In den ersten beiden Strophen im Präsens der Leseranrede aus der Sicht eines (wir würden heute sagen) Reporters, der ins Mikrophon spricht; in der vorletzten aus der präteritalen Distanz eines Berichterstatters; in der letzten aus der Rolle eines Menschen, der einen Nachruf verfasst. Überarbeitet werden einzelne Worte und Wendungen sowie die Interpunktion, wodurch das Ganze an Präzision, Klang und rhythmischer Kraft hinzugewinnt. Das poetische Handwerkszeug wird zunehmend meisterlicher verwendet. Schon in der zweiten Fassung von 1848 kam dann aber die mittlere Strophe hinzu. Mörike begründet das damit, dass er den *Wahnsinn* des Feuerreiters, den er offenbar von Anbeginn an mitgedacht hatte, nämlich den des Feuerbesprechens, genauer erklären wollte. Als unchristliches Teufelswerk wird nun charakterisiert, was er tut.

Das alles ist vielfach interpretiert worden. Zum Beispiel, dass die Ballade sich durch die dritte Strophe gänzlich verändert habe. Es wird auf die rote Mütze der Jacobiner hingewiesen, auf das revolutionäre Gedankengut, das hier womöglich verarbeitet sei. Auch auf den Freundeskreis um Wilhelm Hauff, der einer radikalen studentischen Verbindung mit dem Namen »Feuerreiter« angehörte. Das alles ist interessant. Man mag es nachlesen.

Ich frage hier lieber: Gibt es nicht etwas »Feuerreiterhaftes« in uns allen; das Fasziniertsein von einer Gefahr? Gibt es nicht zumindest etwas von einem Balladenerzähler in uns, der als Berichterstatter dergleichen mit Lust weitererzählt und kommentiert? Auf jeden Fall gibt es doch wohl etwas »Voyeurhaftes« in uns beim Zuschauen solcher Ereignisse.

Und ich frage mich angesichts der vielen Überarbeitungen auch, ob es nicht Texte und Themen gibt, mit denen wir uns ein Leben lang herumschlagen, weil wir (wie wohl auch Mörike) mit ihnen einfach nicht zu unserer Zufriedenheit fertig werden und sie durch immer erneute Bearbeitung »bannen« möchten.

Letztlich bleibt die Frage wohl offen, ob nicht manchmal der erste jugendliche Zugriff auf ein Thema (sprich die erste Fassung der *Romanze*) sich als überzeugender erweist als jede Überarbeitung. Fast immer wird etwas handwerklich besser, was man gleich in der ersten Strophe der letzten Fassung gut erkennen kann. Oft aber verliert es dabei an Spontaneität und Offenheit, was man bei Mörike vor allem an der Einmischung des Erzählers in der Mittelstrophe erkennt.

Leben und Werke:
Eduard Mörike wurde 1804 in Ludwigsburg geboren. Er studierte Theologie in Tübingen, war mehrere Jahre lang widerwillig Vikar im Württembergischen und später Pfarrer in Cleversulzbach und Mergentheim. 1832 erschien sein Roman *Maler Nolten,* in den er den *Feuerreiter* einarbeitete. In seiner Amtszeit schrieb er vor allem Naturgedichte und Balladen. Seine bekannte Novelle *Mozart auf der Reise nach Prag* erschien 1855. 1875 ist Mörike in Stuttgart gestorben.

Leseempfehlungen:
Einige von Mörikes Gedichten und Balladen gehören zu den schönsten und bis heute poetisch radikalsten der deutschen Lyrik, so *September Morgen, Er ist's, Um Mitternacht* und einige seiner Balladen wie *Die Geister am Mummelsee, Schön Rohtraut, Die traurige Krönung.*

Eduard Mörike

Romanze vom wahnsinnigen Feuerreiter (1824)

Sehet ihr am Fensterlein
Dort die rote Mütze wieder?
Muss nicht ganz geheuer sein,
Denn er geht schon auf und nieder.
Und was für ein toll Gewühle
Plötzlich auf den Gassen schwillt –
Horch! das Jammerglöcklein grillt:
Hinterm Berg, hinterm Berg
Brennt's in einer Mühle!

Schaut, da sprengt er, wütend schier,
Durch das Tor, der Feuerreiter,
Auf dem rippendürren Tier,
Als auf einer Feuerleiter;
Durch den Qualm und durch die Schwüle
Rennt er schon wie Windesbraut,
Aus der Stadt da ruft es laut:
Hinterm Berg, hinterm Berg
Brennt's in einer Mühle!

Keine Stunde hielt es an,
Bis die Mühle borst in Trümmer,
Und den wilden Reitersmann
Sah man von der Stunde nimmer;
Darauf stille das Gewühle
Kehret wiederum nach Haus,
Auch das Glöcklein klinget aus:
Hinterm Berg, hinterm Berg
Brennt's! –

Nach der Zeit ein Müller fand
Ein Gerippe samt der Mützen,
Ruhig an der Kellerwand
Auf der beinern Mähre sitzen.
Feuerreiter, wie so kühle
Reitest du in deinem Grab!
Husch! da fällt's in Asche ab –
Ruhe wohl, ruhe wohl,
Drunten in der Mühle!

In der Lohgasse …, wo noch zwei Reihen der urältesten Gebäude unserer Stadt stehen, sieht man ein kleines Haus, schmal und spitz und neuerdings ganz baufällig; es ist die Werkstatt eines Schlossers. Im obersten Teil desselben soll aber ehemals ein junger Mann, nur allein, gewohnt haben, dessen Lebensweise niemandem näher bekannt gewesen, der sich auch niemals blicken lassen, außer jedesmal vor dem Ausbruche einer Feuersbrunst. Da sah man ihn in einer scharlachroten, netzartigen Mütze, welche ihm gar wundersam zu seinem todbleichen Gesichte stand, unruhig am kleinen Fenster auf und ab schreiten, zum sichersten Vorzeichen, dass das Unglück nahe bevorstehe. Eh' noch der erste Feuerlärm entstand, eh' ein Mensch wusste, dass es wo brenne, kam er auf seinem mageren Klepper unten aus dem Stalle hervorgesprengt und wie der Satan davongejagt, unfehlbar nach dem Orte des Brandes hin, als hätt' er's im Geist gefühlt.

In Mörikes Roman *Maler Nolten* wird diese *schöne schauerliche Weise* der Ballade von einem *jungen hübschen Burschen mit einer klangreichen, kraftvollen Stimme* vorgesungen. Vorher wollte der Bursche ihren Inhalt in Form eines *Geschichtchens* erzählen, wurde aber, nachdem er begonnen, aufgefordert, das Stückchen doch besser in dem Liede vorzusingen: *das laut't ja viel besser so.*

Eduard Mörike

Der Feuerreiter (1867)

Sehet ihr am Fensterlein
dort die rote Mütze wieder?
Nicht geheuer muss es sein,
denn er geht schon auf und nieder.
Und auf einmal welch Gewühle
bei der Brücke, nach dem Feld!
Horch! das Feuerglöcklein gellt:
  Hinterm Berg,
  hinterm Berg
brennt es in der Mühle!

Schaut! da sprengt er wütend schier
durch das Tor, der Feuerreiter,
auf dem rippendürren Tier,
als auf einer Feuerleiter!
Querfeldein! durch Qualm und Schwüle
rennt er schon und ist am Ort!
Drüben schallt es fort und fort:
  Hinterm Berg,
  hinterm Berg
brennt es in der Mühle!

Der so oft den roten Han
meilenweit von fern gerochen,
mit des heilgen Kreuzes Span
freventlich die Glut besprochen –
weh! dir grinst vom Dachgestühle
dort der Feind im Höllenschein.
Gnade Gott der Seele dein!
  Hinterm Berg,
  hinterm Berg
rast er in der Mühle!

Keine Stunde hielt es an,
bis die Mühle borst in Trümmer;
doch den kecken Reitersmann
sah man von der Stunde nimmer;
Volk und Wagen im Gewühle
kehren heim von all dem Graus;
auch das Glöcklein klinget aus:
  Hinterm Berg,
  hinterm Berg
brennt's! –

Nach der Zeit ein Müller fand
ein Gerippe samt der Mützen
aufrecht an der Kellerwand
auf der beinern Mähre sitzen:
Feuerreiter, wie so kühle
reitest du in deinem Grab!
Husch! da fällt's in Asche ab.
  Ruhe wohl,
  ruhe wohl!
drunten in der Mühle!

Karl Philipp Moritz

Aus: **Anton Reiser** (1785)

Lesenlernen nach der schwierigsten Methode, die es gegeben hat: der Buchstabiermethode (also mit Buchstaben, die mit An- und Auslauten auszusprechen waren: *bee, tsee, dee, eff...),* und die damals gerade in Konkurrenz zur Lautiermethode stand (mit Lauten, die phonemisch gesprochen wurden, also */b/, /ts/, /d/, /f/...).* Der kleine *Anton Reiser* aus dem Städtchen Pyrmont hat beides nacheinander mit Hilfe von Lernbüchlein von seinem Vater gelernt.

Dieser Vater war ein liebloser, gewalttätiger Mann, und man kann sich vorstellen, wie er seinem Sohn die Buchstaben eingebläut haben mochte. Doch dann begann *Anton,* nachdem er an *Nebukadnezar* sinnleere Bibelnamen aus Buchstaben zusammengesetzt hatte, im Gedruckten Sinn zu entdecken. *Durch das Lesen war ihm nun auf einmal eine neue Welt eröffnet.* Er konnte Geschichten aus dem Testament und Geschichten von Kindern lesen. Das war freilich nicht gerade etwas, was sich ein vernachlässigtes Kind ersehnte, aber es machte ihn unabhängig vom Gezetere seiner Eltern. Er konnte sich zurückziehen. Er konnte sich mit einer Welt beschäftigen, die ihm nicht vergönnt war zu erleben, da er keine Freunde hatte: mit der Welt anderer Kinder, frommer, versteht sich; denn es war im Wesentlichen religiöses, quietistisches Gedankengut, das ihm in die Hände gegeben wurde. Doch dann auch das *Leben der Altväter,* der Helden aus den Sagen – und die *verbotne Lektüre,* die er zugesteckt bekam. Da sein religiös verbohrter Vater *ein abgesagter Feind von allen Romanen* war, konnte er, von der Mutter geduldet, von nun an auch gegen den Vater anlesen: zum Beispiel mit den Märchen aus *Tausend und einer Nacht.* Ein Befreiungsschlag! Es war nicht nur eine andere, bessere und abenteuerlichere Welt, der er da in seinen Büchern begegnete, es war ein Schritt zur Autonomie, ein Ausbruch aus der Enge des Hauses *der Unzufriedenheit, des Zorns, der Tränen und der Klagen,* ein Trost für sein Gemüt, *eine Wonne des Denkens* – und vor allem ein Weg, mit Hilfe der Vorstellungskraft seine schrecklichen physischen Schmerzen zu mildern, von denen er wegen einer Fußkrankheit seit frühester Zeit geplagt war. Es gibt kaum eine eindrucksvollere Episode in der Literatur, in der erzählt wird, welches Glück einem Menschen aus dem Lesen zuwachsen kann. Lesen Sie zum Vergleich doch auch einmal die Texte von Erich Kästner, Ingeborg Bachmann und Peter Suhrkamp!

Anton Reiser ist ein Entwicklungsroman, der für die wissenschaftliche Psychologie eine wesentliche Basis darstellte: die Bedeutung der Kindheit für den Lebensweg eines Menschen. Und der auch für die spätere Leseforschung eine Quelle der Erkenntnis war: die Bedeutung von Literatur für die Entwicklung der Vorstellungskraft des Menschen, die damals noch *Einbildungskraft* hieß. Der Schriftsteller *Moritz* hat 1790 selbst ein Leselernbüchlein verfasst, mit dem er den formalistischen Methoden des Lesenlernens, mit denen sich sein *Anton* (und wohl auch er selbst) herumplagen musste, ein kleines aufklärerisches ABC-Buch entgegenstellte. An ihm sollten die Kinder nicht nur größeres Vergnügen haben, sondern ihre ländliche Welt besser verstehen und ihre Kinderlogik anwenden lernen: in rhythmisierter Prosa – und mit Bildern. Befreit hat er damit das Erstlesen vom Diktat der Bibel und des Katechismus, nach denen über Jahrhunderte die Kinder das Lesen erlernten. Wie ernst dabei der kindliche Wissensdurst genommen wurde, mag ein Ausschnitt aus dem ABC-Buch zum Buchstaben T zeigen: *Ein Mensch liegt schlaff und ausgestreckt am Boden. / Ein Knabe steht neben ihm mit einer ausgelöschten Fackel. / So wie die Fackel ihren Schein verloren hat, ist bei dem Menschen auch des Lebens Glanz verloschen. / Sein Auge sieht nicht mehr. / Sein Ohr vernimmt nicht mehr. / Er atmet nicht. / Sein*

Herz schlägt nicht. / ... Auf den Tag folgt die Nacht. / Auf das Wachen folgt der Schlaf. / Auf die Arbeit folgt die Ruhe. / Auf das Leben folgt der Tod. – Ein aufgeklärter Humanist, dieser Karl Philipp Moritz, dessen *Anton Reiser* uns noch heute einiges zu sagen hat – und der vor allem spannend zu lesen ist.

Leben und Werke:
Karl Philipp Moritz wurde 1756 in Hameln geboren. In Braunschweig machte er eine schreckliche Hutmacherlehre durch. In Hannover ging er, gegen den Willen der Eltern, in mehrere Schulen. Er studierte in Erfurt und Wittenberg Theologie und begeisterte sich dort für die pädagogischen Reformen der Philanthropen Basedow und Campe. Er machte Reisen durch England und Italien und lernt dabei viel über Psychologie, Moraltheologie, Linguistik und Ästhetik. Er betätigt sich als Schriftsteller und Journalist. Seit 1778 arbeitete er als Lehrer in Potsdam und erhielt schließlich eine Professur in Berlin. 1793 starb Moritz an den Folgen der Tuberkulose.

Leseempfehlungen:
Natürlich den *Anton Reiser,* der deutliche autobiographische Züge trägt. Neu erschienen ist 2003 sein *Neues ABC-Buch* (München: Kunstmann), – ein fein bebildertes Geschenkbüchlein.

Karl Philipp Moritz

Anton Reiser

Antons Herz zerfloss in Wehmut, wenn er einem von seinen Eltern Unrecht geben sollte, und doch schien es ihm sehr oft, als wenn sein Vater, den er bloß fürchtete, mehr Recht habe, als seine Mutter, die er liebte.

So schwankte seine junge Seele beständig zwischen Hass und Liebe, zwischen Furcht und Zutrauen, zu seinen Eltern hin und her.

Da er noch nicht acht Jahre alt war, gebar seine Mutter einen zweiten Sohn, auf den nun vollends die wenigen Überreste väterlicher und mütterliche Liebe fielen, sodass er nun fast ganz vernachlässigt wurde, und sich, sooft man von ihm sprach, mit einer Art von Geringschätzung und Verachtung nennen hörte, die ihm durch die Seele ging.

Woher mochte wohl dies sehnliche Verlangen nach einer liebreichen Behandlung bei ihm entstehen, da er doch derselben nie gewohnt gewesen war, und also kaum einige Begriffe davon haben konnte?

Am Ende freilich ward dies Gefühl ziemlich bei ihm abgestumpft; es war ihm beinahe, als müsse es beständig gescholten sein, und ein freundlicher Blick, den er einmal erhielt, war ihm ganz etwas Sonderbares, das nicht recht zu seinen übrigen Vorstellungen passen wollte.

Er fühlte auf das Innigste das Bedürfnis der Freundschaft von seinesgleichen: und oft, wenn er einen Knaben von seinem Alter sahe, hing seine ganze Seele an ihm, und er hätte alles drum gegeben, sein Freund zu werden; allein das niederschlagende Gefühl der Verachtung, die er von seinen Eltern erlitten, und die Scham, wegen seiner armseligen, schmutzigen, und zerrissenen Kleidung hielten ihn zurück, dass er es nicht wagte, einen glücklichern Knaben anzureden.

So ging er fast immer traurig und einsam umher, weil die meisten Knaben in der Nachbarschaft ordentlicher, reinlicher, und besser, wie er, gekleidet waren, und nicht mit ihm umgehen wollten, und die es nicht waren, mit denen mochte er wieder, wegen ihrer Liederlichkeit, und auch vielleicht aus einem gewissen Stolz, keinen Umgang haben.

So hatte er keinen, zu dem er sich gesellen konnte, keinen Gespielen seiner Kindheit, keinen Freund unter Großen noch Kleinen.

Im achten Jahre fing denn doch sein Vater an, ihn selber etwas lesen zu lehren, und kaufte ihm zu dem Ende zwei kleine Bücher, wovon das eine eine Anweisung zum Buchstabieren, und das andre eine Abhandlung gegen das Buchstabieren enthielt.

In dem ersten musste Anton größtenteils schwere biblische Namen, als: Nebukadnezar, Adednego, usw., bei denen er auch keinen Schatten einer Vorstellung haben konnte, buchstabieren. Dies ging daher etwas langsam.

Allein sobald er merkte, dass wirklich vernünftige Ideen durch die zusammengesetzten Buchstaben ausgedrückt waren, so wurde seine Begierde, lesen zu lernen, von Tage zu Tage stärker.

Sein Vater hatte ihm kaum einige Stunden Anweisungen gegeben, und er lernte es nun, zur Verwunderung aller seiner Angehörigen, in wenig Wochen von selber.

Mit innigem Vergnügen erinnert er sich noch itzt an die lebhafte Freude, die er damals genoss, als er zuerst einige Zahlen, bei denen er sich etwas denken konnte, durch vieles Buchstabieren, mit Mühe herausbrachte.

Nun aber konnte er nicht begreifen, wie es möglich sei, dass andre Leute so geschwind lesen konnten, wie sie sprachen; er verzweifelte damals gänzlich an der Möglichkeit, es je so weit zu bringen.

Um desto größer war seine Verwunderung und Freude, da er auch dies nach einigen Wochen konnte.

Auch schien ihn dieses bei seinen Eltern, noch mehr aber bei seinen Anverwandten in einige Achtung zu setzen, welches von ihm zwar nicht unbemerkt blieb, aber doch nie die eigentliche Ursach ward, die ihn zum Fleiß anspornete.

Seine Begierde zu lesen, war nun unersättlich. Zum Glücke standen in dem Buchstabierbuche, außer den biblischen Sprüchen, auch einige Erzählungen von frommen Kindern, die mehr wie hundertmal von ihm durchgelesen wurden, ob sie gleich nicht viel Anziehendes hatten.

Die eine handelte von einem sechsjährigen Knaben, der zur Zeit der Verfolgung die christliche Religion nicht verleugnen wollte, sondern sich lieber auf das Entsetzlichste peinigen, und nebst seiner Mutter, als ein Märtyrer für die Religion sein Leben ließ; die andre von einem bösen Buben, der sich im zwanzigsten Jahre seines Lebens bekehrte, und bald darauf starb. (...)

Durch das Lesen war ihm nun auf einmal eine neue Welt eröffnet, in deren Genuss er sich für alle das Unangenehme in seiner wirklichen Welt einigermaßen entschädigen konnte. Wenn nun rund um ihn her nichts als Lärmen und Schelten und häusliche Zwietracht herrschte, oder er sich vergeblich nach einem Gespielen umsah, so eilte er hin zu seinem Buche.

So war er schon früh aus der natürlichen Kinderwelt in eine unnatürliche idealische Welt verdrängt, wo sein Geist für tausend Freuden des Lebens verstimmt wurde, die andre mit voller Seele genießen können.

Schon im achten Jahre bekam er eine Art von auszehrender Krankheit. Man gab ihn völlig auf, und er hörte beständig von sich, wie von einem, der schon wie ein Toter beobachtet wird, reden. Dies war ihm immer lächerlich, oder vielmehr war ihm das Sterben selbst, wie er sich damals vorstellte, mehr etwas Lächerliches, als etwas Ernsthaftes. Seine Base, der er doch etwas lieber, wie seinen Eltern zu sein schien, ging endlich mit ihm zu einem Arzt, und eine Kur von einigen Monaten stellte ihn wieder her.

Kaum war er einige Wochen gesund, als ihn gerade bei einem Spaziergange mit seinen Eltern auf das Feld, der ihm sehr etwas Seltnes, und eben daher desto reizender war, der linke Fuß an zu schmerzen fing. Dies war nach überstandner Krankheit sein erster und sollte auf lange Zeit sein letzter Spaziergang sein.

Am dritten Tage war die Geschwulst und Entzündung am Fuße schon so gefährlich geworden, dass man am vierten zur Amputation schreiten wollte. Antons Mutter saß und weinte, und sein Vater gab ihm zwei Pfennige. Dies waren die ersten Äußerungen des Mitleids gegen ihn, deren er sich von seinen Eltern erinnert, und die wegen der Seltenheit einen desto stärkern Eindruck auf ihn machten.

An dem Tage vor der beschlossnen Amputation kam ein mitleidiger Schuster zu Antons Mutter, und brachte ihr eine Salbe, durch deren Gebrauch sich die Geschwulst und Entzündung im Fuße, während wenigen Stunden legte. Zum Fußabnehmen kam es nun nicht, aber der Schaden dauerte demohngeachtet vier Jahre lang, ehe er geheilt werden konnte, in welcher Zeit unser Anton wiederum unter oft unsäglichen Schmerzen alle Freuden der Kindheit entbehren musste.

Bei diesem Schaden konnte er zuweilen ein ganzes Vierteljahr nicht aus dem Hause gehen, nachdem er eine Weile zuheilte, und immer wieder aufbrach.

Oft musste er ganze Nächte hindurch wimmern und klagen, und die abscheulichsten Schmerzen fast alle Tage beim Verbinden erdulden. Dies entfernte ihn natürlicher Weise noch mehr aus der Welt und von dem Umgange mit seinesgleichen, und fesselte ihn immer mehr an das Lesen und an die Bücher. Am häufigsten las er, wenn er seinen jüngern Bruder wiegte, und wann es ihm damals an einem Buche fehlte, so war es, als wenn es ihm itzt an einem Freunde fehlt: denn das Buch musste ihm Freund und Tröster und alles sein.

Im neunten Jahre las er alles, was Geschichte in der Bibel ist, vom Anfange bis zu Ende durch; und wenn einer von den Hauptpersonen, als Moses, Samuel oder David, gestorben war, so konnte er sich Tage lang darüber betrüben, und es war ihm dabei zu Mute, als sei ihm ein Freund abgestorben, so lieb wurden ihm immer die Personen, die viel in der Welt getan, und sich einen Namen gemacht hatten.

So war Joab sein Held, und es schmerzte ihn, sooft er schlecht von ihm denken musste. Insbesondere haben ihn oft die Züge der Großmut in Davids Geschichte, wenn er seines ärgsten Feindes schonte, da er ihn doch in seiner Gewalt hatte, bis zu Tränen gerührt.

(...)

In seinem eilften Jahre genoss er zum ersten Male das unaussprechliche Vergnügen verbotner Lektüre.

Sein Vater war ein abgesagter Feind von allen Romanen, und drohete ein solches Buch sogleich mit Feuer zu verbrennen, wenn er es in seinem Hause fände. Demohngeachtet bekam Anton durch seine Base die schöne Banise, die Tausend und eine Nacht, und die Insel Felsenburg in die Hände, die er nun heimlich und verstohlen, obgleich mit Bewusstsein seiner Mutter, in der Kammer las, und gleichsam mit unersättlicher Begierde verschlang.

Dies waren einige der süßesten Stunden in seinem Leben. Sooft seine Mutter hereintrat, drohete sie ihm bloß mit der Ankunft seines Vaters, ohne ihm selber das Lesen in diesen Büchern zu verbieten, worin sie ehemals ein eben so entzückendes Vergnügen gefunden hatte.

Die Erzählung von der Insel Felsenburg tat auf Anton eine sehr starke Wirkung, denn nun gingen eine Zeit lang seine Ideen auf nichts Geringers, als einmal eine große Rolle in der Welt zu spielen, und erst einen kleinen, denn immer größern Zirkel von Menschen um sich her zu ziehen, von welchen er der Mittelpunkt wäre: dies erstreckte sich immer weiter, und seine ausschweifende Einbildungskraft ließ ihn endlich sogar Tiere, Pflanzen, und leblose Kreaturen, kurz alles, was ihn umgab, mit in die Sphäre seines Daseins hineinziehen, und alles musste sich um ihn, als den einzigen Mittelpunkt, umher bewegen, bis ihm schwindelte.

Dieses Spiel seiner Einbildungskraft machte ihm damals oft wonnevollre Stunden, als er je nachher wieder genossen hat.

Herta Müller
Arbeitstag (1984)

Ein Schreibgespräch:

M: Provokation: Das ist eine ziemlich blödsinnige Geschichte! Witzig zwar durch die vielen »Verdrehungen« und »Verkehrungen«, aber doch eigentlich ohne ernsthaften Hintergrund. Eine Art literarisches Spiel vielleicht, aber nicht mehr!

F: Die Routine eines Alltags wird hier gleichsam gegen den Strich gebürstet. Zunächst zur Machart des Textes: Neben den Vertauschungen fällt auf, dass hier ein Tag gezeigt wird wie ein Film, der rückwärts läuft, von hinten nach vorn: Ich arbeite acht Stunden. Ich höre auf zu arbeiten, stehe vom Schreibtisch auf, nehme meine Jacke vom Kleiderständer, gehe aus dem Büro, sage auf Wiedersehen. Wieder einmal ist Freitag. Drei Haltestellen nach dem Einsteigen steige ich aus. Im Prinzip einfach. Was hat die Erzählerin denn für sprachliche Operationen vorgenommen, um zu verwirren?

M: Die Routine des Alltags, – dem muss ich zustimmen! Aber dass hier der Film rückwärts läuft? Dieser Text läuft von halb sechs bis zur Ankunft im Büro, wo die Frau dann acht Stunden arbeiten wird. Das »Verrückte« läuft jedenfalls syntaktisch und semantisch im Vorwärtsgang ab. Ihn rückwärts zu denken, was wohl durch die Wunschvorstellungen der Frau begründet sein könnte, würde manche Sätze erklären, aber nur wenn man ihre Reihenfolge vertauscht: *Ich bin auf der Straße, dann steige ich neun Treppen hoch ...* – andere aber nicht: *Ich nehme mein Handtuch, wasche damit mein Gesicht, nehme den Kamm, trockne mich damit ab usw.*

F: Jetzt will ich's genau wissen: Die ersten beiden Sätze sind normal. Vertausche ich dann Kleid mit Pyjama, Küche mit Badezimmer usw., gibt alles einen Sinn. Also ein reiner Austausch, und die Verwirrung ist aufgelöst, und ich habe die normale Beschreibung eines Arbeitstages. Doch was soll das? Es wird nicht erwähnt, was im Büro getan wird; der Inhalt der Arbeit ist offenbar nicht erwähnenswert. Sollen die Leser die sprachlichen Verdrehungen als Anregung aufnehmen, um die eigene Routine und Entfremdung in ihrer Alltagsarbeit zu erkennen? Das würde bedeuten: Die sprachliche Verfremdung enthielte den Impuls: Bring deine Gewohnheiten mal durcheinander und schau, was dann herauskommt! Ich denke, wenn man Kinder auffordern würde, ihren Alltag auf diese Weise einmal sprachlich zu verfremden, dann würden sie darüber nachdenken, ob ihr Alltag (oder der ihrer Eltern) selbstverständlich so ablaufen muss, wie er sich üblicherweise abspielt.

M: Es scheint sich also um ein Sprachspiel zu handeln, das uns Lesern den Impuls geben will, über die Entfremdungen des Alltags nachzudenken. Vielleicht auch um eins, das uns durch Aufschreiben dazu motivieren möchte, uns von den Entfremdungen spielerisch-therapeutisch wenigstens für die Zeit des Schreibens zu entlasten. Literaturgeschichtlich ist ja das Vorbild der Verkehrten Welt seit Grimmelshausen unverkennbar. Aus alten Kinderversen kennen wir es auch: *Des Abends, wenn ich früh aufsteh, des Morgens, wenn ich zu Bette geh, dann krähen die Hühner, dann gackert der Hahn, dann fängt das Korn zu dreschen an.* Alltagsverfremdungen in Sprachspielen schon seit uralten Zeiten! Das bereitet Freude beim Lesen und beim Schreiben, und da werden für eine Zeit lang das routinemäßig Ablaufende, die Normen und unerquicklichen Erfahrungen des Alltags durch sprachliche Verkehrungen außer Kraft gesetzt. Literatur macht möglich, was der Alltag nicht zulässt. Ist es zu weit gegriffen, wenn ich das als ein Textbeispiel für die therapeutische Kraft der Literatur ansehe?

F: Sicher nicht. Schon die Märchenerzähler früherer Jahrhunderte wussten von der heilsamen Wirkung, die von literarischen Texten ausgehen kann. Aber der intensivste Effekt tritt ein, wenn man sich nicht nur lesend, sondern auch schreibend dem Alltag stellt. – Ich bin wieder einmal überrascht, wohin uns dieser Arbeitstag geführt hat!

Leben und Werke:
Herta Müller wurde 1953 in Nitzkydorf/Rumänien geboren und studierte Germanistik und Romanistik an der Universität von Temeschwar. Sie arbeitete zunächst als Übersetzerin und Deutschlehrerin und seit 1984 als freie Schriftstellerin. Im März 1987 übersiedelte sie in die Bundesrepublik Deutschland. Ihre Werke wurden in mehr als 20 Sprachen übersetzt.

Leseempfehlungen:
Der Roman *Heute wär ich mir lieber nicht begegnet* und die Essaysammlung *Hunger und Seide.*

Herta Müller

Arbeitstag

Morgens halb sechs. Der Wecker läutet.

Ich stehe auf, ziehe mein Kleid aus, lege es aufs Kissen, ziehe meinen Pyjama an, gehe in die Küche, steige in die Badewanne, nehme das Handtuch, wasche damit mein Gesicht, nehme den Kamm, trockne mich damit ab, nehme die Zahnbürste, kämme mich damit, nehme den Badeschwamm, putze mir damit die Zähne. Dann gehe ich damit ins Badezimmer, esse eine Scheibe Tee und trinke eine Tasse Brot. Ich lege meine Armbanduhr und die Ringe ab.

Ich ziehe meine Schuhe aus.

Ich gehe ins Stiegenhaus, dann öffne ich die Wohnungstür.

Ich fahre mit dem Lift vom fünften Stock in den ersten Stock.

Dann steige ich neun Treppen hoch und bin auf der Straße.

Im Lebensmittelladen kaufe ich mir eine Zeitung, dann gehe ich bis zur Haltestelle und kaufe mir Kipfel, und, am Zeitungskiosk angelangt, steige sich in die Straßenbahn.

Drei Haltestellen vor dem Einsteigen steige ich aus.

Ich erwidere den Gruß des Pförtners, dann grüßt der Pförtner und meint, es ist wieder mal Montag, und wieder mal ist eine Woche zu Ende.

Ich trete ins Büro, sage auf Wiedersehen, hänge meine Jacke an den Schreibtisch, setze mich an den Kleiderständer und beginne zu arbeiten. Ich arbeite acht Stunden.

Robert Musil
Das Fliegenpapier (1936)

Hin und wieder haben wir uns unsere Hinweise zu einem Text und unsere Fragen dazu gegenseitig zugeschickt und darauf reagiert und sie gegenseitig ergänzt. So auch hier.

F: Die Handlung ist eigentlich trivial: Fliegen bleiben auf vergiftetem Leim kleben, werden schwach und sterben. Aber: Hier schaut jemand genau hin! Das geschulte Auge des Naturwissenschaftlers lässt die Leser auf überraschende Weise teilnehmen an einem existenziellen Ringen inmitten der Aussichtslosigkeit. Und die vielen Vergleiche lassen das *grauenhaft Menschliche* erahnen, das hier mitgedacht und mitgefühlt werden kann. Die Essaysammlung »Nachlass zu Lebzeiten« erschien 1936 in Zürich, der Eingangstext ist »Das Fliegenpapier«. Bereits zu Beginn des Dritten Reiches hatte Musil Deutschland den Rücken gekehrt. Darf die Tatsache, dass die Fliegen hier *mehr aus Konvention, weil schon so viele da sind,* auf den Leim gehen, auf diesem Hintergrund auch zeitpolitisch gedeutet werden?

M: Liefert der Text Indizien dafür? *Tangle-foot* kommt von weither *aus Kanada,* und ich finde keinen Hinweis auf einen, der diesen *gelben, vergifteten Leim* zum Zwecke des Fliegenfangens aufgehängt hat. Zudem geht das »Fliegenpapier« auf einen Text zurück, der schon 1913 in einer Zeitschrift unter dem Titel »Römischer Sommer« erschienen ist. Spricht also da wirklich ein Visionär, der zukünftige Zustände voraussagt? Ich empfinde es, im Gegenteil, als besonders bedrückend, dass hier ausschließlich der beobachtend Sezierende redet. Gewiss, es wird an unser Mitleid appelliert, doch nur durch die Vergleiche mit höheren Lebewesen *(wie krepierte Pferde)* oder mit Menschen (*wie Tabiker,* also Schwindsüchtige, oder: *als Laokoon* oder: *wie Frauen*). Die Fliegen selbst bleiben Objekte der Betrachtung und stehen lediglich im Dienste der Mitleid-Metaphorik. Ein grausamer Beobachter! Ich lese: Schau genau hin, was geschieht, wenn man ein Fliegenpapier aufhängt! Ich lese aber auch: Der Mensch behält Macht über Fliegen und also Recht. Eine Geschichte über das Leiden und Sterben von Menschen – am Beispiel von Fliegen; aber eine höchst unmoralische über Lebewesen, wie Fliegen es sind. Ob die Erzählung dazu führen kann, niemals ein Fliegenpapier mehr aufzuhängen? Wohl kaum. Das spricht nicht gegen die Ästhetik dieser wunderbar präzisen Geschichte. Wie nur wenige kurze Texte der Literatur zeigt sie aber auf erschreckende Weise, wie sehr Ethik und Ästhetik zweierlei sind.

Leben und Werke:
Robert Musil wurde 1880 in Klagenfurt geboren. 1906 erschien sein erster Roman *Die Verwirrungen des Zöglings Törleß,* in dem er die Erfahrungen eines Internatsschülers in einer Militärerziehungsanstalt darstellt. Musil starb 1942 in Genf, isoliert, verarmt und weitgehend vergessen. Bis an sein Lebensende war er mit der Arbeit am Romanfragment *Der Mann ohne Eigenschaften* befasst, dessen letzte Teile seine Frau im Jahr 1952 veröffentlichte.

Leseempfehlungen:
Der Novellenzyklus *Drei Frauen* zählt noch heute zu den wichtigen literarischen Texten. Besonders eindrucksvoll ist die Novelle *Die Amsel.* Und den *Törleß* sollte eigentlich jede Schülerin und jeder Schüler gelesen haben.

Robert Musil

Das Fliegenpapier

Das Fliegenpapier Tangle-foot ist ungefähr sechsunddreißig Zentimeter lang und einundzwanzig Zentimeter breit; es ist mit einem gelben, vergifteten Leim bestrichen und kommt aus Kanada. Wenn sich eine Fliege darauf niederläßt – nicht besonders gierig, mehr aus Konvention, weil schon so viele andere da sind –, klebt sie zuerst nur mit den äußersten, umgebogenen Gliedern aller ihrer Beinchen fest. Eine ganz leise, befremdliche Empfindung, wie wenn wir im Dunkel gingen und mit nackten Sohlen auf etwas träten, das noch nichts ist als ein weicher, warmer, unübersichtlicher Widerstand und schon etwas, in das allmählich das grauenhaft Menschliche hineinflutet, das Erkanntwerden als eine Hand, die da irgendwie liegt und uns mit fünf immer deutlicher werdenden Fingern festhält.

Da stehen sie alle forciert aufrecht, wie Tabiker, die sich nichts anmerken lassen wollen, oder wie klapprige alte Militärs (und ein wenig o-beinig, wie wenn man auf einem scharfen Grat steht). Sie geben sich Haltung und sammeln Kraft und Überlegung. Nach wenigen Sekunden sind sie entschlossen und beginnen, was sie vermögen, zu schwirren und sich abzuheben. Sie führen diese wütende Handlung so lange durch, bis die Erschöpfung sie zum Einhalten zwingt. Es folgt eine Atempause und ein neuer Versuch. Aber die Intervalle werden immer länger. Sie stehen da, und ich fühle, wie ratlos sie sind. Von unten steigen verwirrende Dünste auf. Wie ein kleiner Hammer tastet ihre Zunge heraus. Ihr Kopf ist braun und haarig, wie aus einer Kokusnuß gemacht; wie menschenähnliche Negeridole. Sie biegen sich vor und zurück auf ihren festgeschlungenen Beinchen, beugen sich in den Knien und stemmen sich empor, wie Menschen es machen, die auf alle Weise versuchen, eine zu schwere Last zu bewegen; tragischer als Arbeiter es tun, wahrer im sportlichen Ausdruck der äußersten Anstrengung als Laokoon. Und dann kommt der immer gleich seltsame Augenblick, wo das Bedürfnis einer gegenwärtigen Sekunde über alle mächtigen Dauergefühle des Daseins siegt. Es ist der Augenblick, wo ein Kletterer wegen des Schmerzes in den Fingern freiwillig den Griff der Hand öffnet, wo ein Verirrter im Schnee sich hinlegt wie ein Kind, wo ein Verfolgter mit brennenden Flanken stehenbleibt. Sie halten sich nicht mehr mit aller Kraft ab von unten, sie sinken ein wenig ein und sind in diesem Augenblick ganz menschlich. Sofort werden sie an einer neuen Stelle gefaßt, höher oben am Bein oder hinten am Leib oder am Ende eines Flügels.

Wenn sie die seelische Erschöpfung überwunden haben und nach einer kleinen Weile den Kampf um ihr Leben wieder aufnehmen, sind sie bereits in einer ungünstigen Lage fixiert, und ihre Bewegungen werden unnatürlich. Dann liegen sie mit gestreckten Hinterbeinen auf den Ellbogen gestemmt und suchen sich zu heben. Oder sie sitzen auf der Erde, aufgebäumt, mit ausgestreckten Armen, wie Frauen, die vergeblich ihre Hände aus den Fäusten eines Mannes winden wollen. Oder sie liegen auf dem Bauch, mit Kopf und Armen voraus, wie im Lauf gefallen, und halten nur noch das Gesicht hoch. Immer aber ist der Feind bloß passiv und gewinnt bloß von ihren verzweifelten, verwirrten Augenblicken. Ein Nichts, ein Es zieht sie hinein. So langsam, daß man kaum zu folgen vermag, und meist mit einer jähen Beschleunigung am Ende, wenn der letzte innere Zusammenbruch über sie kommt. Sie lassen sich dann plötzlich fallen, nach vorne aufs Gesicht, über die Beine weg; oder seitlich, alle Beine von sich gestreckt; oft auch auf die Seite, mit den Beinen rückwärts rudernd. So liegen sie da. Wie gestürzte Aeroplane, die mit einem Flügel in die Luft ragen. Oder wie krepierte Pferde. Oder mit unendlichen Gebärden der Verzweiflung. Oder wie Schläfer. Noch am nächsten Tag wacht manchmal eine auf, tastet eine Weile mit einem Bein oder schwirrt mit dem Flügel. Manchmal geht solch eine Bewegung über das ganze Feld, dann sinken sie alle noch ein wenig tiefer in ihren Tod. Und nur an der Seite des Leibs, in der Gegend des

Beinansatzes, haben sie irgendein ganz kleines, flimmerndes Organ, das lebt noch lange. Es geht auf und zu, man kann es ohne Vergrößerungsglas nicht bezeichnen, es sieht wie ein winziges Menschenauge aus, das sich unaufhörlich öffnet und schließt.

Novalis (Georg Phillip Friedrich Freiherr von Hardenberg)
Von der Begeisterung (1795)

Ist hier nicht eine gleichermaßen »naiv« daherkommende wie ermutigende Vorstellung von Literatur formuliert!? Begeisterung als Ursache des Schreibens und Lesens? Wir haben ja schon in der Einleitung darüber nachgedacht, dass literarische Texte bei uns ihre volle Wirkung entfalten können, wenn wir zu begeisterten Lesern werden. Hier nun treffen wir einen wichtigen Autor, der die Dichtkunst in den Zusammenhang mit den *erhabensten und stärksten Empfindungen* stellt und ihr die *Begeisterung* ins Stammbuch schreibt – zum Zweck der Entfaltung ihrer *größten Stärke, Zauberei und Wirkung auf die Gemüter.* Novalis nennt die Begeisterung *volles überfließendes Gefühl.* Begeisterung wofür? Man kann es zu einem Appell umformulieren: man bemühe sich, *in allen äußerlichen Eindrücken (...) einen Gedanken von dem Dasein eines mächtigen Wesens wahrzunehmen.*

Eine fromme Vorstellung? Zumindest eine sehr »romantische« Sichtweise, im historischen wie umgangssprachlichen Sinne des Wortes. Nein, hier soll weder romantisiert noch verklärt werden. Aber einen wichtigen Denkanstoß enthält er schon, dieser frühe Novalis-Text. Was die geographische Zuordnung der Entstehung der Poesie im Morgenlande betrifft, so referiert Novalis das Wissen seiner Zeit. Womit beschäftigen wir uns heute, wenn wir literarische Texte lesen? Was ist Literatur, wie ist sie entstanden? Wenn wir uns sonst anschauen, wie Autoren ihre Literatur charakterisieren, dann kommen wir meist auf völlig entgegengesetzte Selbsteinschätzungen. Drei Beispiele:

Franz Kafka schreibt rückblickend, er sei zeit seines Lebens mit einer Art des Schreibens beschäftigt gewesen, das *auf nichts anderes als das eigene Seelenheil oder -unheil abgezielt habe, ein verzweifelter und vergeblicher Versuch, dem existenziellen Schiffbruch und der Einöde der Fremde zu entgehen. Dieses ganze Schreiben ist nichts anderes als die Fahne des Robinson auf dem höchsten Punkt der Insel.*

Reiner Kunze: *Ich schreibe, um mein Leben zu intensivieren, um Situationen zu bewältigen, die ich anders nicht bewältigen kann.* Den Grund zu schreiben bezeichnet er als *rein existenzielle Motivation.*

Günter Kunert bekennt, er schreibe, *um die Welt, die pausenlos in Nichts zerfällt, zu ertragen.* Novalis aber sieht die Dichtkunst dort gedeihen, wo *die Wärme und die Heiterkeit des selten bewölkten Himmels* die Begeisterung der Naturwahrnehmung entfachen konnten. In den *Hymnen an die Nacht* postuliert er: *Poesie ist die große Kunst der Konstruktion der transzendentalen Gesundheit. Der Poet ist also der transzendentale Arzt.*

Das wirkt heute provokativ. Was auch immer im Einzelnen der Grund für die Entstehung eines literarischen Textes sein mag, für das Lesen muss aus ihr allemal *jenes göttliche Feuer* der poetischen Begeisterung hervorgehen. Sind diese Abhandlungen über die *stärksten Empfindungen und Leidenschaften* nicht zehn Minuten Lektüre- und Reflexionszeit wert?

Leben und Werke:
Novalis ist das Pseudonym des Georg Phillip Friedrich Freiherr von Hardenberg. Geboren wurde er 1772 als Sohn des Direktors der kursächsischen Salinen auf einem Gut bei Mansfeld. Ab 1790 studierte er Jura. Der als Mystiker und Schwärmer kritisierte und geschätzte Autor und Theoretiker der Frühromantik war ein ausgezeichneter Naturwissenschaftler und Verwaltungsbeamter. Gestorben ist er 1801 an den Folgen der Schwindsucht.

Leseempfehlungen:
Das Romanfragment *Heinrich von Ofterdingen* blieb für viele Generationen der Inbegriff romantischer Poesie. Seine theoretischen Schriften gibt es in verschiedenen Taschenbuchausgaben und in Anthologien zur Romantik.

Novalis

Von der Begeisterung

Der erste Wind, das erste Lüftchen, das dem Ohre des Wilden hörbar durch den Gipfel der Eiche sauste, brachte gewiss in demselben in seinem jungen, unausgebildeten, allen äußerlichen Eindrücken noch offenen Busen eine Bewegung, einen Gedanken von dem Dasein eines mächtigen Wesens hervor, der sehr nahe an die Begeisterung grenzte und wo ihm nichts als Worte fehlten, um sein volles überfließendes Gefühl durch sie ausströmen und es gleichsam den leblosen Gegenständen um ihn mitempfinden zu lassen, da er jetzt ohne Sprache gewiss unwillkürlich auf die Kniee sank und durch seine stumme Bewegung verriet, dass Gefühle an Gefühle in seinem Herzen sich drängten. Wie sich allmählich die Sprache auszubilden anfing und nicht mehr bloß in Naturtönen stammelte, sondern mit vollem Strome der Jugendfülle des menschlichen Geschlechts dahinbrauste und jeder Ton, jede Stimme derselben fast Empfindung und durch abstrakte Begriffe und Erfahrung noch nicht ausgebildet und verfeinert war, da entstand zuerst die Dichtkunst, die Tochter des edelsten Ungestüms der erhabensten und stärksten Empfindungen und Leidenschaften, die sich zwar nachher wie ein Chamäleon nach den Organisationen der verschiedenen Erdstriche, Zeiten und Charaktere umgebildet, aber in ihrer Urbedeutung, zu ihrer größten Stärke, Zauberei und Wirkung auf die Gemüter, ihrer Mutter, der hohen Begeisterung, noch immer nötig hat. Alles dies aber, was ich hier gesagt habe, gilt nur hauptsächlich von dem Morgenlande, dem eigentlichen Vaterlande der Menschheit, Sprache, Dichtkunst und daher auch der Begeisterung, von woher eigentlich wie vom Urstamme sich alles in die übrigen Erdgegenden und Zonen nur fortgepflanzt hat und eingepfropft worden ist. Das ganze Klima desselben war für die Kindheit des menschlichen Geschlechts und der Künste und Wissenschaften wie seine Gegenden ganz vorzüglich geschickt; die Menschen und Künste erhielten hier die Kraft, die sie in den kältesten Wüsten und Regionen noch immer nach vielen Jahrhunderten erhält und ihnen feste Wurzeln fassen lässt: Die schönen Gegenden, die Wärme und Heiterkeit des selten bewölkten Himmels bildeten sie, nährten sie, und die Fruchtbarkeit des Bodens ließ ihnen Ruhe, sich allmählich auszubilden und zu reifen; das ihnen in einem weniger milden Boden durch die Einflüsse des Klimas, stumpfere Organisation und ängstliche Mühe und Suchen nach Lebensunterhalt und nach den notwendigsten Bedürfnissen wäre verwehrt worden. Hier entstand dann jenes göttliche Feuer.

Christa Reinig
Fische (1968)

Diesmal haben wir uns wieder nach dem gegenseitigen Vorlesen des Textes der Geschichte mit Hilfe eines Verfahrens angenähert, das man »schreibenden Dialog« nennen könnte: Der Erste notiert etwas, was ihm an dem Text besonders aufgefallen ist, der Zweite reagiert auf diese Notiz usw. Das Ganze geschieht, ohne dass dabei gesprochen wird, und führt zu manchmal sehr überraschenden Einsichten. Dieses Verfahren ist eine vorzügliche Vorbereitung für ein anschließendes Interpretationsgespräch!

M: Ist das nun bloß eine witzige Geschichte oder eine satirische Auseinandersetzung mit dem christlichen Glauben: Der Angler als jemand wie Petrus am Himmelstor? Oder: eine Auseinandersetzung mit dem Glauben an Astrologie?

F: Gibt es irgendeinen Beleg im Text, der diese Annahme stützt?

M: Vielleicht die Aussage, dass sich die Fischlein den Angler nicht anders als *großen Fisch* vorstellen können. Und dass die Fische im Wasser von ihren Ahnen den Glauben vermittelt bekamen, *dass es da oben schöner ist.* Wie im Himmel also. – Und für den Glauben an Horoskope spricht, dass dies eine Geschichte aus der Sammlung *Neue Sternbilder* ist.

F: Aber warum sollte der Angler über die reiche Beute dann weinen? Als Petrus?

M: Auch Petrus war Fischer. Und auch er wollte, dass die anderen Zeuge seines Erfolges beim Fischen von frommen Seelen sind. Eine Satire würde das möglich machen.

F: Gut. Die Fische wollen in den Himmel. Als es losging mit der bemannten Raumfahrt, da wurde das diskutiert, ernsthaft und halbernst. ›Ich war oben und habe IHN nicht gesehen‹, berichtete ein sowjetischer Raumfahrer triumphierend. Aber, Hand aufs Herz, ist die Geschichte nicht auch ohne diese Dimension stark?

M: Das finde ich auch. Aber eine »unerhörte« Geschichte wird sie erst, wenn man die Kirche satirisch betrachtet als »Schleuderkammer« von Menschen ins Paradies – oder die Horoskope als Angelhaken, die zum Verlassen des vertrauten Elements verführen. Sollten die Fischlein sich nicht besser wohl fühlen in ihrem Element?

F: Das hat Tradition. Schon Heine wollte im Wintermärchen den Himmel den Pfaffen überlassen und das Volk im Hier und Jetzt die Zuckererbsen genießen lassen.

M: Bei Christa Reinig sind wir nicht so weit entfernt von Heine! Und auch nicht von Brecht: »Der Vorhang zu und alle Fragen offen!«

Leben und Werke:
Christa Reinig ist 1926 in Berlin geboren. Sie studierte in Ostberlin Kunstgeschichte und Archäologie. 1964 reist sie in die Bundesrepublik aus. Sie lebt als freie Schriftstellerin in München. Christa Reinig hat Gedichte, Erzählungen, Hörspiele und Romane geschrieben.

Leseempfehlungen:
Einige von Christa Reinigs Erzählungen und Gedichten sind heute in vielen Schullesebüchern zu finden. Besonders hinweisen möchten wir auf den Erzählband *Orion trat aus dem Haus, Neue Sternbilder*, der 1968 erschienen ist und aus dem auch unsere Geschichte stammt. Ihre *Ballade vom blutigen Bomme* gehört zu den eindrucksvollsten Beispielen moderner Bänkellieder und Moritaten.

Christa Reinig

Fische

Ein Fisch biss in einen Angelhaken. Was flatterst du so hektisch herum?, fragten ihn die anderen Fische. Ich flattere nicht hektisch herum, sagte der Fisch an der Angel, ich bin Kosmonaut und trainiere in der Schleuderkammer. – Wers glaubt, sagten die anderen Fische, und sahen zu, wie es weitergehen sollte. Der Fisch an der Angel erhob sich und flog in hohem Bogen aus dem Wasser. Die Fische sagten: Er hat unsere Sphäre verlassen und ist in den Raum hinausgestoßen. Mal hören, was er erzählt, wenn er zurückkommt. Der Fisch kam nicht wieder. Die Fische sagten: Stimmt also, was die Ahnen uns überliefert haben, dass es da oben schöner ist als hier unten. Ein Kosmonaut nach dem anderen begab sich zum Training in die Schleuderkammer und flog in den Raum hinaus. Die Kosmonauten standen in Reih und Glied und warteten, bis sie drankamen. Am Ufer saß ein einsamer Angler und weinte. Einer der Kosmonauten sprach ihn an und fragte: O großer Fisch, was weinst du, hast du auch gedacht, dass es hier oben schöner ist? – Darum weine ich nicht, sagte der Angler, ich weine, weil ich niemandem erzählen kann, was hier und heute geschieht. Achtundfünfzig in einer Stunde und kein Zeuge weit und breit.

Erich Maria Remarque
Der Feind (1930)

Wir haben hier einmal unsere »Textlupe« nur auf eine ganz bestimmte Stelle des Textes gelegt, der sich beim Lesen ansonsten ja ohne weiteres erschließt, und zwar auf die für den Text wichtige Stelle, an der von der *Magie der Waffen – Waffen verwandeln die Menschen* die Rede ist. Zeitgleich im selben Raum entstanden die beiden folgenden Kommentare:

M: Der Schulkamerad Ludwig Beyer spricht, als er zum ersten Mal gefangene Franzosen sieht, von der *Magie der Waffen: Waffen verwandeln die Menschen.* Der junge Mann räumt zwar ein, dass *seine Logik* nicht ganz richtig sei; doch er sieht in den Waffen, zumindest in der Situation des Kampfes, die Instrumente, die *uns den Krieg aufzwangen.* Menschen im Krieg: von *starken Worten und Waffen verhext!* Kann man diesen Text nicht lesen als einen über die Verführung junger Menschen zum Krieg mit Hilfe der Magie der Waffen? Oder als einen über die Kraft des Menschlichen über Feindeslinien hinweg, wenn man sich dieser Magie entzieht? Als der Major am Ende der Macht seiner Waffe erliegt und einfach losfeuert, ist es, als ob auch die anderen wieder *wie die Verrückten* der Magie ihrer Waffen erliegen – und eben nicht mehr wie vernünftige Menschen reagieren. Wird man zum handelnden Feind erst dann, wenn man eine Waffe in die Hand bekommt? Jedenfalls will der Erzähler, der ja kein Pazifist war, uns darauf hinweisen: Der Austausch von Freundlichkeiten ist, selbst noch in kriegerischen Auseinandersetzungen, ein tieferes menschliches Bedürfnis als der Kampf gegeneinander – und kann dazu führen, dass man sich von der Magie der Waffen befreit. Nimm keine Waffe in die Hand; sie kann dich in jemanden verhexen, der du nicht bist!

F: Diese Geschichte mag tröstlich zu lesen gewesen sein, nachdem der II. Weltkrieg »verloren« war – mit all den schrecklichen Folgen. Dies mag man gern gelesen haben, wenn man diesen Krieg gewollt hatte; die Hunderttausende, die 1914 begeistert als Freiwillige in den Krieg gezogen waren, konnten diese Erzählung sicherlich gut lesen. Aber es waren nicht die Waffen, es war nicht das hohe Maß an gegenseitiger Hochrüstung, die diesen Krieg begonnen hatten. Es waren Menschen mit Herz und Verstand. Es ist gut nachvollziehbar, dass der Soldat im Schützengraben die Ursache für sein unmenschliches Handeln *(ich selbst habe mehr als einen getötet, ich wurde hart und gefühllos)* außerhalb seiner selbst sucht. Aber hier werden zum Töten konstruierte Geräte zu Verantwortlichen. Eine skurrile *Logik:* Die Schusswaffe im Schrank war schuld, lassen Sie den Mörder frei! Auch nach dem II. Weltkrieg haben Landser ihren Töchtern und Söhnen erzählt, sie hätten »auf Befehl« gehandelt. Die Militärführung, der Führer usw. Aber die Bilder, auf denen Wehrmachtsangehörige Zivilisten hinrichten, erzählen etwas anderes. Kriegstaten können durch das Delegieren von Verantwortung nicht legitimiert werden. Und es waren schon gar nicht die Waffen, die Menschen zum Schießen oder zum Abwerfen von Bomben auf bewohnte Städte zwangen. Wenn heute jemand für einen Krieg stimmt, dann ist er oder sie für seine Haltung verantwortlich. Wenn jemand Waffen benutzt – egal ob vor Verdun, Stalingrad, Hanoi, Split, Bagdad oder sonst wo, dann ist er für sein Handeln verantwortlich. Das bisschen Menschlichkeit beim Austausch von Zigaretten in einer Gefechtspause mag uns als Leserin und Leser durchaus anrühren. Aber die These, dass die Waffen *am Ende die Oberhand über die Menschen gewannen und sie in Feinde verwandelten* – diese These ruft nach Antithese.

Leben und Werke:
Erich Maria Remarque wurde 1898 in Osnabrück geboren und besuchte dort das Lehrerseminar. Nach dem I. Weltkrieg schlug er sich zunächst in verschiedenen Jobs durch, bis er schließlich in Hannover und Berlin Redakteur wurde. Vor den Nationalsozialisten floh er schon 1932 in die Schweiz. 1947 wurde er amerikanischer Staatsbürger und starb 1970 im Tessin.

Leseempfehlungen:
In der Reihe KiWi Paperback, herausgegeben vom Fischer- und Rowohlt-Taschenbuch Verlag, gibt es ein Bändchen *Der Feind – Erzählungen und andere Texte,* das wir als Leseempfehlung weitergeben möchten. Sehr aufschlussreich und amüsant zu lesen ist auch das fiktive Interview, das eine Journalistin mit Erich Maria Remarque und Ernst Jünger führt, in: *Mein Jahrhundert* von Günter Grass (Sequenzen 1914–1918).

Erich Maria Remarque

Der Feind

Als ich meinen Schulkameraden Leutnant Ludwig Breyer fragte, welches Kriegserlebnis ihm am lebhaftesten in Erinnerung wäre, erwartete ich, von Verdun, von der Somme oder von Flandern zu hören; denn er war in den schlimmsten Monaten an allen drei Fronten gewesen. Aber statt dessen erzählte er mir Folgendes:

Nicht der lebhafteste, aber der bleibendste meiner Eindrücke fing damit an, dass wir in einem kleinen französischen Dorf weit hinter den Linien in Ruhe lagen. Wir hatten in einem scheußlichen Abschnitt gelegen, wo das Artilleriefeuer extrem heftig gewesen war, und waren weiter als sonst zurückgenommen worden, weil wir starke Verluste erlitten hatten und wieder Kräfte sammeln mussten.

Es war eine herrliche Augustwoche, ein wunderbarer, biblischer Sommer, und das stieg uns zu Kopf wie der schwere goldene Wein, den wir einmal in einem Keller in der Champagne gefunden hatten. Wir waren entlaust worden; einige von uns waren sogar an saubere Wäsche gekommen, die anderen kochten ihre Hemden gründlich über kleinen Feuern aus; überall herrschte eine Atmosphäre von Sauberkeit – deren Zauber nur ein schmutzverkrusteter Soldat kennt –, freundlich wie ein Samstagabend in jenen weit entfernten Friedenstagen, da wir als Kinder in der großen Wanne badeten und Mutter die frische Wäsche aus dem Schrank holte, die nach Stärke, Sonntag und Kuchen roch (…)

Nach dem Abendessen ging ich mit einigen Kameraden ein kleines Stück aus dem Dorf. Wir redeten nicht viel; zum ersten Mal seit Wochen waren wir völlig zufrieden und wärmten uns in den schrägen Sonnenstrahlen, die uns voll ins Gesicht schienen. So kamen wir schließlich zu einem kleinen, tristen Fabrikgebäude mitten in einem weiten eingezäunten Grundstück, um das Wachposten aufgestellt waren. Der Hof war voller Gefangener, die auf den Transport nach Deutschland warteten.

Die Wachposten ließen uns ohne Umstände ein, und wir konnten uns umsehen. Einige hundert Franzosen waren da untergebracht. Sie saßen oder lagen herum, rauchten, redeten und dösten. Das öffnete mir die Augen. Bis dahin hatte ich nur kurze, flüchtige Eindrücke – vereinzelt, schemenhaft – von den Männern gehabt, die die feindlichen Gräben hielten. Ein Helm vielleicht, der einen Augenblick über den Rand der Brustwehr ragte; ein Arm, der etwas warf und wieder verschwand; ein Stück graublauen Stoffs, eine Gestalt, die in die Luft sprang – fast abstrakte Dinge, die hinter Gewehrfeuer lauerten, hinter Handgranaten und Stacheldraht.

Hier sah ich zum ersten Mal Gefangene, und zwar viele, sitzend, liegend, rauchend – Franzosen ohne Waffen.

Ein plötzlicher Schock traf mich; gleich darauf musste ich über mich selbst lachen. Mich hatte schockiert, dass sie Menschen waren wie wir selbst. Aber die Tatsache war – weiß Gott, merkwürdig genug –, dass ich einfach noch nie darüber nachgedacht hatte. Franzosen? Das waren Feinde, die getötet werden mussten, weil sie Deutschland zerstören wollten. Aber an jenem Augustabend wurde mir jenes unheilvolle Geheimnis klar, die Magie der Waffen. Waffen verwandeln die Menschen. Und diese harmlosen Kameraden, diese Fabrikarbeiter, Hilfsarbeiter, Geschäftsleute, Schuljungen, die da so still und resigniert herumsaßen, würden, wenn sie nur Waffen hätten, augenblicklich wieder zu Feinden werden.

Ursprünglich waren sie keine Feinde; erst als sie Waffen bekamen. Das machte mich nachdenklich, obwohl ich ja wusste, dass meine Logik vielleicht nicht ganz richtig war. Aber mir dämmerte, dass es die Waffen waren, die uns den Krieg aufzwangen. Es gab so viele Waffen in der Welt, dass sie am Ende die Oberhand über die Menschen gewannen und sie in Feinde verwandelten …

Und viel später dann, in Flandern, beobachtete ich wieder dasselbe: Während die Materialschlacht wütete, waren die Menschen praktisch zu nichts mehr nutze. Die Waffen schleuderten sich selbst in irrer Wut gegeneinander. Als Mensch musste man das

Gefühl haben, dass auch dann, wenn alles zwischen den Waffen tot wäre, die Waffen von selbst weitermachen würden bis zur totalen Vernichtung der Welt. Aber hier in dem Fabrikhof sah ich nur Menschen wie wir. Und zum ersten Mal begriff ich, dass ich gegen *Menschen* kämpfte; Menschen, die wie wir von starken Worten und Waffen verhext waren; Menschen, die Frauen und Kinder, Eltern und Beruf hatten und die vielleicht – wenn mir die Eingebung durch sie gekommen war – doch jetzt auch wach werden und sich genauso umschauen und fragen mussten: »Brüder, was tun wir denn da? Was soll das?« (…)

Eines Tages tauchte plötzlich auf der anderen Seite des Niemandslandes über der Brustwehr ein Schild auf mit der Aufschrift: »*Attention!*« Man kann sich vorstellen, wie erstaunt wir es anstarrten. Dann kamen wir am Ende zu dem Schluss, sie wollten uns nur warnen, dass es ein besonderes Artilleriefeuer geben würde, über das übliche Programm hinaus; also hielten wir uns in Bereitschaft, beim Geräusch des ersten Schusses in unsere Unterstände zu verschwinden.

Aber alles blieb still. Das Schild verschwand. Dann ging ein paar Sekunden später ein Spaten hoch, und auf der Schaufel konnten wir eine große Zigarettenschachtel erkennen. Einer unserer Kameraden, der etwas Ahnung von der Sprache hatte, malte mit Schuhwichse das Wort »*Compris*« hinten auf eine Kartentasche. Wir hielten die Kartentasche hoch. Da schwenkten sie auf der anderen Seite die Zigarettenschachtel hin und her. Und wir schwenkten daraufhin unsere Kartentasche. Dann ging ein weißes Stück Stoff hoch. In aller Eile nahmen wir dem Obergefreiten Bühler, der sich gerade entlauste, das Hemd von den Knien und winkten damit.

Nach einer Weile erhob sich der weiße Stoff auf der anderen Seite, und ein Helm erschien. Wir schwenkten unser Hemd heftiger, bis die Läuse hausgeregnet sein mussten. Ein Arm wurde hoch gestreckt, der ein Paket hielt. Und dann kletterte ein Mann langsam durch den Stacheldraht heraus; auf Händen und Knien kroch er auf uns zu, und dabei winkte er von Zeit zu Zeit mit einem Taschentuch und lachte aufgeregt. Etwa in der Mitte des Niemandslandes hielt er inne und setzte sein Paket ab. Er zeigte mehrmals darauf, lachte, nickte und kroch zurück. Das versetzte uns in ungewöhnliche Aufregung. Verbunden mit dem fast jungenhaften Gefühl, etwas Verbotenes zu tun, dem Gefühl, jemandem ein Schnippchen zu schlagen, und einfach der nackten Begierde, an die guten Sachen heranzukommen, die da vor uns lagen, war ein Hauch von Freiheit, von Unabhängigkeit, von Triumph über den ganzen Mechanismus des Todes. Dasselbe Gefühl hatte ich, als ich mitten unter den Gefangenen stand, als sei etwas Menschliches siegreich in die bloße Vorstellung vom »Feind« eingebrochen, und ich wollte meinen Teil zu dem Triumph beitragen.

Hastig suchten wir ein paar Geschenke zusammen, wirklich armselige Dinge, denn wir hatten viel weniger zu verschenken als die Kameraden da drüben. Dann gaben wir wieder unsere Signale mit dem Hemd und bekamen direkt Antwort. Langsam hievte ich mich hoch; Kopf und Schultern standen im Freien. Das war eine verdammt schreckliche Minute, kann ich dir sagen, da so ungeschützt zu stehen, im Freien über der Brustwehr.

Dann kroch ich geradewegs vor; und jetzt änderten sich meine Gedanken vollkommen, als wären sie plötzlich in den Rückwärtsgang geschaltet worden. Die merkwürdige Situation nahm mich gefangen; ich spürte, wie eine starke, überschäumende Freude in mir aufstieg; glücklich und lachend lief ich flink auf allen vieren. Und ich erlebte einen wunderbaren Augenblick des Friedens – eines einzelnen, privaten Friedens, eines Friedens auf der ganzen Welt mir zuliebe. (…)

Am nächsten Tag hatte ich mich schon ziemlich an die Sache gewöhnt; und allmählich vereinfachten wir es, sodass wir nicht mehr nacheinander hinausgingen, sondern beide gleichzeitig aus unseren Gräben kletterten. Wie zwei von der Leine gelassene Hunde krochen wir aufeinander zu und tauschten unsere Geschenke aus.

Als wir uns das erste Mal ins Gesicht sahen, lächelten wir uns nur verlegen an. Der andere Kamerad war ein junger Kerl wie ich, vielleicht zwanzig Jahre alt. Man konnte seinem Gesicht ansehen, wie gut er diesen Spaß fand. »*Bonjour, camarade*«, sagte er; aber ich war so verblüfft, dass ich »*Bonjour, bonjour*« sagte, es zwei-, dreimal wiederholte und nickte und mich hastig umdrehte. Wir hatten einen bestimmten Zeitpunkt für das Treffen und das frühere Zeichengeben wurde fallen gelassen, weil beide Seiten den ungeschriebenen Friedensvertrag einhielten. Und eine Stunde später feuerten wir dann wieder wie vorher aufeinander los. Einmal reichte mir der andere Kamerad mit leichtem Zögern die Hand hin, und wir schüttelten uns die Hände. Das war schon komisch. (...)

Eines Tages tauchte ein Major an der Front auf und hielt uns persönlich einen Vortrag. Er war sehr eifrig und energisch und sagte uns, dass er vorhabe, bis zum Abend an der Front zu bleiben. Unglücklicherweise bezog er seinen Posten nah an unserem Ausstiegspunkt und verlangte nach einem Gewehr. Er war ein sehr junger Major, gierig nach Taten.

Wir wussten nicht, was wir tun sollten. Es gab keine Möglichkeit, den Kameraden da drüben ein Zeichen zu geben; und außerdem glaubten wir, wir könnten auf der Stelle dafür erschossen werden, dass wir Geschäfte mit dem Feind machten. Der Minutenzeiger meiner Uhr rückte langsam vor. Nichts passierte, und es sah fast so aus, als würde alles glimpflich ausgehen.

Zweifellos wusste der Major nur von der allgemeinen Verbrüderung, die sich entlang der Front abgespielt hatte, aber nichts Bestimmtes darüber, was wir hier unternommen hatten; es war einfach das reine Pech, das ihn gerade jetzt hierher geführt und ihm diese Aufgabe gegeben hatte. (...)

Zum Glück war es ein trüber Tag; es regnete ein bisschen, und die Dunkelheit brach herein. Es war schon eine Viertelstunde nach der für unser Treffen festgesetzten Zeit. Allmählich konnten wir wieder atmen. Dann wurde mein Blick plötzlich festgehalten; die Zunge lag mir wie ein Klumpen im Mund; ich wollte aufschreien und konnte es nicht; starr vor Entsetzen schaute ich über das Niemandsland und sah, wie sich langsam ein Arm zeigte, dann ein Körper. Bühler raste um die Brustwehr und versuchte verzweifelt, ein Warnzeichen zu geben. Aber es war zu spät. Der Major hatte schon gefeuert. Mit einem dünnen Schrei sank der Körper wieder zurück.

Einen Augenblick herrschte unheimliche Stille. Dann hörten wir ein Gebrüll, und ein vernichtendes Feuer setzte ein. »Schießen! Sie kommen!«, schrie der Major.

Dann eröffneten auch wir das Feuer. Wir luden und feuerten wie die Verrückten, luden und feuerten, bloß um diesen schrecklichen Augenblick hinter uns zu bringen. Die ganze Front war in Bewegung, auch die Geschütze setzten ein, und so ging es die ganze Nacht weiter. Am Morgen hatten wir zwölf Mann verloren, unter ihnen den Major und Bühler.

Von da an wurden die Feindseligkeiten ordnungsgemäß fortgesetzt; Zigaretten gingen nicht mehr hin und her; und die Verlustzahlen nahmen zu. Viele Dinge sind mir seither passiert. Ich sah viele Männer sterben; ich selbst habe mehr als einen getötet; ich wurde hart und fühllos. Die Jahre gingen vorüber. Aber die ganze lange Zeit habe ich nicht gewagt, an diesen dünnen Schrei im Regen zu denken.

Rainer Maria Rilke
Aus: **Die Aufzeichnungen des Malte Laurids Brigge** (1906)

F: Beim Lesen können wir hier gleichsam in einen Spiegel blicken. Wir können miterleben, *was* und vor allem *wie* ein Mensch wahrnimmt in einer ihm fremden Weltstadt: Eindrücke, Assoziationen, Reflexionen; Großstadterfahrung als Trommelfeuer auf die Sinne. Die geschilderten Wahrnehmungsinhalte erscheinen uns heute nostalgisch, matt geworden und jugendstilumkränzt. Aber schon damals durchbrach die Überfülle dessen, was man zu sehen, zu riechen und zu hören bekam, die normalen Abwehrschranken – spätestens im Moment der plötzlich hereinbrechenden Stille. Es folgte die Erkenntnis: *Ich habe ein Inneres, von dem ich nicht wusste.* Seit diesen Aufzeichnungen haben sich die täglichen Reizimpulse, medial verstärkt, auf ein Mehrfaches potenziert. Aber wir können uns, wenn wir lesend hinsehen in die äußeren und inneren Spiegelbilder aus dem alten Paris, neu reflektieren im Spannungsverhältnis zwischen dem brodelnden Außen und dem überraschend still gewordenen Innen. Man stelle sich vor, eine Figur wie Brigge würde heute unvermittelt in das Getriebe einer unserer Metropolen geschickt.

M: Mit Sicherheit würde er anderes in sein Tagebuch schreiben! Man muss schon die fiktionale Kunstfigur eines großen Dichters sein, um solche *Aufzeichnungen* machen zu können. Und selbst eine solche würde heute anders erleben, – vor allem sein Zeit-Erleben wäre anders. Für mich ist das das Beeindruckendste: diese Mischung aus Beobachtungen (konzentriert aufs Einzelne), Beschreibungen (von großer Genauigkeit), Schilderungen (einfühlsam bis zum Mitleiden), Reflexionen und Kindheitserinnerungen (im inneren Monolog) und dann wieder einfachen Erzählpassagen (im fast mündlichen Perfekt) – und alles in einer wunderbar rhythmischen Sprache, kunstvoll komponiert wie zu einer Musik. An anderer Stelle sagt Malte: Er *lernt sehen.* Ich denke, als Leser können wir an diesem Stück Literatur lernen, wie man mit Hilfe von Sprache das Sehen lernt. Mancher, der heute auf Reisen in eine große Stadt geht, sagt: Du siehst nur, was du weißt (also vorher gelesen hast). Aber die Baedecker aller Provenienz richten unsere Aufmerksamkeit eben aufs Baedecker-Spezifische. Malte aber öffnet zuallererst seine eigenen fünf Sinne. Und dann lässt er sich sehr viel Zeit – und schreibt. Vielleicht lehren uns seine *Aufzeichnungen:* Du lernst sehen durch schreiben, wie wir es ja auch eher durch das langsamere Zeichnen lernen als durch den schnellen Schnappschuss der Kamera. Malte lehrt mich: sich den Eindrücken aussetzen und sie sich zueignen!

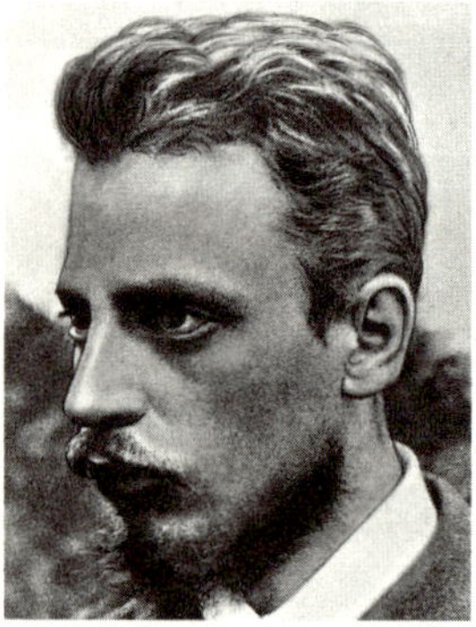

Leben und Werke:
Rilke wurde 1875 in Prag geboren. Nach behüteter Kindheit erlebte er auf der Militärschule »überlebensgroße Erfahrung der Einsamkeit«. Sein Name wurde zum Inbegriff des Poetischen; seine übergroße Sensibilität war die Voraussetzung für die literarische Verschmelzung von exakter Innen- und Außenwahrnehmung.
Sein äußeres Leben war weitgehend ein unstetes Wanderleben, häufig war er Gast adeliger oder großbürgerlicher Gönner. Gestorben ist Rilke 1926 in Val-Mont im Wallis.

Leseempfehlungen:
Einige Gedichte wie *Der Panther* wurden von Generationen von Schülern auswendig gelernt, lesenswert sind die Prosastücke *Weise von Liebe und Tod des Cornets Christoph Rilke,* bereits zu Lebzeiten ein Bestseller, und eben *Die Aufzeichnungen des Malte Laurids Brigge.* Es gibt im Buchhandel verschiedene Lyriksammlungen; wenn man sich intensiver auf seine Lyrik einlassen will, mag man das *Stundenbuch* und *Neue Gedichte* lesen.

Rainer Maria Rilke

Die Aufzeichnungen des Malte Laurids Brigge

11. September, rue Toullier.

So, also hierher kommen die Leute, um zu leben, ich würde eher meinen, es stürbe sich hier. Ich bin aus gewesen. Ich habe gesehen: Hospitäler. Ich habe einen Menschen gesehen, welcher schwankte und umsank. Die Leute versammelten sich um ihn, das ersparte mir den Rest. Ich habe eine schwangere Frau gesehen. Sie schob sich schwer an einer hohen, warmen Mauer entlang, nach der sie manchmal tastete, wie um sich zu überzeugen, ob sie noch da sei. Ja, sie war noch da. Dahinter? Ich suchte auf meinem Plan: Maison d'Accouchement. Gut. Man wird sie entbinden – man kann das. Weiter, rue Saint-Jacques, ein großes Gebäude mit einer Kuppel. Der Plan gab an Val-de-grâce, Hôpital militaire. Das brauchte ich eigentlich nicht zu wissen, aber es schadet nicht. Die Gasse begann von allen Seiten zu riechen. Es roch, so viel sich unterscheiden ließ, nach Jodoform, nach dem Fett von Pommes frites, nach Angst. Alle Städte riechen im Sommer. Dann habe ich ein eigentümlich starblindes Haus gesehen, es war im Plan nicht zu finden, aber über der Tür stand noch ziemlich leserlich: Asyle de nuit. Neben dem Eingang waren die Preise. Ich habe sie gelesen. Es war nicht teuer.

Und sonst? Ein Kind in einem stehenden Kinderwagen: es war dick, grünlich und hatte einen deutlichen Ausschlag auf der Stirn. Er heilte offenbar ab und tat nicht weh. Das Kind schlief, der Mund war offen, atmete Jodoform, Pommes frites, Angst. Das war nun mal so. Die Hauptsache war, dass man lebte. Das war die Hauptsache.

Dass ich es nicht lassen kann, bei offenem Fenster zu schlafen. Elektrische Bahnen rasen läutend durch meine Stube. Automobile gehen über mich hin. Eine Tür fällt zu. Irgendwo klirrt eine Scheibe herunter, ich höre ihre großen Scherben lachen, die kleinen Splitter kichern. Dann plötzlich dumpfer, eingeschlossener Lärm von der anderen Seite, innen im Hause. Jemand steigt die Treppe. Kommt, kommt unaufhörlich. Ist da, ist lange da, geht vorbei. Und wieder die Straße. Ein Mädchen kreischt: Ah tais-toi, je ne veux plus. Die Elektrische rennt ganz erregt heran, darüber fort, fort über alles. Jemand ruft. Leute laufen, überholen sich. Ein Hund bellt. Was für eine Erleichterung; ein Hund. Gegen Morgen kräht sogar ein Hahn, und das ist Wohltun ohne Grenzen. Dann schlafe ich plötzlich ein.

Das sind die Geräusche. Aber es gibt hier etwas, was furchtbarer ist: die Stille. Ich glaube, bei großen Bränden tritt manchmal so ein Augenblick äußerster Spannung ein, die Wasserstrahlen fallen ab, die Feuerwehrleute klettern nicht mehr, niemand rührt sich. Lautlos schiebt sich ein schwarzes Gesimse vor oben, und eine hohe Mauer, hinter welcher das Feuer auffährt, neigt sich, lautlos. Alles steht und wartet mit hoch geschobenen Schultern, die Gesichter über die Augen zusammengezogen, auf den schrecklichen Schlag. So ist hier die Stille.

Ich lerne sehen. Ich weiß nicht, woran es liegt, es geht alles tiefer in mich ein und bleibt nicht an der Stelle stehen, wo es sonst immer zu Ende war. Ich habe ein Inneres, von dem ich nicht wusste. Alles geht jetzt dorthin. Ich weiß nicht, was dort geschieht.

Friedrich Schiller
Der Handschuh. Erzählung (1797/98)

Wer einen Text vorträgt, Schauspieler, Lehrer oder Schüler, der interpretiert ihn auch. Ich habe mehrere Sprechfassungen dieser Ballade gehört; doch dass sie der eine Sprecher ganz anders zu Gehör bringen kann als die anderen (und also auch verstanden haben muss), das habe ich bei einem Vortrag von Boy Gobert erfahren. Seitdem gehört *Der Handschuh* zu meinen Lieblingsballaden. Ja, erst seitdem! Denn von Lehrern und von anderen Schauspielern hatte ich sie immer als eine etwas vordergründig-unglaubwürdige Heldenballade vermittelt bekommen.

Gehen wir von den Schlussstrophen aus: Da lässt also ein vornehmes *Fräulein Kunigund,* die im Grunde ein kleines Luder ist (kein anmaßender König wie der im *Taucher!*), einen Handschuh fallen, wie es Damen schon immer gern taten, scheinbar versehentlich, wenn auch sonst nicht von *Altanen,* um die Aufmerksamkeit eines Mannes auf sich zu ziehen. Und sie spricht zu einem *Ritter Delorges spottenderweis,* also kokett und herausfordernd: *Ei, so hebt mir den Handschuh auf.* Wie blind müsste ein Ritter sein, der den Spott in Wort und Gebärde nicht bemerkt! Oder wie verliebt? Nun, dass er der Dame *zu jeder Stund seine heiße Liebe* geschworen hat, kommt so übertrieben daher, dass man es allenfalls als Interpretation der Dame selbst glaubt. In diesem Augenblick jedenfalls war es mit seiner Liebe, wenn er kein Tölpel war, ganz gewiss schon vorbei. Und dennoch holt er den Handschuh! Er kann es eigentlich nur noch getan haben, um sie hernach bloßstellen zu können. Und wenn er das wollte, dann musste er die Situation dort unten im *Löwengarten* als nicht allzu gefährlich eingeschätzt haben; denn sein Leben wagt kein Ritter, nur um einer Dame, die ihn verspottet, eine Abfuhr zu erteilen, schon gar in einer ernst zu nehmenden Ballade nicht. Er geht also *mit festem Schritte,* und pickt *mit keckem Finger* (das hieß damals: *mutig* oder *übermütig*) den Handschuh auf – und kommt *gelassen* zurück. Dass Kunigundes *zärt-*

licher Liebesblick ihm nun *sein nahes Glück* verheißt, das glaubt vielleicht das begeisterte Publikum, doch der Ritter schon längst nicht mehr. Der tut, was er sich vorher vorgenommen hatte: *Er wirft ihr den Handschuh ins Gesicht.* Das ist uns immer als der symbolische Wurf eines Fehdehandschuhs interpretiert worden, den man einem Feind gleichen Kalibers vor die Füße (nie ins Gesicht!) warf, um ihn zum Kampf herauszufordern. Aber einer Dame? Und ins Gesicht? Und zu welchem Kampf? Dann hätte unser *Delorges* die Symbolhandlung wohl falsch verstanden, und das ist einem Ritter seines Schlages nun wirklich nicht zuzutrauen, – auch in einer Ballade nicht!

Wenn also Schiller hier nicht einfach etwas falsch gemacht hat, dann hat er es ironisierend gemeint. Und dafür spricht auch die übertriebene Darstellung der *greulichen Katzen,* die in einem richtig hübschen Wechselspiel von *Mordsucht* und *Kampfbegier* einerseits und *Gähnen* und müdem *Niederstrecken* andererseits in die vom Erzähler angeordneten Ecken gesetzt werden und sich dort ziemlich faul *zur Seite niederlegen.* Am Ende sieht man: das *Fräulein Kunigund,* deren *zärtlicher Liebesblick* nun vom Handschuh bedeckt ist, und den *Ritter Delorges,* mit Verbeugung und Kratzfuß sich davonmachen. Ein komischeres Bild kann man sich in dieser vornehmen Gesellschaft kaum vorstellen. Lesen Sie Schillers Ballade einmal als eine augenzwinkernde Art Parodie auf seine eigenen sehr ernsten Heldenballaden! So hat es Boy Gobert gemacht. Und so gefällt sie mir!

Übrigens, in der ersten Fassung, die er noch Erzählung nannte, lautet der viel zitierte Vers anders; statt *Und er wirft ihr den Handschuh ins Gesicht* stand ursprünglich *Und der Ritter sich tief verbeugend, spricht ...* Man kann sich richtig vorstellen, wie Goethe und Schiller, die im sog. »Balladenjahr« miteinander über ihre Texte diskutierten, gemeinsam auf diesen schönen Gag gekommen sind – und sich dabei amüsiert haben.

Leben und Werke:
Friedrich Schiller wurde 1759 in Marbach am Neckar geboren. Er studiert Jura, später Medizin. 1779 wird sein erstes Drama fertig: *Die Räuber.* Schiller erhält eine untergeordnete Stellung als Regimentsmedikus. 1782 flieht er aus Stuttgart wegen Beschränkung seiner dichterischen Freiheit. Er schreibt Kabale und Liebe. 1783 wird er Theaterdichter in Mannheim. 1785 übersiedelt er nach Leipzig, wo *Don Carlos* erscheint, später nach Jena. Er arbeitet an Zeitschriften mit und betreibt geschichtliche und philosophische Studien. 1793/94 Bekanntschaften mit Hölderlin, Wilhelm von Humboldt, Goethe. 1796–1800 gibt er den *Musenalmanach* heraus, übersiedelt nach Weimar, wo er am Hoftheater mitwirkt. Es entstehen *Egmont, Maria Stuart, Jungfrau von Orleans* und 1802 *Wilhelm Tell.* Am 9. Mai 1805 stirbt Schiller in Weimar.

Leseempfehlungen:
Lesen? Schiller muss man im Theater sehen! Aber es gibt auch die spannende Erzählung *Der Verbrecher aus verlorener Ehre,* seine philosophische Schrift *Über die ästhetische Erziehung des Menschengeschlechts* – und dann vor allem, außer *Der Handschuh,* seine Balladen, von denen wir auf einige besonders hinweisen möchten: *Die Kindesmörderin, Die Kraniche des Ibykus, Der Taucher, Die Bürgschaft, Der Alpenjäger.*

Friedrich Schiller

Der Handschuh

Vor seinem Löwengarten,
Das Kampfspiel zu erwarten,
Saß König Franz,
Und um ihn die Großen der Krone,
Und rings auf hohem Balkone
Die Damen in schönem Kranz.

Und wie er winkt mit dem Finger,
Auf tut sich der weite Zwinger,
Und hinein mit bedächtigem Schritt
Ein Löwe tritt,
Und sieht sich stumm
Rings um,
Mit langem Gähnen,
Und schüttelt die Mähnen,
Und streckt die Glieder,
Und legt sich nieder.

Und der König winkt wieder,
Da öffnet sich behend
Ein zweites Tor,
Daraus rennt
Mit wildem Sprunge
Ein Tiger hervor.
Wie der den Löwen erschaut,
Brüllt er laut,
Schlägt mit dem Schweif
Einen furchtbaren Reif,
Und recket die Zunge,
Und im Kreise scheu

Umgeht er den Leu
Grimmig schnurrend;
Drauf streckt er sich murrend
Zur Seite nieder.

Und der König winkt wieder,
Da speit das doppelt geöffnete Haus
Zwei Leoparden auf einmal aus,
Die stürzen mit mutiger Kampfbegier
Auf das Tigertier,
Das packt sie mit seinen grimmigen Tatzen,
Und der Leu mit Gebrüll
Richtet sich auf, da wird's still,
Und herum im Kreis,
Von Mordsucht heiß,
Lagern die greulichen Katzen.

Da fällt von des Altans Rand
Ein Handschuh von schöner Hand
Zwischen den Tiger und den Leun
Mitten hinein.

Und zu Ritter Delorges spottenderweis
Wendet sich Fräulein Kunigund:
»Herr Ritter, ist Eure Lieb so heiß,
Wie Ihr mir's schwört zu jeder Stund,
Ei, so hebt mir den Handschuh auf.«

Und der Ritter in schnellem Lauf
Steigt hinab in den furchbarn Zwinger
Mit festem Schritte,
Und aus der Ungeheuer Mitte
Nimmt er den Handschuh mit keckem Finger.

Und mit Erstaunen und mit Grauen
Sehen's die Ritter und Edelfrauen,
Und gelassen bringt er den Handschuh zurück.
Da schallt ihm sein Lob aus jedem Munde,
Aber mit zärtlichem Liebesblick –
Er verheißt ihm sein nahes Glück –
Empfängt ihn Fräulein Kunigunde.
Und er wirft ihr den Handschuh ins Gesicht:
»Den Dank, Dame, begehr ich nicht«,
Und verlässt sie zur selben Stunde.

Bernhard Schlink

Aus: **Der Vorleser** (1995)

Im Vorwort haben wir von der »Textlupe« gesprochen, mit der wir ausgewählte Literatur betrachten. Hier habe ich eine Lupe insofern bemüht, als dass ich unter ihrem Blick einen kurzen Textausschnitt separiere, also aus dem sonst sichtbaren Kontext herauslöse.

»Der Vorleser« ist einer der erfolgreichsten Romane der letzten Jahre und wurde von der internationalen Kritik geradezu gefeiert. Über die Handlung und über die biografischen Hintergründe der beiden Hauptpersonen soll hier nichts ausgeplaudert werden. Das würde die Spannung nehmen, und wer das Buch gelesen hat, mag hier noch einmal eine frühe Schlüsselszene lesen. Zwei Menschen lernen sich kennen, beginnen schließlich eine erotische, rein sexuelle Beziehung zueinander. Wir als Leser sind intime Zeugen. Natürlich können wir solche Stellen überblättern, wir können sie aber auch sehr gründlich lesen. Was macht solcherart Lektüre mit uns? Da gibt es so viele Antworten, wie es Leserinnen oder Leser gibt. Es stellt sich aber die berechtigte Frage: Wie ist das hier geschrieben? Ich stelle ein paar Zitate zusammen, die in Tageszeitungen zum »Vorleser« zu lesen waren: »Ein Roman von großer Sogkraft«, »Ein Roman von bestechender Aufrichtigkeit«, »Einfühlsame Sprache von erstaunlicher Präzision«, »Schlink gelingt das in der deutschen Literatur seltene Kunststück, so behutsam wie möglich, vor allem ohne moralische Bevormundung des Lesers« zu schreiben, »Schlink gehört zu den Autoren, die sinnlich, intelligent und spannend erzählen können«, »ein sehr intensiver Beobachter menschlicher Handlungen, seelischer Prozesse. Man liest. Und versteht.«

Trifft das auch für diese Szene zu? Ich meine: auch hier erweist sich, dass Bernhard Schlink ein großer Erzähler ist, vor allem ein großer Beschreiber. Eine erotische Szene: sehr einfach, fast lakonisch, distanziert und präzise.

Eine Auswahl von literarischen Texten sollte das Thema Sexualität nicht ausschließen. Im »Vorleser« ist die erotische Anziehung eines ungleichen Paares Ausgangspunkt für die Auseinandersetzung mit einer bedrängenden Vergangenheit. Es geht um Schuld, um Wahrhaftigkeit, um Sühne. Zum Schluss resümiert der Ich-Erzähler aus zeitlichem Abstand die Motive des Schreibens: »Zuerst wollte ich unsere Geschichte schreiben, um sie loszuwerden. (...) Ich habe meinen Frieden mit ihr gemacht. Und sie ist zurückgekommen, Detail um Detail und in einer Weise rund, geschlossen und gerichtet, dass sie mich nicht mehr traurig macht.«

Leben und Werke:
Bernhard Schlink wurde 1944 bei Bielefeld geboren und wuchs in Heidelberg auf, wo er ein Jurastudium absolvierte. Seit 1982 ist er Professor für Rechtswissenschaft in Berlin. Sein Lehrbuch über Staatsrecht ist mittlerweile in der 14. Auflage erschienen. Die Kriminalromane *Die gordische Schleife, Selbs Justiz und Selbs Betrug* wurden mit renommierten Krimi-Preisen ausgezeichnet. *Der Vorleser* wurde ein Weltbestseller.

Leseempfehlungen:
Der Vorleser ist eines der wichtigsten Bücher der deutschsprachigen Gegenwartsliteratur. Die Sammlung *Liebesfluchten* enthält hervorragende Prosastücke. Und für Krimifans: siehe oben.

Bernhard Schlink

Der Vorleser

(...)

Sie hatte die Jacke ausgezogen, die Krawatte gelockert, den obersten Knopf geöffnet und saß mit einem Glas Milch am Küchentisch. Sie sah mich, lachte zuerst verhalten glucksend und dann aus vollem Hals. Sie zeigte mit dem Finger auf mich und klatschte mit der anderen Hand auf den Tisch. „Wie siehst du aus, Jungchen, wie siehst du aus!“ Dann sah auch ich mein schwarzes Gesicht im Spiegel über der Spüle und lachte mit.

„So kannst du nicht nach Hause. Ich lass dir ein Bad einlaufen und klopf deine Sachen aus.“ Sie ging zur Wanne und drehte den Hahn auf. Das Wasser rauschte dampfend in die Wanne. „Zieh deine Sachen vorsichtig aus, ich brauch den schwarzen Staub nicht in der Küche.“

Ich zögerte, zog Pullover und Hemd aus und zögerte wieder. Das Wasser stieg schnell, und die Wanne war fast voll.

„Willst du mit Schuhen und Hose baden? Jungchen, ich schau nicht hin.“ Aber als ich den Hahn zugedreht und auch die Unterhose ausgezogen hatte, musterte sie mich ruhig. Ich wurde rot, stieg in die Wanne und tauchte unter. Als ich auftauchte, war sie mit meinen Sachen auf dem Balkon. Ich hörte, wie sie die Schuhe gegeneinander schlug und Hose und Pullover ausschüttelte. Sie rief etwas nach unten, über Kohlenstaub und Sägespäne, von unten rief's hoch, und sie lachte. Zurück in der Küche, legte sie meine Sachen auf den Stuhl. Sie warf mir nur einen raschen Blick zu. „Nimm das Shampoo und wasch dir auch die Haare. Ich bring gleich das Frottiertuch.“ Sie nahm etwas aus dem Kleiderschrank und ging aus der Küche.

Ich wusch mich. Das Wasser in der Wanne war schmutzig, und ich ließ frisches Wasser zulaufen, um unter dem Strahl Kopf und Gesicht sauber zu spülen. Dann lag ich da, hörte den Badeofen bullern, spürte im Gesicht die kühle Luft, die durch die spaltoffene Küchentür kam, und am Körper das warme Wasser. Mir war behaglich. Es war ein erregendes Behagen, und mein Geschlecht wurde steif.

Ich sah nicht auf, als sie in die Küche kam, erst als sie vor der Wanne stand. Mit ausgebreiteten Armen hielt sie ein großes Tuch. »Komm!« Ich wandte ihr den Rücken zu, als ich mich aufrichtete und aus der Wanne stieg. Sie hüllte mich von hinten in das Tuch, von Kopf bis Fuß, und rieb mich trocken. Dann ließ sie das Tuch zu Boden fallen. Ich wagte nicht, mich zu rühren. Sie trat so nahe an mich heran, dass ich ihre Brüste an meinem Rücken und ihren Bauch an meinem Po spürte. Auch sie war nackt. Sie legte die Arme um mich, die eine Hand auf meine Brust und die andere auf mein steifes Geschlecht.

»Darum bist du doch hier!«

»Ich …« Ich wusste nicht, was ich sagen sollte. Nicht ja, aber auch nicht nein. Ich drehte mich um. Ich sah nicht viel von ihr. Wir standen zu dicht. Aber ich war überwältigt von der Gegenwart ihres nackten Körpers. »Wie schön du bist!«

»Ach, Jungchen, was redest du.« Sie lachte und schlang die Arme um meinen Hals. Auch ich nahm sie in meine Arme.

Ich hatte Angst: vor dem Berühren, vor dem Küssen, davor, dass ich ihr nicht gefallen und nicht genügen würde. Aber als wir uns eine Weile gehalten hatten, ich ihren Geruch gerochen und ihre Wärme und Kraft gefühlt hatte, wurde alles selbstverständlich. Das Erforschen ihres Körpers mit Händen und Mund, die Begegnung der Münder und schließlich sie über mir, Auge in Auge, bis es mir kam und ich die Augen fest schloss und zunächst mich zu beherrschen versuchte und dann so laut schrie, dass sie den Schrei mit ihrer Hand auf meinem Mund erstickte.

(…)

Arno Schmidt
Seltsame Tage (1956)

Es gibt Texte: die bauen durch ihre Normenüberschreitendeschreibweise & Ironie ein so hohes Maß an Distanz auf, dass sie mein achsogeliebtes Bedürfnis nach Identifikation in die || Schranken weisen: Sie fordern mein Interesse (= etwas ist zwischen ihnen & mir) – & brüskieren mich zugleich. Wenn da einer schreibt, anstelle des, zugegeben, : nicht besonders originellen: *Der Abend war mit einem rot und blau gestreiften Sonnenuntergang zu Ende gegangen.* → *Der kesse, rot und blau karierte Abend war hinunter gedreht worden:* dann überfällt mich ein Kopfschüttellächeln über die Achsoziehationen, die durch gleich 3erlei Ausdrücke in mehrere Gänge gesetzt werden: *kess, kariert, hinunter gedreht.* Die Synapsen eröffnen, wow!!, ein Feuerwerk in meinem Hirn, doch die für Empathie mit den Figuren zuständige Hirnanhangsdrüse gibt keinen Ton von sich. Nicht dass mir der Gleichen fremd wäre: meinen Robert Walser habe ich ja gelesen!! Wortneuschöpfungen & Metaphorisierungen & die kuriosesten Attribute auch dort. Doch der arme Walser ist bescheidener, immer ironisch zusichselbst, mitleiderregend! Bei Arno Schmidt dagegen: bis in die Interpunktion und Orthographie hinein: Inno-Vati-onen, irre Tationen! – bis zum Wehtun!

Und doch (oder deswegen?) gehören einige seiner Texte zu den unentbehrlichen für mich. Dabei ist *Seltsame Tage* noch einer der konventionellsten von ihnen. Wie es in anderen zugeht, habe ich in meinem ersten Absatz wenigstens ansatzweise zu orthographieren, interpungieren und wortbilden versucht, um Ihnen zumindest einen Eindruck davon zu vermitteln. – Aber *was* ist für mich »unentbehrlich« daran? Nun, dass da ein Schriftsteller, wie kein anderer sonst, die Sprache artifiziell und kreativ benutzt, um Präzision mit Assoziationsreichtum zu verbinden, um Distanz und zugleich Lust an der Distanzierung herzustellen, um dem Leser selbst beim Lesen von Alltäglichkeiten noch ein Lächeln abzufordern, um dem Vergnügen am ernsthaften Spiel mit der Sprache, wie Arno Holz, Robert Walser, Ernst Jandl und andere, Nahrung und Anregung zu geben. Dieser fast militante Widerstand gegen die trivialen Wörter! Dieser ironische Zwang zur Genauigkeit! Diese Distanzierung selbst von einem Ich-Erzähler! Keiner sonst hat mir so eindrucksvoll gezeigt, welche Distanz von sich selbst, und mit welchem Vergnügen daran, das Schreiben von literarischen Texten möglich macht.

Leben und Werke:
Arno Schmidt wurde 1914 in Hamburg geboren. Er studierte Mathematik und Astronomie in Breslau, brach aber das Studium aus politischen Gründen ab und ging in eine kaufmännische Lehre. Er wurde Soldat und lebte von 1946 – 1950 als Dolmetscher und freier Schriftsteller in der Lüneburger Heide. Er schrieb Erzählungen, Novellen und Romane. Sein umfangreichstes Werk ist der 1970 erschienene Roman *Zettels Traum.* Er starb 1979 in Celle.

Leseempfehlungen:
Am leichtesten zugänglich ist seine Erzählsammlung *Krakatau,* aus der auch unsere Geschichte stammt. Wer sich mit einem etwas größeren Werk beschäftigen möchte, sollte *Brand's Haide* lesen. Außerordentlich interessant sind auch seine *Dichtergespräche im Elysium.*

Arno Schmidt

Seltsame Tage

: »**E**s gibt merkwürdige Tage : da geht die Sonne schon auf eine eigene Art auf; laue Wolken ziehen tief; der Wind haucht verdächtig aus allen Weltgegenden. Düsenjäger machen Hexenschlingen am Himmel; alle Gläubiger bekommen Lust ihre Außenstände einzufordern; man hört von Leuten, die plötzlich davongelaufen sind.«

An solchen Tagen tut man gut, nichts zu unternehmen – obwohl natürlich auch gerade das wieder falsch sein kann! Wer weiß denn, ob es richtig ist, wenn man die Klingel abstellt, die Fenster verhängt, und sich auf der Couch in der Zimmerecke tot stellt ? Lesen ist gar nicht zu empfehlen : auf einmal fällt aus dem verschollenen Roman von 1800 ein Brief in uralt vergilbter Handschrift, dazu der Schattenriss eines jungen Mädchens in der Tracht der napoleonischen Kriege, und man kann nur von Glück sagen, wenn auf dem Umschlag nicht der eigene Name steht – es gibt eigentümliche Tage !

Nun, der heutige war wohl wieder einmal glücklich vorüber. Gewiß, ein Herr in schwarzem Anzug war da gewesen, und hatte mich zum Mormonismus bekehren wollen. Von einem Unbekannten war ein langer Brief aus Spanien eingetroffen – wie sich im letzten Absatz herausstellte, gar nicht an mich gerichtet. Der übliche eisgraue Stromer hatte auch geklingelt : er sei Student; und Rasierklingen angeboten, garantiert erst einmal gebraucht.

Am Telefon hatte mir eine fremde englische Frau zwischen Vorwürfen und Verabredungen diese Anekdote von ihrer Weltreise erzählt: auf der Insel Tristan da Cunha – 120 Einwohner, kein Pfarrer, kein Magistrat – hatten Zwei heiraten wollen. Da die einzige Person, die fließend lesen konnte, die Eheschließung missbilligte, hatte sie sich diesmal geweigert, die Trauformel abzulesen. Es war nichts übrig geblieben, als den nächst Gelehrten herbeizuholen : der hatte sie dann buchstabiert ! (Was unter Analphabeten die feierliche Stimmung nur erhöht haben dürfte – aber ich muss mir das dann immer gleich so intensiv vorstellen : wie der Kerl da am Tisch steht, den Finger auf die Zeile gepreßt und visiert; bei schwierigen Stellen popelt er vor Verzweiflung.)

Nun, wie gesagt, das alles war überstanden. Selbst der kesse, rot und blau karierte Abend war hinunter gedreht worden : einen Nachtspaziergang konnte man doch sicher unternehmen ? –

Im schwarzen Felsen des Nachbarhauses stand im Erdgeschoß die erleuchtete Balkontür offen; sie schallplattelten unentwegt; Mädchen stampften und grölten an Schlagernem, schüttelten die farbigen Locken, und klatschten wieder in die Fußsohlen : nur schnell vorbei ! (Über den Gehsteig her fuhr auch gleich ein Radfahrer auf mich zu, als sei meine Stelle leer, und ich schon nicht mehr auf Erden vorhanden !).

Am Stadtrand, wo die Gaslaternen noch nicht durch Bogenlampen ersetzt sind, war es dann fast still und einsam. Mondboje, schräg verankert im Wolkenstrom. Katzen gingen tüchtig und selbstbewußt unbekannten Geschäften nach. Nur einmal bremste die grüne Isetta neben mir : 2 Polizisten stiegen sofort heraus, und verglichen mich mit einer maschinengeschriebenen Liste. Nun ist ja jeder Mensch irgendwie ›schuldig‹ (nach Schopenhauer sogar grundsätzlich hängenswert); hielt ich also geduldig still, und einige Sachen von früher fielen mir auch ein (nicht ›Lustmorde‹, oder so – bloß Kleinigkeiten; spielt keine Rolle). »Linke Hand ? !« – erst als ich daran die vorschriftsmäßigen 5 Finger hatte, schien ich für diesmal gerettet. Sie entschuldigten sich militärisch; und ich ging an den Neubauten entlang, zurück – es war heute doch wohl besser, umzukehren.

Um die Rasenanlagen U-förmig die haushohen Fronten; auch über der Straße der gleiche zementene Westwall, nur noch gelbe Kleinquadrate darin. Die riesige Bronzeente neben mir, versuchte mir ins Gesicht zu spucken.

Und blieb entgeistert stehen – : ganz oben in der Wand saß die blaue Riesin ! Unbeweglich am Tisch; sie mußte mindestens 4 Meter groß sein ! Und jetzt sah ich auch den Fensterrahmen drum herum, richtig, denen in den unteren Stockwerken entsprechend : man sah also lediglich in ein Zimmer : erleichtert.

(Aber das war doch unmöglich ! Ein weibliches Wesen, groß wie ..... ich schloß die Augen; schüttelte blind den Kopf; wer weiß, was ich gesehen hatte; vielleicht war sie ja weg, wenn ich .....)

: Ja ! Sie war weg ! – Ruhig und grau, ohne Plakate und also fast schön, stand die Hauswand in der Nacht. Ich hätte demnach aufatmen können – aber was war dann mit meinem Gehirn los ? ! Gewiß, zugegeben, ich gehöre zu den Menschen, die zur Selbstbeobachtung neigen, und war mir schon lange verdächtig gewesen. Ich beschloß eiligst, den Hut tiefer ins Gesicht zu ziehen (beziehungsweise in Ermangelung eines solchen die Stirn zu senken), und alles einfach auf den merkwürdigen Tag zu schieben: was ich gesehen hatte, hatte ich nicht gesehen; und nun nichts wie heim ! Im Sturmschritt ! Nur einmal noch zuckte mein undiszipliniertes linkes Auge über die mächtige Tafel .....) ?

: Und blieb wiederum stehen, ein geschlagener Mann ! : Dort oben, wo vorhin die Gigantin gelümmelt hatte, blühte jetzt ein Steingarten. Die mattgrünen Fettpflanzen, scharfe gelbe Blumensterne, ein Plattenweg wies streng vor sich hin : auf diesen Liegestuhl ! Einsamkeit : der Vogel auf dem Wasserbecken war völlig erstarrt.

Dunkelheit wischte wie eine Hand darüber – und sofort ein neues Bild : Fräulein Riesin in einer Wasserfläche. Die starke Flüssigkeit lag eng an wie ein blaues Lendentuch; das Gesicht war ihr aufgegangen, das grobe Blondhaar saß völlig schief, ganz auf einer Seite. (Und schon wieder weg : schade !)

Also wurden oben Farbaufnahmen vorgeführt ? ! Hatten die Leinwand vors Fenster gehängt, und nicht dran gedacht ? : Da wählte ich mir behaglich den günstigeren Blickpunkt, und kreuzte zur Ausdauer die Arme über der Brust.

Städte ruckten vorbei (fast wie Hamburg, eh ?); ein Gemüsemarkt (und die roten Tomaten glänzten *so* dekorativ !). Autos an langen Straßen. Das Zelt auf der Düne : ihr bekapptes Gesicht durchs Strandhafergitter aufgenommen. So stand ich lange in der heiteren Nacht. Manchmal ging ein Pärchen vorbei, sah kichernd mit hoch, hatte aber dann doch Wichtigeres zu tun, und wandelte intensiv weiter. Einmal wurde neben der Haustür die Lampe hell : ein Angetrunkener balancierte, 2 lange Gladiolen geschultert, heraus, und schnurstracks von mir weg, auf sehr selbstständigen Beinen.

Man hätte hingehen können, auf den Knopf der Haussprechanlage drücken, und ganz einfach sagen: »Sind Sie das Fräulein in Blau auf den Bildern oben ? : Dann liebe ich Sie !« Sie würde ihrerseits das Fenster öffnen, und amüsiert heruntersehen … (Wahrscheinlicher kämen aber schon Sekunden später zwei untersetzte Männer hergesprungen, mit vielenvielen Ohrfeigen in den muskulösen Händen !). Vielleicht war es ja auch eine Frau aus fernem Land, die man doch nie sehen würde; höchstens ihre Adresse.

Vielleicht hatten die oben die Kassette mit den Diapositiven gar nur gefunden. Oder die Fotofirma hatte die Anschrift verwechselt, und sie besahen jetzt neugierig das fremde Schicksal – an solchen Tagen war ja alles möglich !

Oder eine tote Freundin, deren Andenken man sich wehmütig auffrischte – und da trat ich doch vorsichtshalber ein paar Schritte weiter zurück; für solche Komplikationen bin ich nicht mehr jung und unempfindlich genug !

Ich winkte lieber mit beiden Händen ab; ging feige=entschlossen zu mir hinauf; Mitternacht war gottlob vorüber – und morgen hoffentlich wieder alles normal.

Arthur Schnitzler
Die grüne Krawatte (1901)

Es muss ja nicht gleich jemand verdächtigt werden, dass er ein Wüstling ist, ein Dieb und Meuchelmörder. Nur, weil er eine besondere Krawatte trägt. Was aber ist dran an dieser Satire? Ein Herr lebte unauffällig und zurückgezogen. Scheinbar unmotiviert will er raus, nein, er will nicht raus – das muss man sich sprachlich auf der Zunge zergehen lassen: *es wandelt ihn die Lust an, unter Menschen zu gehen.* Und er kleidet sich *wohlanständig,* ergänzt durch etwas Neues.

Das kennen wir doch alle: Da haben wir mit Bedacht etwas Besonderes erworben und zeigen es öffentlich. Das neue Auto, das Prädikatsexamen, das große Haus, den attraktiven Job ... Und die Leute registrieren es *einige Tage mit viel Anerkennung.* Etliche versuchen es uns gleichzutun, oder täten es gern. Aber sehr bald wird klar: *Ihre Statussymbole sind aus gemeinerem Stoff und ohne Anmut geknüpft.* Ärgerlich!

Da ist es uns doch auch schon passiert, dass wir, gar im Wiederholungsfalle, nicht zusätzliche Anerkennung, nein, dumme Sprüche zu hören bekamen. Wir wussten natürlich, dass die höhnischen Bemerkungen von Leuten kamen, deren eigene *Mittel nichts anderes erlauben.* Aber half es uns? Schauen wir uns die Parkplätze mittlerer Betriebe an: Ob es da keine Hierarchie gibt?! Und fragen wir mal nach, was passierte, als jemand plötzlich mit einem Auto vorfuhr, das entschieden größer war als das des Vorgesetzten.

Und umgekehrt? Waren wir nicht auch schon unter lauter Schmuck-Trägerinnen und Designer-Krawatten-Trägern die Dame oder der Herr *mit dem Zwirnsfaden um den Hals,* waren wir nicht auch schon mal versucht, mitzuschreien gegen die, die da etwas zur Schau getragen haben? Und, noch schlimmer: Haben wir nicht schon manchmal triumphierend in die Hände geklatscht und uns gefreut, wie sich andere zwar aus der Affäre gezogen hatten, aber doch offensichtlich von unserem mutigen Aufritt »getroffen« fühlten? – Nein, wir doch nicht.

Übertreibt die Satire? Sie muss übertreiben. Wie sagte es *Tucholsky? Sie bläst die Wahrheit auf, damit sie deutlich wird.*

Leben und Werke:
1862 als Sohn des jüdischen Kehlkopfspezialisten Johann Schnitzler und dessen Frau in Wien geboren, studiert Schnitzler dort Medizin, promoviert, macht Bekanntschaft mit Sigmund Freud. Er ist einer der bedeutendsten Kritiker der österreichisch-ungarischen »K und K«-Gesellschaft – und wird mit Aufführungsverbot und militärischen Sanktionen bestraft. *In Leutnant Gustl* führte er den inneren Monolog als neue Ausdrucksform in die deutsche Literatur ein. 1931 starb er in Wien an einer Gehirnblutung. Schnitzler gehört heute zu den meistgespielten Dramatikern auf deutschen Bühnen.

Leseempfehlungen:
Lesenswert und sehenswert sind *Der Reigen,* der wegen seiner erotischen Offenheit mehrmals verboten wurde, und *Fräulein Else,* ein Musterbeispiel für den inneren Monolog. Der Roman *Der Weg ins Freie* beschreibt auf eindringliche Weise die Kultur der jüdischen Intellektuellen in Wien. Neu verfilmt wurde die *Traumnovelle.*

Arthur Schnitzler

Die grüne Krawatte

Ein junger Herr namens Cleophas wohnte zurückgezogen in seinem Hause nah der Stadt. Eines Morgens wandelte ihn die Lust an, unter Menschen zu gehen. Da kleidete er sich wohlanständig an wie immer, tat eine neue grüne Krawatte um und begab sich in den Park. Die Leute grüßten ihn höflich, fanden, daß ihm die grüne Krawatte vorzüglich zu Gesicht stehe, und sprachen durch einige Tage mit viel Anerkennung von der grünen Krawatte des Herrn Cleophas. Einige versuchten, es ihm gleichzutun, und legten grüne Krawatten an wie er – freilich waren sie aus gemeinerem Stoff und ohne Anmut geknüpft.

Bald darauf machte Herr Cleophas wieder einen Spaziergang durch den Park, in einem neuen Gewand, aber mit der gleichen grünen Krawatte. Da schüttelten einige bedenklich den Kopf und sagten: »Schon wieder trägt er die grüne Krawatte … Er hat wohl keine andere …« Die etwas nervöser waren, riefen aus: »Er wird uns noch zur Verzweiflung bringen mit seiner grünen Krawatte!«

Als Herr Cleophas das nächste Mal unter die Leute ging, trug er eine blaue Krawatte. Da riefen einige: »Was für eine Idee, plötzlich mit einer blauen Krawatte daher zu kommen?« Die Nervöseren aber riefen laut: »Wir sind gewohnt, ihn mit einer grünen zu sehen! Wir brauchen es uns nicht gefallen zu lassen, daß er heute mit einer blauen erscheint!« Aber manche waren sehr schlau und sagten: »Ah, uns wird er nicht einreden, daß diese Krawatte blau ist. Herr Cleophas trägt sie, und daher ist sie grün.«

Das nächste Mal erschien Herr Cleophas, wohlanständig gekleidet wie immer, und trug eine Krawatte vom schönsten Violett. Als man ihn von weitem kommen sah, riefen die Leute höhnisch aus: »Da kommt der Herr mit der grünen Krawatte!«

Besonders gab es eine Gesellschaft von Leuten, der ihre Mittel nichts anderes erlauben, als Zwirnsfäden um den Hals zu schlingen. Diese erklärten, daß Zwirnsfäden das Eleganteste und Vornehmste seien, und haßten überhaupt alle, die Krawatten trugen und besonders Herrn Cleophas, der immer wohlanständig gekleidet war und schönere und besser geknüpfte Krawatten trug als irgendeiner. Da schrie einmal der Lauteste unter diesen Menschen, als er Herrn Cleophas des Weges kommen sah: »Die Herren mit der grünen Krawatte sind Wüstlinge!« Herr Cleophas kümmerte sich nicht um ihn und ging seines Weges.

Als Herr Cleophas das nächste Mal im Park spazierenging, schrie der laute Herr mit dem Zwirnsfaden um den Hals: »Die Herren mit der grünen Krawatte sind Diebe!« Und manche schrien mit. Cleophas zuckte die Achseln und dachte, daß es mit den Herren, die jetzt grüne Krawatten trugen, doch weit gekommen sein müßte. Als er das dritte Mal wieder kam, schrie die ganze Menge, allen voran der laute Herr mit dem Zwirnsfaden um den Hals: »Die Herren mit der grünen Krawatte sind Meuchelmörder!« Da bemerkte Cleophas, daß viele Augen auf ihn gerichtet waren. Er erinnerte sich, daß er auch öfters grüne Krawatten getragen hatte, trat auf den Gesellen mit dem Zwirnsfaden zu und fragte: »Wen meinen Sie denn eigentlich? Am Ende mich auch?« Da erwiderte jener: »Aber, Herr Cleophas, wie können Sie glauben – ? Sie tragen doch gar keine grüne Krawatte!« Und er schüttelte ihm die Hand und versicherte ihn seiner Hochachtung.

Cleophas grüßte und ging. Aber als er sich in gemessener Entfernung befand, klatschte der Mann mit dem Zwirnsfaden in die Hände und rief: »Seht ihr, wie er sich getroffen fühlt? Wer darf jetzt noch daran zweifeln, daß Cleophas ein Wüstling, Dieb und Meuchelmörder ist!«

Wolfdietrich Schnurre

Beste Geschichte meines Lebens (1978)

Eine Kürzestgeschichte, erzählt in Erinnerungsfetzen an eine Geschichte, die der Erzähler, wie er angibt, *in der Zeitung gelesen habe.* War sie wirklich *anderthalb Schreibmaschinenseiten* lang? Oder ist das Ganze fiktiv? Jedenfalls liegt sie uns in den Tagebuchaufzeichnungen von Schnurre so vor. – Es hätte in dieser Geschichte andere Möglichkeiten gegeben: Der am Fenster Liegende wäre bereit gewesen, das Bett mit dem anderen zu tauschen, um ihm die Wirklichkeit vor Augen zu stellen. Oder: Er hätte ihm illusionslos mitgeteilt, worauf er tatsächlich jeden Tag blicken musste. Doch daraus wäre keine *Geschichte* geworden, schon gar nicht die »beste meines Lebens«. Die wird es erst durch Konflikt und Pointe. Der *im Fensterbett* Liegende hat Mitleid mit dem andern und erzählt ihm Geschichten über seinen Blick aus dem Fenster. Man darf es sich getrost konkret vorstellen: Geschichten über Menschen, die im Park spazieren gehen, über sich küssende Paare, über eine attraktive Krankenschwester und was sonst kranke Männer noch gern sehen würden. Er schafft für sich selbst und den anderen unterhaltsame Illusionen. Aber er lügt. Gut im ästhetischen Sinne ist diese Geschichte, weil sie tragisch endet: Einer kommt dadurch um, dass er Gutes will. Im moralischen Sinne aber ist die Geschichte ambivalent: Er kommt durch eine Lüge um, mit der er zu unterlassener Hilfeleistung motiviert. Ein »Mord«, erzeugt durch eine »Lüge« aus »Mitleid«. Knapper kann man ein Drama kaum erzählen.

Leben und Werke:
Wolfdietrich Schnurre wird 1920 in Frankfurt a. M. geboren. Nach seiner Soldatenzeit im Zweiten Weltkrieg wird er Redaktionsvolontär bei Ullstein in Ostberlin. Später arbeitet er in Westberlin als Kritiker bei verschiedenen Zeitungen. Seit 1950 ist er freier Schriftsteller. 1989 stirbt er in Kiel. Zu seinen Werken zählen viele humorvolle Erzählungen und Kurzgeschichten, Kinder- und Jugendbücher, Gedichte, Filme, Hörspiele und Fernsehspiele.

Leseempfehlungen:
Zu seinen empfehlenswertesten Büchern gehören die Erzählbände *Als Vaters Bart noch rot war, Ein Fall für Herrn Schmidt, Der Schattenfotograf* und sein Roman *Ein Unglücksfall.*

Wolfdietrich Schnurre

Beste Geschichte meines Lebens

Beste Geschichte meines Lebens. Anderthalb Maschinenseiten vielleicht. Autor vergessen; in der Zeitung gelesen. Zwei Schwerkranke im selben Zimmer. Einer an der Türe liegend, einer am Fenster. Nur der am Fenster kann hinaussehen. Der andere keinen größeren Wunsch, als das Fensterbett zu erhalten. Der am Fenster leidet darunter. Um den anderen zu entschädigen, erzählt er ihm täglich stundenlang, was draußen zu sehen ist, was draußen passiert. Eines Nachts bekommt er einen Erstickungsanfall. Der an der Tür könnte die Schwester rufen. Unterlässt es; denkt an das Bett. Am Morgen ist der andere tot; erstickt. Sein Fensterbett wird geräumt; der bisher an der Tür lag, erhält es. Sein Wunsch ist in Erfüllung gegangen. Gierig, erwartungsvoll wendet er das Gesicht zum Fenster. Nichts; nur eine Mauer.

Anna Seghers

Die Toten auf der Insel Djal (1924)

Ein Schreibgespräch:

M: Dies ist die Umerzählung einer Sage in das Milieu wenig bedeutsamer Leute.
Später werden es der *Aufstand der Fischer von St. Barbara* sein und *Der Aufstand der toten Mädchen*, in denen sich die Schriftstellerin mit den kleinen Leuten auseinander setzt. Eine Sage berichtet normalerweise von Dingen, die tatsächlich geschehen sein sollen. Sie nennt Namen, sie schildert den Ort, sie bezieht sich auf eine konkrete Zeit, sie spielt zwischen diesseitigen und jenseitigen Dingen und erhebt dabei den Anspruch auf Wahrheit. So ist es auch hier. Ihre Figuren sind in der Regel Götter, Könige, Fürsten, Helden. Doch so ist es nicht bei Anna Seghers. – Auffällig, und für eine Sage eher ungewöhnlich, die humorige Erzählweise. Ist es ein besonders humoristischer Einfall, dem Pfarrer den Namen eines der Seghers-Vorfahren zu geben? Oder ist es, wenn es ihn wirklich gegeben hat, nicht weniger humorvoll, ihn als Urahn wieder auferstehen zu lassen. Eine Totensage wird mit Schmunzeln erzählt, sodass das Grausliche sich zum Lesevergnügen gestaltet. Später wird Anna Seghers in *Das Siebte Kreuz* Episoden ähnlich humorvoll erzählen und so Distanz zum Furchtbaren herstellen.

F: Mein erster Eindruck: Was für Kerle! Wild, leidenschaftlich, von echtem Schrot und Korn. *So einer brauchte keine Kinder und Geschwister, kein Weib und keine Liebschaft. Für so einen gab es (...) wildere, großartigere Wollust, brausendere Leidenschaften.* Was für Leidenschaften denn? Den Sterbenden *sein letztes Wort mitzugeben.* Dafür rudert der durch die Gischtwirbel über die Bucht. Und der andere? Der hält sich noch im Tode mit seiner Kette im Meer fest, wo er bleiben will.

M: Der Pfarrer von Djal kennt sich aus eigener Erfahrung darin aus, wie ruhelos Tote sein können. Deswegen hat er es zu seiner Aufgabe gemacht, sich mehr um die Toten als um die Lebendigen zu kümmern und *singend einen Kreis von Psalmen rund um die unruhige Stätte zu legen,* an der sie nicht zur Ruhe kommen können. Und diese Aufgabe verfolgt er mit *Leidenschaft.* Bemerkenswert: der unerschrockene Umgang mit Elementen des Klerikalen. Ein Kirchenmann, der vor seiner Gemeinde um den Kirchhof schreitet zur Beruhigung der Toten. Aber dann dies: Er bietet seinen Sündern Branntwein an, um ihre Zungen vor der Beichte zu lösen. Und dann der Vergleich des Pfarrers mit dem Leibhaftigen, die Umstimmung Gottes mit *wilden und zornigen Gebeten.*

F: Die Stufen der Konfrontation zwischen den beiden »Helden«: Der Pfarrer will trotz Sturm und Wellen den Toten aus dem Meer bergen. Aber der andere hat seine Kette verhakt. Die Hand, die sich aus dem Grab reckt, er will nicht unter die Erde. Makabere Bilder. Der Pfarrer, der ihm seinen Willen aufzwingt und sich, im wahrsten Sinne des Wortes, drauf setzt. Drastische Schilderung voller Fabulierlust! Wie reagieren solche Kerle? Klar doch: Rache. So sind wir gar nicht überrascht, als der Störenfried im Jahr darauf dem solcherart unter die Erde Gebrachten verteufelt ähnelt. Und wir ahnen es als geübte Leser von schauriger Literatur: Hier geht es um List. Das ist er selbst, der Kapitän, und nicht etwa ein entfernter Verwandter. Und der Pfarrer? Fällt er darauf herein? Er greift, um Mitternacht natürlich, zu demselben Mittel: *Aber erst will ich euch etwas zeigen.* Und was er ihm zeigt, das verfehlt seine Wirkung nicht, er führt ihn wie einen Hammel an seiner Halskette.

Leben und Werke:
Anna Seghers (Netty Reiling) wird 1900 in Mainz geboren. Sie studiert in Mainz Chinesisch und Kunstgeschichte. 1933 flieht sie, da sie aus einer jüdischen Familie stammt, nach Frankreich, wo ihr berühmtester Roman *Das siebte Kreuz* entsteht. Auf ihrer weiteren Flucht gelangt sie mit ihrem Ehemann über New York und Kuba nach Mexiko. Dort schreibt sie den Roman *Transit* und die Erzählung *Ausflug der toten Mädchen.* 1947 kehrt sie nach Ostberlin zurück. Anna Seghers stirbt 1983 in Berlin.

Leseempfehlungen:
Das siebte Kreuz ist einer der wichtigsten Romane über die Konzentrationslager des Dritten Reiches. Ihre kürzeren Erzählungen *Der Aufstand der Fischer von St. Barbara* und *Der Ausflug der toten Mädchen* sind sehr gute Beispiele ihrer in einer einfachen Sprache geschriebenen Erzählkunst.

Anna Seghers

Die Toten auf der Insel Djal

Eine Sage aus dem Holländischen, 1924 noch unter dem Pseudonym Antje Seghers veröffentlicht

Die Toten auf dem Friedhof von Djal sind ein sonderbares Volk. Manchmal zuckt es in ihren Gebeinen so heftig, dass die hölzernen Kreuze und Grabsteine zu hüpfen anfangen. Besonders im Frühjahr und Herbst, wenn das Pfeifen und Heulen in der Luft losgeht, können sie gar nicht mehr an sich halten. Das kommt daher, dass es lauter Seeleute waren, die auf allen Wassern herumfuhren, bis sie an den Klippen von Djal scheiterten. Und nun still liegen und zuhören, wie hinter der Kirchhofsmauer das Meer dröhnt und zischt. Das ist selbst für einen Toten zu viel.

Manchmal, wenn sie sich gar nicht beruhigen wollten, ging der Pfarrer von Djal an der Spitze seiner Gemeinde um den Friedhof singend herum und ließ so in Regen und Wind einen Kreis von Psalmen – denn Weihwasser und heilige Mittel verachtete sein reformiertes Herz – beruhigend rund um die unruhige Stätte legen. Zuweilen schritt er auch selbst zwischen den Gräbern hindurch, und wenn es dann rechts und links von ihm zuckte, stampfte er auf den Boden und brüllte: »Ruhe da drunten.« Und die Leiber kuschten sich vor seiner Stimme.

Ein sonderbarer Kerl, dieser Pfarrer. Er hätte der Leibhaftige sein können, wenn er nicht gerade der Pfarrer von Djal gewesen wäre. Seine Seele musste ganz zerwühlt und durchlöchert sein von all den Beichten, die er schon angehört hatte. Den furchtbaren, schäumenden, nach Leben und Tod riechenden Beichten der krepierenden Schiffer von fünf Kontinenten. Das Haus, in dem er wohnte, glich, geklebt an eine Klippe, mehr einer Fischerhütte als einer Pfarre. Jetzt war er bald fünfzig Jahre alt, seine Augen glühten, seine Lippen waren aufgeworfen, sein Schädel wuchs noch von Jahr zu Jahr, und sein Talar roch nach Salzwasser. So einer brauchte keine Kinder und Geschwister, kein Weib und keine Liebschaft. Für so einen gab es auf Djal wildere, großartigere Wollust, brausendere Leidenschaften. Wenn das Wasser kochte und der Sturm einen Hagelschauer scheiternder Schiffe gegen das Ufer trieb und die Felsen von Djal zerfetzte wie ein Seidengewebe, dann ruderte der Pfarrer sich selbst über die Bucht voll Gischtwirbel, um einem Sterbenden drüben auf der anderen Seite sein letztes Wort mitzugeben.

Aber seine besondere Leidenschaft galt den Toten. War draußen an der Landbank oder zwischen den westlichen Riffen ein Schiff aufgelaufen und mit Mann und Maus, wie man sagt, untergegangen, so ruderte der Pfarrer – noch hatte sich der Wind nicht gelegt, noch hatten die Wellen die böslistige Zickzackbrandung der Springflut – mit seinen Leuten an das Wrack heran, um so viel Leichen wie möglich zu bergen.

In einer irrsinnigen Nacht war der holländische Schoner »Daniel Averkamp« im Angesicht der Insel gescheitert. Als die Fischer am nächsten Tage mit ihrem Pfarrer ihre Schuldigkeit getan hatten und schon auf dem Heimweg waren, entdeckten sie in einer Felsgrube, wo das Wasser ein bisschen seichter und stiller stand, an seiner langen silbernen Halskette hängen geblieben, einen mageren Toten, und der Pfarrer versteifte sich darauf, eben diesen noch mitzunehmen.

Aber der dürre, lange Tote war Morten Sise, der Kapitän selber, und da er zeit seines Lebens ein sonderbarer Kauz gewesen war, wollte er auch jetzt im Meere bleiben, wo es ihm immer am besten gefallen hatte, und wie sehr man auch mit Stangen und Widerhaken an ihm zerrte, er gab nicht nach. Da das Bootchen, mit jeder Welle hoch gehoben, gegen die Steine krachte, fingen die Schiffer zu brummen an. Der Pfarrer aber war der Ansicht, dass ein Christ, auch wenn er tot ist, nicht mit Fisch und allerhand Aas zwischen Algen und Korallen herumlungern darf, sondern unter die Erde gehört und ein Kreuz obendrauf, und er machte noch im letzten Augenblick eine Erfindung, eine Art Drahtschlinge, mit deren Hilfe der Kapitän schließlich ins Boot gezogen wurde. Und kurz darauf hatte er schon einen Stein mit Inschrift wie auf dem Kirchhof von Dordrecht.

Es zeigte sich aber bald, dass der neue Bewohner von Djal eine ungebärdige Seele war. Eines Abends kam der Totengräber, der seine Hütte in einer Friedhofsecke hatte, in Schweiß gebadet in die Pfarre gelaufen und erzählte, dass der Kapitän seinen Grabstein umgeworfen und schon eine Hand herausgestreckt habe. Der Pfarrer stand wortlos auf, begab sich auf den nächtlichen Friedhof, rückte den betreffenden Stein an die richtige Stelle und setzte sich mit seinem ganzen Gewicht oben drauf, wie auf den Deckel einer Truhe oder eines Koffers, und wartete so den Morgen ab. Von nun an gab der Kapitän Ruhe.

Im Sommer – die Wellen tänzelten nur so ein wenig die blanken Felsen hinauf, und die Sonne blies gelbe Ringelchen hinein – saß der Pfarrer, eine aufgeschlagene Bibel vor sich, in seiner Kammer. »Und es ging ein Brief an die Gemeinde von Laodicea …«, sagte er zum dritten Mal laut vor sich hin und schlug auf den Tisch; denn aus irgendeinem Grund schien ihm diese Stelle besonders wohlklingend und eine Zierde des Neuen Testamentes zu sein, wenngleich das Alte den Dursaiten seines Herzens besser anstand.

Da wurde er von einem Geräusch unterbrochen, vielleicht hatte er zu fest auf den Tisch geschlagen, und die Bretter an den Wänden bebten mit.

»Wer ist da?«, rief er, zunächst ohne sich umzudrehen; aber ein Luftzug im Rücken ließ ihn dann doch den Kopf wenden.

Wirklich, die Tür war geöffnet worden. Ohne dass er Schritte und Klopfen gehört hatte, war ein Fremder eingetreten, ein großer dünner Mensch in blauer Jacke mit blanken Knöpfen und einer Kette um den Hals. Abgesehen von den Knöpfen und der Kette hatte das Ganze ein schäbiges, ein heruntergekommenes, verflecktes Aussehen.

»Setzt Euch«, sagte der Pfarrer, »was wollt Ihr?«

Der Fremde nahm zögernd mit mürrischer Miene Platz. »Ich bin vorhin hier gelandet«, fing er an.

»Wirklich?«, sagte der Pfarrer. »Ich habe gar kein Schiff kommen sehen.«

»Ich habe gehört«, fuhr der andere fort, »dass mein Vetter Morten Sise im vorigen Jahr hier gescheitert und von Euch auf christliche Weise bestattet worden ist. Ich wollte Euch bitten, mich an sein Grab zu führen.«

»Also, nur um eines Grabes willen seid Ihr gelandet«, rief der Pfarrer, »das gefällt mir!« Und er stutzte, denn sein Gast schien irgendeine Krankheit zu haben, weil seine dürren Gelenke heftig bebten.

Der Pfarrer stand auf, und wie er mit der Branntweinflasche wiederkam, blätterte der Fremde in der Bibel, indem er auf eine besonders ungläubige Art mit den Spitzen von Daumen und Zeigefinger die Blätter herumschnickte.

»Ich kann nicht begreifen«, sagte er höhnisch, »wie ein vernünftiger Mensch an solchem Gefallen finden kann. Wenn man sich hierauf verlassen würde, könnte man glauben, dass die Menschen auf der Welt sind, um innen und außen die wunderbarsten Sachen zu erleben, die aber alle erst ein Vorspiel zu dem Großartigen sind, was am Schluss kommt. Und wie ist's in der Wirklichkeit? Sie fahren ein bisschen auf dem Wasser herum, krepieren irgendwo und liegen den Rest der Ewigkeit mit hohlem Magen in der schmutzigen Erde.«

Der Pfarrer wurde nicht wild, sondern bekam ein Lächeln in die Augenwinkel. »Ich finde, dass es ein prächtiges Buch ist. Ich weiß es von A bis Z auswendig, und hätte ich nochmal zu leben, würde ich's nochmals auswendig lernen. Es ist darin von allen die Rede, von Dummen und Klugen, Starken und Schwachen, Harten und Weichen, Seeleuten und geistlichen Herren. Und was die wunderbaren Sachen anbelangt, so erlebt jeder genau so viel, als er vertragen kann.«

Der Fremde wusste nichts Besonderes zu sagen und wurde giftig. »Für was braucht ein Pfarrer Branntwein?«, fragte er.

»Für mich nicht«, lachte der, »aber für meine Beichtkinder. Das löst ihnen besser die Zunge.« Und der andere trank fast in einem Zuge leer, sein Frösteln ließ nach, er räkelte sich herum und sprang plötzlich auf. »Jetzt wollen wir auf den *Friedhof.*«

Es war schon dunkel geworden, und der Pfarrer fragte: »Hat es nicht bis morgen früh Zeit?« Aber der Fremde versteifte sich darauf, gleich zu gehen. So kamen sie über die Dünen, der gedrungene Pfarrer und der lange, nach vorn geneigte Fremde, in der stillen Nacht, in dem dünn-schläfrigen Rauschen der Brandung. Es war ein gehöriges Stück Weg, und beide schwiegen.

Auf einmal sagte der Pfarrer: »Mein Lieber, ich fühle es ganz genau, Ihr stellt Euch nur so, als ob Ihr lebendig wärt, in Wirklichkeit seid Ihr ein *Toter.*«

»Was für ein Unsinn!«, brummte der andere, und sie gingen schweigend weiter. Als sie durch die Kirchhofstür geschritten waren – tief war die Stille, und Grillen hockten im grünen Gras –, läutete man vom Lotsenturm die zwölfte Stunde an.

Da blieb der Fremde breitbeinig stehen, grinste und sprach: »Nun, Pfarrer, seid Ihr in meiner Gewalt, nun müsst Ihr an meiner Stelle ins leere Grab. Ich bin es selbst, Morten Sise, der Kapitän.«

Da brach der Pfarrer in ein Gelächter aus und rief: »Eine großartige Rache habt Ihr Euch ausgedacht, wartet, ich komme schon. Aber erst will ich Euch etwas zeigen«

Und da sie gerade an einer ganz verwahrlosten Stelle vorüberkamen, stieß er mit dem Fuß aus Dickicht und Unkraut einen Steinbrocken heraus und sagte: »Könnt Ihr lesen? Ja? Da lest einmal!« Und der Kapitän bückte sich über den Stein und stotterte: »Hier ruht/Jan Seghers/gestorben auf Djal/im Jahre des Herrn 1625/im kalvinistischen Glauben/in dem er lebte und geboren wurde/zu Altmark/1548.« Dann packte der Pfarrer den Kapitän an seiner Halskette und zog ihn sacht und gelassen neben sich her wie einen Hammel, wobei er auf ihn einredete: »So ein gewöhnlicher Christ, wie Ihr seid, Kapitän, gehört nämlich nach seinem Tod in Geduld unter die Erde, bis es unserem Herrn beliebt, zur

Auferstehung zu blasen. Was aber mich anbelangt, so begnügte ich mich nicht damit, eine Hand herauszustrecken, einen Grabstein umzuwerfen oder einen Pfarrer zu erschrecken, sondern ich setzte Gott mit so wilden und zornigen Gebeten so lange zu, bis er mich auf die Fürbitte seiner sieben Engel noch einmal in meiner alten Gestalt ins Leben lassen *musste*. Ihr müsst nämlich wissen, Kapitän – – – ich selber bin ein Toter!«

Johann Gottfried Seume
Aus: **Spaziergang nach Syrakus** (1803)

Am 6. Oktober 1801 macht sich ein Mann von 38 Jahren von Leipzig aus auf die Reise nach Syrakus, nur »um sein Zwerchfell ein wenig auszulüften«, das über dem Druck als Lektor von Klopstocks Oden »etwas zusammengesessen« hatte. Er wandert nach Wien, im Winter quer durch die Alpen, im Frühjahr durch ganz Italien bis nach Syrakus und kehrt über die Schweiz mit einem Abstecher nach Paris ein Jahr später, am 24. September 1802, nach Leipzig zurück. Alles zu Fuß, mit Stock und Ranzen und wenig Geld. Er übernachtet in einfachen Wirtshäusern und Spelunken. Ein leidenschaftlicher Wanderer, der sagte: »Sowie man im Wagen sitzt« – und er meinte die Pferdekutsche, die er nur selten benutzte –, »hat man sich sogleich einige Grade von der ursprünglichen Humanität entfernt.«

Was Seume aufsuchte und erlebte, schrieb er in Form von Briefen an die Leser auf. Im Gegensatz zu anderen Reiseberichten, etwa Goethes, ging es ihm auf seiner ironisch als *Spaziergang* bezeichneten Tour nicht um den ästhetischen Wert der Reise, sondern um Handfesteres: Architektonische Bauwerke waren ihm wichtiger als die berühmten Werke der Kunst; die Auseinandersetzung mit den einfachen Leuten wichtiger als die mit Künstlern; die Landschaften wichtiger als die *zwecklose Pracht* der Paläste. Die politischen Verhältnisse, das soziale Elend, die Sitten und Bräuche der Bevölkerung und die Arbeiten der Bauern stehen im Mittelpunkt seines sachlichen Reiseberichts. Er berichtet mit Engagement und Zorn und Ironie von schlechten Straßen, von inkompetenter Verwaltung und vom Reichtum, der sich nicht um die Armut kümmert. Ein Pragmatiker, ein Aufklärer, ein politischer Tourist vor 200 Jahren!

Geschrieben ist das alles nach Tagebuchskizzen unmittelbar nach seiner Rückkehr. »Freilich«, so schreibt er bescheiden im Vorwort, »möchte ich gern ein Buch gemacht haben, das auch ästhetischen

Wert zeigt; aber Charakteristik und Wahrheit würde durch ängstliche Glättung zu sehr leiden. Niemand kann die Sachen und sich selbst besser geben, als beide sind.« Was er uns mit seinem Reisebericht gegeben hat, gehört zum Schönsten und Originellsten dieser Art. Freilich, glatt geschrieben ist nichts, und glatt gegangen ist schon gar nichts, wie unser Ausschnitt zeigt.

Leben und Werke:
Seume wird 1763 als Sohn eines Bauern in Sachsen geboren. Er soll Pfarrer werden, gerät aber mit 18 Jahren unter die hessischen Soldatenfänger und wird nach Amerika verkauft. Mit einem Spottlied auf das Lagerleben der Soldaten, das bekannt wurde, beginnt seine Karriere als freier Schriftsteller. Zurück in Deutschland wird er von einem begüterten Bürger freigekauft. Er promoviert in Leipzig, ist als Privatlehrer tätig, gründet einen kleinen Schriftstellerbetrieb, gerät wieder unter die Soldaten, entgeht mir knapper Not dem Tode, wird danach Lektor im Verlag Göschen in Grimma. Immer wieder aber packen ihn Unruhe und Wanderlust. 1802 wandert er nach Syrakus, 1805 macht er eine Reise durch Nordeuropa, von beiden berichtet er in seinen Büchern. Er beginnt seine Autobiografie zu schreiben, über der er jedoch 1810 stirbt.

Leseempfehlungen:
1962 ist ein sehr schönes, bebildertes Buch über seinen *Spaziergang nach Syrakus* erschienen. Für jeden, der gerne reist, ist es ein wunderbares Gegenstück zu den werbeträchtigen Reiseführern unserer Zeit, das noch immer als Ganzes zum Lesen empfohlen werden muss: amüsant und spannend!

Johann Gottfried Seume

Spaziergang nach Syrakus

Rom

Nun bin ich wieder hier am Sitz der heiligen Kirche. Von Rom nach Neapel war ich zu Fuß gegangen; von Neapel nach Rom fuhr ich der Schnelligkeit wegen mit dem neapolitanischen Courier. Noch die Nacht fuhren wir über Aversa nach Capua und den Tag von Capua nach Terracina. Anstatt einer attellanischen Fabel erzählte man uns in Aversa als wahre Geschichte, dass eben die Räuber vom Berge heruntergekommen wären und einen armen Teufel um sechzig Piaster erschlagen hätten. In Fondi stahl ich mich mit etwas bösem Gewissen voraus, weil ich dem Herrn Zolleinnehmer nicht gern in die Hände fallen wollte. Dieser Herr hatte nämlich auf meiner Hinreise einen sehr großen Gefallen an meinem Seehundstornister bekommen, wollte ihn durchaus haben und bot mir bis zu drei goldene Unzen darauf.

Ich wollte ihn nicht missen, hatte seiner Zudringlichkeit aber doch einige Hoffnung gemacht, wenn ich zurückkäme; und jetzt wollte ich ihn ebenso wenig missen. Wer bringt nicht gern Haut und Fell und alles wieder heil mit sich zurück? Durch die Pontinen ging es diesmal die Nacht, welches ich sehr wohl zufrieden war. Der Morgen graute, als wir in Velletri eintrafen. Nun kam aber eine echt italienische Stelle, über der ich leicht hätte den Hals brechen können.

Ich habe die Gewohnheit, beständig vorauszulaufen, wo ich kann. Zwischen Gensano und Aricia ist eine schöne Waldgegend, durch welche die Straße geht. Oben am Berg bat der Postillon, wir möchten aussteigen, weil er vermutlich den Hemmschuh einlegen wollte und am Wagen etwas zu hämmern hatte. Der Offizier blieb bei seinen Depeschen am Wagen, und ich schlenderte leicht und unbefangen den Berg hinunter in den Wald hinein und dachte, wie ich Freund Reinhart in Aricia überraschen würde, der jetzt daselbst sein wollte. Ungefähr sieben Minuten mochte ich so fortgewandelt sein, da stürzten links aus dem Gebüsch vier Kerle auf mich zu. Ihre Botschaft erklärte sich sogleich. Einer fasste mich bei der Krause und setzte mir den Dolch an die Kehle, der andere am Arm und setzte mir den Dolch auf die Brust; die beiden übrigen blieben dispositionsmäßig in einer kleinen Entfernung mit aufgezogenen Karabinern. In der Bestürzung sagte ich unwillkürlich auf Deutsch zu ihnen: »Ei, so nehmt denn in des Teufels Namen alles, was ich habe!« Da machte einer eine doppelt grässliche Pantomime mit Gesicht und Dolch, um mir zu verstehen zu geben, man würde stoßen und schießen, sobald ich noch eine Silbe spräche. Ich schwieg also. In Eile nahmen sie mir nun die Börse und etwas kleines Geld aus den Westentaschen, welches beides zusammen sich vielleicht auf sieben Piaster belief. Nun zogen sie mich mit der vehementesten Gewalt nach dem Gebüsch, und die Karabiner suchten mir durch richtige Schwenkung Willigkeit einzuflößen. Ich machte mich bloß so schwer als möglich, da weiter tätigen Widerstand zu tun der gewisse Tod gewesen wäre; man zerriss mir in der Anstrengung Weste und Hemd. Vermutlich wollte man mich dort im Busch gemächlich durchsuchen und ausziehen und dann mit mir tun, was man für gut finden würde. Sind die Herren sicher, so lassen sie das Opfer laufen; sind sie das nicht, so geben sie einen Schuss oder Stich, und die Toten sprechen nicht. In diesem kritischen Moment, denn das Ganze dauerte vielleicht kaum eine Minute, hörte man den Wagen von oben herabrollen und auch Stimmen von unten; sie ließen mich also los und nahmen die Flucht in den Wald. Ich ging etwas verblüfft meinen Weg fort, ohne jemand zu erwarten. Die Uhr saß, wie in Sizilien, tief, und das Taschentuch stak unter dem Arm in einem Rocksack; beides wurde also in der Geschwindigkeit nicht gefunden. Die Kerle sahen grässlich aus wie ihr Handwerk; keiner war, nach meiner Taxe, unter zwanzig und keiner über dreißig. Sie hatten sich bemalt und trugen falsche Bärte; ein Beweis, dass sie aus der Gegend waren und Entdeckung fürchteten. Reinhart traf ich in Aricia nicht; er war noch in Rom. So hätte ich wohl noch leicht in der schönen klassischen Gegend bleiben können.

Hier in Rom brachte man mir die tröstliche Nachricht, dass zwei von den Schurken, die mich in dem Walde geplündert hatten, erwischt wären und dass ich vielleicht noch das Vergnügen haben würde, sie hängen zu sehen. Dawider habe ich weiter nichts, als dass es bei der jetzigen ungeheuren Unordnung der Dinge sehr wenig helfen wird. Ich habe hier etwas von einem Manuskript gesehen, das in kurzem in Deutschland, wenn ich mich nicht irre, bei Perthes, gedruckt werden soll, und das ein Gemälde vom jetzigen Rom enthält. Du wirst dich wundern, wenn ich dir sage, dass fast alles darin noch sehr sanft gezeichnet ist. Der Mann kann auf alle Fälle kompetenter Beurteiler sein, denn er ist lange hier, ist ein freier, unbefangener, kenntnisvoller Mann, bei dem Herz und Kopf gehörig im Gleichgewichte stehen. Die Hierarchie wird wieder in ihrer größten Ausdehnung eingeführt, und was das Volk eben jetzt darunter leiden müsse, kannst du berechnen. Die Klöster nehmen alle ihre Güter mit Strenge wieder in Besitz, die eingezogenen Kirchen werden wieder geheiligt, und alle Prälaten behaupten fürs allererste wieder ihren alten Glanz. Da mästen sich wieder die Mönche, und wer bekümmert sich darum, dass das Volk hungert? Die Straßen sind nicht allein mit Bettlern bedeckt, sondern diese Bettler sterben wirklich daselbst vor Hunger und Elend. Ich weiß, dass bei meinem Hiersein an einem Tage fünf bis sechs Personen vor Hunger gestorben sind. Ich selbst habe einige niederfallen und sterben sehen. Rührt dieses das geistliche Mastheer? Der Ausdruck ist empörend, aber nicht mehr als die Wahrheit. Jedes Wort ist an seiner Stelle gut, denke und sage ich mit den Alten. Als die Leiche Pius des Sechsten prächtig eingebracht wurde, damit die Exequien noch prächtiger gehalten werden könnten, erhob sich selbst aus dem gläubigen Gedränge ein Fünkchen Vernunft in dem dumpfen Gemurmel, dass man so viel Lärm und Kosten mit einem Toten mache und die Lebenden im Elend verhungern lasse. Rom ist oft die Kloake der Menschheit gewesen, aber vielleicht nie mehr als jetzt. Es ist keine Ordnung, keine Justiz, keine Polizei, auf dem Lande noch weniger als in der Stadt, und wenn die Menschheit nicht noch tiefer gesunken ist, als sie wirklich liegt, so kommt es bloß daher, weil man das Göttliche in der Natur durch die größte Unvernunft nicht ganz ausrotten kann. Du kannst denken, mit welcher Stimmung ein vernünftiger Philantrop sich hier umsieht.

Adalbert Stifter

Die Sonnenfinsternis am 8. Juli 1842 (1842)

Ein Zeitungsartikel nur, aber was für einer! Eine Vermischung verschiedener Formen: Beschreibung des Naturereignisses, Schilderung des Verhaltens von Mensch und Tier, Verbindung von naturwissenschaftlicher und religiöser Reflexion, Darstellung von persönlichen Empfindungen und symbolische Sinngebung. Die Verdunkelung der Sonne als Gleichnis der Nähe zu Gott, furchtbar und wundervoll. Das Warten auf die Sonnenfinsternis, die Veränderung von Leben und Landschaft, von Farben und Bewegungen. Die Darstellung des Unheimlichen, beinahe Dämonischen, mit denen Stifter auch andere Naturkatastrophen immer wieder beschreibt, die Spannung, Erschütterung, Todesstille. Das alles nahezu in Synchronität von Erzählzeit und erzählter Zeit. Dann der Augenblick, den Stifter mit »Gottesnähe« umschreibt. Danach, als die ersten Strahlen der Sonne wieder erscheinen, die plötzliche Erlösung. Ein Sprachgemälde aus der Totale. Die Nähe zur Malerei ist unübersehbar: Bilder, die sich überlagern und verändern. Doch die Dramatik ist gebändigt. Keiner hat das Große in den stillen Dingen so eindrucksvoll gemalt und geschildert wie Stifter. In der berühmten Vorrede zur Novelle *Abdias* schreibt er: *»Es liegt ... etwas Schauderndes in der gelassenen Unschuld, womit die Naturgesetze wirken, dass uns ist, als lange ein unsichtbarer Arm aus der Wolke und tue vor unseren Augen das Unbegreifliche.«*

Leben und Werke:
Adalbert Stifter ist am 23.10.1805 in Oberplan in Österreich geboren. Im Benediktinerstift Kremsmünster beschäftigte er sich vor allem mit Malerei Literatur und Musik. Er studiert an der Universität Wien, versäumt aber wegen einer Reise mit seiner Geliebten Fanny Greipl die Prüfung und wird nach ersten literarischen Erfolgen Dichter. Er heiratet Amalie Mohaupt, mit der er in kleinbürgerlicher Häuslichkeit lebt. Stifter malt und zeichnet und gibt ein Lesebuch heraus. 1850 wird er zum Inspektor der oberösterreichischen Volksschulen ernannt (Schulrat), 1853 wird er Vorsitzender vom Linzer Kunstverein. Er unternimmt Reisen nach Italien und München. Am 26.1.1868 stirbt er.

Leseempfehlungen:
Der Text, den wir hier etwas gekürzt haben, stammt aus der »Wiener Zeitschrift für Kunst, Literatur, Theater und Mode«, Juli 1842; Sie sollten ihn einmal insgesamt lesen! Zu Stifters wichtigsten Werken gehören die Sammlungen von Erzählungen *Studien* mit der berühmten Novelle *Abdias*, die zu lesen dringend empfohlen werden kann, und *Bunte Steine* sowie sein großer Entwicklungsroman *Nachsommer*.

Adalbert Stifter

Die Sonnenfinsternis am 8. Juli 1842

(...) **I**ch stieg um fünf Uhr auf die Warte des Hauses Nr. 495 in der Stadt, von wo aus man die Übersicht nicht nur über die ganze Stadt hat, sondern auch über das Land um dieselbe, bis zum fernsten Horizonte, an dem die ungarischen Berge wie zarte Luftbilder dämmern. Die Sonne war bereits herauf und glänzte freundlich auf die rauchenden Donauauen nieder, auf die spiegelnden Wässer und auf die vielkantigen Formen der Stadt, vorzüglich auf die Stephanskirche, die ordentlich greifbar nahe an uns aus der Stadt, wie ein dunkles, ruhiges Gebirge aus Gerölle, emporstand. Mit einem seltsamen Gefühl schaute man die Sonne an, da an ihr nach wenigen Minuten so Merkwürdiges vorgehen sollte. Weit draußen, wo der große Strom geht, lag eine dicke, langgestreckte Nebellinie, auch im südöstlichen Horizonte krochen Nebel und Wolkenballen herum, die wir sehr fürchteten, und ganze Teile der Stadt schwammen in Dunst hinaus. An der Stelle der Sonne waren nur ganz schwache Schleier, und auch diese ließen große, blaue Inseln durchblicken.

Die Instrumente wurden gestellt, die Sonnengläser in Bereitschaft gehalten, aber es war noch nicht an der Zeit. Unten ging das Gerassel der Wagen, das Laufen und Treiben an – oben sammelten sich betrachtende Menschen; unsere Warte füllte sich, aus den Dachfenstern der umstehenden Häuser blickten Köpfe, auf Dachfirsten standen Gestalten, alle nach derselben Stelle des Himmels blickend, selbst auf der äußersten Spitze des Stephansturmes, auf der letzten Platte des Baugerüstes, stand eine schwarze Gruppe, wie auf Felsen oft ein Schöpfchen Waldanflug – und wie viele tausend Augen mochten in diesem Augenblicke von den umliegenden Bergen nach der Sonne schauen, nach derselben Sonne, die Jahrtausende den Segen herabschüttet, ohne dass einer dankt – heute ist es das Ziel von Millionen Augen, aber immer noch, wie man sie mit den dämpfenden Gläsern anschaut, schwebt sie als rote oder grüne Kugel rein und schön umzirkelt in dem Raume.

Endlich zur vorausgesagten Minute – gleichsam wie von einem unsichtbaren Engel empfing sie den sanften Todeskuss – ein feiner Streifen ihres Lichtes wich vor dem Hauche dieses Kusses zurück, der andere Rand wallte in dem Glase des Sternenrohres zart und golden fort – »es kommt«, riefen nun auch die, welche bloß mit dämpfenden Gläsern, aber sonst mit freien Augen hinaufschauten – »es kommt« und mit Spannung blickte nun alles auf den Fortgang. Die erste, seltsame, fremde Empfindung rieselte nun durch die Herzen, es war die, dass draußen in der Entfernung von Tausenden und Millionen Meilen, wohin nie ein Mensch gedrungen, an Körpern, deren Wesen nie ein Mensch erkannte, nun auf einmal etwas zur selben Sekunde geschehe, auf die es schon längst der Mensch auf Erden festgesetzt. Man wende nicht ein, die Sache sei ja natürlich und an den Bewegungsgesetzen der Körper leicht rechenbar; die wunderbare Magie des Schönen, die Gott den Dingen mitgab, fragt nichts nach solchen Rechnungen, sie ist da, weil sie da ist, ja sie ist trotz der Rechnungen da, und selig das Herz, welches sie empfinden kann; denn nur dies ist Reichtum, und einen andern gibt es nicht – schon in dem ungeheueren Raume des Himmlischen wohnt das Erhabene, das unsere Seele überwältigt, und doch ist dieser Raum in der Mathematik sonst nichts als groß.

Indes nun alle schauten und man bald dieses, bald jenes Rohr rückte und stellte und sich auf dies und jenes aufmerksam machte, wuchs das unsichtbare Dunkel immer mehr und mehr in das schöne Licht der Sonne ein – alle harrten, die Spannung stieg; aber so gewaltig ist die Fülle dieses Lichtmeeres, das von dem Sonnenkörper niederregnet, dass man auf Erden keinen Mangel fühlte, die Wolken glänzten fort, das Band des Wassers schimmerte, die Vögel flogen und kreuzten lustig über den Dächern, die Stephanstürme warfen ruhig ihre Schatten gegen das funkelnde Dach, über die Brücke wimmelte das Fahren und Reiten wie sonst, sie ahneten nicht, dass indessen oben der Balsam des Lebens, das Licht, heimlich wegsieche – dennoch draußen an dem Kahlengebirge und jenseits des Schlosses Belvedere war es schon, als schliche Finsternis oder vielmehr ein bleigraues Licht wie ein wildes Tier heran – aber es konnte auch Täuschung sein, auf unserer Warte war es lieb und hell, und Wangen und Angesichter der Nahstehenden waren klar und freundlich wie immer.

Seltsam war es, dass dieses unheimlich klumpenhafte, tiefschwarze, vorrückende Ding, das langsam die Sonne wegfraß, unser Mond sein sollte, der schöne, sanfte Mond, der sonst die Nächte so florig silbern beglänzte; aber doch war er es, und im Sternenrohr erschienen auch seine Ränder mit Zacken und Wulsten besetzt, den furchtbaren Bergen, die sich auf dem uns so freundlich lächelnden Runde türmen.

Endlich wurden auch auf Erden die Wirkungen sichtbar, und immer mehr, je schmäler die am Himmel glühende Sichel wurde; der Fluss schimmerte nicht mehr, sondern war ein taftgraues Band, matte Schatten lagen umher, die Schwalben wurden unruhig, der schöne, sanfte Glanz des Himmels erlosch, als liefe er von einem Hauche matt an, ein kühles Lüftchen hob sich und stieß gegen uns, über den Auen starrte ein unbeschreiblich seltsames, aber bleischweres Licht, über den Wäldern war mit dem Lichterspiele die Beweglichkeit verschwunden, und Ruhe lag auf ihnen, aber nicht die des Schlummers, sondern die der Ohnmacht – und immer fahler goss sich's über die Landschaft, und diese wurde immer starrer – die Schatten unserer Gestalten legten sich leer und inhaltslos gegen das Gemäuer, die Gesichter wurden aschgrau – – erschütternd war dieses allmähliche Sterben mitten in der noch vor wenigen Minuten herrschenden Frische des Morgens. Wir hatten uns das Eindämmern wie etwa ein Abendwerden vorgestellt, nur ohne Abendröte; wie geisterhaft aber ein Abendwerden ohne Abendröte sei, hatten wir uns nicht vorgestellt, aber auch außerdem war dies Dämmern ein ganz anderes, es war ein lastend unheimliches Entfremden unserer Natur; gegen Südost lag eine fremde, gelbrote Finsternis, und die Berge und selbst das Belvedere wurden von ihr eingetrunken – die Stadt sank zu unsern Füßen immer tiefer wie ein wesenloses Schattenspiel hinab, das Fahren und Gehen und Reiten über die Brücke geschah, als sähe man es in einem schwarzen Spiegel – die Spannung stieg aufs Höchste – einen Blick tat ich noch in das Sternrohr, er war der letzte; so schmal, wie mit der Schneide eines Federmessers in das Dunkel geritzt, stand nur mehr die glühende Sichel da, jeden Augenblick zum Erlöschen, und wie ich das freie Auge hob, sah ich auch, dass bereits alle andern die Sonnengläser weggetan und bloßen Auges hinaufschauten – sie hatten auch keines mehr nötig; denn nicht anders als wie der letzte Funke eines erlöschenden Dochtes schmolz eben auch der letzte Sonnenfunken weg, wahrscheinlich durch die Schlucht zwischen zwei Mondbergen zurück – es war ein überaus trauriger Augenblick – deckend stand nun Scheibe auf Scheibe – und dieser Moment war es eigentlich, der wahrhaft herzzermalmend wirkte – das hatte keiner geahnet – ein einstimmiges »Ah« aus aller Munde, und dann Totenstille, es war der Moment, da Gott redete und die Menschen horchten.

Hatte uns früher das allmähliche Erblassen und Einschwinden der Natur gedrückt und verödet und hatten wir uns das nur fortgehend in eine Art Tod schwindend gedacht: so wurden wir nun plötzlich aufgeschreckt und emporgerissen durch die furchtbare Kraft und Gewalt der Bewegung, die da auf einmal durch den ganzen Himmel lag: die Horizontwolken, die wir früher gefürchtet, halfen das Phänomen erst recht bauen, sie standen nun wie Riesen auf, von ihrem Scheitel rann ein fürchterliches Rot, und in tiefem, kaltem, schwerem Blau wölbten sie sich unter und drückten den Horizont – Nebelbänke, die schon lange am äußersten Erdsaume gequollen und bloß missfarbig gewesen waren, machten sich nun geltend und schauderten in einem zarten, furchtbaren Glanze, der sie überlief – Farben, die nie ein Auge gesehen, schweiften durch den Himmel; – der Mond stand mitten in der Sonne, aber nicht mehr als schwarze Scheibe, sondern gleichsam halb transparent wie mit einem leichten Stahlschimmer überlaufen, rings um ihn kein Sonnenrand, sondern ein wundervoller, schöner Kreis von Schimmer, bläulich, rötlich, in Strahlen auseinander brechend, nicht anders, als gösse die oben stehende Sonne ihre Lichtflut auf die Mondeskugel nieder, dass es rings auseinander spritzte – das Holdeste, was ich je an Lichtwirkung sah! – Draußen weit über das Marchfeld hin lag schief eine lange, spitze Lichtpyramide grässlich gelb, in Schwefelfarbe flammend und unnatürlich blau gesäumt; es war die jenseits des Schattens beleuchtete Atmosphäre, aber nie schien ein Licht so wenig irdisch und so furchtbar, und von ihm floss das aus, mittels dessen wir sahen. Hatte uns die frühere Eintönigkeit verödet, so waren wir jetzt erdrückt von Kraft und Glanz und Massen – unsere eigenen Gestalten hafteten darinnen wie schwarze, hohle Gespenster, die keine Tiefe haben; das Phantom der Stephanskirche hing in der Luft, die andere Stadt war ein Schatten, alles Rasseln hatte aufgehört, über der Brücke war keine Bewegung mehr; denn jeder Wagen und Reiter stand, und jedes Auge schaute zum Himmel – – nie, nie werde ich jene zwei Minuten vergessen – es war die Ohnmacht eines riesenhaften Körpers, unserer Erde. – – Wie heilig, wie unbegreiflich und wie furchtbar ist jenes Ding, das uns stets umflutet, das wir seelenlos genießen, und das unseren Erdball mit solchen Schaudern überzittern machte, wenn es sich entzieht, das Licht, wenn es sich nur so kurz entzieht. – Die Luft wurde kalt, empfindlich kalt, es fiel Tau, dass Kleider und Instrumente feucht waren – die Tiere entsetzten sich; was ist das schrecklichste Gewitter, es ist ein lärmender Trödel gegen diese todesstille Majestät (…)

Auch wurde die Wirkung auf alle Menschenherzen sichtbar. Nach dem ersten Verstummen des Schrecks geschahen unartikulierte Laute der Bewunderung und des Staunens: der eine hob die Hände empor, der andere rang sie leise vor Bewegung, andere ergriffen sich bei denselben und drückten sich – eine Frau begann heftig zu weinen, eine andere in dem Hause neben uns fiel in Ohnmacht, und ein Mann, ein ernster Mann, hat mir später gesagt, dass ihm die Tränen herabgeronnen. Ich habe immer die alten Beschreibungen von Sonnenfinsternissen für übertrieben gehalten, so wie vielleicht in späterer Zeit diese für übertrieben wird gehalten werden; aber alle, so wie diese, sind weit hinter der

Wahrheit zurück. Sie können nur das Geschehene malen, aber schlecht, das Gefühlte noch schlechter, aber gar nicht die namenlos tragische Musik von Farben und Lichtern, die durch den ganzen Himmel liegt – ein Requiem, ein Dies irae, das unser Herz spaltet, dass es Gott sieht und seine teuren Verstorbenen, dass es in ihm rufen muss: »Herr, wie groß und herrlich sind deine Werke, wie sind wir Staub vor dir, dass du uns durch das bloße Weghauchen eines Lichtteilchens vernichten kannst und unsere Welt, den holdvertrauten Wohnort, in einen fremden Raum verwandelst, darin Larven starren!«

Aber wie alles in der Schöpfung sein rechtes Maß hat, so auch diese Erscheinung, sie dauerte zum Glücke sehr kurz, gleichsam nur den Mantel hat er von seiner Gestalt gelüftet, dass wir hineinsehen, und augenblicks wieder zugehüllt, dass alles sei wie früher. Gerade da die Menschen anfingen, ihren Empfindungen Worte zu geben, also da sie nachzulassen begannen, da man eben ausrief: »Wie herrlich, wie furchtbar!« – gerade in diesem Momente hörte es auf: mit eins war die Jenseitswelt verschwunden und die hiesige wieder da, ein einziger Lichttropfen quoll am obern Rande wie ein weißschmelzendes Metall hervor, und wir hatten unsere Welt wieder – er drängte sich hervor dieser Tropfe, wie wenn die Sonne selber ordentlich froh wäre, dass sie überwunden habe, ein Strahl schoss gleich durch den Raum, ein zweiter machte sich Platz – aber ehe man nur Zeit hatte zu rufen: »Ach!«, bei dem ersten Blitz des ersten Atomes, war die Larvenwelt verschwunden und die unsere wieder da: das bleifarbene Lichtgrauen, das uns vor dem Erlöschen so ängstlich schien, war uns nun Erquickung, Labsal, Freund und Bekannter, die Dinge warfen wieder Schatten, das Wasser glänzte, die Bäume waren grün, wir sahen uns in die Augen – siegreich kam Strahl an Strahl, und wie schmal, wie winzig schmal auch nur noch erst der leuchtende Zirkel war, es schien, als sei uns ein Ozean von Licht geschenkt worden – man kann es nicht sagen, und der es nicht erlebt, glaubt es kaum, welche freudige, welche siegende Erleichterung in die Herzen kam: wir schüttelten uns die Hände, wir sagten, dass wir uns zeitlebens daran erinnern wollen, dass wir das miteinander gesehen haben – man hörte einzelne Laute, wie sich die Menschen von den Dächern und über die Gassen zuriefen, das Fahren und Lärmen begann wieder, selbst die Tiere empfanden es; die Pferde wieherten, und die Sperlinge auf den Dächern begannen ein Freudengeschrei, so grell und närrisch, wie sie es gewöhnlich tun, wenn sie sehr aufgeregt sind, und die Schwalben schossen blitzend und kreuzend hinaus, hinab, in der Luft umher. Das Wachsen des Lichtes machte keine Wirkung mehr, fast keiner wartete den Austritt ab, die Instrumente wurden abgeschraubt, wir stiegen hinab, und auf allen Straßen und Wegen waren heimkehrende Gruppen und Züge in den heftigsten, exaltiertesten Gesprächen und Ausrufungen begriffen. Und ehe sich noch die Wellen der Bewunderung und Anbetung gelegt hatten, ehe man mit Freunden und Bekannten ausreden konnte, wie auf diesen, wie auf jenen, wie hier, wie dort die Erscheinung gewirkt habe, stand wieder das schöne, holde, wärmende, funkelnde Rund in den freundlichen Lüften, und das Werk des Tages ging fort: – wie lange aber das Herz des Menschen fortwogte, bis es auch wieder in sein Tagewerk kam, wer kann es sagen? Gebe Gott, dass der Eindruck recht lange nachhalte, er war ein herrlicher, dessen selbst ein hundertjähriges Menschenleben wenige aufzuweisen haben wird. Ich weiß, dass ich nie, weder von Musik noch Dichtkunst noch von irgendeinem Phänomen oder einer Kunst, so ergriffen und erschüttert worden war – freilich bin ich seit Kindheitstagen viel, ich möchte fast sagen, ausschließlich mit der Natur umgegangen und habe mein Herz an ihre Sprache gewöhnt und liebe diese Sprache vielleicht einseitiger, als es gut ist; aber ich denke, es kann kein Herz geben, dem nicht diese Erscheinung einen unverlöschlichen Eindruck zurückgelassen habe.

Ihr aber, die es im höchsten Maße nachempfunden, habet Nachsicht mit diesen Worten, die es nachzumalen versuchten und so weit zurückblieben. Wäre ich Beethoven, so würde ich es in Musik sagen; ich glaube, da könnte ich es besser. (…)

Theodor Storm
Aus: **Pole Poppenspäler** (1874)

Die Szenerie ist wie mit schnellen Pinselstrichen skizziert: eine Bank neben der Haustür in einem Städtchen, Ausblicke auf Felder und Kirche, man genießt die Ruhe nach getaner Arbeit; der Erzähler erinnert sich, dass er dort seine Schularbeiten zu erledigen pflegte. So könnte es in breiter Behaglichkeit weitergehen, Tag für Tag. Wenn da nicht eines Nachmittags ...

Schauen wir uns die kleine Familie an, die da herangefahren kommt. Ein fremdes Ehepaar, das schon auf den ersten Blick Gegensätzliches ausstrahlt, mit ihrem neunjährigen Mädchen, das den Kopf *lebhaft von einer Seite nach der anderen* dreht. Ein zweirädriger Pferdekarren, Hab und Gut passen in zwei Kisten. Genau vor dem idyllischen Bürgerhause, *unter dem Gebimmel eines Glöckchens,* macht der Karren halt.

Wir Leser ahnen es schon: Mit der Ruhe ist es vorbei, zumindest für unseren Knaben, den wir bei seinen Schulaufgaben kennen gelernt haben. Fahrende Künstler, genauer: Puppenspieler, beziehen im Hause gegenüber Quartier, nicht gut passend zur *Reputation des wohlehrsamen Handwerks* ringsum. Und natürlich haben wir schon bei der Lektüre dieses Ausschnitts mitbekommen, dass es vor allem das Mädchen ist, das hier für Verwirrung sorgt. Haben wir eingangs aus dem Blickwinkel des ehrbaren Bürgersohnes die Armutszeichen der Fremden betrachtet, so registrieren wir zum Schluss, dass eben dieses Mädchen *ganz mitleidig* auf den strebsamen Schüler schaut und es vorzieht, mit den Eltern *landab, landauf zu fahren* und gemeinsam *ihre Kunst zum Besten* zu geben.

Wer den *Pole Poppenspäler* irgendwo im hinteren Teil seines Bücherschrankes verstaut hat, mag ihn noch einmal hervorholen. Die Szene beispielsweise, in der das Volksstück Doktor Faust gegeben wird und der Knabe allmählich begreift, warum da eine Figur unter großem Improvisationsgeschick aus der Handlung genommen wird, ist herrlich erzählt. Und dass die Fremden sogleich als Täter im Verdacht stehen, wenn Unrechtes geschehen ist, das war auch zu Zeiten Storms schon so. Der gewählte Ausschnitt ist der Anfang eines längeren Berichtes des Handwerksmeisters Paulsen über die Turbulenzen seiner Kindheit und Jugend. Eingebettet ist dieser Teil der Novelle in eine Rahmenerzählung, die rund vierzig Jahre später spielt, Anlass ist die Feier eines Hochzeitstages. Eingeladen haben ein ehrenwerter Kunstdrechsler und seine noch immer etwas fremdartig aussehende Gattin, von der gesagt wird, *ihre schwarzen Augen könnten einen See ausbrennen.* Eine kunstvoll erzählte Geschichte, am besten auf einer Bank neben der Haustür zu lesen.

Leben und Werke:
Ich bedarf äußerlich der Enge, um innerlich ins Weite zu gehen – dieses Statement charakterisiert das Leben des Vollblutjuristen, Novellisten und Lyrikers Storm. In Husum 1817 als Advokatensohn geboren, studiert Storm Jura, wird Anwalt und muss vor der dänischen Verwaltung für 12 Jahre als Kreisrichter ins preußische Exil weichen. 1864 Rückkehr ins geliebte provinzielle Husum, Fortsetzung der Laufbahn bis zum Amtsgerichtsrat.
1888 verstirbt Storm in Hademarschen/Holstein.

Leseempfehlungen:
58 Novellen sind zu entdecken, viele waren bereits zu Lebzeiten Storms populär. Lesenswert sind, neben manchen Gedichten, vor allem *Immensee, Pole Poppenspäler, Aquis submersus* und, wohl am bekanntesten, *Der Schimmelreiter.*

Theodor Storm

Pole Poppenspäler

Neben unserer Haustür stand damals eine kleine weiße Bank mit grünen Stäben in den Rück- und Seitenlehnen, von der man nach der einen Seite die lange Straße hinab bis an die Kirche, nach der anderen aus der Stadt hinaus bis in die Felder sehen konnte. An Sommerabenden saßen meine Eltern hier, der Ruhe nach der Arbeit pflegend; in den Stunden vorher aber pflegte ich sie in Beschlag zu nehmen und hier in der freien Luft und unter erquickendem Ausblick nach Ost und West meine Schularbeiten anzufertigen.

So saß ich auch eines Nachmittags – ich weiß noch gar wohl, es war im September, eben nach unserem Michaelis-Jahrmarkte – und schrieb für den Rechenmeister meine Algebra-Exempel auf die Tafel, als ich unten von der Straße ein seltsames Gefährte heraufkommen sah. Es war ein zweirädriger Karren, der von einem kleinen rauen Pferde gezogen wurde. Zwischen zwei ziemlich hohen Kisten, mit denen er beladen war, saß eine große blonde Frau mit steifen hölzernen Gesichtszügen und ein etwa neunjähriges Mädchen, das sein schwarzhaariges Köpfchen lebhaft von einer Seite nach der anderen drehte; nebenher ging, den Zügel in der Hand, ein kleiner, lustig blickender Mann, dem unter seiner grünen Schirmmütze die kurzen schwarzen Haare wie Spieße vom Kopfe abstanden.

So, unter dem Gebimmel eines Glöckchens, das unter dem Halse des Pferdes hing, kamen sie heran. Als sie die Straße vor unserem Hause erreicht hatten, machte der Karren halt. »Du Bub«, rief die Frau zu mir herüber, »wo ist denn die Schneiderherberg?«

Mein Griffel hatte schon lange geruht; nun sprang ich eilfertig auf und trat an den Wagen. »Ihr seid grad davor«, sagte ich und wies auf das alte Haus mit der viereckig geschorenen Linde, das, wie du weißt, noch jetzt hier gegenüberliegt.

Das feine Dirnchen war zwischen den Kisten aufgestanden, streckte das Köpfchen aus der Kapuze ihres verschossenen Mäntelchens und sah mit ihren großen Augen auf mich herab; der Mann aber, mit einem »Sitz ruhig, Diendl!« und »Schönen Dank, Bub!« peitschte auf den kleinen Gaul und fuhr vor die Tür des bezeichneten Hauses, aus dem auch schon der dicke Herbergsvater in seiner grünen Schürze ihm entgegentrat.

Dass die Ankömmlinge nicht zu den zunftberechtigten Gästen des Hauses gehörten, musste mir freilich klar sein; aber es pflegten dort – was mir jetzt, wenn ich es bedenke, mit der Reputation des wohlehrsamen Handwerks sich keineswegs reimen will – auch andere, mir viel angenehmere Leute einzukehren. Droben im zweiten Stock, wo noch heute statt der Fenster nur einfache Holzluken auf die Straße gehen, war das hergebrachte Quartier aller fahrenden Musikanten, Seiltänzer oder Tierbändiger, welche in unserer Stadt ihre Kunst zum Besten gaben.

Und richtig, als ich am anderen Morgen oben in meiner Kammer vor dem Fenster stand und meinen Schulsack schnürte, wurde drüben eine der Luken aufgestoßen; der kleine Mann mit den schwarzen Haarspießen steckte seinen Kopf ins Freie und dehnte sich mit beiden Armen in die frische Luft hinaus; dann wandte er den Kopf hinter sich nach dem dunklen Raum zurück und ich hörte ihn »Lisei! Lisei!« rufen. – Da drängte sich unter seinem Arm ein rosiges Gesichtlein vor, um das wie eine Mähne das schwarze Haar herabfiel. Der Vater wies mit dem Finger nach mir herüber, lachte und zupfte sie ein paarmal an ihren seidenen Strähnen. Was er zu ihr sprach, habe ich nicht verstehen können; aber es mag wohl ungefähr gelautet haben: »Schau dir ihn an, Lisei! Kennst ihn noch, den Bubn von gestern? – Der arme Narr, da muss er nun gleich mit dem Ranzen in die Schule traben! – Was du für ein glücklich's Diendl bist, die du allweg nur mit unserem Braunen landab landauf zu fahren brauchst!« – Wenigstens sah die Kleine ganz mitleidig zu mir herüber, und als ich es wagte, ihr freundlich zuzunicken, nickte sie sehr ernsthaft wieder.

Botho Strauss
Der Einsamkeits-Kasper (1981)

Nimmt der Titel dieses kurzen Textes nicht schon einen Teil der »Deutung« dessen, was er erzählt, vorweg? Es wird doch suggeriert: Der einzelne Gast ist offensichtlich *einsam* – und gleichzeitig sehen wir ihn wie einen *Kasper*, wie einen nicht ganz ernst zu nehmenden Tölpel, mit dieser Einsamkeit umgehen.

Dies Ganze ist ein einziger Satz. Und dieser Satz ist unvollständig. Aufgebaut ist er fast wie eine Definition in einem Lexikonartikel. Man könnte ergänzen: Ein *Einsamkeits-Kasper* ist jemand, *der* seine eigene Nummer anruft (...) und *der* zu seinem Tisch zurückkehrt.

Der Text stammt aus: *Paare, Passanten.* Das sind kleine Beobachtungen, festgehalten in knappen Sätzen; scheinbar unwichtige Alltagsszenen, die plötzlich in das Scheinwerferlicht getaucht sind. Die Lektüre solcher Kurzprosa regt zum intensiven Lesen an, schärft die eigene Wahrnehmungsfähigkeit, lässt hinter die Dinge schauen.

Beim Lesen kommt die Frage auf, ob das, was wir hinter der Fassade des Sichtbaren vermuten, nicht vielmehr in unserer Fantasie zu Hause ist. Man kennt das doch: Da sitzt man allein in einem Restaurant, aus welchem Grunde auch immer. Und das unbehagliche Gefühl stellt sich ein: alle anderen sind in angenehmer Gesellschaft, nur ich bin hier mutterseelenallein, und jeder sieht es. Hier wird die Szene von außen betrachtet, der Einzelne wird nach seinem »äußeren Anschein« beschrieben. Heute würde er natürlich sein Handy auf den Tisch legen, statt steif zum Telefon am Buffet zu laufen.

Der Erzähler bzw. Beobachter unterstellt, dass das Normale die Paare sind, gegen die sich der Einzelne *wappnen* muss, von denen er *niedergestarrt* wird. Aber man kann die Geschichte auch gegen die Erwartungshaltung lesen: Vielleicht denkt ja mancher, der als Teil eines

Paares an einem Tisch sitzt: der da hat es gut, der braucht die Monotonie meiner verbrauchten Zweisamkeit nicht zu ertragen. Oder gar: der kann in Ruhe essen, während ich hier einen Geschäftspartner unterhalten muss.

Beim Nachsinnen über diesen Text können sich natürlich auch ganz andere Bilder entwickeln. Zum Beispiel: Eine attraktive Person betritt das Restaurant, geht auf den Einzelnen zu, haucht den Satz: »Danke für deinen Anruf ...« Das Gespräch am Nachbartisch, das wäre dann ein neuer Text.

Leben und Werke:
geboren 1944 in Naumburg, Kritiker und Redakteur bei der Zeitschrift *Theater heute,* mit zahlreichen Stipendien und Preisen ausgezeichnet. Vorzeigeautor der »Neuen Innerlichkeit«; zu den meistgespielten Dramen der Gegenwart zählen seine Theaterstücke *Bekannte Gesichter, gemischte Gefühle* und *Trilogie des Wiedersehens.*

Leseempfehlungen:
Die Widmung, der Leidensweg eines Verlassenen, *Paare, Passanten,* Reflexionen und Versatzstücke aus Alltagsbeobachtungen und philosophischem Bildungsgut.

Botho Strauss

Der Einsamkeits-Kasper

Der Einsamkeits-Kasper, der seinen äußeren Anschein, allein dazusitzen am Restauranttisch, kaum ertragen kann, mehrmals geschäftig und steif zum Buffet läuft und den Telefonapparat zurechtrückt, um schließlich seine eigene Nummer zu Haus zu wählen, der in seinem leeren Zuhaus anruft und so, mit dem Hörer in der Hand und der Miene gewichtiger Erwartung auf dem Gesicht, sich gewappnet und beschäftigt genug fühlt, um die Leute, die paarweise im Restaurant sitzen und von denen er sich niedergestarrt fand, ringsum ins Auge zu fassen, der nach einigen Minuten mit einem gekünstelten Seufzer der Enttäuschung den Hörer wieder auflegt und zu seinem Tisch zurückkehrt.

Peter Suhrkamp
Über das Lesen (1972)

Lesen ist wieder ins Gerede gekommen. Viele Schülerinnen und Schüler lernen es offenbar nicht richtig, üben es nicht intensiv genug. Doch das Zeitalter der globalen Vernetzung zwingt uns zu selektivem, kritischem und ökonomischem Lesen.

Die Art des Lesens hängt sicher auch von der Art der zu lesenden Texte ab, eine Gebrauchsanweisung muss man anders entschlüsseln als ein Gedicht. Welche Haltung braucht man zu Texten, wie sie zum Beispiel hier versammelt sind? Einer, der aus reicher Lebenserfahrung wusste, was das Lesen ausmacht, war der Verleger Peter Suhrkamp:

Lesen hat mit Anstrengung und Bemühung zu tun. Das Augenmerk ist demnach genauso auf das zu richten, *was* gesagt wird, wie darauf, *wie* es gesagt wird. Lesen erweitert den Horizont, man konfrontiert seine Weltsicht mit der Erfahrung anderer Zeiten und anderer Welten, man befreit sich aus dem Gehege des Alltags. Das Lesen von anspruchsvoller Literatur ist, wie das Hören guter Musik und das Betrachten von Kunstwerken, eine Art von Liebhaberei. Der wahre Leser muss ein Liebender sein.

Soweit wird man das nach landläufiger Meinung unterstützen können. Und landläufig werden Liebe und Glück, zumindest Glücksuche, in einem Atemzug genannt. Hier aber schließt jemand mit dem Zweifel, ob denn das Lesen *Menschen auch glücklich mache.*

Man sollte an dieser Stelle einhalten und sich selbst prüfen in seinen Lesemotivationen und -erfahrungen. Und erst dann weiterlesen: den Schluss eines Briefes von Franz Kafka (aus dem Jahre 1904): *Mein Gott, glücklich wären wir eben auch, wenn wir keine Bücher hätten, und solche Bücher, die uns glücklich machen, könnten wir zur Not selber schreiben. Wir brauchen aber die Bücher, die auf uns wirken wie ein Unglück, das uns sehr schmerzt, wie der Tod eines, den wir lieber hatten als uns, wie wenn wir in Wälder verstoßen würden, von allen Menschen weg, wie ein Selbstmord, ein Buch muss die Axt sein für das gefrorene Meer in uns. Das glaube ich.*

Leben und Werke:
Peter Suhrkamp lebte von 1891 bis 1959. Im Januar 1933 wurde er in den S. Fischer Verlag Berlin berufen. Seit 1936 war Peter Suhrkamp dessen Leiter, benannte ihn um in »Suhrkamp Verlag vorm. S. Fischer«, bis er 1942 von der Gestapo verhaftet, danach zum Tode verurteilt und in ein Konzentrationslager eingeliefert wurde; er überlebte. 1950 gründete er auf Anregung von Hermann Hesse den Suhrkamp Verlag und konnte neu beginnen mit Werken von Hermann Hesse, Rudolf Alexander Schröder, Hermann Kasack, T. S. Eliot und Bernard Shaw. Er veröffentlichte auch die Werke von *Bertolt Brecht,* der an ihn geschrieben hatte: *Natürlich möchte ich unter allen Umständen in dem Verlag sein, den Sie leiten.*

Leseempfehlungen:
Zum Verhältnis Verleger – Autor: *Briefwechsel mit Hermann Hesse.* Als Dokumentation zu empfehlen: *Peter Suhrkamp. Zur Biographie eines Verlegers in Daten, Dokumenten und Bildern. Hrsg. v. Sigfried Unseld und Helene Ritzerfeld. Frankfurt/M. 1992*

Peter Suhrkamp

Über das Lesen

Es gibt viele Arten zu lesen, und man muss zwischen Lesen und Lesen scheiden: Lesen, um zu lernen, Lesen, um in etwas einzudringen, Lesen, um den Geist in Bewegung zu bringen, Lesen als Gespräch, Lesen als Kunst. Alle lassen sich in drei Arten zusammenfassen: Lesen zur Orientierung, Lesen als Übung und schöpferisches Lesen. Dazu ist in neuerer Zeit noch eine sehr verbreitete Art gekommen: Lesen aus Gewohnheit. Und diese Gewohnheit kann, wie das Rauchen, zur Süchtigkeit anwachsen. Der so Geplagte muss in jedem unbeschäftigten Augenblick, wo er auch immer sein mag, lesen.

Lesen können: das gilt allgemein als Maßstab für die Kultur eines Volkes. Vor weniger als fünfzig Jahren noch zählte man die Analphabeten in einem Volk – heute zählt man die Millionenzahl der Bücher eines Jahres. Der Vertauschung des Maßstabes ist man sich noch kaum bewusst. Lesen lernen, das ist die Entdeckung einer neuen Welt. Dem Geist wird ein Fenster für den Blick auf eine andere Wirklichkeit geöffnet. Diese andere Wirklichkeit eröffnet den Kräften des Geistes eine Freiheit, die vorher nicht da war, und sie enthüllt eine Ordnung, die unter den Kräften des Geistes gültig ist; sie offenbart Gesetze, durch die Phantasie, Gedanke, Gefühl und inneres Gesicht zu einer eigenen Welt geordnet werden. Der Schüler im Lesen entdeckt auf eine Weise, dass es verschiedene Welten gibt, und diese Weise ist so eindeutig und so bedeutend wie die Mathematik und wie die Musik. Die Zeichenschrift glüht im Licht der Begabung zu einer wundersamen Welt auf. Als ein rechtes Wunder geschieht das nur, wo Einfalt, Ehrfurcht und Glaube vorhanden sind. Die Begabung aber verlangt Anstrengung und Bemühung unsererseits.

Um hinter das Geheimnis des Lesens zu kommen, vergegenwärtige man sich, wie das Kind lesen lernt. Es buchstabiert: M-u-t;

Mut; t-e-r: ter; Mut-ter; da kommt ihm das Gehör zu Hilfe: »Mutter«. – Die Rolle des Gehörs, des Hinhorchens beim Lesen! – Und da sieht das Kind die Mutter: aus der Buchstabenkette ist das Bild geworden, eine Erscheinung ist lebendig daraus hervorgetreten. Wie ein Zauber ist das geschehen! Das innere Hören und das innere Sehen sind die Elemente von jedem Lesen, sie müssen im Leben vollzogen werden. Kein Lesender sollte sich zufrieden geben, wenn er nicht hört, was er liest, und wenn er nicht sieht, was er liest. Die Finessen des Lesens lernt erst kennen, wer dasselbe Buch sehr oft oder gar immer wieder liest; und wer etwas Auswendiggelerntes langsam liest. Mein Beruf zwingt mich, viel zu lesen, um es kennen zu lernen; wenn ich aber etwas für mich lesen will, dann kehre ich gern immer wieder zu wenigen Büchern zurück. Wenn man dasselbe wieder und wieder liest – nur klassische Werke vertragen das –, tritt einem mit der Zeit aus dem Gelesenen ein Gesicht entgegen: der Mensch, der das schrieb. Er tritt nicht aus den Erkenntnissen hervor, die darin ausgesprochen sind, und nicht aus den Begebenheiten, die dargestellt wurden. Es ist das Wie des Vortrags, und nicht das, was gesagt wird.

So kann Lesen zu einem Gespräch werden mit einem Menschen, der nicht gegenwärtig ist, mit dem Autor. Das erschließt die Möglichkeit, mit großen Menschen Umgang zu haben; und mit Menschen, die mehr wissen und mehr sind als die, denen ich täglich begegne; mit erlauchten Geistern, zu denen ich in einem ehrfürchtigen Verhältnis stehe; und was sie mir geben, ist weit mehr als das, was in dem Buch steht, das ich gerade lese. Das ermöglicht ein Gespräch mit Menschen anderer Zeiten und mit Menschen anderer Welten. Sie treten aus dem Buch, das ich lese, lebendig hervor. Ich erscheine vor ihnen mit meinen Angelegenheiten, und dann sind es nicht bloß meine Angelegenheiten, sondern sie erscheinen im Licht eines anderen Lebens, einer anderen Welt und einer anderen Größe. Sie hören auf, Angelegenheiten bloß des Augenblicks zu sein, und erscheinen in der Perspektive – nicht der Vergangenheit oder eines fernen Kontinents – in der Perspektive des einigen Lebens.

Aber jetzt lesen; – kann man jetzt lesen? – Mit der Frage nach dem Können wird auf eine Voraussetzung für alles Lesen gedeutet: der Leser muss heil sein; er muss bei sich sein, aber er darf nicht ganz und gar mit sich beschäftigt sein, muss Kräfte frei haben für etwas anderes; er muss frei genug sein, um sich anderem widmen zu können. Und gehört diese Freiheit von sich nicht zum Menschen?... Dann muss sie in jeder Lage gesucht werden. – Mit der Frage nach dem Dürfen wird ein alter Klassenstandpunkt wieder aufgegriffen: da galt Lesen als Luxus und gar als kultivierte Form des Faulenzens. Arme Leute durften überhaupt nicht lesen, bestenfalls um zu lernen. In dieser Form ist das Lesen in Gegensatz gesetzt zur Lebensnotdurft und zu den Ansprüchen des praktischen Lebens. Für eine solche Anschauung gilt als ausgemacht, dass Lesen fürs reale Leben untüchtig mache oder zumindest davon abhalte. In jener Welt kann man zwei miteinander gekoppelte Tendenzen vernehmen: die Menschen seien dumm zu erhalten und sie seien glücklich zu erhalten. Diese Erörterungen wurden in einer Welt gepflogen, in der eine Menschenklasse für eine andere zu arbeiten hatte. In einer Streberwelt, wie sie nach 1871 bei uns groß geworden ist, zur Zeit des grandiosen wirtschaftlichen Aufstiegs. Bei keinem anderen Volk in Europa ist diese Moral je so verbreitet gewesen, sie hat die Kultur in der Breite und in der Kontinuität gehindert. Sie hat es bei uns dahin gebracht, dass fast jeder Mensch ein schlechtes Gewissen verspürt, wenn er über der Beschäftigung mit geistigen Dingen Praktisches versäumte.

Sehr viele Menschen haben ein Vorurteil gegen das Lesen, bei uns wenigstens die Hälfte aller Menschen, ich glaube, es sind wohl noch mehr. Zunächst alle, deren Lebensgang sie nicht dazu kommen ließ, das Lesen kennen zu lernen, das sind fast alle, die nur die Volksschule besuchten. Sie hätten eigentlich keinen Grund, weil auch sie in der Schule lesen lernten und übten. Ihre Vorurteile sind, Lesen sei Luxus und Müßiggang, und sie wären nicht gebildet genug und nicht dafür begabt, und überhaupt sei Lesen auch zu nichts nutze und gehörte zu dem feinen und eingebildeten Getue. Diese Vorurteile können zu Eigensinn und Trotzigkeit verhärten. Die Gesellschaft hat eine traurige Schuld daran. Sie schließt den Volksschüler davon aus, die großen und ewigen Schöpfungen im Wort kennen zu lernen – und die Gesellschaft weiß das nicht. Mit dem Nachholen der Bildung in Volkshochschulen ist diese Schuld so wenig abzutragen wie mit Aufführungen in der Art des Rundfunks. – Eine weitere Gruppe von Ignoranten besteht unter Männern der Wirtschaft. Sie lesen, um orientiert zu sein, aber sie weisen Lesen als Übung und schöpferisches Lesen mit einem nachsichtigen Lächeln von sich. Sie halten Lesen für Verwöhnung und für eine Angelegenheit von Frauen, Kindern und Narren, freundlicher gesinnt, nennen sie Letztere auch »Idealisten«. Von sich sprechen sie in diesem Zusammenhang als von »Erwachsenen«. Das sagt genug. Sie ahnen, dass der wahre Leser ein Liebender sein muss. Ob sie auch wissen, dass Frauen nicht nur den Menschen zur Welt bringen, und dass Empfangen und Gebären innigst zusammenhängen? Ob sie deshalb nur mit Diskretion von ihrer Abneigung gegen das Lesen sprechen? – Merkwürdig bleibt ihre Unaufmerksamkeit in diesem Punkt auf die Größten in ihrem Kreise, von denen auf die Schulter getippt zu werden sonst ihr Stolz ist: wirklich große Männer der Wirtschaft sind nämlich meist Leser von hohen Graden – aber an ihnen wird das als generöse Laune und Liebhaberei belächelt. Die »erwachsenen« Männer haben jetzt erlebt, dass das Gegründetste, das Gewaltigste und das Bestgeordnetste dem Untergang verfallen kann; und das mag der Grund sein, weshalb vor manchen von ihnen, wenn auch noch wirr durcheinander, jetzt die großen Bücher auftauchen. Sie mögen ahnen, dass große Entscheidungen unterirdisch vorbereitet sind, in unterirdisch verlaufenden Strömen, auf denen alles Oberirdische treibt. Wie hätten sonst alle in gleicher Weise von Unheil betroffen werden können! Sie suchen jetzt Verbindungen zu den verborgenen Mächten.

So viele Menschen sind es bei uns, die nur im Gehege ihres jeweiligen Alltags leben, mit alltäglichen Sorgen und Mühen, zwischen persönlichen Befriedigungen und persönlichen Enttäuschungen, mit ehrgeizigen Spekulationen, und an den Schranken der Realität immer wieder zurückgeworfen, zwischen Glauben und Aberglauben. Aus Namen, Ziffern und Dingen fügen sie in ihrer Vorstellung mühsam die Bilder von anderen Zeiten und von anderen Ländern. Jenseits des real Vorstellbaren und jenseits des vernünftig Denkbaren hört für sie die Welt auf. Nur im gegenwärtigen Zustand ihres Lebens können sie sich sehen und sich empfinden. Sie kennen nicht die Bilder, in denen das dunkel Erlebte aus einer dumpfen Wirklichkeit in die höhere Sphäre reiner Bewusstheit gehoben ist; nicht die dichterische Vision, die mit ihrem magischen Licht den Grund des Lebens jenseits des Denkbaren, dort, wo er im Dunkel liegt, erleuchtet, wie Gedachtes nie erleuchten kann. Wenn sie sich umsehen in ihrem Leben, finden sie da Anfänge, Versuche, Unfertiges in zufälligem Durcheinander. Wie nötig brauchten sie die klare Linie einer vollständigen Lebensbiographie als Halt für die Augen auf dem Wege zwischen den Bruchstücken im Feld des eigenen Lebens. Wer gibt ihnen den Glauben an die Prädestiniertheit ihres Lebens, sodass sie unangefochten – und wenn um sie her die Welt in Trümmer geht –, den Blick ruhig an den Gang des Lebens geheftet, ihre Bahn dahin gehen könnten. Sie sehen an den Menschen anderer Völker, mit denen sie in dem engen Raum Europa zusammen leben sollen, dass sie eine andere Haarfarbe haben, dass ihr Gesicht zwischen den Backenknochen heller gespannt ist, den weicheren Schmelz ihrer Augen, dass sie anderes wollen, und dass ihre Gedanken einen anderen Schritt gehen, aber sie werden niemals ahnen, dass sie selbst nicht die wären, die sie sind, ohne diese anderen mit ihnen; dass zwischen Isolierung und Kommunikation mit diesen ihr eigenes Schicksal schwankt. Dass die innere Kommunikation in der Liebe des Geistes zu den anderen geschieht! Kennt jemand, um das an einem Beispiel nur anzudeuten, die Franzosen, der nicht ihre Schriftsteller kennt; der nicht wenigstens für Momente von der alten Klarheit, von dem naiven Rationalismus, von dem nüchternen Rausch bezaubert war: Dingen, die sich beim Lesen französischer Dichter im eigenen Geist auszubreiten beginnen, und nur so als Erlebnis wahrgenommen werden können? – Ich bin wirklich der Ansicht, dass Lesen Erfahrungen und Wissen gibt, wie selbst ein erfolgreiches Leben sie niemals schenkt. Allerdings will ich nicht behaupten, dass Lesen Menschen auch glücklicher machte.

Kurt Tucholsky

Herr Wendriner erzieht seine Kinder (1925)

Eine geradezu klassische Satire. Dieser unsägliche Herr Wendriner schwadroniert, redet und pöbelt. Mit irgendjemandem trinkt er ein Bier, aber der andere kommt praktisch nicht vor, kommt nicht zu Wort. Zwischendurch spricht er zu seinem Sohn, zehn oder elf Jahre alt: Befehle, Tadel, Kommandosprache. Und weil er einmal dabei ist, plaudert er über den älteren Sohn, nicht anders als abfällig. Unfreiwillige Selbstentlarvung würde man das wohl nennen, wäre dies ein »echter« Monolog. Die Satire übertreibt, macht lächerlich, kritisiert Anschauungen und Positionen. Und dieser Berliner Herr ist das Zerrbild des Spießers aus der Mitte der 20er Jahre: Töchter sind dazu da, verheiratet zu werden, Ehefrauen haben keine Ahnung von Erziehung, junge Männer sollen parieren und Sport treiben – und müssen vor dem Einfluss der Schicksen und Büffetfräuleins bewahrt werden; Bücher und Theater verderben den Charakter. Bilder von George Grosz fallen einem ein, Typen mit Schmiss und Monokel.

Diese Monologe sind für die Bühne geschrieben, für das Kabarett. Sie wollen Gebrauchskunst sein, Kleinkunst. Das mag wohl den Schluss rechtfertigen, der eigentlich nur deutlich macht, was man schon selber mitbekommen hat; die Pointe sorgt für den befreienden Lacher nach diesem Rundum-Blick in den Zerrspiegel. Kleinkunst, wie gesagt; aber wie hier in einem einzigen Monolog auf satirische Weise gleichermaßen entlarvt und unterhalten wird, das ist gekonnt.

Tucholsky war außerordentlich erfolgreich, solange er in Deutschland publizieren durfte und seine Texte auf die Bühne gelassen wurden. Er war einer der ersten, dessen Bücher verbrannt wurden und der emigrieren musste. Die Herren der Macht fühlten sich durchschaut und lächerlich gemacht. Satiren wie diese über gängige Erziehungsideale, die duldete man nicht mehr ab 1933. Sie waren für die Herrschenden ja auch eine Gefahr.

Die Nachgeborenen hatten in den 50er Jahren das Gefühl: diese Typen, diese Herren Wendriner, die kennen wir doch! Das Gedankengut des Reaktionären oder des Chauvis hatte sich über Kriegsende und Entnazifizierung hinaus in der bürgerlichen Erziehungspraxis erhalten. Dass dann in den Siebzigern die Studenten und in den Achtzigern die Feministinnen Mannsbilder wie diesen hier karikierten und ihnen die Macht streitig machten, ist nicht verwunderlich.

Leben und Werke:
Die erste deutsche Republik hat Tucholsky (geboren 1890 in Berlin) nur um wenige Jahre überlebt. Am 21. 12. 1935 begeht er, gezeichnet von quälender Krankheit, verarmt und resigniert, Selbstmord im schwedischen Exil. *Schloss Gripsholm* und *Rheinsberg* waren auch posthum große Erfolge, als Bücher wie als Filme. Seine satirischen Texte, meist unter Pseudonymen in der »Weltbühne« erschienen, und seine heiter-melancholischen Gedichte (zumeist vertont) gehören zu den besten ihrer Art.

Leseempfehlungen:
Gedichte, Lieder und Chansons sind gesammelt in *Wenn die Igel in der Abendstunde.* Vergnüglich zu lesen sind die Erzählungen *Rheinsberg. Ein Bilderbuch für Verliebte* und *Schloss Gripsholm. Eine Sommergeschichte.* Als Satirensammlung die Texte aus der »Weltbühne«: *Panther, Tiger & Co.*

Kurt Tucholsky

Herr Wendriner erzieht seine Kinder

»… **N**ehm' Sie auch noch'n Pilsner? Ja? Ober! Ober, Himmelherrgottdonnerwetter, ich rufe hier nu schon 'ne halbe Stunde – nu kommen Se doch ma endlich her! Also zwei Pilsner! Was willst Du? Kuchen? Du hast genug Kuchen. Also zwei Pilsner. Oder lieber vielleicht – na, is schon gut. Junge, sei doch mal endlich still, man versteht ja sein eigenes Wort nicht. Du hast doch schon Kuchen gegessen! Nein! Nein. Also, Ober: Noch 'n Apfelkuchen mit Sahne. Wissen Se, was einem der Junge zusetzt! Na, Max, nu geh spielen! Hör nicht immer zu, wenn Erwachsene reden. Zehn wird er jetzt. Ja, also ich komme nach Hause, da zeigt mir meine Frau den Brief. Wissen Sie, ich war ganz konsterniert. Ich habe meiner Frau erklärt: So geht das auf keinen Fall weiter! Raus aus der Schule – rein ins Geschäft! Max, laß das sein! Du machst dich schmutzig! Der Junge soll den Ernst des Lebens kennenlernen! Wenn sein Vater so viel arbeitet, dann kann er auch arbeiten. Wissen Se, es is mitunter nicht leicht. Dabei sieht der Junge nichts andres um sich herum als Arbeit: morgens um neun gehe ich weg, um halb neun, um acht – manchmal noch früher – abends komme ich todmüde nach Hause … Max, nimm die Finger da raus, du hast den neuen Anzug an! Sie wissen ja, die große Konjunktur in der Zeit, das war im Januar, dann die Liquidation – übrigens: glauben Sie, Fehrwaldt hat bezahlt? 'n Deubel hat er! Ich habe die Sache meinem Rechtsanwalt übergeben. Der Mann ist nicht gut, glauben Sie mir! Ja, also, mein Ältester ist jetzt nicht mehr da. Max, laß das! Angefangen hat er bei … Also hören Sie zu: ich hab ihn nach Frankfurt gegeben, zu S. & S. – kenn Sie die Leute auch? – und da hat er als Volongtär angefangen. Ich hab mir gedacht: So, mein Junge, nu stell dich mal auf eigne Füße und laß dir mal den Wind ein bißchen um die Nase wehn – Max, tu das nicht! – jetzt werden wir mal sehn. Meine Frau wollte erst nicht – ich bin der

Auffassung, so was ist materiell und ideell sehr gut für den Jungen. Er liest immer. Max, laß das! Ich habe gesagt: Junge, treib doch Sport! Alle deine Kameraden treiben Sport – warum treibst du keinen Sport? Ich komme ja nicht dazu, mit ihm hinzugehn, mir täts ja auch mal sehr gut, hat mir der Arzt gesagt, aber er hat in Berlin doch so viel Möglichkeiten! Max, laß das! Was meinen Sie, was der Junge macht? Er fängt sich was mit einer Schickse an aus einem Lokal; 'nem Büfettfräulein, was weiß ich! Max, was willste nu schon wieder? Nein, bleib hier! Du sollst hierbleiben! Max! Max! Komm mal her! Du sollst mal herkommen! Max hörst du nicht? Kannst du nicht hören? Du sollst mal herkommen! Hierher sollst du kommen! Komm mal her! Hierher. Was hast du denn? Sieh dich vor! Jetzt reißt der Junge die Decke ... ei weh, der ganze Kaffee auf Ihre Hose! Kaffee macht keine Flecke. Du dummer Junge, warum kommst du nicht gleich, wenn man dich ruft! Jetzt haste den ganzen Kaffee umgeworfen! Setz dich hin! Jetzt gehste überhaupt nicht mehr weg! Setz dich hin! Hier setzte dich hin! Nicht gemuckst! Gießt den ganzen Kaffee um! Hier – haste'n Bonbon! Nu sei still. Ja – er war schon immer so komisch! Bei seiner Geburt habe ich ihm ein Sparkassenkonto angelegt – meinen Sie, er hats einem gedankt? Schule – das wollt er nicht! Aber Theater! Keine Premiere hat er versäumt, jede Besetzung bei Reinhardt wußte er, und dann Film ... Nee, wissen Se, das war schon nicht mehr schön! Ja, nu hat er mit der ... em ... Max, sieh mal nach, ob da vorn die Lampen schon angezündet sind! Aber komm gleich wieder! Mit dieser Schickse geht er los! Natürlich kostet das 'n Heidengeld, können Se sich denken! Nu, es sind da Unregelmäßigkeiten vorgekommen – ich hab ihn wegnehmen müssen, und jetzt ist er in Hamburg. Ach, wissen Se, ich hab schon zu meiner Frau gesagt: Was hat einem der liebe Gott nicht zwei Mädchen gegeben! Die zieht man auf, zieht sie an, legt sie abends zu Bett, und zum Schluß werden sie verheiratet. Da hat man keine Mühe. Und hier! Nichts wie Ärger! Max Max! Wo bloß der Junge bleibt! Max! Wo warst du denn so lange? Setz dich hierhin! Der Junge ist noch mein Grab – das sage ich Ihnen. Kommen Se, es ist kalt, wir wollen gehn.

Ich frage mich bloß eins: diese Unbeständigkeit, diese Fahrigkeit, diese schlechten Manieren – von wem hat der Junge das –?«

Robert Walser

Das Fabrikmädchen und der Fabrikherr (1924)

Kitsch? Oder die hingekritzelten Geschichten eines schon verwirrten Geistes? Oder vielleicht Parodie? Als ich diese Ministücke zum ersten Mal las, bewegten sie meinen literarischen Verstand zwischen Ratlosigkeit und Faszination. Ich habe dann manches darüber gelesen. Heute bin ich davon überzeugt: Diese Texte gehören zu den bewegendsten Beispielen dessen, was sein Namensvetter Martin Walser in seinen *Frankfurter Vorlesungen* einmal »Ironie des Stils« genannt hat. Diese ironische Mischung aus Umständlichkeit und Genauigkeit! Diese Hinwendung zu den kleinen Gegenständen (zu Zeitungsnachrichten, Heftchenromanen, Märchen, trivialen Genres), Hinwendung zu den kleinen Leuten, ohne sich darüber zu erheben. Und das alles (im Original) in einer demütigen Kleinheit von kaum entzifferbaren Kritzeleien auf Notizzetteln. Keine parodistische Absicht also, die den Stil anderer oder ihre Gefühle verspottet, sondern Fabulierlust, Vergnügen an eigenwilligen, artifiziellen Formulierungen, Adaption von Versatzstücken aus den verschiedensten Quellen: poetischen, trivialen und journalistischen. Und immer wieder die »Ironiesignale« der scheinbaren Selbstkorrektur, der fast unterwürfigen Leseransprache, ja geradezu des Mitleids mit den Lesern, der übertreibenden Verkleinerungen – und nicht zuletzt der sprachlichen Kontrastierung zwischen klischeehaften Wendungen *(zum von Bodenstauden und friedlichen Zwiebeln umgebenen Gemeinwesen hinaus, in auserlesener Unauffälligkeit)* und höchst originellen oder widersprüchlichen Wortbildungen und -kompositionen *(Holdheiten, Brotverabreicher, Situationsbeherrscher)* und Wortgruppen und komischen Metaphorisierungen *(jugendliche Blümchen)*. Das ist nicht Ironie, die sich über andere erhebt (wie bei Thomas Mann), sondern sich selbst in Frage stellt (wie bei Kierkegaard und Kafka). Ich lese diese Geschichten mit einem Lächeln und einem tiefen Mitgefühl mit ihrem Verfasser, der ein januskköpfiger Mensch war – zwischen tiefster Demut und störrischem Trotz, und dessen Werke »lieb« sein konnten, wie er sie selbst nannte, doch unter deren Oberfläche es brodelt, sodass man sich an ihnen verbrennen kann.

Leben und Werke:
Robert Walser wurde 1878 in Biel in der Schweiz geboren. Zwischen 1906 und 1908 entstehen in Berlin seine bekanntesten Romane *Geschwister Tanner, Der Gehülfe, Jakob von Gunten.* 1921 übersiedelt er nach Bern. Von 1929 an verbringt er sein Leben in Pflegeanstalten. Auf einem einsamen Spaziergang stirbt er am 25. Dezember 1956.

Leseempfehlungen:
Der vorliegende Text stammt aus seinen »Mikrogrammen« der Jahre 1924/25, das sind etwa 500 Blätter, die Walser mit winziger Bleistiftschrift, kaum entzifferbar, auf kleine Zettel und Zeitungsränder geschrieben hat. Erst vor einiger Zeit sind diese Zettel dechiffriert und seit 1985 unter dem Titel *Aus dem Bleistiftgebiet. Mikrogramme* veröffentlicht worden (Frankfurt: Suhrkamp). Den ersten oder zweiten Band dieser Geschichten zu lesen ist neben *Jakob von Gunten* ein eindrucksvolles Leseerlebnis. Kürzlich neu entdeckt wurde Walsers: *Feuer. Unbekannte Prosa und Gedichte.*

Robert Walser

Das Fabrikmädchen und der Fabrikherr

Wieder öffne ich den Mund zum Erzählen und trage euch eine tragische Fabrikherrengeschichte vor, die sich in nächster Umgebung abspielte, deren Beziehung ich vorenthalte, wozu ich Gründe besitze. Da lebten am Waldrand in einem zäunchenumsäumten Häuschen mit netten Zimmerchen und Fensterchen inmitten eines wenn auch ärmlichen, so doch sauberen Haushalts ein armer Mann und eine arme Frau, die drei bis vier wenn auch arme, so doch ziemlich niedliche Töchterlein besaßen, die alle fleißig in die Fabrik gingen, Tag für Tag, um daselbst Lohn zu verdienen, welchen sie ihren Eltern treulich abgaben, d.h. in die Hände legten. Ach, könnte ich etwas Schöneres und Fröhlicheres erzählen als Verzweiflungstaten, begangen von jugendlichen Blümchen, die mit der gehörigen Portion Unwissenheit ausgestattet in das Alltagsleben hineindufteten. Nicht wahr, ich bediene mich hier durchaus schicklicher Ausdrücke. Liebe Kinderchen, welchen rosaroten und ländlich-unschuldigen Namen soll ich dem Mädchen geben, das von ihrem Brotverabreicher schikaniert wurde, weil er sich in ihre Holdheiten verliebte? Er vermochte sie nur schräg und kurz zu betrachten, so stark plagte ihn das Verlangen, sie mit seinen farbrikherrlichen Armen zu umfangen, sie an seine Brust zu pressen und von der verbotenen Frucht tüchtig zu essen. Wie ich glaube und mich glauben machen möchte, erwählte verehrte Zuhörer, die ihr mich mit schimmernd-neugierigen Äuglein anschaut, rief er sie, oder vielmehr ließ er sie per Vertrauten oder Untergebenen zu sich in's Büro rufen, und sie kam ganz von reizender Verdutztheit überpurpurt, ein allerliebstes Stückchen zitternder Erwartung, wissen Sie, so ahnend und über die Ahnung ängstlich lächelnd, die Hände verbergend gleich einer Sklavin, und da geschah es dann, ich meine, ich würde es feinsinnig finden, wenn ich mich bündig fasse, und ihr Geliebten wohl ebenfalls, dass er sich über sie, rundheraus gesprochen, hermachte, indem er sie behandelte, als wäre er im Urwald, etwa auf den fernen Fidschi- oder Gesandtschaftsinseln dicht unter dem Äquator, ich weiß nicht in welchem Archipel, jedenfalls in höchstem Naturzustande. Als sie nach so und so viel Zeit von entsprechenden Wehen oder ermattenden Beschwerden heimgesucht wurde, gestand sie das Ganze den Eltern, die ihrerseits nichts Besseres zu tun wussten, als ihre Tochter zum von Bohnenstauden und friedlichen Zwiebeln umgebenen Gemeinwesen hinauszujagen, worauf sie sich dem Wasser anvertraute und hierbei ertrank. Die armen Leute waren nicht in der angenehmen Lage, gegen den genussfreudigen, [das] Leben rechtzeitig beim Schopf erfassenden, offenbar diktatorisch veranlagten Schwerindustriellen und Situationsbeherrscher vorzugehen, da sie solchenfalls auf ihre mageren Einkünfte glattweg hätten verzichten müssen. Ich glaube halt aber gleichwohl, dass ein solcher Mensch einfach ein Schuft genannt zu werden vollauf verdient, und wehe seiner Seele, wenn ihm die Schlangen sie zerbeißen, die man Gewissensbisse nennt. Die Tochter wurde aus dem Fluss gezogen und so leise wie möglich bestattet, in auserlesenster Unauffälligkeit, und die arme Familie erfreute sich fernerhin ihres wenn auch in mancher Hinsicht kärglichen, so doch auch daneben freundlichen Daseins. Nehmt jedes ein Stück Brot, gehet dann in's Bett und betet, bevor ihr einschlaft.

Peter Weiss
Aus: **Fluchtpunkt** (1962)

Der Ich-Erzähler in »Fluchtpunkt« hat sich in der Fremde als Holzfäller anwerben lassen. Nach der Eingewöhnung kehren die anderen Bedürfnisse wieder zurück: er möchte Bücher lesen. Das unterscheidet ihn von der Lebenspraxis der Arbeiter, mit denen er dort lebt. Sie kennen sich aus mit Werkzeugen, Arbeitsmethoden und Saufgelagen, das genügt ihnen offenbar. Der Erzähler konstatiert: *Doch ihre Gesichter erhellten sich nicht dabei.*

Da bin ich skeptisch: sind belesene Trinker (ich habe viele kennen gelernt) zufriedener, haben Intellektuelle grundsätzlich eine *größere Anteilnahme* an dem, was sie (beruflich) tun? Ich habe viele kennen gelernt ...

Sind *Bildung und Kunst ein Luxus,* so wie die gepflegte Art des Essens und die tägliche Körperhygiene? Unterscheiden wir Lesenden uns nachhaltig von der Mehrheit der Menschen, die nie einen Buchladen betreten und lieber ihren *Spielkarten* frönen? Oder ist die Nacht *gleich für uns alle?*

Selbstverständlich ist die Literatur wünschenswert und notwendig für das Vorhandensein von *menschenwürdigen Lebensbedingungen.*

Die hier geschilderten Holzfäller haben andere Wertkategorien.
Bücher, so sagen sie, *seien nur für Stubenhocker und Studierte da.*

Leben und Werke:
Peter Weiss wurde 1916 in der Nähe von Potsdam geboren. Die Familie emigriert 1934 nach London und 2 Jahre darauf in die Tschechoslowakei. 1939 folgt er seinen Eltern nach Schweden, wo er sich erfolglos als Maler versucht. Als Reporter einer schwedischen Zeitung schildert er das Nachkriegselend in Deutschland. Durchbruch zu internationalem Erfolg mit den Dramen *Die Verfolgung und Ermordung Jean Paul Marats (…)* und *Die Ermittlung.*

Leseempfehlungen:
Die autobiografischen Romane *Abschied von den Eltern, Fluchtpunkt,* seine letzte Veröffentlichung *Die Ästhetik des Widerstands.*

Peter Weiss

Fluchtpunkt

Wir saßen am Tisch und brüteten vor uns hin, umschlossen von den Wäldern. Der Schnee lag über uns. Unsere Lippen regten sich flüsternd und murmelnd, rechnend am Wochenergebnis der Arbeit. Die Fliegen summten an der Fensterscheibe, und Striche auf fettigen Papieren wurden zusammengezählt. Ich sah die kargen zerschlissenen Gestalten um den Tisch sitzen, sah die verblichenen Farben der Kleidungsstücke, die Maserung der Tischplatte, die Kerben darin, die blaue Kaffeekanne mit ihren Rostflecken, die Pfeife im Aschenbecher, die müden gefalteten Hände. Die Krankheit, in der ich aufgebrochen war, war vergangen. Ich war wach und sah mich zwischen den Arbeitern in diesem Sibirien. Ich hatte mich an die Hütte und an die Arbeit gewöhnt, und die anderen Bedürfnisse kehrten zurück. Und wieder stieß ich bei den Genossen auf Widerstand und Ablehnung und auf ein stumpfes Misstrauen vor allen Veränderungen. Ich hatte vorgeschlagen, dass man uns Bücher schicken sollte, doch niemand wollte Bücher lesen. Man äußerte sich wegwerfend über Bücher und sagte höhnisch, Bücher seien nur für Stubenhocker und Studierte da. Ich ließ mir selber Bücher kommen. Ich bot sie einigen zum Lesen an, doch sie blätterten kaum darin. Sie ließen mich lesen ohne Spott, weil ich ihnen zeigte, dass ich wie sie arbeiten konnte, doch sie schüttelten den Kopf über mich und fragten mich, was ich davon hätte. Auch, dass ich schreibend über einem Heft saß und manchmal zeichnete, verstanden sie nicht. Sie hätten mich verachtet, wenn ich nicht morgens mit ihnen in den Wald und abends mit ihnen aus dem Wald gestiegen wäre. Als ich von dem Mangel an den einfachsten Bedingungen der Wohnlichkeit und Hygiene sprach und sagte, dass nur für den Fraß gesorgt sei, mit dem man uns den Mund stopfte, sahen sie mich misstrauisch an und antworteten, dass sie gut verdienten, besser als viele andere. Sie hatten nichts an der Regierung und der Gesellschaftsordnung ihres Landes auszusetzen. Literatur und Kunst war für sie nicht da, weil sie noch nicht einmal begonnen hatten, nach menschenwürdigen Lebensbedingungen zu suchen. Dass ich mich, nach den ersten Tagen der Erschöpfung, wusch, war ihnen lächerlich. Als ich mir den Hals ausspülte, tat einer, als würde ihm vom Geräusch des Gurgelns übel. Sie hielten den Schmutz und den Schweiß auf der Haut für eine wärmende Schutzschicht. Sie lebten von Gelegenheitsarbeiten und kannten nicht den Begriff der Weiterbildung. Doch sie kannten vieles, was ich nicht kannte. Sie wussten über die Beschaffenheit von Werkzeugen Bescheid, sie konnten verschiedene Holzsorten voneinander unterscheiden, sie wussten die Namen von Reedereien und Baugesellschaften, sie waren über die verschiedensten Arbeitsmethoden und Lohnverhältnisse unterrichtet. Ich fragte mich manchmal, was sie von ihrem Leben erhofften und was sie erfreuen konnte, doch ich erhielt keinen Aufschluss darüber. Sie berichteten von Saufgelagen, von der Anzahl der konsumierten Branntweinflaschen, vom Preis, den sie für die Flaschen zu erlegen hatten, doch ihre Gesichter erhellten sich nicht dabei. In den Beschreibungen von Arbeitsplätzen wurde nur alltäglich Nützliches erwähnt, und ihr Blick war dabei ohne persönliche Anteilnahme. Diese Angehörigen eines reichen verschonten Landes lebten noch in äußerster Kärglichkeit. So wie der Knecht und die Mägde auf dem Bauerngut, trugen sie an der alten Unterlegenheit der Häusler. Dass sie freie Arbeiter waren, bedeutete für sie nicht, dass sie eine Zugehörigkeit empfanden für die Güter, die sie erzeugten. Sie arbeiteten gleichgültig, nur auf den Lohn bedacht. Sie hatten ihre Gewerkschaften und glaubten, dass ihre Macht damit gesichert sei. Nie kam ihnen der Gedanke, dass sie betrogen waren. Sie trugen an der Überlieferung, dass Bildung und Kunst ein Luxus war. Sie hatten sich eine harte, rohe Sprache angewöhnt, weil diese Sprache zu der harten, rohen Arbeit gehörte, zu der sie gezwungen waren. Beim Saufen lockerte sich für kurze Zeit alles, was unentwickelt und unbefriedigt in ihnen war, und sie polterten und grölten, gerieten in Streit und schlugen um sich, um dann in eine verblödete Dumpfheit zu sinken. Und wenn wir dann vor unsern Näpfen saßen, breit vorgebeugt, schmatzend, schlürfend, und wenn wir uns zurücklehnten und rülpsten und uns den Mund mit dem Handrücken abwischten, und wenn wir dann auf die Nacht warteten, sie über den Spielkarten, den zerlesenen Zeitschriften, ich über dem Heft, mit dem Bleistift kritzelnd, verging der kleine Unterschied einer Bildung, eines stärkeren Bewusstseins, in dem ich glaubte, von ihnen abgesondert zu sein, und die Nacht war gleich für uns alle.

Gabriele Wohmann
Ich Sperber (1966)

M: Du hattest diese Geschichte ausgewählt. Eine rätselhafte Geschichte, und daher für eine Interpretation offen. – Da kann also ein kleiner »Ornithologe« zehn verschiedene Vogelarten unterscheiden. Ein Profi auf diesem Gebiet! Aber sonst ist er ein lieber Junge, den die Lehrerin *klein, brav, sanft* nennt, *viel sanfter und kleiner* als die anderen Kinder, und der von seiner Mutter *kleiner Fink, winzige Meise* genannt wird. Der Junge aber will groß sein wie ein *Sperber,* möchte ein Raubvogel sein, der *alle kleinen Vögel töten* möchte. Möchte er sich, den Kleinen, in sich selber töten? Jedenfalls geht er, um dem Sperber den Tisch zu bereiten, in seiner Fantasie systematisch vor: Er möchte ihn in eine Hecke locken; er möchte ihm *Nester vorbereiten,* möchte *für ihn töten,* ihm Drosseln opfern, ihm *tote Kleinvögel* besorgen. Er kennt seinen Sperber! Er wird ihn irgendwann, wovon Jungen fasziniert sind, bei seiner aufregenden Jagd beobachtet haben. Und nun identifiziert er sich mit dem Greifvogel, der schön, gewandt und schnell ist: *Ich habe die Sperberbrust, alle Merkmale.* Der Junge braucht diese Identifikation, denn er möchte selbst größer und stärker sein als seine Klassenkameraden, die in Wirklichkeit größer und stärker sind als er. Dass die anderen Kinder über seinen Vogel-Tick lachen, ist natürlich. Doch die Erwachsenen? Die Mutter hat sich mit dem Tick ihres Kindes abgefunden, aber wenn er schon ein Vogel sein möchte, dann doch bitte *ein lieber kleiner Fink.* Und der Lehrerin fällt nichts anderes ein, als den Sperber einen *bösen Raubvogel* zu nennen, und das passe doch so gar nicht zu ihm. – Kann man diese Fantasien als eine selbst erdachte »Initiationsgeschichte« verstehen, wie es sie in den Short-Stories der Amerikaner gibt? Wenn ein Junge, klein und brav, schon nicht von den anderen Kindern und den Erwachsenen als groß anerkannt wird, dann macht er sich wenigstens in seiner Fantasie zu einem ernst zu nehmenden Feind.

F: Dass sich Kinder in ihrer Fantasie mit Figuren identifizieren, ist normal; sie ermöglichen es ihnen spielerisch, was sie in der Wirklichkeit vermissen. Von Pippi Langstrumpf bis Harry Potter wurden dazu literarische Anreize gegeben. Normalerweise bleibt dabei im Bewusstsein des Spielenden klar: Ich spiele. Das ist nichts anderes als kreativer Umgang mit Versatzstücken der Realität. Aber unser *Sperber* denkt und plant nicht nur folgerichtig; seine Rollenidentität geht so weit, dass er sie noch innerhalb der Realität aufrechterhält. Fangen so die Karrieren Pubertierender an, die in den letzten Jahren in Schulgebäuden, mit Videoszenen im Kopf und realen Waffen in der Hand, Schlagzeilen machten? Initiationshandlungen haben ihre Berechtigung, aber hier ist nun doch wohl Achtsamkeit geboten. Wir sollten diese kleinen *Sperber* ernst nehmen! – Das Beklemmende des Inhalts dieser Kurzgeschichte wird durch die Erzähltechnik verstärkt: Wie mit der Kamera beobachtet beginnt die Geschichte mit einem Dialog. Unvermittelt erfahren wir dann von dem Gedankengang des Jungen: *Das Kind beschließt, ...* Wenige Sätze später wird sogar der innere Monolog des Sperbers im O-Ton in den Text collagiert: *Es muss langsam und gründlich vorbereitet werden ...*

Man kann den Sperber als ein Sinnbild kindlicher Selbstbefreiung auffassen. Aber diesen Text habe ich auch deswegen ausgewählt, weil er die fatale Frage stellt: Könnte die Geschichte so ähnlich auch einem älteren Jugendlichen oder gar einem Erwachsenen zugeschrieben werden? Und wie würden wir sie dann lesen?

Leben und Werke:
Gabriele Wohmann ist 1932 in Darmstadt geboren. Nach dem Studium wird sie für ein Jahr Lehrerin in einem Internat. Sie schreibt Erzählungen, Romane, Hörspiele und Fernsehspiele und verfasst Beiträge für Zeitungen und Zeitschriften. Zu ihren wichtigsten Arbeiten zählen die Romane *Jetzt und nie* und *Abschied für länger.*

Leseempfehlungen:
Wer sich mit weiteren Erzählungen befassen möchte, dem sei der Band *Erzählungen* aus dem Jahre 1966 empfohlen.

Gabriele Wohmann

Ich Sperber

»Wie heißt du«, fragt die Lehrerin den Letzten in der Fensterbankreihe. Sie spürt wieder stärker das Lauern in der Klasse. Sie geht durch den schmalen Gang, stellt sich vor die letzte Bank. »Wie heißt du. Ich habe dich was gefragt, hast du verstanden?«

»Sperber«, sagt das Kind, ohne den Blick vom Fenster weg auf die Lehrerin zu richten.

Die Klasse raunt, das Lauern löst sich, Schuhsohlen scharren, die Hosenböden werden übers Holz gewetzt.

»Und mit Vornamen?«

»Sperber«.

Das Kind in der letzten Bank blickt nicht unfreundlich auf die Lehrerin, wendet sich wieder zum Fenster. Von den fast schon laublosen, fadendünnen Birkenzweigen hüpfen Spatzen und Nonnenmeisen auf die Fensterbrüstung, der gefräßige Kernbeißer läßt sich nicht von ihnen vertreiben.

»Du mußt doch einen Vornamen haben.« Die Lehrerin starrt das Kind an. Sie hat den Eindruck, als balle sich hinter ihrem Rücken, den sie steif und warm spürt, die Kraft der Klasse. Sie beugt sich zu dem Kind hinunter: »Ganz gewiß hast du einen Vornamen, einen richtig netten hübschen Vornamen.«

Das Kind dreht mit Anstrengung den Kopf zur Lehrerin. Die Lehrerin starrt in sein weißes sanftes abwesendes Gesicht, ihre flehenden Augen tasten es ab, suchen darin herum.

»Sperber. Nur Sperber.«

Gelächter springt auf, neben ihr, hinter ihr.

»Nun gut. Dann eben Sperber. Du weißt nicht, was ein Vorname ist. Du bist nicht besonders gescheit. Vielleicht heißt du Hans Sperber.«

Auf dem Götterbaum-Ast, der vor das letzte Fenster gekrümmt ist, hat ein Star sich niedergelassen.

»Oder Theobald Sperber, Franziskus Sperber. Irgendwas Besonderes, du willst es nicht jedem verraten.«

Das Kind blickt auf den Ast. Der Star wippt, bebt vor Erwartung. Endlich ein größerer Vogel: sogar ein Perlstar. Ist er mit Leinsamen und Hanf nicht zufrieden, weil er sich nicht heranwagt? Wie kann er sich nur vor dem winzigen Gewirr der Meisen fürchten: schwarz und lang gestreckt und groß. Das Kind beschließt, den kleinen Vögeln einen andern Futterplatz einzurichten. Stare und Amseln könnten bei ihm landen. Aber erst der Sperber!

Die Klasse lacht, wartet. Die Lehrerin steht vor dem Kind.

»Aha. Du hast dir was Lustiges ausgedacht, willst mich anführen.«

»Eine gesperberte Brust«, sagt das Kind. »Weiß mit schwarzen Streifen. Ich bin der Sperber. Ich habe die Sperberbrust, alle Merkmale.«

Stimmen kreischen aus dem brodelnden Lachen.

»Aber jeder Spaß hat mal ein Ende.«

Der erste Grünling dieses Vormittags schaukelt auf dem Birkenzweig. Mohn und Kolbenhirse muß es in Zukunft streuen. Der Grünling hat seine Scheu überwunden, flappt zwischen die Meisen; aber er fliegt davon, bevor er den Mut fassen konnte, sich ein Korn zu picken. Der Ast am Götterbaum ist wieder leer. Vor allem müssen Ameisenpuppen und Fliegenlarven besorgt werden. Später dann lebende Insekten. Es muß langsam und gründlich vorbereitet werden. Und soll man überhaupt den Sperber bis an die Schulfenster locken? Wird er sich mit dem, was man ihm da bieten kann, zufrieden geben? In läppischer Meisengesellschaft?

»Also ja ja ja«, sagt die Lehrerin, »es ist ein sehr lustiger Streich, den du dir da ausgedacht hast, du komischer kleiner Sperber.« Sie dreht sich von dem Kind weg, geht den Gang zwischen den Bänken hinauf bis an ihren Tisch, stellt sich vor die Klasse. »Spaß muß sein. Nicht alle Erwachsenen sind Spielverderber.«

»Er meint, er wär ein Vogel«, ruft jemand von der Türreihe her.

Die Lehrerin hat Lust, mit beiden ausgestreckten Armen aus der Unruhe eine Fläche zu schaffen, glättend, auf der Unruhe mit lang gespanntem, endlich besänftigtem Körper dahinzugleiten, zu schwimmen. Sie vermeidet es, nach dem Kind auf der letzten Bank am Fenster zu sehen, aber in einem Winkel ihres Blicks kann es nicht verlorengehen, dort beharrt es darauf, ihren Zorn festzunageln mit seinem kleinen hartnäckigen Rücken, dem sanft und eindringlich weggewandten Gesicht.

Wann wird der Sperber aus dem Stechfichtenversteck herausschlagen, das vom Fenster aus wie Wolle wirkt, obwohl die Entfernung nicht groß ist, fünfzig, sechzig Meter vielleicht, doch die Herbstluft macht alles undeutlich. Der Herbst hängt in Netzen vom Himmel, die Vögel kräftige schwarze Flecke darin. Wann wird der Sperber kommen, von Ast zu Ast im kahlen Götterbaum schrecken? Wird es erst im Frühjahr gelingen, ihn anzulocken, wenn es Forsythien gibt und Heckenkirschenknospen? Wird es Erfolg haben, ihm Nester in Bocksdorn und Schneebeerenbusch vorzubereiten? Nein, es wird nicht genügen. Man wird für ihn töten müssen, das wird nötig sein.

Die Lehrerin schlägt das Buch auf, fragt in die Klasse: »Was habt ihr denn zuletzt gemacht? Jetzt erzählt mir mal, was euer früherer Lehrer mit euch Schönes gelesen hat.«

Und vor allem Wacholder. Es muß eine ganze Hecke gepflanzt werden. Dicht schwarz muß sie sein, eine Wacholdermauer. Drosseln werden darin wohnen, man wird sie opfern müssen. Der Garten muß voller Vögel sein, voller Schlafbüsche und Mäuseschlupfwinkel. Der Sperber wird den Tisch gedeckt finden.

Die Lehrerin steht vor der scharrenden Klasse.

»Bringen Sie's ihm doch mal bei, daß er kein Vogel ist!«

»Er ist ja verrückt!«

Solang der dunkle weggewandte Rücken nicht aus dem Winkel ihres Blicks getilgt ist, kann sie mit der Klasse nichts anfangen.

»Also gut«, ruft sie, »der Unterricht ist für heute beendet. Den Sperber« – sie hatte ihre Stimme schraubend in die Höhe gezogen und wieder fallengelassen – »das Raubvögelchen werd ich nach

Haus bringen und seiner Mutter übergeben. Wahrscheinlich hat er Fieber, das kommt auch mal bei Sperbern vor.«

Die Hand der Lehrerin zerrt das Kind aus der Bank, es dreht sich noch zurück nach dem Stieglitzschwarm, der ins Goldrautendickicht hinter dem Schulgarten fällt.

»Na kleiner Sperber«, sagt die Lehrerin, »jetzt kommen wir bald ins warme Bettchen, das wird gut tun.«

»Ich muß neue Mausefallen stellen. Und ich brauche tote Kleinvögel. Wie kriegt man tote Kleinvögel?« fragt das Kind.

Die Lehrerin nimmt sich vor, es nicht dabei bewenden zu lassen, das Kind bei der Mutter abzuliefern; sie wird dem Schulleiter Bescheid geben; es ist womöglich nicht ganz normal.

Die Frau in der Haustür betrachtet die Lehrerin und das Kind, dann hockt sie sich hin, spannt die Arme aus.

»Komm hereingeflogen!« Sie flüstert an dem Kind vorbei mit der Lehrerin: »Seit Wochen schon! Was soll man tun?«

»Ich werde den Schulleiter fragen«, sagt die Lehrerin, sie kauert sich neben die beiden. »Warum bist du ausgerechnet so ein böser Raubvogel, warum nicht eine liebe kleine Blaumeise, warum nicht? Du bist doch viel lieber und viel braver als all deine Freunde in der Klasse, weißt du das nicht? Viel sanfter und kleiner.«

»Du bist doch mein lieber kleiner Fink, meine winzige Meise«, sagt die Mutter, sie setzt die Wörter voneinander ab, pappt in den Zwischenräumen Küsse auf seine weiße Backe.

»Nein, alle kleinen Vögel, alle Mäuse und Insekten werde ich töten, ich Sperber.«

Christa Wolf
Selbstversuch (1973)

Wie immer – so beginnt da jemand zu erzählen und lässt uns mitsehen, was sie sieht mit den Augen einer Frau. Sie versucht zu lächeln; irritiert lesen wir an dieser Stelle den Konjunktiv II *verfügt hätte.* Das Rätsel löst sich auf, als sie uns gleichsam mit unter die Dusche nimmt, wo sie Bekanntschaft schließt mit ihrem neuen Körper: dem eines Mannes. Jetzt verstehen wir den Titel der Geschichte. Selbstversuch: ein wissenschaftliches Experiment zur Geschlechtsumwandlung hat soeben stattgefunden. Eine Frau ist plötzlich ein Mann – und macht prompt eine erste, belustigende Erfahrung aus Sicht des umworbenen Mannes. Eigene Fantasien werden beim Lesen möglich: eigentlich möchte ich die Welt mal mit den Augen der anderen sehen! Oder umgekehrt: könnte die/der nicht mal das Ganze aus meiner Geschlechtsidentität heraus begreifen!?

Perspektivwechsel zur wissenschaftlichen Seite: Reaktionstest. Wahrnehmung normal. Doch dann wird auf wenigen Zeilen dokumentiert, wo der kleine, große Unterschied liegt: als Reaktion auf dieselben Reizimpulse statt *Liebe, Mann, schmutzig, schlank* nun plötzlich *Wut, schön, weich, süß.* Und sogleich ist man bei sich selber, seinen eigenen Erfahrungen über die typisch männliche/typisch weibliche Art zu sein. Über diesen Text muss man reden.

Und die Ethik, die Möglichkeiten und Grenzen der heute denkbaren medizinischen Visionen? Man stelle sich ein gemeinsames Frühstück mit der Person vor, die das Spiegelbild unserer selbst ist, nur eben anderen Geschlechts. Wird dieses Szenario eines Tages durch das Klonen Wirklichkeit? Aber das wäre eine neue Geschichte.

Leben und Werke:

Christa Wolf ist sicherlich eine der bedeutenden und »sperrigen« Autorinnen der letzten Jahrzehnte, in beiden Teilen Deutschlands immer wieder neu diskutiert. Geboren 1929 im damaligen Landsberg/Warthe; Flucht, Germanistikstudium in Jena und Leipzig, Redakteurin, tätig in »Zirkeln Schreibender Arbeiter«, Repräsentantin der offiziellen Kulturpolitik, schließlich Unterzeichnung der Resolution gegen die Ausbürgerung Biermanns mit den bekannten Folgen. Und schließlich die Debatten nach der »Wende« um ihre wirkliche historische Position. Zu ihren großen Werken zählen *Der geteilte Himmel, Nachdenken über Christa T., Kindheitsmuster, Kein Ort. Nirgends, Kassandra.*

Leseempfehlungen:

Was man gelesen haben sollte: *Nachdenken über Christa T.* Wer sich mit *Kassandra* befassen möchte, sollte auch die spannenden *Voraussetzungen einer Erzählung: Kassandra* in den *Frankfurter Poetik-Vorlesungen* dazu lesen. Eines der schönsten Bücher, obwohl nicht so sehr bekannt, ist *Sommerstück.*

Christa Wolf

Selbstversuch

Wie immer stellte ich mich oben sofort an mein großes Fenster. Im Schrank nebenan hingen die Anzüge eines Mannes, im Bad lagen eines Mannes Toilettensachen. Ich aber stand und suchte mit dem Blick der Frau das Fenster ihres Arbeitszimmers, das zu meiner Genugtuung als einziges in der langen Front des Institutsgebäudes erleuchtet war, dann aber, als sei das Licht bei mir ein Signal für Sie gewesen, schnell dunkel wurde. Da suchte ich, anders, das Lächeln zustande zu bringen, über das ich als Frau verfügt hätte. Es war noch in mir, ich konnte es deutlich fühlen. Zugleich aber spürte ich, wie es mir auf meinem Gesicht mißlang.

Es war der erste, ganz kurze Anfall von Verwirrung. Das kann ja heiter werden, sagte ich halblaut und ging mich duschen, wobei ich mit meinem neuen Körper Bekanntschaft, ja Freundschaft schloß, denn als Mann war ich genauso ansehnlich, wohlgestaltet und gesund wie als Frau. Eine häßliche Person hätten wir, um unsere Methode nicht in Mißkredit zu bringen, zu diesem Versuch auch nicht zugelassen …

Ressentiments? Doktor Rüdiger war der Erste, der mir Ressentiments vorwarf. Aber vorher hatte er seinen Spaß an meiner Anekdote über die ›Kleine von nebenan‹, die ich am Morgen im Fahrstuhl getroffen und, da sie mich anseufzte, gefragt hatte, was ihr denn fehle. Worauf ich einen Blick erhielt, der einen Regenwurm zum Manne gemacht hätte. Bloß daß die allerangenehmsten Empfindungen in mir nicht zu ihrer vollen Entfaltung gelangten wegen des weiblich-spöttischen Gedankens: Sieh mal an, es funktioniert! – Darum erzähle ich das. Sie sollen nicht denken, Ihr Mittel hätte in irgendeinem und gerade in diesem allerwichtigsten Punkt versagt. Ich bin es gewesen, ich: die Frau, die mit Spott oder Empfindlichkeit oder einfach durch Ungeduld die männlichsten Triumphe des Herrn Anders sabotierte. Ich: die Frau, habe ihn gehindert, der ›Kleinen von nebenan‹ ihr Handtäschchen aufzuheben (war ›ich‹ nicht die Ältere?), Fehler auf Fehler gehäuft, bis der Blick der Kleinen zuerst ungläubig, dann eisig wurde. Ja, mein Lieber – so sprach Doktor Rüdiger jetzt mit mir – nun folgen die Tage der Rache. Über meinen Verlust hat er sich eigentlich schnell getröstet. Er fand mich passabel und wollte erst den Reaktionstest hinter sich bringen, der eindeutig bewies, daß meine Sinne brav weiter so reagierten, wie meine subjektiv genormte Skala es erwarten ließ. Blau war für mich blau geblieben, und eine Flüssigkeit von 50 Grad heiß, und die dreizehn verschiedenen sinnlosen Gegenstände auf unserem Versuchstisch konnte ich mir nicht schneller merken als vorher, was Rüdiger leicht zu enttäuschen schien. Beim Ergänzungstest dann, als manche meiner neuen Antworten sich von den alten unterschieden, wurde er lebhaft. Der Verlust an Spontaneität erklärte hinreichend die verlängerten Zeiten: Sollte ich als Frau antworten? Als Mann? Und wenn als Mann: Wie denn, um Himmelswillen? So daß ich schließlich auf ›rot‹ nicht ›Liebe‹ sagte, wie sonst immer, sondern ›Wut‹. Auf ›Frau‹ nicht ›Mann‹, sondern ›schön‹. Auf ›Kind‹ ›schmutzig‹ anstatt ›weich‹, und auf ›Mädchen‹ nicht ›schlank‹, sondern ›süß‹. Olala, sagte mein Freund Rüdiger, ganz schön schon, mein Lieber.

Textquellen

Ilse Aichinger:
Spiegelgeschichte. Aus: *Wo ich wohne.* Frankfurt a. M.: S. Fischer 1963

Ingeborg Bachmann:
Aus: *Frankfurter Vorlesungen.* München/Zürich: Piper 1978

Thomas Bernhard:
Der junge Mann. Aus: *Ereignisse.* Berlin: Literarisches Colloquium, LCB-Editionen 1969

Heinrich Böll:
Anekdote zur Senkung der Arbeitsmoral. Aus: Viktor Böll (Hg.): Das Heinrich Böll Lesebuch. München: dtv 1982

Wolfgang Borchert:
Der viele viele Schnee. Aus: Das Gesamtwerk. Hamburg: Rowohlt 1993

Hermann Bote:
Aus: *Ein kurtzweilig Lesen von Dil Ulenspiegel.* Hrsg. von Wolfgang Lindow. Stuttgart: Reclam 1966

Bertolt Brecht:
Über das Lesen von Büchern. In: Gesammelte Werke, Bd. 18. Frankfurt a. M.: Suhrkamp, 1973

Bertolt Brecht:
Der hilflose Knabe. Aus: Kalendergeschichten. Hamburg: Rowohlt 1953

Bertolt Brecht:
Laotse. Aus: Die Gedichte in einem Band. Frankfurt a. M.: Suhrkamp 1981

Georg Büchner:
Aus: *Sämtliche Werke und Briefe* (hrsg. von W. R. Lehmann). München: Hanser 1974

Gottfried August Bürger:
Aus: *Münchhausen.* Frankfurt a. M.: Insel 1976

Wilhelm Busch:
Aus: *Die Bildergeschichten.* Historisch-kritische Gesamtausgabe Bd. I. Hannover: Schlütersche 2002

Alfred Döblin:
Aus: *Berlin Alexanderplatz.* München: dtv 1965

Annette von Droste-Hülshoff:
Twee Künigeskinner. Aus: Deutsche Balladen. Stuttgart: Reclam 1967

Friedrich Dürrenmatt:
Der Sohn. Aus: *Aus den Papieren eines Wärters. Frühe Prosa.* Zürich: Diogenes 1986

Joseph von Eichendorff:
Frühlingsfahrt. Aus: Frauentaschenbuch für das Jahr 1816 von de la Motte Fouqués. Nürnberg (o. J.)

Theodor Fontane:
Herr von Ribbeck. Aus: Sämtliche Werke, Bd. XX. München: Nymphenburger 1962

Max Frisch:
Aus: *Montauk. Eine Erzählung.* Frankfurt a. M.: Suhrkamp 1978, S. 155f.

Johann Wolfgang von Goethe:
Maximen. Aus: Fricke, Harald: Johann Wolfgang Goethe – Sprüche in Prosa. Frankfurt a. M. 1993

Johann Wolfgang von Goethe:
Es war ein Buhle. Aus: Goethe – Gedichte (hrsg. von Erich Trunz). Frankfurt a. M.: Fischer 1964

Günter Grass:
Aus: *Mein Jahrhundert.* Göttingen: Steidl 2001

Brüder Grimm:
Prinzessin Mäusehaut. Aus: Kinder- und Hausmärchen der Brüder Grimm. Vollständige Ausgabe in der Urfassung (hrsg. von Friedrich Panzer). Wiesbaden: Vollmer (o. J.)

Hans Jakob Christoffel von Grimmelshausen:
Der teutsche Baur. Aus: *Des Abenteurlichen Simplicissimi Ewig-währender Kalender.* Nürnberg: Felßecker 1670

Peter Handke:
Die drei Lesungen des Gesetzes. Aus: *Die Innenwelt der Außenwelt der Innenwelt.* Frankfurt: Suhrkamp Verlag 1977, S. 56–59

Johann Peter Hebel:
Aus: *Poetische Werke.* Darmstadt: Wissenschaftl. Buchgesellschaft 1965

Heinrich Heine:
Aus: *Aus den Memoiren des Herren Schnabelewopski.* Wiesbaden: Bechtold & Comp. 1946

Johann Gottfried Herder:
Der Löwe und die Stiere. Aus: Das große Fabelbuch. Wien und Heidelberg: Carl Ueberreuter Verlag 1995

Hermann Hesse:
Der Wolf. Aus: Gesammelte Werke in 12 Bänden. Bd. 11, Schriften zur Literatur 1. Frankfurt a. M.: Suhrkamp Taschenbuchverlag 1987, S. 71 ff.

Ernst Theodor Amadeus Hoffmann:
Aus: *Der goldene Topf.* Frankfurt a. M.: Suhrkamp 1993

Hugo von Hofmannsthal:
Geschichte der Flucht. Aus: *Der Tisch mit den Büchern.* Frankfurt a. M.: S. Fischer Verlag 1951

Walter Jens:
Bergpredigt. Aus: *Am Anfang der Stall – am Ende der Galgen.* Stuttgart: Kreuz Verlag 1972

Heinrich von Kleist:
Über das Marionettentheater. Aus: Prosastücke. Stuttgart: Reclam Universalbibliothek 2000

Franz Kafka:
Auf der Galerie. Aus: Erzählungen. Frankfurt a. M.: Fischer 1992

Marie Luise Kaschnitz:
Die Katze. Aus: Gesammelte Werke (hrsg. von C. Büttrich und N. Miller). Frankfurt a. M.: Insel 1982

Gottfried Keller:
Aus: *Der grüne Heinrich.* München: Hanser 1958

Heinrich von Kleist:
Die gute Mutter. Aus: Sämtliche Werke. München: Winkler 1967

Siegfried Lenz:
Eine Liebesgeschichte. Aus: *So zärtlich war Suleyken.* Hamburg: Hoffmann und Campe 1955

Gotthold Ephraim Lessing:
Aus: *Nathan der Weise. Ein dramatisches Gedicht in 5 Aufzügen.* Stuttgart: Reclam Universalbibliothek 2000, S. 76–83

Heinrich Mann:
Der Untertan. München: Deutscher Taschenbuch Verlag 1964, S. 355–357

Thomas Mann:
Vision. Aus: Erzählungen. Frankfurt a. M.: S. Fischer Verlag 1958

Conrad Ferdinand Meyer:
Die Füße im Feuer. Aus: Sämtliche Werke, Bd. 1. hrsg: H. Zeller u. a. Bern: Benteli 1963; Erstfassung aus: Epochen der deutschen Lyrik 1830–1900 (hrsg. von Ralph-Rainer Wuthenow). München: dtv 1970

Karl Philipp Moritz:
Aus: *Anton Reiser.* Ein psychologischer Roman. Hg. von Ernst Peter Wieckenberg, München: Beck 1987

Eduard Mörike:
Der Feuerreiter. Aus: Sämtliche Werke, Bd. 1, hrsg. J. Perfahl, München: Winkler 1967

Herta Müller:
Arbeitstag. Aus: *Niederungen.* Berlin: Rotbuch 1984

Robert Musil:
Das Fliegenpapier. Aus: Nachlass zu Lebzeiten. Hamburg: Rowohlt 1957

Novalis:
Von der Begeisterung. In: Ders.: Schriften. Zweiter Band. Das philosophische Werk I. Hrsg. v. Richard Samuel. W. Kohlhammer Verlag. Stuttgart 1960, S. 22f.

Christa Reinig:
Fische. Aus: *Orion trat aus dem Haus. Neue Sternbilder.* Stierstadt im Taunus: Eremitenpresse 1968

Erich Maria Remarque:
Aus: *Der Feind* (hrsg. von Thomas Schneider). Köln: Kiepenheuer 1993

Rainer Maria Rilke:
Aus: *Die Aufzeichnungen des Malte Laurids Brigge* (1906) Aus: Sämtliche Werke. Hrsg. vom Rilke-Archiv in Verbindung mit Ruth Sieber-Rilke. Bd. 11 Frankfurt a. M.: Suhrkamp Verlag 1975, S. 709–711

Friedrich Schiller:
Der Handschuh. Aus: Sämtliche Werke. München: Hanser 1962

Bernhard Schlink:
Aus: *Der Vorleser.* Zürich: Diogenes Verlag 1995, S. 25ff.

Arno Schmidt:
Seltsame Tage. Aus: Das erzählerische Werk in 8 Bänden. Bargfeld: Arno Schmidt Stiftung 1985

Arthur Schnitzler:
Aus: *Die grüne Krawatte.* Aus: Gesammelte Werke. Bd. 1. Frankfurt a. M.: S. Fischer Verlag 1961

Wolfdietrich Schnurre:
Beste Geschichte meines Lebens. Aus: *Der Schattenfotograf.* München: List Verlag 1978

Anna Seghers:
Die Toten auf der Insel Djal. Aus: Anna Seghers zum 80. Geburtstag. In: Blätter der Carl-Zuckmayer-Gesellschaft, Heft 4/1980

Johann Gottfried Seume:
Aus: *Spaziergang nach Syrakus.* München: Bruckmann Verlag 1976

Adalbert Stifter:
Die Sonnenfinsternis am 8. Juli 1842. Aus: Stifters Werke in zwei Bänden. Salzburg: Verlag Das Berglandbuch 1951

Theodor Storm:
Aus: *Pole Poppenspäler.* Aus: Gesammelte Werke in zwei Bänden. Band 1. Stuttgart und Hamburg: Deutscher Bücherbund. o. J., S. 738–740

Botho Strauß:
Der Einsamkeits-Kasper. Aus: *Paare, Passanten.* München/Wien: Hanser Verlag 1981, S. 155

Peter Suhrkamp:
Über das Lesen. Aus: Satirische und groteske Lyrik des 20 Jahrhunderts. Hrsg. v. Fritz Pratz. Frankfurt a. M.: Verlag Moritz Diesterweg 1972

Kurt Tucholsky:
Herr Wendriner erzieht seine Kinder.
Aus: Gesammelte Werke.
Reinbek: Rowohlt Verlag 1961

Robert Walser:
Das Fabrikmädchen und der Fabrikherr.
Aus: Robert Walser: Aus dem Bleistiftgebiet. Mikrogramme 1924/25 Bnd. 1.
Frankfurt a. M.: Suhrkamp 1985

Peter Weiss:
Aus: *Fluchtpunkt.*
Frankfurt a. M.: Suhrkamp Verlag 1962.
(edition suhrkamp 125)

Gabriele Wohman:
Ich Sperber. Aus: Erzählungen. Ebenhausen: Langewiesche-Brand 1966

Christa Wolf:
Selbstversuch. Aus: Gesammelte Erzählungen. Darmstadt/Neuwied: Luchterhand Verlag 1981, S. 166f.

Bildquellen

Aichinger, Ilse: Isolde Ohlbaum, München
Bachmann, Ingeborg: picture-alliance/akg-images
Bernhard, Thomas: Isolde Ohlbaum, München
Böll, Heinrich: Isolde Ohlbaum, München
Borchert, Wolfgang: AKG, Berlin
Bote, Hermann: Autograph in der Herzog-August-Bibliothek, Wolfenbüttel, (Cod. Guelf. 120 Extrav., fol. 1r)
Brecht, Bertolt: picture-alliance/akg-images
Büchner, Georg: picture-alliance/akg-images
Bürger, Gottfried August: ullstein bild, Berlin
Busch, Wilhelm: picture-alliance/akg-images
Döblin, Alfred: picture-alliance/akg-images
Droste-Hülshoff, Annette: ullstein bild, Berlin
Dürrenmatt, Friedrich: Isolde Ohlbaum, München
Eichendorff, Joseph von: AKG, Berlin
Fontane, Theodor: AKG, Berlin
Frisch, Max: Isolde Ohlbaum, München
Goethe, Johann Wolfgang: ullstein bild, Berlin
Grass, Günter: dpa, Frankfurt/M.
Grimm, Jakob und Wilhelm: picture-alliance/dpa-Bildarchiv
Grimmelshausen, Hans Jakob Christoffel (Titelblatt Simplizissimus): picture-alliance/akg-images
Handke, Peter: Isolde Ohlbaum, München
Hebel, Johann Gottfried: picture-alliance/dpa-Bildarchiv
Heine, Heinrich: picture-alliance/akg-images
Herder, Gottfried: picture-alliance/akg-images

Hesse, Hermann: ullstein bild, Berlin
Hoffmann, Ernst Theodor Amadeus: ullstein bild, Berlin
v. Hofmannsthal, Hugo von: picture-alliance/akg-images
Jens, Walter: ullstein bild, Berlin/Behr
Kafka, Franz: ullstein bild, Berlin
Kaschnitz, Marie Luise: ullstein bild, Berlin/AKG Pressebild
Kästner, Erich: picture-alliance/akg-images
Keller, Gottfried: picture-alliance/akg-images
Kleist, Heinrich: picture-alliance/akg-images
Lenz, Siegfried: ullstein bild, Berlin/Kujath
Lessing, Gotthold Ephraim: AKG, Berlin
Mann, Heinrich: ullstein bild, Berlin
Mann, Thomas: AKG, Berlin
Meyer, Conrad Ferdinand: ullstein bild, Berlin
Moritz, Karl Philipp: picture-alliance/akg-images
Mörike, Eduard: picture-alliance/akg-images
Müller, Herta: Isolde Ohlbaum, München
Musil, Robert: picture-alliance/dpa-Bildarchiv
Novalis: ullstein bild, Berlin
Reinig, Christa: picture-alliance/dpa-Bildarchiv
Remarque, Erich Maria: AKG, Berlin
Rilke, Rainer Maria: ullstein bild, Berlin
Schiller, Friedrich von: Schiller Nationalmuseum, Marbach
Schlink, Bernhard: Isolde Ohlbaum, München
Schmidt, Arno: picture-alliance/dpa-Bildarchiv
Schnitzler, Arthur: ullstein bild, Berlin
Schnurre, Wolfdietrich: Isolde Ohlbaum, München
Seghers, Anna: ullstein bild, Berlin
Seume, Johann Gottfried: picture-alliance/dpa-Bildarchiv
Stifter, Adalbert: picture-alliance/akg-images
Storm, Theodor: AKG, Berlin
Strauß, Botho: ullstein bild, Berlin/SWIRIDOFF/Museum Würth
Suhrkamp, Peter: Suhrkamp Verlag, Frankfurt/M.
Tucholsky, Kurt: picture-alliance/akg-images
Walser, Robert: ullstein bild, Berlin
Weiss, Peter: Isolde Ohlbaum, München
Wohmann, Gabriele: picture-alliance/akg-images/Bruni Meya
Wolf, Christa: picture-alliance/dpa-Fotoreport

S. 78-83: Aus: Wilhelm Busch: Sämtliche Bildergeschichten. Mit 3380 Zeichnungen. Hrsg. v. Rolf Hochhuth. Gütersloh: Prisma Verlag o. J. S. 161–167.
S. 137: Aus: Des Abenteurlichen Simplicissimi Ewig-währender Calender. Faksimile-Druck der Erstausgabe Nürnberg 1671. Konstanz: Rosgarten Verlag Konstanz Friedrich & Co. S. 116 r., 118 r., 120 r.
S. 183: Aus: Martin Luther: Bergpredigt, Matthäus V, Biblia. Wittenberg: Lufft 1545.